普通高等教育"十一五"国家级规划教材

Caiwu Kuaiji
财务会计

张天西 薛许军 刘涛 编著

复旦大学出版社

内容提要

本教材以我国财政部2006年2月15日颁布并于2007年起正式实施的企业会计准则为主要依据，兼顾国际财务报告准则和西方国家通行的会计惯例，对财务会计基本理论、基本核算程序和常用的核算方法进行了系统阐释，体现了全面性。在内容和结构安排上具有以下特点：

按篇设章，力求通俗易懂。本教材将相关内容归纳为六篇，即财务会计基本理论、资产、负债、所有者权益、损益、财务会计报告等。

对财务会计信息的披露给予了更多的关注。目的是引导学生关注财务会计信息披露的规范性，理解财务会计信息对投资者、债权人和政府有关部门等各利益相关者决策的作用，使得教材更符合工商管理类学生的专业需求。

注重实际案例分析和学生创造力的培养。在正文举例中安排了必要的真实案例，每章后还附有国内上市公司相关信息披露的案例，有助于提高学生分析问题和解决问题的能力。

贴近中国实践，适当进行准则差异性分析。中国的会计准则正逐步走向国际化，在本教材的适当环节，分析了两者之间的差异性，并适当阐述了差异性导致的不同后果。

本教材作为普通高等教育"十一五"国家级规划教材，适用于工商管理专业本科生、MBA学生和EMBA学生等使用，也可作为其他专业学生涉猎会计知识的参考教材。

前　言

财务会计在会计学科体系中占有非常重要的地位,它囊括了会计核算中最常见和最基本的部分,会计基本理论、会计基本核算程序和会计常用核算方法在其中都有充分的体现,因此,掌握财务会计的内容对立志于学习会计知识、了解会计知识的学生来说,都是非常重要的一个环节。

本教材以我国财政部于 2006 年 2 月 15 日颁布并于 2007 年 1 月 1 日起正式实施的《企业会计准则》为主要依据,兼顾国际财务报告准则和西方国家通行的会计惯例,对财务会计基本理论、基本核算程序和常用的核算方法进行了阐释,体现了系统性和全面性。在内容和结构安排上具有以下特点。

1. 为方便使用者阅读学习,本教材采取了按篇设章的办法,力求通俗易懂。鉴于财务会计涵盖的内容较多,本教材将相关内容归纳为六篇,即财务会计基本理论与方法,资产,负债,收入、费用和利润,所有者权益,财务会计报告等。在每一篇下,根据所涉及内容的情况再设置章,而在每一章中,除对该章相关内容的系统阐述外,还附有学习目标、相关法规和复习思考题等。为了满足初涉会计的读者需要,我们在第一篇中增加了复式记账原理一章。

2. 鉴于会计确认和计量在财务会计中的重要性,本教材对财务会计信息的披露给予了更多的关注。主要是对会计信息应该如何规范性披露、披露哪些内容等进行了解释和列示,并尽量结合国际和国内在会计理论、会计准则和会计披露规则方面的最新发展动态,对相关内容进行阐释,目的是引导学生关注财务会计信息披露的规范性,理解财务会计信息对投资者、债权人和政府有关部门等各方面利益相关者决策的相关作用,使得教材更符合工商管理类学生的专业需求。

3. 注重实际案例分析和学生创造力的培养。近年来我们在案例教学方面的研究成果在本教材中有充分的体现,在正文举例中我们安排了必要的真实案例,每章后还附有国内上市公司相关信息披露的案例,以此加强对学生思维能力、创造能力的培养和训练,有助于提高学生分析问题和解决问题的能力。

4. 贴近中国实践,适当进行准则差异性分析。本书主要以我国的会计准则为依据,引用了我国上市公司的实例,使学生在学习中可以更多地感受到中国的财务会计实践情况。中国的会计准则正逐步走向国际化,中国政府也在致力于减少两者之间的差异,但是,由于中国环境的特殊性,我们现行的准则不可能完全和国际会计准则一致,因此,在教材的适当环节,我们分析了两者之间的差异性,并适当阐述了差异所导致的不同后果。

5. 使用了一定的图示和表格,具有形象性、概括性和清晰性。本书中我们设计了比较多的图示和表格,以对会计的处理、程序或方法进行总结和归纳,这些图示和表格来自于我们多年教学实践的积累,具有形象性、概括性和清晰性,相信会对学生的学习带来裨益。

6. 实用性强。本教材另配有学习指导,该指导书包括学习纲要、主要概念、复习思考题及参考答案、练习题及参考答案、案例及案例分析要点、测试题及参考答案、相关法规汇编以及与教材配套的教学课件等,为教师的教学和学生的学习提供尽可能的便利条件。

本教材由上海交通大学张天西、薛许军和刘涛共同完成,具体分工如下:第一、二、三、五、十四章由张天西编写,第四、六、七章由刘涛编写,第八、九、十、十一、十二、十三章由薛许军编写,由张天西总纂。

本教材适用于工商管理专业本科生、MBA 学生和 EMBA 学生等使用,也可作为其他专业学生涉猎会计的参考教材。

由于水平所限,教材中的不足甚至错误在所难免,恳请使用者批评指正。

上海交通大学安泰经济与管理学院的有关领导和学院教材编委会对本书的审定和出版付出了大量的劳动,在此深表谢意。感谢复旦大学出版社出版本书,感谢王联合先生为本书的立项和编辑出版付出的辛勤劳动。教材编写过程中参考了大量国内外同类教材和有关资料,在此一并致谢!

作者

2009 年 10 月

目　　录

第一篇　财务会计基本理论与方法

第一章　财务会计基本理论 ……………………………………………… 3
- 第一节　会计的含义 ……………………………………………… 3
- 第二节　会计假设 ………………………………………………… 5
- 第三节　财务会计概念框架 ……………………………………… 7
- 第四节　会计规范 ………………………………………………… 20

第二章　复式记账原理 …………………………………………………… 26
- 第一节　会计等式 ………………………………………………… 26
- 第二节　会计科目和账户 ………………………………………… 31
- 第三节　复式记账——借贷记账法 ……………………………… 38
- 第四节　总分类核算与明细分类核算 …………………………… 50
- 第五节　会计循环 ………………………………………………… 54

第二篇　资　　产

第三章　金融资产 ………………………………………………………… 69
- 第一节　金融资产概述 …………………………………………… 69
- 第二节　货币资金 ………………………………………………… 71
- 第三节　交易性金融资产 ………………………………………… 91
- 第四节　应收项目 ………………………………………………… 95
- 第五节　持有至到期投资 ………………………………………… 108
- 第六节　可供出售金融资产 ……………………………………… 113
- 第七节　金融资产在财务会计报告中的列报 …………………… 117

第四章　存货 ……………………………………………………………… 124
- 第一节　存货的范围与认定 ……………………………………… 124
- 第二节　存货数量的确定 ………………………………………… 127
- 第三节　存货收发的核算 ………………………………………… 130
- 第四节　存货的期末计价及信息披露 …………………………… 141

第五章　长期股权投资 …… 146
第一节　长期股权投资的分类 …… 146
第二节　长期股权投资的初始计量 …… 150
第三节　长期股权投资的后续计量 …… 157
第四节　长期股权投资的处置 …… 172
第五节　长期股权投资在财务会计报告中的列报 …… 173

第六章　固定资产 …… 176
第一节　固定资产的分类及计价 …… 176
第二节　固定资产的取得 …… 180
第三节　固定资产的折旧 …… 186
第四节　固定资产的清理与清查 …… 190
第五节　固定资产的期末计价及信息披露 …… 195

第七章　无形资产 …… 201
第一节　无形资产及其确认 …… 201
第二节　无形资产的初始计量 …… 205
第三节　无形资产的后续计量 …… 209
第四节　无形资产的处置和转销 …… 210
第五节　无形资产在财务会计报告中的列报 …… 211

第三篇　负　债

第八章　流动负债 …… 217
第一节　流动负债概述 …… 217
第二节　应付账款与应付票据 …… 218
第三节　应交税费 …… 222
第四节　应付职工薪酬 …… 234
第五节　其他流动负债 …… 238
第六节　流动负债在财务会计报告中的列报 …… 241

第九章　非流动负债 …… 247
第一节　非流动负债概述 …… 247
第二节　长期借款 …… 248
第三节　应付债券 …… 250
第四节　其他非流动负债 …… 258
第五节　非流动负债在财务会计报告中的列报 …… 262

第四篇　收入、费用和利润

第十章　收入和费用 ………………………………………… 269
第一节　收入 ……………………………………………… 269
第二节　费用 ……………………………………………… 293
第三节　收入和费用在财务会计报告中的列报 ………… 300

第十一章　利润和所得税 …………………………………… 305
第一节　利润 ……………………………………………… 305
第二节　所得税 …………………………………………… 313
第三节　利润和所得税在财务会计报告中的列报 ……… 333

第五篇　所有者权益

第十二章　所有者权益 ……………………………………… 341
第一节　所有者权益概述 ………………………………… 341
第二节　实收资本（股本）………………………………… 344
第三节　资本公积 ………………………………………… 353
第四节　盈余公积 ………………………………………… 357
第五节　未分配利润 ……………………………………… 360
第六节　所有者权益在财务会计报告中的列报 ………… 363

第六篇　财务会计报告

第十三章　财务会计报告 …………………………………… 369
第一节　财务会计报告概述 ……………………………… 369
第二节　资产负债表 ……………………………………… 373
第三节　利润表 …………………………………………… 393
第四节　现金流量表 ……………………………………… 397
第五节　所有者权益变动表 ……………………………… 403
第六节　会计报表附注 …………………………………… 409

第十四章　财务报表分析 …………………………………… 419
第一节　财务报表分析的基本概念和方法 ……………… 419
第二节　比率分析法 ……………………………………… 422
第三节　财务比率的综合分析 …………………………… 436
第四节　现金流量表分析 ………………………………… 439

第一篇　财务会计基本理论与方法

【本篇概要】

　　财务会计是会计的本质特征,是会计主要职能的体现,是以凭证为依据,以货币为主要度量手段,及时、连续、全面和系统地向企业的投资人、债权人、客户、供应商、政府机构、社会公众以及企业管理当局等方面提供有关企业财务状况、经营成果和现金流量信息的,财务会计本身也是企业整个管理活动的一个组成部分。财务会计有其特有的理论基础与方法。在财务会计实践中,还需要遵循相关的法律、法规、规章制度。本篇主要介绍财务会计的基本理论与基本方法。

第一章 财务会计基本理论

【学习目标】

通过本章学习,学生应当能了解并掌握:
1. 会计的定义、职能和特点
2. 会计规范体系的构成及其相互关系
3. 财务会计报告的目标
4. 会计核算的基本前提
5. 会计要素
6. 会计核算的一般原则

第一节 会 计 的 含 义

会计从大的类别来说,可以分为财务会计与管理会计:财务会计是会计的本质特征,是会计主要职能的体现,从语义上讲是我们通常意义上所指的会计;管理会计是会计的附属特征,是会计附属职能的体现。我们通常所说的会计,在大部分情况下仅指财务会计(狭义的会计),有时候既包括财务会计又包括管理会计(广义的会计)。本书中所采用的会计概念,如无特别说明,均属于狭义的会计。

一、会计的定义

会计是一门古老而又年轻的学科。但是,对什么是会计,迄今为止人们的认识还不尽相同。从中国的主流学派来说,有两种不同的观点:一种观点认为会计是一个信息系统,另一种观点认为会计是一种管理活动。

信息系统论主要是从会计信息的产生过程来认识会计的,认为会计是一种信息处理活动,将原始的企业经济活动信息,通过会计系统的处理,转换成一种具有一定规范的和可比性的财务信息,供有关的人士阅读。会计信息系统是一个由若干具有内在联系的程序、方法和技术组成的,用于处理经济数据、提供财务信息和其他有关经济信息的有机整体。

管理活动论则是从会计信息产生原因和会计信息的使用来认识会计的。从会计信息产生的原因看,会计之所以产生,正是因为管理活动的需要,因此,会计与管理活动具有天然的联系。从会计信息的使用看,利用会计信息可以对企业的经济活动进行有效控制,正是由于会计直接介入了管理的过程,因此会计是企业整个管理活动的一个组成部分。

也有学者认为,会计信息系统论和会计管理活动论没有本质的区别,差异只是认识会计的角度不同而已,会计信息系统论没有否认会计的控制职能,同样,会计的管理活动论也没有否认会计信息系统的内在作用。

二、会计的职能

会计的职能是指会计在经济管理活动中所具有的功能,是会计本质的体现。马克思所说的对生产过程的控制和观念总结,就是指会计对经济活动的反映和控制,这是对会计职能的科学概括。随着经济的不断发展,经济关系的复杂化和管理需求的不断提高,会计职能的内涵也不断地得到充实,并开拓了新的领域。根据会计的特点,会计的职能可以概括为:综合反映、监督和控制经济活动过程。

1. 反映职能

反映职能即向管理当局和外部投资者、债权人等提供企业财务状况和经营业绩的职能。主要指在货币计量的基础上,运用会计特有的专门方法,对经济活动的过程和结果进行连续、系统、全面、综合地记录、计算、加工整理、汇总并提供和输出会计信息的过程。会计的反映职能贯穿于经济活动的全过程,包括事前反映、事中反映和事后反映。事前反映是指在经济活动发生之前就对其进行记录和计算,也是编制财务计划的过程;事中反映是指在经济活动进行中对其进行记录和计算,为会计控制提供依据;事后反映是指对已发生的经济活动进行历史性描述,产生会计信息,并为会计分析、会计预测及决策提供重要依据。

2. 监督职能

监督职能即以国家的财经法律、法规为准绳,对已进行和即将进行的经济活动的合理性、合法性进行评价,并据以施加限制或影响的职能。会计对经济活动进行反映的过程,就是监督经济活动是否符合国家的政策、法规以及企业的经营目标的过程。因此,会计监督伴随会计反映职能同时存在。会计监督贯穿于企业生产经营活动的全过程,充分地履行好这一职能可以确保会计资料的真实可靠,企业财产的安全与完整,经营业务的合理性、合法性,从而促进整个社会经济的健康发展。

3. 控制职能

控制职能即按照管理的目的和要求,通过组织、领导、协调企业的经济活动,对经济行为进行必要的干预,使其按照预定的轨道有序地进行。会计控制内容主要包括：确定企业财务目标，编制预算和计划；组织计划的执行；在计划执行过程中随时利用会计信息同财务目标和计划相比较，进行评价；及时反馈并采取措施调整脱离计划的偏差，以实现预定的财务目标。

三、会计的特点

会计具有以下三个特点。

1. 客观性——以凭证为依据

会计的账簿记录是以会计凭证为依据的，这有利于真实、准确地反映企业经营管理活动的情况。准确填制和严格审核会计凭证，对会计职能的实现和会计作用的充分发挥具有重要的意义。

2. 价值性——以货币为主要度量手段

会计要及时、连续、全面、系统地反映企业经营活动，就必须以货币为综合的计量单位，而不能以各种实物为计量单位（如长度、重量、容积、件和台等）。企业的生产要素在实物形态上不具有相加性，这就不利于企业资产规模和结构的考察，货币为主要度量手段的引入就使得这一矛盾迎刃而解，这是由生产要素在价值形式上具有同质性所决定的。

3. 系统性——及时、连续、全面、系统

会计能给经济活动提供及时性、连续性、全面性和系统性的数据资料，随着企业经营规模的扩大和经济活动的日趋复杂，在经营管理上，除了要求提供反映现状的指标外，还要求会计提供预测未来的数据资料，为企业的战略决策提供依据，从而实现企业的经营目标。

第二节 会 计 假 设

会计假设又称会计核算的基本前提，是指在会计研究和会计实践中长期奉行、无须证明便为人们所接受的前提假设条件。会计假设有四个，分别是会计主体、持续经营、会计分期和货币计量。

一、会计主体

在进行会计核算时，必须首先明确会计主体，即为谁核算、核算谁的经济业务。会计主体也称会计实体、会计个体，是指会计信息所反映的特定单位。由于企业所处的社会经济环境错综复杂，企业的所有者与企业之间、企业本身的经济活动与其他企业或单位的经济活动之间联系紧密，因此，对于会计人员来说，首先就必须确定会计核算的范围，明确哪些经济活动应予以反映，哪些不应包括在其核算范围之内,也就是要确定会计主体。

会计主体这一假设,明确了会计核算的空间范围,它将企业的经济活动与其他单位的经济活动、企业的经济活动与企业投资者的经济活动区分开来,使企业的会计核算正确反映会计主体的财务状况与经营成果,向会计信息使用者准确提供所需要的会计信息。

应当指出,会计主体与法律主体并非同一概念。一般而言,法律主体可以是会计主体,但会计主体不一定是法律主体。任何在工商管理部门登记注册的企业,都是会计主体;但有些企业的非独立法人的分支机构也可以是独立的会计主体;此外,在控股经营情况下,为反映企业集团整体的财务状况及经营成果,在编制会计报表时,还可将母公司和各子公司诸独立的会计主体合并视为一个会计主体。

二、持续经营

企业面临的社会经济环境纷繁复杂,竞争十分激烈,企业随时面临被淘汰的危险。在这种情况下,企业如何进行核算,是立足于持续经营观念还是立足于清算变现观念,两者的会计处理程序及方法截然不同。持续经营是指在可以预见的将来,企业将会按当前的规模和状态继续经营下去,不会停止,也不会大规模削减业务。企业所有的核算原则和核算程序都应该假定条件予以考虑,只有在持续经营假设的前提下,企业才会按原有目的去使用其资产,按现时的承诺去偿还其负债,才能做到正确的记录和报告,为信息使用者的决策提供可靠的信息。

当然,有些企业可能会面临破产清算或改组,但必须通过一定的法律程序使破产或清算得以批准。在没有获得批准以前,企业不得改变持续经营假设下的会计原则和方法;按法律程序得到批准以后,持续经营假设这一前提将不再成立,建立在这一假设上的会计原则、会计程序和会计处理方法也不再运用。

三、会计分期

企业的经营是一个连续不断的过程,因此,要精确地核算会计主体的经营成果,只有等到会计主体完全停止经营后方可进行。在持续经营的前提下,我们无法预测企业的经营何时中止,但是,又需要向投资者和债权人披露企业一定期间的财务信息和经营状况,客观上要求我们人为地划分不同的会计期间,这就需要在持续经营前提下对会计核算的时间作出人为的分期,以便于企业披露不同分期内的财务信息和经营状况。

会计分期是指将一个企业持续经营的生产经营活动划分成连续的、长短相同的期间,分期结算账目和编报财务会计报告,从而及时地向各方面提供有关企业财务状况、经营成果和现金流量信息。会计期间分为年度和中期。我国企业的会计年度与日历年度一致，即每年1月1日至12月31日为一个会计年度。中期是指短于一个完整的会计年度的报告期间，又可进一步划分为季度和月度。有些国家或地区的会计年度并非与日历年度相同，比如，在我国香港特别行政区，许多企业则以4月1日至下一年的3月31日为一个会计年度期间。

企业的经营活动并不会因会计期间的划分而停止，会计期间的划分与企业的生命没有必然联系。由于有了会计期间的假设，才产生了收付实现制和权责发生制两种不同的处理经济业务的会计制度。

四、货币计量

货币计量是指采用货币作为计量单位，记录和反映企业的生产经营活动。会计是对企业财务状况和经营成果全面系统的反映，在市场经济条件下，企业的经济活动都最终体现为货币量。为此，需要货币这样一个统一的量度。会计核算采用货币计量，使会计核算的对象——企业的生产经营活动统一地表现为货币资金运动，从而能够全面反映企业的经营成果、财务状况及其变动情况。

我国要求企业采用人民币作为记账本位币。同时也规定，业务收支以人民币以外的货币为主的企业，可以选定其中一种货币作为记账本位币。但是，编制的财务报表应当折算为人民币反映。境外企业向国内有关部门编制财务报表，应当折算为人民币反映。

这里应当注意，货币本身也有价值，它是通过货币的购买力或物价水平表现出来的。在市场经济条件下，物价水平是变动的，因此币值也是变动的。作为计量手段，货币币值应当相对稳定，才能准确计量经济活动，因此，货币计量是以币值稳定为其前提条件的。而现实经济生活中，币值变动时有发生，甚至出现通货膨胀，这对货币计量假设提出了挑战。

第三节 财务会计概念框架

一、编制财务报告的目的

财务报告，是指企业对外提供的反映企业某一特定日期的财务状况和某一会计期间的经营成果和现金流量等会计信息的文件。编制财务报告的目的，是指在一定的客观环境和经济条件下，会计活动所期望达到的结果或标准。编制财务报告本身不是目的，而目的是为了提供对企业的决策有用的信息。编制财务报告要考虑的问题是：企业为什么要编制财务报告？为谁编制财务报告？财务报告应该包括哪些内容？环境对财务报告的制约因素是什么？

(一) 为什么要编制财务报告

编制财务报告是由企业外部财务信息用户的需要所决定的,这些人没有直接参与企业的管理和经营,但是企业的财务信息与他们的利益相关,因此就需要依赖企业的管理当局将企业的信息传递出去,从而使财务信息的用户可以借助财务报告了解企业的经营状况,作出自己的决策,比如,是否对企业进行投资或者贷款等。可以说,正是由于财务报告的披露才使企业的经营得以持续和发展。由于财务报告是直接面对财务信息用户的,因此,为了保证公布的财务信息的真实和可靠,必须由中介机构对财务报告进行审计。因此,编制财务报告既是企业的社会职责,也是企业自身发展的需要。

(二) 为谁编制财务报告

为谁编制财务报告即财务报告的用户是谁。不同的国家对财务报告用户的理解可能有所差异,例如,美国财务会计准则委员会在《论财务会计概念》中列出的财务报告的用户包括:投资者和潜在投资者、贷款者和潜在贷款者、管理人员、董事、顾客、职工、财务分析和咨询人员、经纪人、证券承揽人、证券交易所、律师、税务机关、管辖机构、立法者、工会等。

国际会计准则委员会认为,会计信息的使用者包括现实的和潜在的投资者、现实的和潜在的贷款人、雇员、供应商和其他的商业债权人、顾客、政府及其机构、公众、企业管理当局等。

中国的环境、国情与其他国家不同。以前的财务报告的主要作用是满足国家宏观经济管理和企业内部管理的需要,随着商品经济的发展,投资人、债权人等也成了财务报告的最主要用户,同时,税务机关和管辖机构也应该是排名比较靠前的财务报告用户。

(三) 财务报告应该包括的内容

财务报告的信息,主要的是财务信息,即可以用货币单位来定量和表述的信息。列入财务报告的非财务信息,一般与财务信息有关,或者是财务信息的基础。财务报告所提供的财务信息,往往是近似计量的结果,而不是精确计量的结果。计量通常要做许多的估计、分类、汇总、判断和分配工作。所以,尽管在财务报表周围闪耀着一层精确的光辉,但实际上它只是一种近似值。会计是规则导致的结果,而不是精确的数学公式导致的结果,这是外人对财务报告非常不理解的地方。

美国财务会计准则委员会在《论财务会计概念》中所列出的财务报告应该包括的信息有以下三个方面:(1)对投资和信贷有用的信息;(2)对估计现金流量有用的信息;(3)关于企业财产、财产上的权利和它们变动情况的信息。

国际会计准则委员会列出的财务报告应该包括的信息有以下三个方面:(1)提供在经济决策中有助于一系列使用者的关于企业财务状况、经营业绩和财务状况变动的资料;(2)为此目的编制的财务报表能满足大多数使用者的需要;(3)财务报表还应反映企业管理当局对交托给它的资源的保管或核算工作的成果,这些也是为了能够作出经济决策以及评价管理者的经济责任。

我国2006年发布的《企业会计准则——基本准则》中指出:财务会计报告的目标是向财务报告使用者提供与企业财务状况、经营成果和现金流量等有关的会计信息,反映企业管理层受托责任履行情况,有助于财务会计报告使用者作出经济决策。财务会计报告包括会计报表及其附注和其他应当在财务会计报告中披露的相关信息和资料。会计报表至少应当包括资产负债表、利润表、现金流量表等报表。

资产负债表是反映企业在某一特定日期财务状况的会计报表。主要包括企业拥有或者控制的资源、企业的财务结构、企业的变现能力、企业的偿债能力和企业适应环境变化的能力等。

利润表是反映企业在一定会计期间的经营成果的会计报表。经营成果主要包括企业的获利能力、成本费用的高低与控制情况等。

现金流量表是反映企业在一定会计期间的现金和现金等价物流入和流出的报表。现金流量主要包括企业经营活动、投资活动和筹资活动等所产生的现金流量。

会计报表附注是对财务报表中有关项目所作的进一步说明,以及对未能在这些报表中确认的项目的说明,有助于使用者进一步理解和分析企业的财务状况、经营成果及其现金流量。

(四) 环境对财务报告的制约因素

财务报告的目的并不是一成不变的,在不同的环境下,会有不同的财务报告的目的。影响财务报告的目的有经济因素、法律因素、政治因素、社会环境因素和技术进步因素等。从经济环境看,高度发达的商品经济和正在发展的商品经济就有较大的差异,这种差异主要是由于产品交换、产权交易、信用制度、资本市场等的构造和发展的程度不同,从而对财务报告的要求也是不同的。从法律环境看,由于法律基础、法学概念、法律体系、立法依据等的差异,也会造成对财务报告要求的差异。从政治和社会的环境看,有些国家政府在会计的管理和监督上扮演了比较重要的角色,有的国家则更多地依赖社会团体管理会计,这也会造成对财务报告的不同要求。从技术的进步看,随着信息化程度的普及和提高,财务信息的取得可能变得更为低廉,财务报告的成本降低,人们对财务报告的内容的要求越来越高,也会使财务报告发生变化,比如,信息用户会要求财务报告披露的信息应该更加及时和全面。

二、会计信息的质量特征

简单地说,会计信息的质量特征就是会计信息的有用性。会计信息对用户可以产生有用的效用。比如,利用财务信息进行投资决策,如果财务信息是客户投资决策时依赖的主要信息,则会计信息就有了质量,有用性越高,则质量越高,因此,质量具有程度之分,这就在客观上需要为会计信息的质量制定出一个标准。美国财务会计准则委员会的《论财务会计概念》认为,会计信息的各种质量标准具有一定的层次结构,该结构如图 1-1 所示。

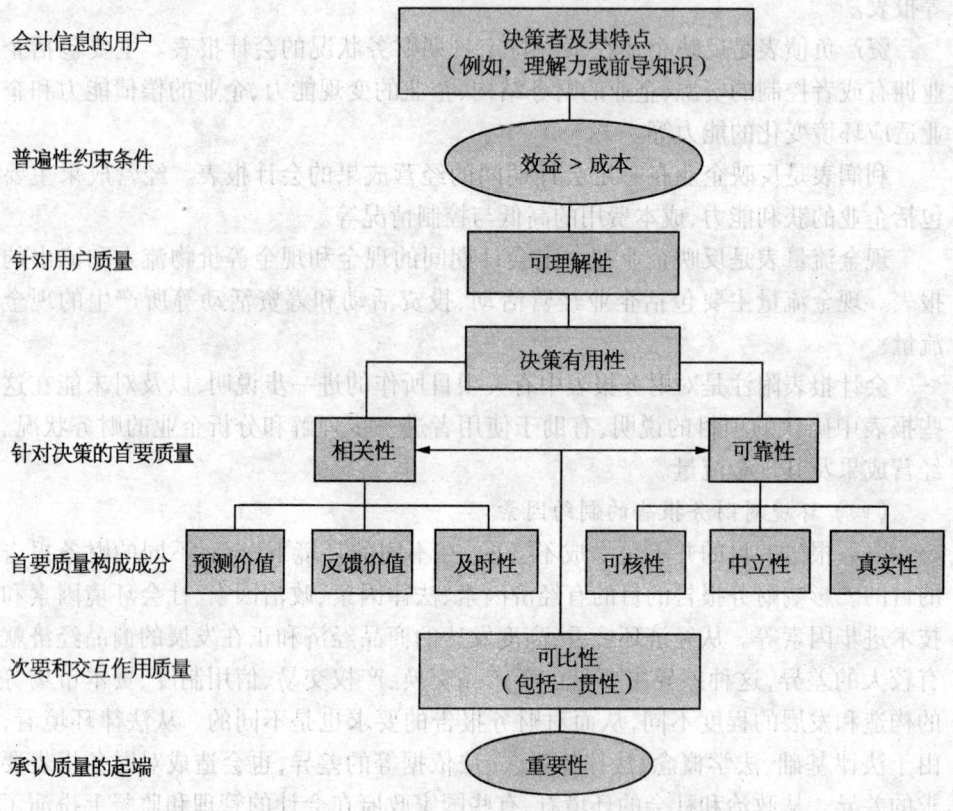

图 1-1 会计信息质量的层次结构示意图

根据图 1-1,可以将会计信息的质量特征划分为四个层次。第一层是决策有用性,这是对会计信息质量的总体要求。第二层是相关性和可靠性,它们是会计信息的两个重要特征。第三层是预测价值、反馈价值、及时性、可核性、中立性和真实性,它们是会计信息质量的首要构成成分,也是对相关性和可靠性的具体说明。第四层是可比性(包括一贯性),是会计信息质量的次要特征。对这些质量特征具体说明如下。

1. 决策有用性

决策有用性是围绕财务报告非常重要的一个概念。投资者、信贷者和其他用户需要进行投资、信贷决策,他们可以参考很多信息,如果财务报告不能提供对他们决策有用的信息,他们将不会阅读财务报告,那么会计信息就没有存在的必要。因此,只有对决策有用,他们才会重视财务报告的信息,财务报告也才有了存在的前提。决策有用性是会计的目标和存在前提,是会计活动所期望达到的结果,是衡量会计信息质量的最高标准。

2. 相关性

相关性是指财务报告所提供的信息应对投资者、债权人和其他用户所作的投资、信贷或其他决策具有参考和依据作用,只有与客户的要求相符,与他们的决策相关,信息才是有用的。相关性反映了会计信息对决策的影响能力。相关性以三个构成成分予以具体的解释和说明。

(1) 预测价值。这是指会计信息可以增强决策者的预测能力。能帮助客户根据过去、现在的情况、事件和结果,预测和把握未来。

(2) 反馈价值。这是指会计信息可以帮助决策者证实或更正过去决策时的预期结果。

(3) 及时性。这是指提供的会计信息应该及时,在其失去决策作用以前就提供。如果在需要信息时得不到,而在得到它时财务报告所列事项已经发生了很久,以致对将来的行动失去了作用,它就缺乏相关性。

3. 可靠性

可靠性是指财务报告所反映的信息应该与企业的实际状况基本一致。可靠性并不要求准确,这是做不到的,要求的是基本可靠。可靠性也有三个构成成分予以具体的说明和解释。

(1) 真实性。这是指会计信息的陈述应该与企业的实际状况相一致,用最能反映企业实际情况的会计方法和程序进行会计的确认和计量。

(2) 可核性。这是指会计信息应该具有可重复验证的特征。会计信息不仅应该是可以重复检验的,而且在公布以前确实经过了检验和核对。

(3) 中立性。这是指在执行会计准则时,不能抱有任何倾向和预定的结果,不为任何特定的利益集团服务,在各种可能的会计方法中作出中立的抉择。

4. 可比性(一贯性)

可比性是指不同的企业之间和同一企业不同期间的会计信息应该具有可比性。为了达到可比,会计采用的程序和方法应该一致,不能随意地改变以往的处理方法。

5. 重要性

重要性是指提供的信息要能够影响会计信息使用者的决策。它也是会计信息的约束条件。判别某项会计事项是否具有重要性,很大程度上取决于会计人员的职业判断。重要性可以从两个方面予以确定:一是性质,即该事项本身对决策影响的意义;二是数量,即某项事项在达到一定数量以后对决策的影响。对资产、负债、损益等有较大影响的,并进而影响财务会计报告使用者据以作出合理判断的重要会计事项,必须按照规定的会计方法和程序进行处理,并在财务会计报告中予以充分、准确的披露。而对次要的会计事项,在不影响会计信息真实性和不至于误导财务会计报告使用者作出正确判断的前提下,可适当简化处理。重要性原则与会计信息成本效益直接相关。重要性更多的时候与法院的判例有关,比如,美国1971年关于米契尔与得克萨斯海湾硫磺公司诉讼案中,第十巡回法院对重要性的解释是:如果"……投资者合理地作出交易的判断,不会因见到这些信息而无动于衷",那么,这些信息就是重要的[①]。巴·克列斯(Bar Charis)判例中,法官对重要性作出了相类似的定义,"如果正确陈述了或透露了的事实,将会导致一般的精明的投资者推迟或趋向于推迟购买本案所涉及的证券",那么这种事实便是重要的事实[②]。

我国《企业会计准则——基本准则》中指出,企业提供的会计信息应符合客观性、相关性、明晰性、可比性(包括横向可比和纵向可比)、实质重于形式、重要性、谨慎性和及时性等质量要求。

三、会计要素

会计要素是会计核算对象的基本分类,所谓会计核算对象,也称会计内容,它是会计反映和监督的内容。将会计内容分解成若干要素,统称为会计要素。会计要素是设定会计报表结构和内容的依据,也是进行确认和计量的依据。对会计要素加以严格定义,就能为会计核算奠定坚实的基础。会计要素主要包括资产、负债、所有者权益、收入、费用和利润等。

(一)资产

1. 资产的定义及特点

资产是指过去的交易或事项形成的、由企业拥有或者控制的、预期会给企业带来经济利益的资源。

根据资产的定义,其具有以下特点。

[①] 参见美国财务会计概念公告第2号《会计信息质量的特征》,第163段,娄尔行译,中国财政经济出版社,1992年版,第105页。

[②] 同上。

(1) 资产都是企业所拥有的,或者即使不为企业所拥有,但也是企业所控制的。这里所说的拥有或控制,是指财产物资的所有权,即其权利所可能招致的收益和风险都已进入本企业,包括已经取得并可依法行使的权利,如应收款虽不具有实物形态,但可依法收回一笔款项,则应视作企业的一项资产。

(2) 资产都是企业在过去实际发生的交易、事项中获得的。只有过去实际发生的交易、事项才能增加或者减少企业的资产。不能根据正在谈判中的交易或者计划中的经济业务来确认一笔资产。

(3) 资产能够给企业带来未来经济利益。未来经济利益是指直接或间接导致现金和现金等价物流入企业的潜力。比如,厂房、机器、原材料等可以用于生产经营过程,制造出商品,出售后收回货款,货款即为企业所获得的经济利益。如果一项经济资源不能为企业带来经济效益,就不应当确认为资产。

2. 资产的确认条件

对于符合资产定义的项目,应当在同时满足以下确认条件时确认为资产:

(1) 与该资源有关的经济利益很可能流入企业;

(2) 该资源的成本或者价值能够可靠地计量。

对于符合资产定义和资产确认条件的项目,应当列入资产负债表;对于符合资产的定义、但不符合资产确认条件的项目,不应当将其在资产负债表内确认,但应在附注中作相关披露。

通常情况下,判定某项目是否是企业的资产时,应当考虑其所有权。但某项资产即使不由企业拥有,如果能被企业控制,也符合资产的定义。例如,通过融资租赁方式取得的资产,尽管所有权不属于企业,但由于在其资产生命周期的一个较长时间里可以被企业所控制,因此,也应将其视为企业的资产。

3. 资产的分类

企业的资产一般按其流动性,即按照资产变换为现金的能力进行分类,主要有以下两类。

(1) 流动资产。符合下列条件之一的资产,应当归类为流动资产:①预计在企业正常营业周期中变现、出售或耗用的;②主要为交易目的而持有的;③预计在自资产负债表日起一年内变现的;④自资产负债表日起一年内,用于交换其他资产或清偿负债的能力不受限制的现金或现金等价物。流动资产主要包括库存现金、银行存款、交易性金融资产、应收及预付款项、存货等。

(2) 非流动资产。不符合流动资产条件的,应当归类为非流动资产。非流动资产主要包括可供出售金融资产、持有至到期投资、长期应收款、长期股权投资、投资性房地产、固定资产、无形资产、商誉等。

(二) 负债

1. 负债的定义及特点

负债,是指企业过去的交易或者事项形成的会导致经济利益流出企业的现时义务。现时义务是指企业在现行条件下已承担的义务。

根据负债的定义,其具有以下特点。

(1) 负债应当是由企业过去的交易或者事项形成的、现已承担的义务;对于将在未来发生的交易或事项所形成的义务,不属于现时义务,不应当作为负债加以确认。

(2) 义务是企业按照某种方式履行的职责或者责任,包括法定义务和推定义务。法定义务是指企业依照法律、法规的规定必须履行的责任;推定义务是指企业实务中由于承诺等所产生或推断出应承担的责任。

(3) 义务的履行必须会导致经济利益流出企业,不履行该义务将会导致相应的经济后果。如果企业能够在履行义务的同时避免经济利益的流出,则该项目不符合负债的定义,不应确认为负债。

2. 负债的确认条件

企业对于符合负债定义的项目,应当在同时满足以下条件时,确认为负债:

(1) 与该义务有关的经济利益很可能流出企业;

(2) 未来流出的经济利益能够可靠地计量。

3. 负债的分类

负债也按其流动性分类,一般分为以下两类。

(1) 流动负债。符合下列条件之一的负债,应当归类为流动负债:①预计在企业正常营业周期中清偿的;②在自资产负债表日起一年内到期应予以清偿的;③企业无权自主地将清偿推迟至自资产负债表日后一年以上的。流动负债包括短期借款、应付账款、应付票据、应付职工薪酬、应付股利、预收账款、其他应付款、应交税费等。

(2) 非流动负债。非流动负债是指应在一年以上,或者在超过一年的一个营业周期以上偿还的债务,包括长期借款、应付债券、长期应付款、专项应付款、预计负债等。

(三) 所有者权益

1. 所有者权益的定义及特点

所有者权益是企业资产扣除负债后,由所有者享有的剩余权益。所有者权益的金额取决于资产和负债的计量,其金额为资产减去负债后的余额。又称之为净资产。

根据所有者权益的定义,其具有以下特点。

（1）所有者权益是投资人对企业净资产的要求权,这种要求权是受企业总资产和总负债变动的影响而增减变动的。

（2）所有者权益还包括所有者以其出资额分享企业利润的权利,同时,也承担企业的经营风险。

2. 所有者权益的内容

所有者权益按其形成来源,可分为所有者投入的资本、直接计入所有者权益的利得和损失、留存收益。

（1）所有者投入的资本。所有者投入的资本,是指所有者投入企业的资本部分,包括实收资本(或股本)和资本公积。

（2）直接计入所有者权益的利得和损失。直接计入所有者权益的利得和损失,是指不应计入当期损益、会导致所有者权益发生增减变动、与所有者投入资本或者向所有者分配利润无关的利得或者损失。

（3）留存收益。留存收益,是指企业历年实现的净利润留存于企业的部分,主要包括计提的盈余公积和未分配利润。

对所有者权益作以上分类,不仅可以准确反映所有者权益总额,清晰反映所有者权益的构成,有利于保障企业投资人的权益,而且对企业的利润分配、投资人依照规定动用产权的能力和作投资决策都是有用的。

（四）收入

1. 收入的定义及特点

收入是企业在日常活动中形成的、会导致所有者权益增加的、与所有者投入资本无关的经济利益的总流入。

根据收入的定义,其具有以下特点。

（1）收入只有在未来经济利益很有可能增加并且经济利益增加金额能够可靠计量时才能确认。未来经济利益的增加可能表现为资产的增加,如货币资金、应收账款等资产项目的增加;也可能表现为负债的减少,如以商品或劳务抵偿债务,借款和欠款等负债项目的减少。

（2）不同种类的收入只有符合规定的收入确认条件时才能予以确认。企业既不能提前也不能延后确认收入。有些交易或事项也能为企业带来经济利益,但由于不是从企业的日常活动中产生的,就不属于企业的收入,而作为利得。例如,出售固定资产所取得的收益就不能作为企业的收入。

（3）收入的增加引起所有者权益的增加。

2. 收入的分类

按日常活动在企业中所处的地位,收入可以分为主营业务收入和其他业务收入。主营业务是企业为完成其经营目标而从事的日常活动中的主要项目,可根据企业营业执照上规定的主要营业范围界定。其他业务是指主营业务以外的其他日常活动,如工业企业销售材料、提供非工业性劳务等。

(五)费用

1. 费用的定义及特点

费用是指企业在日常活动所发生的、会导致所有者权益减少的、与向所有者分配利润无关的经济利益的总流出。

根据费用的定义,其具有以下特点。

(1)为生产产品或者提供劳务等发生的对象化的费用构成产品或者劳务成本,在确认产品或劳务收入时,计入当期损益。无法对象化的费用或者不符合资产定义和确认条件的费用,应当直接计入发生当期的损益。

(2)费用的确认通常会导致资产的减少或者负债的增加,具体表现为现金和现金等价物的流出、固定资产和无形资产的损耗、存货的流出或者耗用等。

(3)费用将导致所有者权益的减少。

2. 费用的分类

费用按照其与收入的关系,可以分为营业成本和期间费用两部分。所谓营业成本,是指所销售商品的成本,或者所提供劳务的成本。营业成本按照所销售商品或提供劳务在企业日常活动中所处的地位可以分为主营业务成本和其他业务成本。期间费用包括管理费用、销售费用和财务费用。

(六)利润

1. 利润的定义及特点

利润是指企业在一定会计期间的经营成果。利润包括收入减去费用后的净额、直接计入当期利润的利得和损失等。利润是企业各种收入扣除各种耗费后的盈余,是衡量企业经营业绩的重要指标。

根据利润的定义,其具有以下特点。

(1)利润不是企业持续经营下的最终经营成果,而是指企业在一定会计期间的经营成果。

(2)利润的金额取决于收入和费用、直接计入当期利润的利得和损失金额的计量。

(3)利润是一种货币观念下的经营成果。

2. 利润的构成内容

通常,企业利润包括以下项目。

(1)营业利润。营业利润是企业营业收入减去营业成本、营业税金及附加、销售费用、管理费用和财务费用以及资产减值损失,再加上公允价值变动损益和投资收益形成的。

(2) 直接计入当期利润的利得和损失。直接计入当期利润的利得和损失,是指应当计入当期损益、会导致所有者权益发生增减变动的、与所有者投入资本或者向所有者分配利润无关的利得或损失。

四、会计的确认与计量

在会计理论中,确认是一个广泛的概念,广义的确认包括了计量,认为确认和计量是不可分开的。但由于计量本身有其特殊性,涉及很多具体和复杂的问题,因此会计理论的研究又可以将确认和计量分开进行。分开的目的是为了便于集中地研究确认与计量的相关问题。

(一) 会计的确认

1. 确认的概念

确认是把一项交易或事项作为资产、负债、收入和费用等正式加以记录和列入财务报表的过程。确认包括用文字和数字来描述一个项目,其数额包括在财务报表的合计数内(加计和减计)。确认不仅包括项目的发生,也包括后来变动以及消除的记录。如对一项固定资产从其购入、调试、生产(提取折旧)、修理、报废的全过程记录。

一项交易或者事项得到确认,必须符合以下四个标准。

(1) 定义性:符合财务报表某一要素的定义。

(2) 可计量性:具有一个相关的计量属性,足以充分可靠地予以计量。

(3) 相关性:有关信息在用户决策中有举足轻重的作用。

(4) 可靠性:信息是真实的、可核的、无偏的。

相关性和可靠性是会计信息的两个质量特征,列为确认的基本标准时,意味着会计报表的要素、每个要素下的项目,也应该具有相关性(具有导致差别的能力)和可靠性。

2. 确认的基础

确认的基础是指确认应该遵循的原则,根据我国企业会计准则,确认的原则包括以下四个方面。

(1) 权责发生制原则。

权责发生制原则又称应计制原则,是指企业的会计核算应当以权责发生制为基础。权责发生制是指在收入和费用实际发生时进行确认,不必等到实际收到现金或者支付现金时才确认。凡是当期已经实现的收入和已经发生或应当负担的费用,不论款项是否收付,都应作为当期的收入和费用处理;凡是不属于当期的收入和费用,即使款项已在当期收付,都不应作为当期的收入和费用。这一原则是规定企业会计记账基础的原则,其核心是根据权责关系的实际发生和影响期间来确认收入和费用,与收付实现制相对称。根据权责发生制,能够更加准确地反映特定会计期间的经营成果。

(2) 配比原则。

配比原则是指进行会计核算时,收入与其成本、费用应当相互配比,同一会计期间内的各项收入和与其相关的成本、费用,应当在该会计期间内确认。它要求企业根据当期收入与成本费用之间存在的因果关系,对本期的收入和费用进行确认和计量。配比原则包括收入和费用在因果关系上的配比,也包括收入和费用在时间意义上的配比。

配比原则也是对收入和费用的确认和计量的一条原则,它使会计期内的各项收入与相关的费用在同一期间内相互配合、比较,有利于正确确定经营成果。

(3) 历史成本原则。

历史成本原则又称实际成本原则或原始成本原则,是指将取得资产时实际发生的成本作为资产的入账价值,在资产处置前保持其入账价值不变。其后如果资产发生减值,应当按照规定计提相应的减值准备。之所以采用历史成本进行核算:一是历史成本是实际发生的,具有客观性;二是历史成本数据的取得比较容易。

历史成本原则要求对企业资产、负债、所有者权益等项目的计量基于经济业务的实际交易价格或成本,而不考虑随后市场价格变动的影响。按照历史成本原则进行核算,有助于各项资产、负债项目确认、计量结果的检查与控制,也使收入与费用的配比建立在实际交易的基础上,保证会计核算与会计信息的真实可靠。但会计准则同时也规定,企业在按历史成本对财产进行计价后,若发生减值,应当根据谨慎性要求,合理地预计各项资产可能发生的损失,按照规定计提相应的减值准备。

历史成本原则以货币价值稳定为其前提条件,在通货膨胀的情况下,这一原则发生了动摇,因此出现了通货膨胀会计、现时价值会计、重置成本会计等。

(4) 划分收益性支出与资本性支出原则。

划分收益性支出与资本性支出原则是指将与当期收益相关的支出计入当期的损益,将与当期以及以后多个期间的收益相关的支出计入资产的价值。

所谓收益性支出,是指该项支出的发生是为了取得本年度(或一个营业周期)收益,仅与年度收益相关;所谓资本性支出,是指该支出的发生与几个会计年度(或几个营业周期)收益相关。

划分收益性支出与资本性支出原则,要求企业在进行会计核算时区分两类不同性质的支出,将收益性支出作为当期损益,以正确计算当期的经营成果;将资本性支出作为资产,以真实反映企业的财务状况。

(二) 会计的计量

会计的计量就是对确认的项目予以量化的过程,即以货币金额的多少来表示企业经济业务数量的大小。会计计量一般会用到计量标准和计量属性的概念。

1. 计量标准

计量标准也叫计量尺度,是指对计量的对象量化时采用的具体标准,如千克、米、货币量度等。计量标准主要是为了解决综合性指标,是会计有别于其他学科的主要特征。

会计一般以某种货币量度为计量标准,如人民币、美元、英镑等。一般要求在会计报表的附注中要说明采用的货币种类。

每一种货币都可以分为名义货币和一般购买力货币(固定货币)两种计量标准。名义货币在一般情况下采用,一般购买力货币(固定货币)在通货膨胀情况下采用。尽管这两种计量标准可以是相同的货币计量单位的标示,如人民币的元、角、分等,但货币概念已经发生了变化。

2. 计量属性

计量属性也可称为计量基础或者计量模式,是计量过程中所依据的标准,具体来说分为下面五种。

(1) 历史成本。

在历史成本计量下,资产按照购置时支付的现金或现金等价物的金额,或者按照购置资产时所付出的对价的公允价值计量。负债按照因承担现时义务而实际收到的款项或者资产的金额,或者承担现时义务的合同金额,或者按照日常活动中为偿还负债预期需要支付的现金或者现金等价物的金额计量。

(2) 重置成本(也叫现行成本)。

在重置成本计量下,资产按照现在购买相同或者相似资产所需支付的现金或现金等价物的金额计量。负债按照现在偿付该项债务所需支付的现金或者现金等价物的金额计量。

重置成本的含义有以下五个方面:

① 重新购置同类新资产的市场价格;
② 重新购置同类新资产的市场价格减去相应折旧;
③ 重新购置具有相同生产能力资产的价格;
④ 重新生产或制造同类资产的成本;
⑤ 重新生产或制造同类资产的成本减去相应折旧。

(3) 可变现净值。

在可变现净值计量下,资产按照其正常对外销售所能收到的现金或者现金等价物的金额扣减该资产至完工时估计将要发生的成本、估计的销售费用以及相关税费后的金额计量。

(4) 现值。

在现值计量下，资产按照预计从其持续使用和最终处置中所产生的未来净现金流入量的折现金额计量。负债按照预计期限内需要偿还的未来净现金流出量的折现金额计量。

(5) 公允价值。

在公允价值计量下，资产和负债按照在公平交易中，熟悉情况的交易双方自愿进行资产交换或者债务清偿的金额计量。

第四节 会 计 规 范

会计规范泛指会计工作中所有应该遵循的标准，包括会计法律、会计法规、基本会计准则、具体会计准则和会计核算制度等。

一、会计法律

全国人民代表大会是国家最高权力机关，具有最高的立法权限，其立法权限是：修改宪法；制定和修改刑事、民事、国家机构和其他基本法律。全国人大的常务委员会的立法权限是：制定和修改除应当由全国人民代表大会制定的法律以外的其他法律；在全国人民代表大会闭会时，对其制定的法律进行修订，但不得与该法的基本原则相抵触。这个层次上所制定的规范性文件就是狭义的法律。

我国会计法律的最高层次、和会计工作联系最紧密的法律是《中华人民共和国会计法》（本书以下简称《会计法》），它是会计工作的根本大法。我国的国家机关、社会团体、企事业单位、军队、个体工商户以及其他经济组织办理会计事项，必须遵守会计法。《会计法》于 1985 年首次颁布实施。1993 年 12 月，经第八届全国人民代表大会常务委员会第五次会议修订。1999 年 10 月，经第九届全国人民代表大会常务委员会第十二次会议再次修订，由国家主席下令颁布，于 2000 年 7 月 1 日起实施。《会计法》全文共七章、五十二条，除了指出立法目的、规定适用范围、划分会计工作的管理权限，以及国家统一会计制度的制定外，还在会计核算、会计监督、会计机构和会计人员、法律责任等方面，规定了应当达到的要求。

二、会计法规

国务院各部、各委员会可以根据法律和行政法规、决定和命令，在本部门的权限内颁布通知和规章等。这个层次上所制定、颁布的规范性文件称为部门规章——部门性的行政法规,其法律效力低于宪法、法律和行政法规。我国的会计法规主要包括《企业财务会计报告条例》、《总会计师条例》等。

各级地方政府如各省、自治区、直辖市以及省级政府所在地的市和经国务院批准的较大的市,可以在其权限内制定只在本辖区有效的地方性会计法规,但不得与宪法、法律和行政法规相抵触。

三、统一会计制度

1999年10月修订的《会计法》第一章第八条规定:"国家实行统一的会计制度。国家统一的会计制度由国务院财政部门根据本法制定并公布。国务院有关部门可以依照本法和国家统一的会计制度,制定对会计核算和会计监督有特殊要求的行业实施国家统一的会计制度的具体办法或者补充规定,报国务院财政部门审核批准。"这里所称的统一会计制度,是广义概念,是指为了规范会计工作,由政府管理部门对处理会计事务所作出的规章、准则、办法等规范性文件的总称,包括对会计工作、会计核算、会计监督、会计人员、会计档案等方面的规范性文件。

我国现行的统一会计制度体系由企业会计准则和企业会计制度构成。

(一)企业会计准则

1. 基本会计准则

基本会计准则,是规范企业会计确认、计量和报告行为,保证会计信息质量而作出的原则性规定,它为制定具体准则和会计制度提供依据。我国最早的《企业会计准则》(基本准则)是1992年11月颁布、从1993年7月1日起开始执行的。随着时间的推移和客观环境的不断发展变化,原来的基本准则逐渐显现出了其与客观会计实践不协调之处。2006年2月15日,财政部发布了经全面修订后的《企业会计准则——基本准则》,该准则自2007年1月1日起实施。《企业会计准则——基本准则》包括总则、会计信息质量要求、资产、负债、所有者权益、收入、费用、利润、会计计量、财务会计报告和附则等共十一章五十条。

2. 具体会计准则

具体会计准则,是指依据基本会计准则的要求,就经济业务的处理及其程序作出的具体规定,包括以下三个方面。

(1)共同业务会计准则。这是对各行业会计核算中共同性业务的会计处理作出的规定,如金融资产、存货、固定资产、长期股权投资、无形资产、收入、费用、所得税等方面的具体准则。

(2)特殊业务准则。这是对各行业特殊的会计业务及特殊行业的特殊业务的处理方法和程序作出的规定,前者主要有外币业务、租赁业务、资产减值业务、清算业务、债务重组、非货币性资产交换、建造合同,等等;后者如银行的存贷款业务、证券公司的证券投资业务、农业的农产品计价和收入确认等等。

(3)会计报表准则。主要规定信息披露的方式、内容及会计报表的基本格式,主要有资产负债表、现金流量表、合并会计报表、资产负债表日后事项、关联方关系及其交易披露,以及会计政策、会计估计变更和会计差错更正等准则。

我国从1997年起陆续制定、发布和实施了一系列的具体会计准则。2006年2月15日,财政部发布了38项具体会计准则,自2007年1月1日起,在上市公司范围内实施,并鼓励其他企业执行。

3. 会计准则应用指南

会计准则应用指南,是由财政部制定并发布的,对基本会计准则和具体会计准则的应用所作的进一步解释。会计准则应用指南由会计准则解释以及会计科目和主要账务处理两部分内容构成。财政部于2006年10月30日发布了《企业会计准则——应用指南》(其中包括了32项具体会计准则指南)自2007年1月1日起,在上市公司范围内实施,并鼓励其他企业执行。

我国目前已经颁布并实施的具体会计准则及应用指南情况如附录所示。

此外,为了全面贯彻实施企业会计准则,落实会计准则趋同与等效,根据企业会计准则执行情况和有关问题,自2007年11月起,财政部还陆续制定、发布了《企业会计准则解释第1号》、《企业会计准则解释第2号》和《企业会计准则解释第3号》等。

(二)企业会计制度

企业会计制度,是指企业进行会计工作所应遵循的规则、方法、程序的总称。狭义的企业会计制度,仅指约束会计核算的规范性文件,比如,财政部颁布的于2001年1月1日起实施的《企业会计制度》,是会计核算方面的制度,其主要由下列三部分组成:(1)总说明;(2)会计科目,包括会计科目表和会计科目使用说明;(3)会计报表,包括会计报表的种类和格式、会计报表编制说明、会计报表附注。目前,我国实施的企业会计制度主要有一般企业会计制度、金融保险企业会计制度和小企业会计制度等。

企业在遵循国家统一会计制度的基础上,可以制定企业自己的会计制度。

我国的企业会计规范体系及其层次关系如图1-2所示。

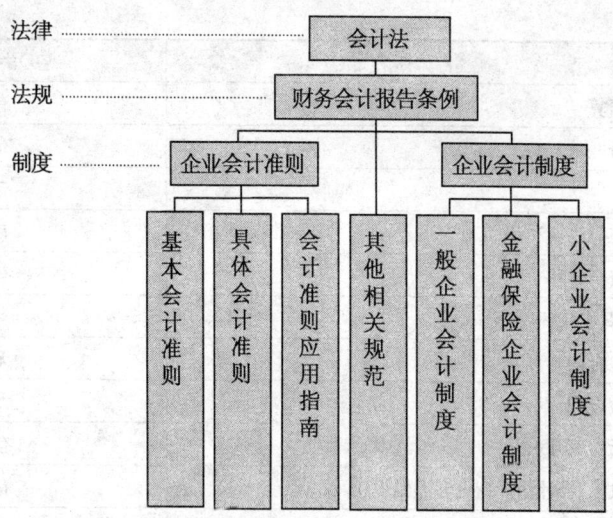

图 1-2 我国企业会计规范体系示意图

附录 具体会计准则及应用指南一览表

编号	名称	应用指南
1	存货	有
2	长期股权投资	有
3	投资性房地产	有
4	固定资产	有
5	生物资产	有
6	无形资产	有
7	非货币性资产交换	有
8	资产减值	有
9	职工薪酬	有
10	企业年金基金	有
11	股份支付	有
12	债务重组	有
13	或有事项	有
14	收入	有
15	建造合同	无
16	政府补助	有
17	借款费用	有
18	所得税	有

续表

编号	名称	应用指南
19	外币折算	有
20	企业合并	有
21	租赁	有
22	金融工具确认和计量	有
23	金融资产转移	有
24	套期保值	有
25	原保险合同	无
26	再保险合同	无
27	石油天然气开采	有
28	会计政策、会计估计变更和差错更正	有
29	资产负债表日后事项	无
30	财务报表列报	有
31	现金流量表	有
32	中期财务报告	无
33	合并财务报表	有
34	每股收益	有
35	分部报告	有
36	关联方披露	无
37	金融工具列报	有
38	首次执行企业会计准则	有

【本章相关法规】

《中华人民共和国会计法》(中华人民共和国主席令第24号),1999年10月31日

《企业财务会计报告条例》(中华人民共和国国务院令第287号),2000年6月21日

财政部《企业会计准则——基本准则》(财政部令33号),2006年2月15日

财政部《企业会计准则第30号——财务报表列报》(财会[2006]3号),2006年2月15日

财政部《企业会计准则——应用指南》(财会[2006]18号),2006年10月30日

财政部《企业会计制度》(财会[2000]25号),2000年12月29日

国际会计准则委员会《国际会计准则第 1 号——财务报表的列报》,1997 年修订

美国财务会计准则委员会《论财务会计概念》

【复习思考题】

1. 会计的含义是什么？会计有哪些特点？
2. 会计有哪些基本职能？
3. 什么是会计假设？会计假设包括哪些具体内容？
4. 财务报告的目的是什么？
5. 会计信息具有哪些质量特征？
6. 什么是会计要素？会计要素包括哪些具体内容？
7. 会计要素之间存在着怎样的关系？
8. 什么是会计确认？会计确认必须符合哪些标准？会计确认的基础有哪些？
9. 什么是会计计量？会计计量属性有哪些？
10. 我国的会计规范体系包括哪些方面？

第二章 复式记账原理

【学习目标】

通过本章学习,学生应当了解并掌握以下内容:
1. 会计等式
2. 复式记账和借贷记账法的基本原理
3. 会计科目和账户
4. 总分类核算和明细分类核算
5. 试算平衡的基本原理
6. 会计循环的步骤
7. 会计信息产生的程序与方法
8. 会计凭证、会计账簿、会计报表的用途与分类

第一节 会 计 等 式

一、交易和事项

交易,是指发生在两个不同会计主体之间的价值转移,如两个企业之间的商品购销。事项,是指发生在主体内部各个部门之间的资源的转移,如生产车间从仓库领用原材料。在我国会计实践中,人们习惯将交易和事项统称为经济业务,即指那些发生在经济主体之间或主体内部、导致各项会计要素产生实际数量变化的经济活动,如购买生产设备、从银行取得借款、完工产品验收入库等。会计要提供企业的经营成果和财务状况信息,首先就需要对企业发生的交易或事项进行分析,看其对企业产生了何种影响,即分析交易或事项对财务报表要素产生了何种影响。

二、会计恒等式

会计等式是表明各会计要素之间基本关系的恒等式,也称为会计恒等式、会计平衡公式等。

企业要展开正常的生产经营活动,就必须拥有一定量的财产。会计上将因过去的交易或事项而引发的、企业拥有或控制的、能够给企业带来经济利益流入的资源称为资产。企业的资产是多种多样的,比如,厂房、设备、原材料、库存现金和银行存款等。从辩证的角度看,资产可以从两方面解释:一方面,任何资产,只不过是经济资源的一种存在或表现方式;另一方面,企业的资产都有其来源,是按照一定的渠道进入企业的。通常,在经济社会里,一般人都不会无偿地将经济资源让渡出去,也就是说,企业中的各项资产,都有其相应的权益要求。在企业设立之初,资产全部都是由投资人提供的,而其投资的目的,就是通过资产的运营赚取收益。此时,全部资产代表的是所有者的权益,表示所有者对企业资产的要求权。这样,就形成了最初的会计等式:

资产 = 权益

在企业开始运营以后,可能原有的资金不能满足需要,此时,企业还可以通过向债权人借款等方式取得经营所需要的资金,而债权人对企业资产也拥有要求权,即形成了债权人权益,即企业的负债。企业通过举借而获得的资产,与投资人投资的资产不同,它们分别代表着投资人和债权人对企业资产的要求权,为了将这两种要求权加以区别,上述会计等式就扩展为:

资产 = 负债 + 所有者权益

上述等式中,负债和所有者权益代表着两种不同的资产来源。前者是企业借入的资产,通常会有确切的偿还期限,有的还需要偿付利息,这种债权人权益受到法律保护,其偿还具有强制性。后者是企业所有者给企业提供的资产,反映的是所有者的权益,代表企业的所有者对企业拥有的权益。实际上,资产、负债和所有者权益是同一事物的两个方面,资产是企业资金的占用状态,负债和所有者权益则是企业资金的来源。也就是说,资产与对该项资产的要求权是相互依存、一一对应的,有一定数额的资产,就一定有相应数额的权益;反之,有一定数额的权益,就必定有一定数额的资产。

上述会计等式反映了企业资产的归属关系,在任何情况下,等式左右的平衡关系都不会被破坏,是一种恒等关系。因此,会计恒等式就成为企业进行会计记录和编制会计报表的基础,是企业资金运动的相对静止状态。

如上所述,企业所有的资产都有其来源,或者是借入的,或者是投资人投入的,当然,也可能是企业在经营过程中赚取的。企业在其生产经营过程中,通过生产产品、销售货物或提供劳务等方式赚取收入;而为了取得收入,就必然要发生一定的支出,这些资源的流出就构成了费用。将一定期间的收入和费用相抵之后,就可以确定该期间的经营成果,即企业的利润。这种关系可用公式表述如下:

收入－费用＝利润

企业那些取得收入、发生费用的经济业务,在收入或费用增加的同时,也会导致资产或负债产生相应的变动。通常,收入总是会引起资产的增加或负债的减少;费用的发生会相应地消耗企业的资产或增加企业的负债;收入和费用相抵减的结果,无论是盈利(收入大于费用)还是亏损(收入小于费用),都应该归企业的所有者来享有或承担。盈利意味着企业所有者权益的增加,而亏损则意味着所有者权益的减少。由此,会计等式就可以表示为:

资产＝负债＋所有者权益＋利润

因为"利润＝收入－费用",故,上述公式也可表述为:

资产＝负债＋所有者权益＋(收入－费用)

须说明的是:(1)上述公式反映了企业财务状况与经营成果之间的关系,在不考虑非损益因素对所有者权益影响的情况下,一定期间内所有者权益的变动,是由当期利润引起的。(2)上述公式中的"收入"和"费用"是指广义上的收入和费用,即一定期间内企业经济利益的总流入和总流出。

三、交易、事项对会计等式的影响

前已述及,交易、事项是导致各项会计要素产生实际数量变化的经济活动。结合前述会计等式,现举例分析说明交易、事项对会计等式的影响。

【例2-1a】 2008年6月1日,在校大学生盛夏独立创业,注册成立卡米拉打印服务公司,注册资金为100 000元。盛夏将注册资金全部存入公司在银行开设的账户内。

此项业务使得卡米拉公司拥有资产(银行存款)100 000元,同时,也使盛夏对卡米拉打印服务公司享有相应的产权,即卡米拉公司的所有者权益(实收资本)增加100 000元。该业务用会计等式表述如下:

资产	=	负债	+	所有者权益
银行存款				实收资本
+100 000				+100 000

【例2-2a】 6月5日,卡米拉公司从某办公用品公司购入打印、复印等设备共计40 000元,双方约定货款10天以后支付。

此项业务使得卡米拉公司的资产(固定资产)增加40 000元,同时,也承担了40 000元的负债(应付账款),即资产和负债同时增加40 000元。

资产	=	负债	+	所有者权益
银行存款 + 固定资产		+ 应付账款		实收资本
100 000 + 40 000		+ 40 000		100 000

【例 2-3a】 6 月 6 日，卡米拉公司从百货批发公司购入打印纸等耗材共计 3 000 元，货款当即用支票支付。

此项业务使得卡米拉公司的一项资产（存货）增加 3 000 元，而另一项资产（银行存款）减少 3 000 元。

资产	=	负债	+	所有者权益
银行存款 + 固定资产		应付账款		实收资本
+ 存货 − 银行存款				
100 000 + 40 000 + 3 000		40 000		100 000
− 3 000				

【例 2-4a】 6 月 15 日，经与某办公用品公司协商，卡米拉公司开具一张三个月期限的 15 000 元的商业汇票抵付前欠该公司的部分货款。

此项业务使得卡米拉公司的一项负债（应付账款）减少 15 000 元，而另一项负债（应付票据）增加 15 000 元。

资产	=	负债	+	所有者权益
银行存款 + 固定资产		应付账款 − 应付账款		实收资本
+ 存货		+ 应付票据		
97 000 + 40 000 + 3 000		40 000 − 15 000 + 15 000		100 000

【例 2-5a】 6 月 16 日，通过银行支付前欠某办公用品公司的部分货款 5 000 元。

此项业务使得卡米拉公司的资产（银行存款）减少 5 000 元，同时，负债（应付账款）减少 5 000 元。

资产	=	负债	+	所有者权益
银行存款 + 固定资产		应付账款 + 应付票据		实收资本
+ 存货 − 银行存款		− 应付账款		
97 000 + 40 000		25 000 + 15 000 − 5 000		100 000
+ 3 000 − 5 000				

【例 2-6a】 6 月 18 日,经与某办公用品公司协商,卡米拉公司将其前欠该办公用品公司的 20 000 元货款转为该办公用品公司对卡米拉公司的投资。

此项业务使得卡米拉公司的负债(应付账款)减少 20 000 元,同时,所有者权益(实收资本)增加 20 000 元。

资产	=	负债	+	所有者权益
银行存款 + 固定资产 + 存货		应付账款 + 应付票据 − 应付账款		实收资本 + 实收资本
92 000 + 40 000 + 3 000		20 000 + 15 000 − 20 000		100 000 + 20 000

【例 2-7a】 6 月 26 日,经有关管理机关批准,投资人盛夏从卡米拉公司撤回投资 20 000 元。

此项业务使得卡米拉公司的资产(银行存款)减少 20 000 元,同时,所有者权益(实收资本)减少 20 000 元。

资产	=	负债	+	所有者权益
银行存款 + 固定资产 + 存货 − 银行存款		应付票据		实收资本 − 实收资本
92 000 + 40 000 + 3 000 − 20 000		15 000		120 000 − 20 000

【例 2-8a】 6 月 29 日,卡米拉公司的投资人之一——某办公用品公司将其对卡米拉公司的投资全部转让给某百货批发公司。

此项业务使得卡米拉公司的一项所有者权益(实收资本)减少 20 000 元,同时,另一项所有者权益(实收资本)增加 20 000 元。

资产	=	负债	+	所有者权益
银行存款 + 固定资产 + 存货		应付票据		实收资本 − 实收资本 + 实收资本
72 000 + 40 000 + 3 000		15 000		100 000 − 20 000 + 20 000

【例 2-9a】 6 月 30 日,卡米拉公司决定向投资人分配利润共计 2 000 元,将于 7 月 5 日支付。

公司宣告分派利润时,在法律上就意味着承担了一项负债。同时,利润分配也意味着所有者权益的减少。故,此项业务使得卡米拉公司的负债(应付利润)增加 2 000 元,同时,所有者权益(未分配利润)减少 2 000 元。

资产	=	负债	+	所有者权益
银行存款+固定资产+存货		应付票据+应付利润		实收资本-未分配利润
72 000+40 000+3 000		15 000+2 000		100 000-2 000

综上所述,交易、事项对会计等式的影响可概括为九大类,如表 2-1 所示。

表 2-1 各种交易事项对会计等式的影响

交易、事项	资产	=	负债	+	所有者权益
1	增加				增加
2	增加		增加		
3	增加、减少				
4			增加、减少		
5	减少		减少		
6			减少		增加
7	减少				减少
8					增加、减少
9			增加		减少

须说明的是:(1)上述业务都是相对简单的交易、事项,而在现实经济生活中,企业面对的经济业务是错综复杂的,一笔经济业务往往会导致两个以上会计要素的增减变化。比如,在接受投资人投资时,投资人给企业投入的资产有一部分是现金,另一部分是设备或原材料等。(2)上述交易、事项举例中尚未涉及收入、费用类的相关业务。

总之,客观经济活动错综复杂,交易、事项的发生会引起企业资产、负债和所有者权益的增减变动,但无论如何,都不会改变或破坏会计恒等式的平衡关系。正确理解这种平衡关系,对复式记账方法的掌握和运用都有着非常重要的作用。

第二节 会计科目和账户

一、会计科目

(一)会计科目的概念

任何经济业务发生之后,都会引起资产、负债与所有者权益的某些项目发生增减变化。例如,用银行存款购进原材料,原材料的增加导致银行存款的减少,资产要素的具体组成发生变化;用银行存款偿还前欠货款,应付账款与银行存款的同时减少,使得负债与资产两要素金额同时减少,等等。由于企业的经济活动复杂,会计事项发生频繁,它所引起的各个会计要素的内部构成以及各个会计要素之间的增减变化也错综复杂,表现为不同的形式。为了对会计对象的具体内容进行会计反映和监督,就需要根据其各自不同的特点,进行分门别类的核算。另外,企业的资产、负债和所有者权益内部各个项目之间,既有其共性,也有其个性。例如,生产企业的房屋、建筑物、机器设备等,都是其进行生产的劳动资料,而各种原材料则是其进行生产的劳动对象。虽然它们都属于生产领域中的资产,但它们在生产中的作用却不相同。负债中的应付账款、短期借款、应交税费等,虽然都是负债,但它们的具体形成和作用都不同。为此,对资产、负债和所有者权益在金额上的变动,企业不仅要按其不同的经济内容,而且还要按其具体的用途加以反映和控制。为了全面、系统、分类地反映和控制由于经济业务的发生而引起的资产、负债和所有者权益的增减变动,以满足经营管理的不同要求,企业就必须设置会计科目。

会计科目是对于会计对象的具体内容进行分类核算的标志或项目。设置会计科目,就是根据会计对象的具体内容和经济管理的具体要求,事先规定分类核算的项目或标志的一种专门的方法。通过设置会计科目,可以对纷繁复杂、性质不同的经济业务进行科学的分类,可以将复杂的经济信息变成有规律的易识别的经济信息,并为其转换为会计信息准备条件。在设置会计科目时,需要将会计对象中具体内容相同的归为一类,设立一个会计科目,凡是具备这类信息特征的会计事项,都应该在这个科目项下进行核算。例如,根据负债这一会计要素的特征以及经济管理的要求,可以设置"短期借款"、"应付账款"、"应付票据"、"应付职工薪酬"、"预收账款"、"应交税费"、"应付股利"等会计科目,这样才能够对负债这一会计要素的具体内容进行核算。设置会计科目时,要为每一具体的类别规定一个科目名称,并且限定在该科目名称下包括的内容。由此可见,会计科目就是对会计要素的具体内容分类的标志,在每一个会计科目名称的项下,都要有明确的含义、核算范围等。

(二) 会计科目的分类

会计科目按提供资料的详略程度可以分为总分类科目(简称总账科目,也称一级科目)和明细分类科目(简称明细科目)两种。总分类科目是对会计对象具体内容所作的总分类,是总括地反映各会计要素具体内容的科目;明细分类科目一般是根据国家规定和管理上的需求,对各项总分类科目的内容进行进一步分类的名称或标志,是详细地反映各项会计要素具体内容的科目。有的总分类科目所包含的具体内容范围很大,可以在其下划分小类,称设置二级科目,即介于总分类科目和明细分类科目之间的科目。然后在二级科目下再分设明细分类科目。二级科目本身也属于明细分类科目。例如,"原材料"是一个总分类科目,它所包含的二级科目有"原料"、"辅助材料"、"燃料"等,在二级科目之下,又可按材料品种设置明细科目,如"甲材料"、"乙材料"、"丙燃料"、"丁燃料"等。假定某企业的原材料主要包括木材、水泥和钢材等,钢材又包括线材、管材和板材,则其原材料相关的总账科目和明细科目分类及其层级关系如图2-1所示。

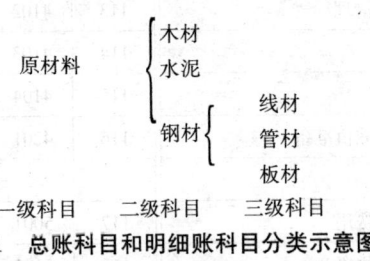

图2-1　总账科目和明细账科目分类示意图

会计科目是会计规范的组成部分。在我国,目前,一级会计科目仍由财政部统一制定并颁布执行。由财政部对每个会计科目的内容、方法等作出具体规定,使会计工作更规范化、制度化,从而保证了会计核算指标口径一致,便于综合汇总和分析利用。我国《企业会计准则——应用指南》中规范的会计科目(总账科目)如表2-2所示。

表2-2　企业会计科目表(常用部分)

顺序号	编号	会计科目名称	顺序号	编号	会计科目名称
		一、资产类	30	1405	库存商品
1	1001	库存现金	31	1406	发出商品
2	1002	银行存款	32	1407	商品进销差价
5	1012	其他货币资金	33	1408	委托加工物资
8	1101	交易性金融资产	34	1411	周转材料
10	1121	应收票据	40	1471	存货跌价准备
11	1122	应收账款	41	1501	持有至到期投资
12	1123	预付账款	42	1502	持有至到期投资减值准备
13	1131	应收股利	43	1503	可供出售金融资产
14	1132	应收利息	44	1511	长期股权投资
18	1221	其他应收款	45	1512	长期股权投资减值准备
19	1231	坏账准备	46	1521	投资性房地产
26	1401	材料采购	47	1531	长期应收款
27	1402	在途物资	50	1601	固定资产
28	1403	原材料	51	1602	累计折旧
29	1404	材料成本差异	52	1603	固定资产减值准备

续表

顺序号	编号	会计科目名称	顺序号	编号	会计科目名称
53	1604	在建工程	111	4002	资本公积
54	1605	工程物资	112	4101	盈余公积
55	1606	固定资产清理	113	4102	一般风险准备
62	1701	无形资产	114	4103	本年利润
63	1702	累计摊销	115	4104	利润分配
64	1703	无形资产减值准备	116	4201	库存股
65	1711	商誉			五、成本类
66	1801	长期待摊费用	117	5001	生产成本
67	1811	递延所得税资产	118	5101	制造费用
69	1901	待处理财产损溢	119	5201	劳务成本
		二、负债类	120	5301	研发支出
70	2001	短期借款	121	5401	工程施工
79	2201	应付票据	122	5402	工程结算
80	2202	应付账款			六、损益类
81	2203	预收账款	124	6001	主营业务收入
82	2211	应付职工薪酬	129	6051	其他业务收入
83	2221	应交税费	130	6061	汇兑损益
84	2231	应付利息	131	6101	公允价值变动损益
85	2232	应付股利	132	6111	投资收益
86	2241	其他应付款	136	6301	营业外收入
93	2401	递延收益	137	6401	主营业务成本
94	2501	长期借款	138	6402	其他业务成本
95	2502	应付债券	139	6403	营业税金及附加
100	2701	长期应付款	149	6601	销售费用
101	2702	未确认融资费用	150	6602	管理费用
102	2711	专项应付款	151	6603	财务费用
103	2801	预计负债	153	6701	资产减值损失
104	2901	递延所得税负债	154	6711	营业外支出
		三、共同类	155	6801	所得税费用
		四、所有者权益类	156	6901	以前年度损益调整
110	4001	实收资本			

二、账户

(一) 账户的概念

会计科目是对会计对象的具体内容进行的分类,但它并不能反映出会计事项发生后引起的各项资产、负债、所有者权益等项目的增减变动情况及其结果。因此,必须根据会计科目开设相应的账户,以便对各项会计事项进行分类、系统、连续的记录。所谓账户,是指按照规定的会计科目设置并具有一定格式,用来分类、系统、连续地记录会计事项的专门方法。它由账户名称(会计科目就是账户的名称)和账户结构两部分组成。

会计科目与账户在会计学中是两个既有联系又有区别的概念。其共同点在于:(1)两者都是对会计事项进行分类;(2)都是按照会计对象的经济内容设置的。两者的区别在于:(1)会计科目只是会计事项分类核算的标志,仅仅是一个名称;(2)账户既有名称,又有结构,可以具体记录和反映某类(某项)经济内容的增减变动及其结果。在实际工作中,一般将会计科目作为账户的同义语。

(二) 账户的基本结构

1. 账户的结构

账户除了以会计科目为名称外,还必须具备一定的结构。所谓账户的结构,是指账户由哪些要素构成。采用不同的记账方法,账户的结构不同,即使采用同一种记账方法,不同性质的账户的结构也不同。但是,账户的基本结构是不受记账方法和账户性质的影响的。各项会计事项发生都要引起资产和权益有关项目的变动,虽然错综复杂,但从数量方面来看无非是增加或减少,因此,用于分类记录经济业务的账户,在结构上也应相应分为两个基本部分:左方和右方,分别记录资产和权益项目的增加和减少,这就是账户的基本结构,如图 2-2 所示。

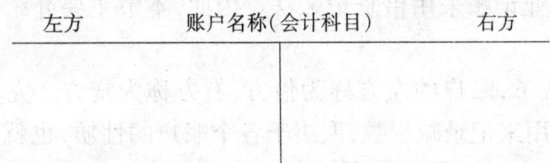

图 2-2　账户的基本结构示意图

图 2-2 的格式称作丁字形账户或"T"字形账户。在账户左右两方主要记录期初余额、本期增加额、本期减少额和期末余额。账户的增加额和减少额相抵后的差额,称为账户余额。余额按其表现的不同时间,分为期初余额和期末余额。本期发生额是一个动态指标,它说明会计要素的增减变动情况。本期增加额,就是在一定时期(月、季、年)内账户所登记的增加金额合计数;本期减少额,就是在一

定时期内账户所登记的减少金额合计数。本期增加额与本期减少额相抵后的差额,再加上期初余额,就是期末余额。余额是一个静态指标,它说明会计要素在某一时期增减变化的结果。本期期末余额就是下期的期初余额。

账户的这四项数额是记在账户的左方还是右方,要根据不同的记账方法和账户的性质来确定。

"T"字形账户其实是一种简化的格式。实际工作中最基本的账户格式是三栏式账户,以借贷记账法为例,账户的"三栏"即为借方金额、贷方金额和余额。如表2-3 所示,账户包括以下几个内容:账户的名称;登记的日期、凭证号数和摘要;增加和减少的数额;余额等。

表2-3　三栏式账户结构

账户名称(会计科目)

年		凭证号数	摘　　要	借方金额	贷方金额	余　　额
月	日					

在三栏式账户结构中,日期栏反映记账时间,凭证号数栏反映记账依据,摘要栏反映会计事项的内容。借方金额和贷方金额记录本期的发生额,余额栏记录账户增减变化的结果。

2. 借贷记账法下账户的结构

目前,世界各国通行的记账方法是借贷记账法。我国《企业会计准则——基本准则》也规定企业记账采用借贷记账法。因此,本节主要介绍借贷记账法下的账户结构。

在借贷记账法下,账户的左方称为借方,右方称为贷方。究竟哪一方用来记录增加数,哪一方用来记录减少数,取决于各个账户的性质,也就是账户所反映的经济内容。前已述及,账户是反映资产、负债和所有者权益增减变动及其结果的,所以账户可以分为反映资产的账户、反映负债的账户和反映所有者权益的账户。另外,在企业的生产经营过程中必然会发生一些收入和费用,一定期间经营过程结束必然会产生盈利或亏损,为此又产生了反映成本的账户和反映损益的账户。因为存在资产总额等于负债与所有者权益总额之和的会计恒等式,所以资产类账户在记录增减变动时,必然和负债类账户及所有者权益类账户记录增减变动的方向相反。在借贷记账法下,一般习惯于在资产类账户的借方记录增加数,在贷方记录减少数;在负债类账户和所有者权益类账户中正好相反,在贷方记录增加数,在借方记录减少数。这样登记的结果是:所有资产类账户的借方金额必然大于贷方金额,其期初余额和期末余额在借方;所有负债类账户和所有者权益类账户的借方金额必然小于贷方金额,其期初余额和期末余额在贷方,具体如图2-3 和图2-4所示。

借方	资产类账户	贷方
期初余额:×××		
本期增加额:×××		本期减少额:×××
…		…
本期发生额合计:×××		本期发生额合计:×××
期末余额:×××		

图 2-3　资产类账户结构示意图

借方	负债和所有者权益类账户	贷方
		期初余额:×××
本期减少额:×××		本期增加额:×××
…		…
本期发生额合计:×××		本期发生额合计:×××
		期末余额:×××

图 2-4　负债和所有者权益类账户结构示意图

为了对经济活动进行完整、连续、系统而综合的计算和记录,账户本期期末余额必须结转为下期的期初余额。账户余额和发生额之间的关系可以用以下公式表示:

$$\text{资产类账户期末余额} = \text{借方期初余额} + \text{本期借方发生额} - \text{本期贷方发生额}$$

$$\text{权益类账户期末余额} = \text{贷方期初余额} + \text{本期贷方发生额} - \text{本期借方发生额}$$

企业会计事项的发生不只引起资产、负债及所有者权益的增减变动,有时还会引起收入和费用的增减变动。收入是企业在生产、经营过程中销售产品或提供劳务所获得的收益,费用是企业为获取收入而发生的各种经济资财的耗费。结合会计恒等式分析,收入的增加会引起资产的增加,同时也引起所有者权益的增加;费用的发生将导致资产的减少或负债的增加,也导致所有者权益的减少。所以,收入类账户的结构与所有者权益类账户的结构相同,费用类账户的结构与所有者权益类账户的结构相反,如图2-5 和图2-6 所示。

借方	收入类账户	贷方
本期减少额：××× …		本期增加额：××× …
本期发生额合计：×××		本期发生额合计：×××

图 2-5　收入类账户结构示意图

借方	费用类账户	贷方
本期增加额：××× …		本期减少额：××× …
本期发生额合计：×××		本期发生额合计：×××

图 2-6　费用类账户结构示意图

这里还须说明的是，通过收入类和费用类账户，可以确定一定期间企业的经营成果。三者的关系是：

$$收入 - 费用 = 利润（或亏损）$$

因此，除了收入类账户和费用类账户外，还设置了"本年利润"账户，属于所有者权益类账户。在一个会计期末，收入类账户贷方所归集的当期收入实现数和费用类账户借方所归集的当期费用发生数要结转到"本年利润"账户以确定本期的盈利或亏损，增加或减少所有者权益。因此，收入类账户和费用类账户一般无余额。收入类账户、费用类账户与"本年利润"账户的关系如图 2-7 所示。

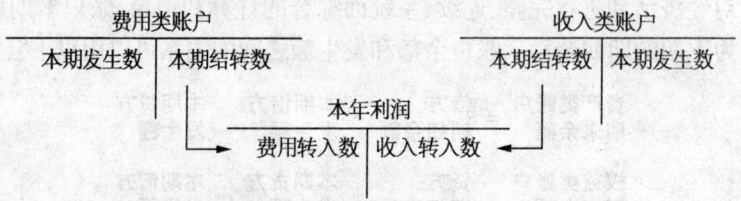

图 2-7　收入、费用与本年利润账户的关系示意图

第三节　复式记账——借贷记账法

一、复式记账原理

企业对其日常发生的各种交易、事项，都必须采用一定的记账方法将会计要素的增减变动登记在账户中。所谓记账方法是指会计事项发生后，根据一定的原

理和规则,采取一定的计量单位(以货币作为主要的计量单位),利用文字和数字来记载经济业务的专门方法。

复式记账法是指对每一项经济业务所引起的资金变化情况,必须相互联系地在有关的两个或两个以上的账户中以相等的金额进行记录的一种记账方法。与单式记账法相比较,复式记账法有以下三个特点:(1)账户的设置完整、全面,构成一个账户体系;(2)由于对每一项会计事项都要在相互联系的两个或两个以上的账户中做记录,根据账户记录的结果,不仅可以了解每一项会计事项的来龙去脉,而且可以通过会计要素的增减变动全面、系统地反映会计事项的过程和结果;(3)由于对一笔会计事项要求以相同的金额在两个以上的账户同时记账,因此可以按一定的计算公式对账户记录的结果进行试算平衡,检验全部记录是否正确。以用现金购进材料为例,在记账时,既要在现金账户中记录减少,又要相互联系地在材料账户中记录增加。正因为如此,复式记账法作为一种科学的记账方法,一直得到广泛的应用。

复式记账法包括几种具体的方法,有借贷记账法、增减记账法和收付记账法等,这些方法我国都曾经使用过。其中,借贷记账法是世界各国通行的记账方法,也是我国应用最广泛的一种记账方法。我国1992年颁布的《企业会计准则》明文规定,从1993年7月1日起,中国境内的所有企业都应当采用借贷记账法记账。

二、借贷记账法及其理论依据

借贷记账法起源于13、14世纪的意大利,最早是为了适应借贷资本记账的需要。随着资本主义的发展,经济活动的内容日趋复杂化,记录的经济业务也不再局限于货币资金的借贷业务,逐渐扩展到财产物资、经营成果等的增减变动。借贷记账法也随之扩展到企业生产经营的各方面,并成为一种国际通用的商业语言。

借贷记账法的基本原理可以从以下几个方面来理解。每一项会计事项的发生,必然对资产、负债和所有者权益等会计要素产生一定的影响。无论会计事项如何错综复杂,会计要素变动的结果不会打破资产总额等于负债与所有者权益总额的平衡关系。借贷记账法正是以"资产=负债+所有者权益"的会计恒等式为理论依据的。当一个会计要素发生变化后,另一个或两个会计要素必然随之发生变化才能保持会计恒等式的成立。一笔会计事项在记账时,必须在相关的两个或两个以上账户中进行等额记录,才能维持会计要素之间的平衡关系,才能保证经济业务记录的完整性。

三、借贷记账法的记账符号

借贷记账法以"借"、"贷"二字作为记账符号,是适应经济活动多样化、复杂化而形成的。"借"、"贷"的含义最初是从借贷资本家的角度来解释的。借贷资本家以经营货币的借入和贷出为基本业务,对于借入的或吸收的存款,记在贷主名下,表示自身的债务增加;对于贷出或发放的款项,记在债主名下,表示自身的债权增加。随着资本主义经济的发展,借贷记账法逐步推广,被用来记录各种会计事项的变化情况。因此,"借"、"贷"二字逐渐失去了原来的意义,演变为纯粹的记账符号,表示记账方向,成为会计上的专门术语。

在采用借贷记账法时,前述账户的基本结构也就演变为账户的"借方"和"贷方",一般规定账户的左方为借方,账户的右方为贷方。不同账户的哪一方记录增加额,哪一方记录减少额,要看账户反映的经济内容和账户的性质。账户的借方记录资产的增加,成本、费用的增加,负债和所有者权益的减少,收入和收益的减少;账户的贷方记录负债和所有者权益的增加,收入和收益的增加,资产的减少,费用、成本的减少,具体如图2-8所示。

借方	××账户	贷方
资产增加		负债、所有者权益增加
负债、所有者权益减少		资产减少
费用、成本增加		收入、收益增加
收入、收益减少		费用、成本减少

图2-8 借贷记账法账户结构示意图

四、借贷记账法的记账规则

记账规则是记账规律的高度概括。"有借必有贷,借贷必相等"的记账规则,是复式记账原理在借贷记账法中的具体运用。根据复式记账法的原理,对任何一项经济业务都必须以相等的金额在两个或两个以上相互联系的账户中进行记录。由于借贷记账法是以"资产 = 负债 + 所有者权益"的会计恒等式为理论依据的,资产、负债和所有者权益的借方和贷方又有着不同的含义。因此,一项经济业务发生,不论是引起两类账户等额同增或同减,或某一类账户等额的有增有减,按借贷记账法的要求登记入账后,必然在一个账户中记借方,同时在另一个或几个账户中记贷方;或者在一个账户中记贷方,同时在另一个或几个账户中记借方。记账的结果必然是"有借必有贷,借贷必相等"。

现仍以卡米拉公司2008年6月份发生的经济业务为例,说明借贷记账法记账规则的运用。

【例2-1b】 2008年6月1日,在校大学生盛夏独立创业,注册成立卡米拉打印服务公司,注册资金为100 000元。盛夏将注册资金全部存入公司在银行开设的账户内。

业务分析:这笔会计事项涉及资产和所有者权益两类会计要素,使两类账户等额增加。收到投资者的投资使"实收资本"(所有者权益类账户)增加,记入贷方;同时"银行存款"(资产类账户)增加,记入借方。这笔经济业务可用账户表示如下:

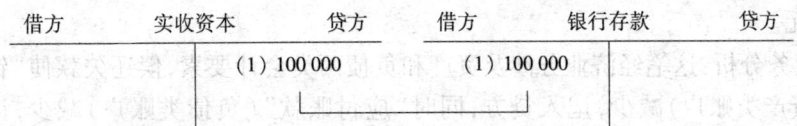

【例2-2b】 6月5日,卡米拉公司从某办公用品公司购入打印、复印等设备共计40 000元,双方约定货款10天以后支付。

业务分析:这笔经济业务涉及资产和负债两类会计要素,使两类账户等额增加。打印、复印设备使得"固定资产"(资产类账户)增加,记入借方;同时"应付账款"(负债类账户)增加,记入贷方。这笔经济业务可用账户表示如下:

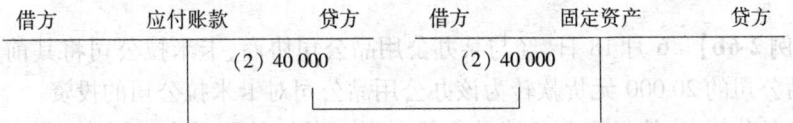

【例2-3b】 6月6日,卡米拉公司从百货批发公司购入打印纸等耗材共计3 000元,货款当即用支票支付。

业务分析:这笔经济业务只涉及资产类会计要素,是资产项目具体形态的转化。使"银行存款"(资产类账户)减少,记入贷方;同时"原材料"(资产类账户)增加,记入借方。这笔经济业务可用账户表示如下:

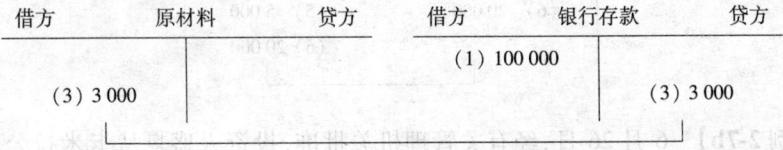

【例2-4b】 6月15日,经与某办公用品公司协商,卡米拉公司开具一张三个月期限的15 000元的商业汇票抵付前欠该公司的部分货款。

业务分析:这笔经济业务只涉及负债类会计要素,是负债项目具体形态的转化。使"应付账款"(负债类账户)减少,记入借方;同时"应付票据"(负债类账户)增加,记入贷方。这笔经济业务可用账户表示如下:

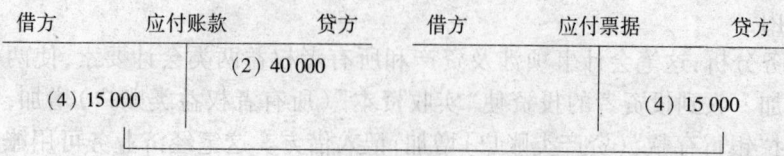

【例 2-5b】 6月16日,通过银行支付前欠某办公用品公司的部分货款5 000元。

业务分析:这笔经济业务涉及资产和负债两类会计要素,偿还欠款使"银行存款"(资产类账户)减少,记入贷方;同时"应付账款"(负债类账户)减少,记入借方。这笔经济业务可用账户表示如下:

借方	应付账款	贷方		借方	银行存款	贷方
		(2) 40 000				(1) 100 000
(4) 15 000						(3) 3 000
(5) 5 000						(5) 5 000

【例 2-6b】 6月18日,经与某办公用品公司协商,卡米拉公司将其前欠该办公用品公司的 20 000 元货款转为该办公用品公司对卡米拉公司的投资。

业务分析:这笔经济业务涉及负债和所有者权益两类会计要素,卡米拉公司"应付账款"(负债类账户)减少,记入借方;同时"实收资本"(所有者权益类账户)增加,记入贷方。这笔经济业务可用账户表示如下:

借方	实收资本	贷方		借方	应付账款	贷方
		(1) 100 000				(2) 40 000
				(4) 15 000		
		(6) 20 000		(5) 5 000		
				(6) 20 000		

【例 2-7b】 6月26日,经有关管理机关批准,投资人盛夏从卡米拉公司撤回投资 20 000 元。

业务分析:这笔经济业务涉及资产和所有者权益两类会计要素。退还投资者投资使"实收资本"(所有者权益类账户)减少,记入借方;同时"银行存款"(资产类账户)减少,记入贷方。这笔经济业务可用账户表示如下:

借方 实收资本 贷方	借方 银行存款 贷方
(1) 100 000	(1) 100 000
(6) 20 000	(3) 3 000
(7) 20 000	(5) 5 000
	(7) 20 000

【例 2-8b】 6月29日,卡米拉公司的投资人之一——某办公用品公司将其对卡米拉公司的投资全部转让给某百货批发公司。

业务分析:这笔经济业务只涉及所有者权益类会计要素,是所有者权益内部项目的转化,变动的结果是,一项"实收资本"(所有者权益类账户)增加,记入贷方;另一项"实收资本"减少,记入借方;所有者权益的总额不变。这笔经济业务可用账户表示如下:

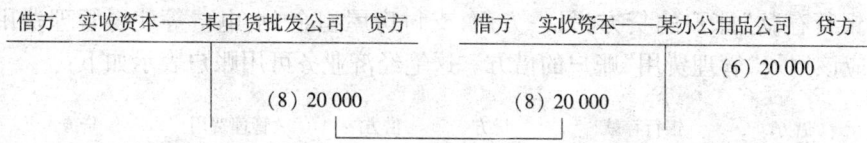

【例 2-9b】 6月30日,卡米拉公司决定向投资人分配利润共计2 000元,将于7月5日支付。

业务分析:这笔经济业务涉及负债和所有者权益两类会计要素,卡米拉公司宣布向投资人分配利润,意味着承担了一项负债,"应付利润"(负债类账户)增加,记入贷方;同时"未分配利润"(所有者权益类账户)减少,记入借方。这笔经济业务可用账户表示如下:

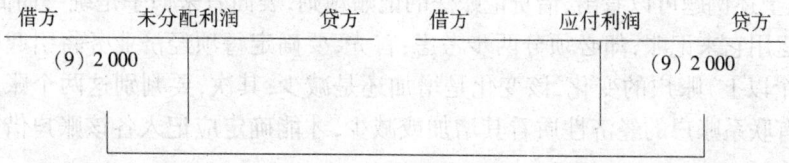

除上述交易、事项外,假定卡米拉公司还发生了如下与收入、费用相关的经济业务。

【例 2-10b】 6月30日,卡米拉公司提供打印、复印服务,取得收入6 000元,款项已全部存入银行。

业务分析:这笔经济业务使得资产类要素中的"银行存款"、收入类要素中的"主营业务收入"发生变化,两类要素同时增加。一方面,银行存款因款项存入而增加,应该记入"银行存款"账户的借方;另一方面,主营业务收入增加,应该记入

"主营业务收入"账户的贷方。这笔经济业务可用账户表示如下：

借方	主营业务收入	贷方	借方	银行存款	贷方
		(1) 100 000			
					(3) 3 000
					(5) 5 000
					(7) 20 000
		(10) 6 000		(10) 6 000	

【例2-11b】 6月30日，卡米拉公司用银行存款支付房屋租金、水电费等共计1 000元。

业务分析：这笔经济业务使得资产类要素中的"银行存款"和费用成本类要素中的"管理费用"发生变化。一方面，因用存款支出而使得银行存款减少，应该记入"银行存款"账户的贷方；另一方面，支付房屋租金、水电费等使得管理费用增加，应该记入"管理费用"账户的借方。这笔经济业务可用账户表示如下：

借方	银行存款	贷方	借方	管理费用	贷方
(1) 100 000					
		(3) 3 000			
		(5) 5 000			
		(7) 20 000			
(10) 6 000					
		(11) 1 000	(11) 1 000		

从上述例题可以看出，借贷记账法的记账规则，表面看来似乎是统一而简单的，但是，运用它来记账，却必须分两步考虑：首先，要确定每项经济业务将引起哪两个（或两个以上）账户的变化，该变化是增加还是减少；其次，要判别这两个账户的性质，只有联系账户的经济性质看其增加或减少，才能确定应记入各该账户借方还是贷方。

与会计恒等式相结合，对借贷记账法下的记账规则可以归纳为：在任何时点上，会计主体的全部资产和其相应的来源都存在着恒等关系，且这一恒等关系不会因为交易、事项的发生而被破坏。从数量关系上看，任何交易、事项必定符合下列四种形式之一。

（1）恒等式左右两方同时增加一个等量。属于这类交易、事项的有：企业接受投资人投资、企业举借债务、赊购货物、取得营业收入等。如前述经济业务1、经济业务2和经济业务10。

（2）恒等式左右两方同时减少一个等量。属于这类交易、事项的有：企业的投资人收回其投资、企业向投资人支付股利或利润、向国家交纳各种税费、偿还各项债务、支付各种费用等。如前述经济业务5、经济业务7和经济业务11。

（3）恒等式左方一增一减一个等量。恒等式的左方是资产要素，故这类形式实际上就是两个资产账户之间的一增一减。因为企业资产在使用的过程中会不断变化形态，从而导致各种资产相互之间不断转换形态。属于这类交易、事项的有：企业用银行存款购买各种设备或材料、将原材料投入产品生产、完工产品验收入库等。如前述经济业务3。

（4）恒等式右方一增一减一个等量。恒等式右方包括负债和所有者权益两个要素，故，这类形式可能有四种组合：负债一增一减；所有者权益一增一减；负债减少，所有者权益增加；负债增加，所有者权益减少。属于这类交易、事项的有：企业用商业汇票抵付前欠货款、分配股票股利或用公积金转增股本、企业的可转换债券持有人行使转换权将债券转换为股票、分配现金股利或利润。如前述经济业务4、经济业务6、经济业务8和经济业务9。

五、会计分录

从前述例题可以看出，采用复式记账法记账，在某项经济业务发生时，都要在两个或两个以上相互联系的账户中进行登记。这样，在有关账户之间必然形成了应借应贷的相互关系。账户之间的这种相互关系称为账户对应关系，存在对应关系的账户称为对应账户。通过账户的对应关系，可以了解经济业务的内容，全面反映经济业务的来龙去脉，并检查对经济业务的处理是否合理合法。如在例2-3中，卡米拉公司以银行存款3 000元购买打印、复印耗材，对这项经济业务进行分析可以知道，这项经济业务涉及了"银行存款"和"原材料"两个账户，根据借贷记账法的记账规则，此项经济业务应记入"银行存款"账户的贷方和"原材料"账户的借方。这样，"银行存款"与"原材料"账户就发生了对应关系，两个账户也就成为对应账户。

在会计上，每项经济业务发生后，都要记入有关账户。为了保证账户对应关系的正确和记账的方便，通常是将经济业务所涉及的账户名称、记录方向和金额用会计分录的形式表现出来，经检查无误后再据以记录。所谓的会计分录（也称为分录）就是在记账凭证中标明某项经济业务应借、应贷账户的名称、金额以及记账方向的记录。

会计分录是在对每项经济业务的内容进行分析之后，确定该经济业务所涉及的账户以及应在账户中登记的应借应贷金额，然后根据原始凭证编制的，这样可以保证会计分录的正确性，也便于日后检查。会计分录必须如实、正确地反映会计事项的内容。因为编制会计分录是会计核算全过程的最初阶段,所以,如果会计分录不正确,就必然影响整个会计记录的正确性。

按照书写惯例,在编制会计分录时,应注意以下问题:

(1) 会计分录应该是借方在上,贷方在下;

(2) 会计分录应该是借方在左,贷方在右,即贷方的记账符号、账户以及金额都要比借方后退一格。

通常,初学者运用借贷记账法,在编制会计分录时,可以按照以下五个步骤进行:

(1) 对所要处理的经济业务进行分析,判断其所影响到的账户的名称;

(2) 判断所涉及的账户的性质,即判断它们各属于什么会计要素,位于会计恒等式的哪一方;

(3) 确定这些账户受影响的方向,是增加还是减少;

(4) 根据这些账户的性质和增减方向,确定应记入借方还是贷方;

(5) 根据会计分录的格式要求,编制完整的会计分录。

仍以前述卡米拉公司的经济业务,说明其相应会计分录的编制方法。

【例 2-1c】 2008 年 6 月 1 日,在校大学生盛夏独立创业,注册成立卡米拉打印服务公司,注册资金为 100 000 元。盛夏将注册资金全部存入公司在银行开设的账户内。

借:银行存款　　　　　　　　　　　　　　　　100 000
　　贷:实收资本　　　　　　　　　　　　　　　　100 000

【例 2-2c】 6 月 5 日,卡米拉公司从某办公用品公司购入打印、复印等设备共计 40 000 元,双方约定货款 10 天以后支付。

借:固定资产　　　　　　　　　　　　　　　　40 000
　　贷:应付账款　　　　　　　　　　　　　　　　40 000

【例 2-3c】 6 月 6 日,卡米拉公司从百货批发公司购入打印纸等耗材共计 3 000 元,货款当即用支票支付。

借:原材料　　　　　　　　　　　　　　　　　3 000
　　贷:银行存款　　　　　　　　　　　　　　　　3 000

【例 2-4c】 6 月 15 日,经与某办公用品公司协商,卡米拉公司开具一张三个月期限的 15 000 元的商业汇票抵付前欠该公司的部分货款。

借:应付账款　　　　　　　　　　　　　　　　15 000
　　贷:应付票据　　　　　　　　　　　　　　　　15 000

【例 2-5c】 6 月 16 日,通过银行支付前欠某办公用品公司的部分货款 5 000 元。

借:应付账款　　　　　　　　　　　　　　　　5 000

第二章 复式记账原理

　　　　贷:银行存款　　　　　　　　　　　　　　　　　　　5 000

　【例2-6c】　6月18日,经与某办公用品公司协商,卡米拉公司将其前欠该办公用品公司的20 000元货款转为该办公用品公司对卡米拉公司的投资。

　　　借:应付账款　　　　　　　　　　　　　　　　　　　20 000
　　　　贷:实收资本　　　　　　　　　　　　　　　　　　　20 000

　【例2-7c】　6月26日,经有关管理机关批准,投资人盛夏从卡米拉公司撤回投资20 000元。

　　　借:实收资本　　　　　　　　　　　　　　　　　　　20 000
　　　　贷:银行存款　　　　　　　　　　　　　　　　　　　20 000

　【例2-8c】　6月29日,卡米拉公司的投资人之一——某办公用品公司将其对卡米拉公司的投资全部转让给某百货批发公司。

　　　借:实收资本——某办公用品公司　　　　　　　　　　20 000
　　　　贷:实收资本——某百货批发公司　　　　　　　　　　20 000

　【例2-9c】　6月30日,卡米拉公司决定向投资人分配利润共计2 000元,将于7月5日支付。

　　　借:未分配利润　　　　　　　　　　　　　　　　　　2 000
　　　　贷:应付利润　　　　　　　　　　　　　　　　　　　2 000

　【例2-10c】　6月30日,卡米拉公司提供打印、复印服务,取得收入6 000元,款项已全部存入银行。

　　　借:银行存款　　　　　　　　　　　　　　　　　　　6 000
　　　　贷:主营业务收入　　　　　　　　　　　　　　　　　6 000

　【例2-11c】　6月30日,卡米拉公司用银行存款支付房屋租金、水电费等共计1 000元。

　　　借:管理费用　　　　　　　　　　　　　　　　　　　1 000
　　　　贷:银行存款　　　　　　　　　　　　　　　　　　　1 000

　　会计分录根据其所涉及账户的多少,可分为简单会计分录和复合会计分录。简单会计分录,是指一笔经济业务只涉及两个账户的会计分录。如前述的11笔会计分录。复合会计分录,是指一笔经济业务涉及两个以上账户的会计分录,就是以一个账户的借方和几个账户的贷方,或以一个账户的贷方和几个账户的借方相对应。

　【例2-12】　某企业接受投资人投资500 000元,其中货币资金100 000元,生产设备400 000元。根据该经济业务所作的会计分录为:

　　　借:银行存款　　　　　　　　　　　　　　　　　　　100 000
　　　　固定资产　　　　　　　　　　　　　　　　　　　　400 000

贷：实收资本　　　　　　　　　　　　　　　500 000
　　上述复合会计分录也可以分解成两笔简单的会计分录。具体分录如下：
借：银行存款　　　　　　　　　　　　　　　100 000
　　贷：实收资本　　　　　　　　　　　　　　　100 000
借：固定资产　　　　　　　　　　　　　　　400 000
　　贷：实收资本　　　　　　　　　　　　　　　400 000
　　复合会计分录实际上是由几个简单会计分录组合而成的。编制复合会计分录，可以集中、全面地反映某项经济业务的全面情况，可以简化记账工作，节约记账时间。简单会计分录反映问题直观，便于检查。而在实际工作中须注意的是，不能将那些毫无联系的简单会计分录拼凑成所谓的复合会计分录。

六、过账和试算平衡

　　过账，是指把会计分录中的金额分别向相关账户的相应方向中登记的过程。根据反映经济业务的会计分录，在检查审核无误后，应当分别记入各有关账户，这是通过账户进行分类汇总，借以逐步形成各种信息的必要步骤。

　　在过账之前，如果该账户在上一期末有余额，应先结转为账户中的本期"期初余额"。将会计分录中的发生额记入相关账户后，到月末，应再结出该账户的"期末余额"。

　　试算平衡，是指在结算出一定时期账户的发生额和余额的基础上，根据资产总额等于负债总额加所有者权益总额的平衡关系和记账规律，通过汇总计算和比较来检查账户记录是否正确的一种专门方法。

　　每一项经济业务发生后，按照借贷记账法的记账规则来记账，借贷两方的发生额必然是相等的。而且，当一定会计期间（年、季、月）的全部经济业务的会计分录都记入相关账户后，所有账户的借方发生额合计数与贷方发生额的合计数也必然相等。同样，全部账户的借方期末余额的合计数与贷方期末余额的合计数也必然相等。用借贷记账法记账，就要根据"有借必有贷，借贷必相等"的规则进行试算平衡，以检查对每笔经济业务所作的会计分录的正确性和完整性，以及全部账户的本期发生额和期末余额的正确性和完整性。这种平衡关系可以用公式表示如下：

全部账户借方发生额合计＝全部账户贷方发生额合计
全部账户借方余额合计＝全部账户贷方余额合计

　　试算平衡是对经济业务进行会计处理的检查与验证，也是会计核算工作中编制工作底稿和会计报表的基础。在会计实践中，每个会计期间结束时，在已经结出各个账户的本期发生额和期末余额后，可以通过编制试算平衡表，来验证会计处理的正确与否。

【例 2-13】 仍以前述例 2-1 至例 2-11 资料,2008 年 6 月末,卡米拉公司的试算平衡表如表 2-4 和表 2-5 所示(假定该公司损益结转采用账结法,即在每月末结转各损益类账户)。

表 2-4 卡米拉公司试算平衡表(余额试算平衡)

2008 年 6 月 30 日　　　　　　　　　　　　　　　　　　　　单位:元

账户名称	借方余额	贷方余额
银行存款	77 000	
原材料	3 000	
固定资产	40 000	
应付票据		15 000
应付利润		2 000
实收资本		100 000
未分配利润		2 000
本年利润		5 000
合　计	122 000	122 000

表 2-5 卡米拉公司试算平衡表(发生额试算平衡)

2008 年 6 月　　　　　　　　　　　　　　　　　　　　　　　单位:元

账户名称	借方发生额	贷方发生额
银行存款	106 000	29 000
原材料	3 000	
固定资产	40 000	
应付票据		15 000
应付利润		2 000
实收资本	40 000	140 000
主营业务收入	6 000	6 000
管理费用	1 000	1 000
未分配利润	2 000	
本年利润		5 000
合　计	198 000	198 000

通过编制试算平衡表,如果借方和贷方发生额不相等或借方和贷方余额不相等,说明账户的会计记录或计算有错误,应及时查明原因,进行更正。但是,通过编制试算平衡表来检查账户记录是否平衡并不是绝对的。如果借贷平衡,也不能

肯定记账没有错误,因为在记账过程中发生漏记或重记某些会计事项,或者将借贷方向颠倒并不影响试算平衡。

第四节 总分类核算与明细分类核算

一、总分类核算与明细分类核算的意义

为了适应经济管理工作的需要,在会计核算工作中,既要提供总括全面、简明扼要的信息,又要提供具体细致、深入详尽的信息。前述账户在"类别"上都比较大,提供的核算指标都比较总括。例如,卡米拉公司2008年6月份"管理费用"账户的借方发生额为1 000元,其归纳了该公司在一定时期发生的管理费用总数,概略地反映了该公司的管理费用水平。但是,企业的管理费用具体由哪些项目组成、各项目在管理费用中所占的比重为多少、结构是否合理等具体详细的资料却无法提供。又如,卡米拉公司通过"原材料"账户,概括反映出该公司在2008年6月份的全部材料的增加、减少和期末结余情况。但是,若要了解其中各种材料的储备、耗用情况,总分类核算却无法提供。因此,要在经营管理上作出正确的判断,就既需要掌握有关全部材料的总括资料,又需要掌握有关各种具体材料的详细资料。

在会计核算中,除了应正确组织总分类核算,提供总括反映企业各项经济业务的相关信息外,还应正确组织明细分类核算,提供详细反映各项资产、负债、所有者权益,以及收入、费用和利润的详细信息。其中,有关财产物资的明细分类核算还需提供相关的实物数量信息。

在总分类核算中使用的账户称为总分类账户,在明细分类核算中使用的账户称为明细分类账户。

总分类账户是根据总分类会计科目设置的,它可以总括反映会计要素某一具体内容的变化情况,以货币作为统一的计量单位。明细分类账户则是根据明细分类科目设置的,用于详细反映每一个总分类账户所核算的具体内容。除了应用货币计量单位以外,有时还需要实物计量单位。例如,生产企业为了具体掌握各种原材料的收、发和结存情况,就应当在"原材料"这个总分类账户下面,按照原材料的保管地点、明细类别和品种规格,分别设置明细分类账户。又比如,为了掌握各投资人对企业的投资情况,卡米拉公司就需要在"实收资本"这个总分类账户下,按各个投资人(盛夏、某百货批发公司、某办公用品公司等)分别设置明细账户,进行明细分类核算。

二、总分类核算和明细分类核算的核算方法

总分类核算与明细分类核算都是为了对企业发生的经济业务进行反映、监督和控制,只是核算的详简程度不同而已。总分类核算提供综合、总括的信息;明细

分类核算提供详细、具体的信息,是对总分类核算进行的详细说明。总分类账户所提供的信息对所属明细账户所提供的信息起着统驭的作用,明细分类账户所提供的信息又对总分类账户起着说明的作用。企业在进行总分类核算和明细分类核算时,应遵循平行登记的基本原则。平行登记原则的具体要求可概括如下:

(1) 依据相同。总分类账户和明细分类账户都是根据会计分录或记账凭证登记入账的,明细分类账户也可直接根据每一项会计事项的原始凭证登记。总之,记入总分类账户及其所属明细分类账户的资料原则上都来源于会计凭证。

(2) 期间一致。对于每一项会计事项,必须在同一会计期间记入总分类账户和所属的明细分类账户(不设明细账户的除外)。

(3) 方向一致。每一项会计事项在记入总分类账户和明细分类账户时,所记入的方向必须保持一致,即总分类账户记入借方,所属的明细分类账户也必须记入借方;总分类账户记入贷方,所属的明细分类账户也必须记入贷方。

(4) 金额相同。对每一项会计事项,记入有关总分类账户的金额,应该与记入总分类账户所属各明细分类账户的金额之和相等。

归纳起来,总分类账户与明细分类账户平行登记的原则是:在同一原始依据的前提下,同时期、同方向、同金额地在总分类账户和明细分类账户中同时进行登记。

【例 2-14】 2008 年 8 月 1 日,莲花公司"原材料"账户的余额为 20 000 元,其具体构成情况为:甲材料 3 吨,每吨 4 000 元,计 12 000 元;乙材料 4 吨,每吨 2 000 元,计 8 000 元。8 月份,莲花公司发生的与原材料有关的经济业务如下。

(1) 8 月 5 日,从伟业公司购进材料一批,价值 36 000 元,材料已验收入库,货款当即以支票支付。其中:甲材料 5 吨,每吨 4 000 元,计 20 000 元;乙材料 8 吨,每吨 2 000 元,计 16 000 元。

根据上述经济业务,编制莲花公司的相关会计分录如下:

借:原材料——甲材料　　　　　　　　　　　　20 000
　　　　——乙材料　　　　　　　　　　　　　16 000
　　贷:银行存款　　　　　　　　　　　　　　　36 000

(2) 8 月 10 日,生产车间从原材料仓库领用原材料,全部用于 A 产品生产,其中:甲材料 6 吨,乙材料 5 吨。

根据上述经济业务,编制莲花公司的相关会计分录如下:

借:生产成本——A 产品　　　　　　　　　　　34 000
　　贷:原材料——甲材料　　　　　　　　　　　24 000
　　　　　　——乙材料　　　　　　　　　　　10 000

根据上述资料,莲花公司在其"原材料"总账及其所属的两个明细账中进行平行登记,方法如下。

(1) 原材料总分类账户中,月初借方余额为 20 000 元,同时,"甲材料"和"乙材料"明细分类账户的月初余额分别为:甲材料 3 吨,单价 4 000 元,金额 12 000 元;乙材料 4 吨,单价 2 000 元,金额 8 000 元。

(2) 将本月收入原材料的合计金额 36 000 元,记入"原材料"总分类账户中的借方;同时将入库各种材料的数量、单价、金额分别记入有关的原材料明细分类账户中的收入栏,即在甲材料明细分类账的收入栏分别记入:数量 5 吨,单价 4 000 元,金额 20 000 元;在乙材料明细分类账收入栏分别记入:数量 8 吨,单价 2 000 元,金额 16 000 元。

(3) 将本月发出材料(车间领用)的合计金额 34 000 元记入"原材料"总分类账户的贷方;同时将发出各种原材料的数量、单价、金额分别记入有关的原材料明细分类账户的发出栏,即在甲材料明细分类账的发出栏分别记入:数量 6 吨,单价 4 000 元,金额 24 000 元;在乙材料明细分类账的发出栏分别记入:数量 5 吨,单价 2 000 元,金额 10 000 元。

(4) 月末,根据"原材料"总分类账户和所属各原材料明细分类账户的记录,分别结算它们的本期发生额和期末余额。

按照上述登记方法,莲花公司 2008 年 8 月份"原材料"总分类账户及其所属二个明细分类账户的登记结果如表 2-6、表 2-7 和表 2-8 所示。

表 2-6 总分类账户

账户:原材料

2008 年		凭证字号	摘要	借方	贷方	借/贷	余额
月	日						
8	1		月初余额			借	20 000
	5		购入	36 000			
	10		车间领用		34 000		
	31		本期发生额及期末余额	36 000	34 000	借	22 000

表 2-7 材料明细账户

品名:甲材料   单位:吨,元

2008 年		凭证字号	摘要	收入			发出			结存		
月	日			数量	单价	金额	数量	单价	金额	数量	单价	金额
8	1		月初余额							3	4 000	12 000
	5		购入	5	4 000	20 000				8	4 000	32 000
	10		生产车间领用				6	4 000	24 000	2	4 000	8 000
	31		本期发生额及期末余额	5	4 000	20 000	6	4 000	24 000	2	4 000	8 000

表 2-8 材料明细账户

品名:乙材料   单位:吨,元

2008年		凭证字号	摘要	收入			发出			结存		
月	日			数量	单价	金额	数量	单价	金额	数量	单价	金额
8	1		月初余额							4	2 000	8 000
	5		购入	8	2 000	16 000				12	2 000	24 000
	10		生产车间领用				5	2 000	10 000	7	2 000	14 000
	31		本期发生额及期末余额	8	2 000	16 000	5	2 000	10 000	7	2 000	14 000

三、总分类账户和明细分类账户的核对

由于总分类账户与明细分类账户的平行登记,总分类账户与其所属的明细分类账户的有关数字一定相等,因此,可以利用相互核对的方法来检查所作的账簿记录是否完整、正确。如果有关数字不相等,则表明账簿记录有错误,需要进一步查明原因,加以更正,以做到账账相符。在实际工作中,这种核对是通过编制明细分类账户本期发生额明细表来进行的。

根据莲花公司 2008 年 8 月有关明细分类账户资料,可以编制本期发生额和期末余额表如表 2-9 所示。

表 2-9 原材料明细账户本期发生额和期末余额表

2008 年 8 月   单位:元

明细科目	单位	期初余额			本期发生额						期末余额		
		数量	单价	金额	收入			发出			数量	单价	金额
					数量	单价	金额	数量	单价	金额			
甲材料	吨	3	4 000	12 000	5	4 000	20 000	6	4 000	24 000	2	4 000	8 000
乙材料	吨	4	2 000	8 000	8	2 000	16 000	5	2 000	10 000	7	2 000	14 000
合计				20 000			36 000			34 000			22 000

根据总分类账户与明细分类账户的平行登记原理,从原材料明细分类账户本期发生额和期末余额表可以看到,在总分类核算与明细分类核算之间,存在着如下关系:

总分类账户的月初余额 = Σ 所属明细分类账户的月初余额
总分类账户的本期增加额 = Σ 所属明细分类账户的本期增加额
总分类账户的本期减少额 = Σ 所属明细分类账户的本期减少额
总分类账户的期末余额 = Σ 所属明细分类账户的期末余额

通过明细分类账户本期发生额和期末余额表,可以把企业日常核算的明细资料加以综合,借以检查每个总分类账户及其所属明细分类账户的记录是否正确、可靠;还可提供有关财产、物资、债权、债务等资料,有利于加强日常的管理,并可据以编制相关会计报表,同时也作为下期开设有关明细分类账户的依据。

第五节 会计循环

一、会计循环的步骤

企业发生交易、事项后,从取得原始凭证,对交易、事项进行确认、计量,到向信息使用者提供会计信息,报告企业的财务状况、经营成果和现金流量,需要经过一个过程,完成一系列步骤。会计上,把随着生产经营过程的不断进行而循环往复地进行会计处理步骤,称为会计循环。企业的会计循环包括以下七个步骤。

(1) 填制记账凭证。每一项交易或事项发生后,首先应填制或审核原始凭证,并根据原始凭证的内容,分析其对企业产生的影响,填制记账凭证,即编制会计分录。

(2) 登记账簿。将记账凭证中所确定的账户及其借贷金额等有关内容,按照借贷记账法的原理,登记到有关总分类账、明细账和日记账中。

(3) 编制试算平衡表。期末,根据借贷记账法的记账规则,对总分类账户的期初、期末余额及本期发生额分别进行试算,保证账簿登记的正确性,并为下一步编制会计报表做准备。

(4) 进行账项调整。期末,在将已经发生的交易全部登记到有关账簿的基础上,根据权责发生制原则,对应归属和不应归属于本期的收入和费用事项,填制会计凭证,并登记到有关账簿中。账项调整的内容主要包括:确认应计而未计的收入和费用;计提固定资产和无形资产折旧(摊销);摊销待摊费用;按成本对象计算分配有关成本费用等。

(5) 对账。为了保证各种账簿记录的完整和正确,如实地反映和控制经济业务的发生状况,就必须核对各种账簿记录,检查记账工作和管理工作有无差错,以便为编制会计报表提供真实可靠的资料。对账的内容主要包括以下三个方面。

① 账证核对。账簿记录是根据会计凭证登记的,因此月末应将账簿的记录与会计凭证记录进行核对,保证相符,这是保证账账、账实相符的基础。

② 账账核对。会计主体的账簿记录应与有关账簿的数字核对相符,具体包括:总账全部账户的借方余额合计数,应与贷方余额合计数核对相符;总账中各账户的月末余额,应与所属各明细账户月末余额之和核对相符;总账中的"库存现金"、"银行存款"等账户的余额,应与有关日记账的余额核对相符;财会部门有关

财产物资明细账的数额,应与财产、物资保管部门或使用部门相应的实物明细账(卡)的数额核对相符;有关债权、债务明细账的余额应经常或定期与有关债权人、债务人之间的账目数字核对相符等。

③ 账实核对。各账簿记录应与所反映的资产、负债实际数字相同。具体包括:现金日记账的余额应与现金实际库存金额,逐日核对相符;银行存款日记账、银行借款明细账的余额应定期与银行对账单账目核对相符;各种财产物资明细账的结存数量,应定期与实物实存数量核对相符;各种应收、应付款项明细账的账面余额,应与有关债权人、债务人核对相符。

(6) 结账。结账就是期末结账,是把一定时期内发生的经济业务在全部登记入账的基础上,结出各种账簿记录的"本期发生额合计"和"期末余额",并将损益类账户的金额结转到"本年利润"账户中去,以结算当期利润。年末时,还要将本年所有账户结平,将本年期末余额转为下一年的期初余额。

(7) 编制会计报表。完成账项调整和对账后,就可以根据账簿记录,按照要求,编制资产负债表、利润表、现金流量表及报表附表。

企业会计循环的基本步骤及其相互关系如图2-9所示。

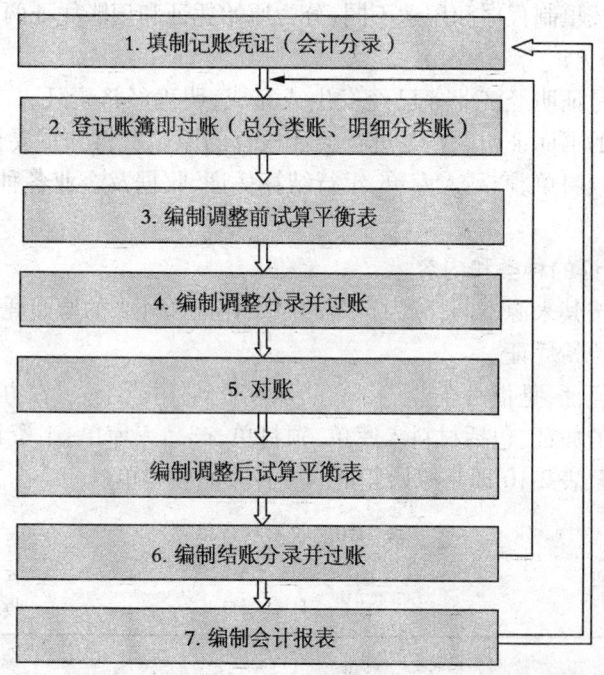

图2-9 会计循环示意图

在会计循环的各个主要步骤或环节中,会涉及三个主要的载体:会计凭证、会计账簿和会计报表。现分别介绍如下。

二、会计凭证

为了全面系统地反映、监督和控制会计对象,完成会计任务,须采用一系列的会计核算方法。填制和审核会计凭证,是会计核算的专门方法之一,也是进行会计核算的第一步。会计凭证不仅是登记账簿的依据,也是企业进行经济监督的重要手段,它对于保证会计资料的合法性和正确性有着直接的影响。

会计凭证是记录经济业务、明确经济责任和据以登记账簿的书面证明文件。编制和审核会计凭证,是会计核算工作的起点和基础。

会计主体所发生的任何一项经济业务,都应填制或取得适当的凭证作为证明文件,由执行和完成该项业务的有关人员填制会计凭证,说明经济业务发生的日期,反映经济业务的内容、数量和金额,并在凭证上签名或盖章,对凭证的真实性和正确性负完全责任。会计凭证要经过有关人员的严格审核无误后,才能作为登记账簿的依据。因此,正确地填制和审核会计凭证,是会计核算的一种专门方法,是会计工作的起点,是做好会计工作的前提。

会计凭证按填制程序和用途不同,分为原始凭证和记账凭证两种。

（一）原始凭证

原始凭证是证明经济业务已经发生或完成,明确经济责任,作为记账依据的具有法律效力的书面证明。它是进行会计核算的原始资料和重要依据。发票、提货单、收料单、领料单、产品入库单、银行结算凭证、收据及企业各种报销单据都属于原始凭证。

1. 原始凭证的种类和内容

原始凭证按其来源不同,分为自制的原始凭证和外来的原始凭证两种。

（1）自制原始凭证。

自制原始凭证,是指由企业内部经办业务的部门或个人,在办理某项经济业务时自行填制的凭证,包括材料入库单、领料单、产品入库单、工资计算表、支票存根、收款收据等,表 2-10 即是原始凭证的一种——收料单。

表 2-10 收 料 单

供货单位： 凭证编号：
发票编号： 年 月 日 收料仓库：

材料类别	材料编号	材料名称及规格	计量单位	数量		金额			
				应收	实收	单价	买价	运杂费	合计
备注：						合 计			

（2）外来原始凭证。

外来原始凭证，是指企业在同外单位发生经济往来时，从外部取得的原始凭证。如发货票、银行进账单、上缴税费的收据等。

通常，绝大部分原始凭证并不是由财务人员填制，而是由有关单位或本单位有关业务人员填制的。但是，所有原始凭证，都必须经过财会人员审核，才能登记入账。因此，财会人员不仅本身应掌握原始凭证的内容和填制方法，而且还要向有关业务人员说明原始凭证的重要作用，帮助他们掌握正确填制原始凭证的方法。

原始凭证的基本内容包括：凭证的名称和编号、接受凭证单位的名称、填制凭证的日期、经济业务的内容、经济业务的实物数量和金额、填制单位、填制人员、经手人或验收人的签字或盖章等。

2. 原始凭证的填制要求

原始凭证是具有法律效力的证明文件，又是记账的原始依据。因此，填制原始凭证是一项极其严肃的工作，必须严格做到以下要求。

（1）合法合规。要求会计凭证所记录的经济业务，必须符合政策、制度和法令的规定，对违反政策、制度和法令的收支不得列入原始凭证。

（2）记录真实。凭证上记载的经济业务，必须与实际情况完全符合，绝不允许有任何歪曲或弄虚作假。对于实物的数量、质量检验和金额计算，都要经过严格审核。

（3）内容完整，手续完备。凭证中的基本内容和补充内容都要填写齐全，不可缺漏。合法的凭证必须签名盖章，经办业务的有关部门和人员要严格审核。项目填写不全的原始凭证，不能作为经济业务的合法证明，也不能作为有效的会计凭证。

（4）格式统一。填写凭证要采用统一规定的格式，企业内部的同类经济业务，也要使用相同格式的凭证，避免造成混乱，贻误工作。

（5）填写认真。对于原始凭证上的文字和数字，要以严肃的态度，认真填写。要求字迹清楚，易于辨认。各种凭证要用蓝色或黑色墨水书写（套写可用圆珠笔），字迹清晰。小写金额前应填写人民币符号"￥"，阿拉伯数字要逐个书写清楚，不得连写；大写金额一律用壹、贰、叁、肆、伍、陆、柒、捌、玖、拾、佰、仟、万、亿、元、角、分、零、整等，大写金额前未印有"人民币"字样的，应加写"人民币"三字。一般凭证如果发生错误，必须按规定办法更正，不得涂抹刮擦或挖补。有关现金和银行存款的收支凭证，如果填写错误，必须作废，并加盖"作废"戳记，再另行填写，以免错收错付或给不法分子贪污货币资金造成可乘之机。

（6）编制及时。应当根据经济业务的执行和完成情况及时填制原始凭证。

这对正确、完整、如实地反映经济业务的内容是非常重要的。否则,时过境迁,记忆模糊,容易出现差错。

3. 原始凭证的审核

由于原始凭证来自四面八方,经办人员水平不一或有其他企图,可能有假冒伪造的,有计算错误和填制不正确的,记录的经济业务有不合法、不合理的等等。因此,企业需要对原始凭证进行审核。对原始凭证的审核主要应从以下两个方面进行。

(1) 审核所记录的经济业务的合法性和真实性。应以国家的有关政策、法令、制度以及企业的计划、规章、合同等为依据,审核原始凭证记录的经济业务,是否符合有关规定,有无伪造、变造原始凭证的行为。

(2) 审核原始凭证的填制是否准确、完整。审核原始凭证所记录的经济业务是否与实际情况相符,应填写的项目是否已填写齐全,文字和数字是否正确、清楚,有关人员是否已签章等。

《中华人民共和国会计法》第十四条规定:"会计机构、会计人员必须按照国家统一的会计制度的规定对原始凭证进行审核,对不真实、不合法的原始凭证有权不予接受,并向单位负责人报告;对记载不准确、不完整的原始凭证予以退回,要求更正、补充。"同时又规定:"原始凭证记载的各项内容均不得涂改;原始凭证有错误的,应当由出具单位重开或者更正,更正处应当加盖出具单位印章。原始凭证金额有错误的,应当由出具单位重开,不得在原始凭证上更正。"第二十八条规定:"会计机构、会计人员对违反本法和国家统一的会计制度规定的会计事项,有权拒绝办理或者按照职权予以纠正。"

对审查后符合要求的原始凭证,应按照规定及时办理会计手续,然后,作为编制记账凭证,并将原始凭证作为记账凭证的附件,或经过汇总后作为记账凭证的附件,作为登记有关账簿后,随同记账凭证妥善保管。

(二) 记账凭证

记账凭证是财会部门根据审核合格的原始凭证编制的、作为直接记账依据的会计凭证。记账凭证可以根据原始凭证直接填制,也可以根据若干同类的原始凭证汇总填制。

由于原始凭证只表明经济业务的具体内容,且种类繁多、数量庞大、格式不一,因而不能凭以直接记账。为了做到分类反映经济业务的内容,必须按照会计核算方法的要求,将其归类整理,编制记账凭证,指明经济业务应记入的账户名称以及应借应贷的金额,作为记账的直接依据。

1. 记账凭证的种类、格式和内容

记账凭证按其反映的经济内容不同,可分为收款凭证、付款凭证和转账凭证。

收、付款凭证是用来记录库存现金和银行存款收、付款业务的记账凭证。它是根据出纳人员加盖"收讫"或"付讫"戳记后的收、付款原始凭证填制的,作为登记库存现金或银行存款日记账和有关账簿的依据。对于库存现金和银行存款之间的存款、取款业务,以及银行存款账户之间的互相划转,按现行会计制度规定只编付款凭证,不编收款凭证,以免重复记账。如将库存现金存入银行只填现金付款凭证,不再填银行存款的收款凭证;从银行提取现金时,则只填银行存款的付款凭证,不再填现金收款凭证。收、付款凭证格式如表2-11、表2-12所示。

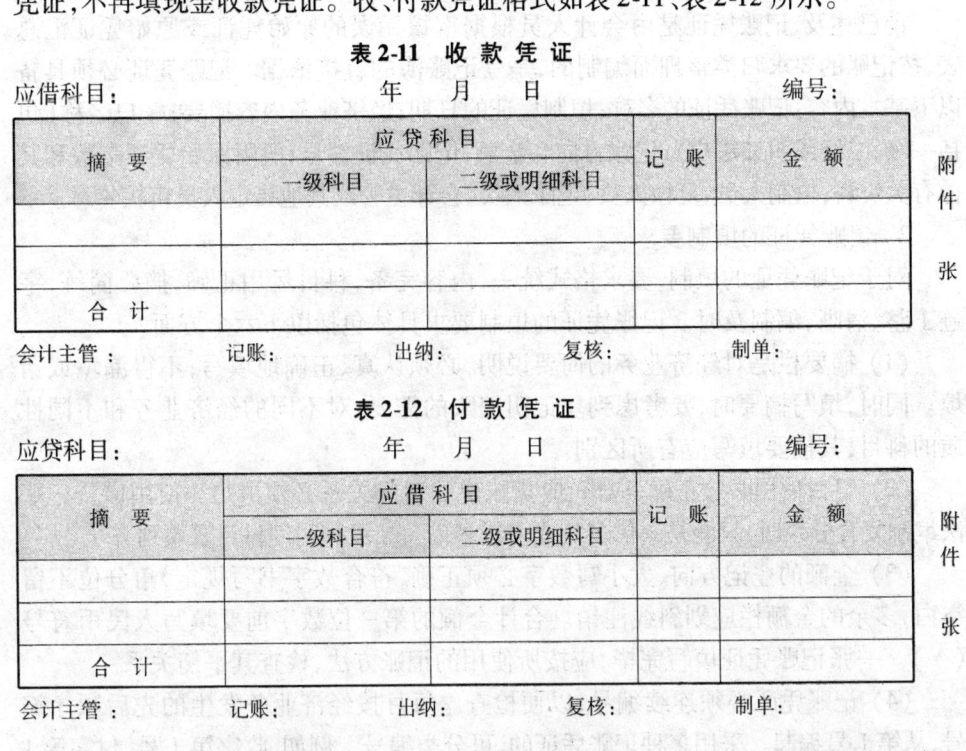

表2-11 收 款 凭 证

应借科目：　　　　　　　　　　年　月　日　　　　　　　　编号：

摘要	应贷科目		记账	金额	附件
	一级科目	二级或明细科目			
					张
合计					

会计主管：　　　记账：　　　出纳：　　　复核：　　　制单：

表2-12 付 款 凭 证

应贷科目：　　　　　　　　　　年　月　日　　　　　　　　编号：

摘要	应借科目		记账	金额	附件
	一级科目	二级或明细科目			
					张
合计					

会计主管：　　　记账：　　　出纳：　　　复核：　　　制单：

转账凭证是用来记录除库存现金、银行存款收、付款业务以外的其他经济业务的记账凭证。它是根据有关转账业务的原始凭证填制的,作为登记有关账簿的依据。有的企业为了便于按经济业务对会计人员进行分工,将记账凭证分为现金凭证、银行凭证和转账凭证等三种。有些小型企业会计人员较少,为了简化凭证,只使用一种记账凭证(格式与转账凭证相同),记录发生的各种经济业务。转账凭证的格式如表2-13所示。

表 2-13　转 账 凭 证
　　　年　　　月　　　日　　　　　　　　　　　　编号：

摘　　要	一级科目	二级或明细科目	记账	借方金额	贷方金额	
						附件
						张

会计主管：　　　　　记账：　　　　　复核：　　　　　制单：

前已述及,记账凭证是由会计人员根据审核无误的原始凭证或原始凭证汇总表,按记账的要求归类整理而编制的,是登记账簿的直接依据。记账凭证必须具备以下基本内容:记账凭证的名称;填制凭证的日期;经济业务内容摘要;账户名称(包括一级、二级或明细账户);记账方向和金额;记账凭证编号;所附原始凭证张数和其他有关资料;填制人员、复核人员、记账人员、会计主管或其他指定人员审核签章。

2. 记账凭证的填制要求

对于记账凭证的填制,要求格式统一、内容完备,科目运用正确,摘要简练,字迹工整、清晰,编制及时。记账凭证的填制要求具体包括以下六个方面。

(1) 摘要栏是对经济业务的简要说明,必须认真、正确地填写,不得漏填或错填。同时,填写摘要时,要考虑到登记明细账的需要,对不同的经济业务和不同性质的科目,其摘要填写应有所区别。

(2) 科目使用必须正确,应借、应贷账户的对应关系必须清楚。使用借贷记账法编制复合分录时,只能是一借多贷或一贷多借。二级和明细科目要填列齐全。

(3) 金额的登记方向、大小写数字必须正确,符合数字书写规定,角分位不留空白,多余的金额栏应划斜线注销。合计金额的第一位数字前要填写人民币符号(￥)。一张记账凭证填写完毕,应按所使用的记账方法,检查其平衡关系。

(4) 记账凭证必须连续编号,以便检查。每月按经济业务发生的先后顺序编号,从第 1 号编起。采用多种记账凭证的,可分类编号。例如,收字第 1 号,付字第 1 号,转字第 1 号等。一笔复合分录,需要编制多张记账凭证的,可采用"分数编号法",如 $8\frac{1}{2}$,$8\frac{2}{2}$。每月末最后一张记账凭证的编号旁边要加注"全"字,以免凭证散失。

(5) 每张记账凭证都要注明附件张数,以便查对,如有重要资料或原始凭证数量过多需要另行保管的,要在注明附件处加以说明。

(6) 凭证填写完毕,有关人员应签名盖章。

3. 记账凭证的审核内容

记账凭证是登记账簿的依据,收、付款凭证还是出纳人员收付款项的根据。

因此,为了保证账簿记录的正确性,监督款项的收付,除编制人员应对所编制的记账凭证自审外,还应在会计部门建立必要的专人或相互审核制度。只有审核无误后的记账凭证才能作为登记账簿的依据。记账凭证审核的主要内容包括以下四个方面。

（1）记账凭证是否附有原始凭证,记录的内容与所附原始凭证的内容是否相符。

（2）应借、应贷的会计科目（包括一级科目、二级科目或明细科目）和金额是否正确。

（3）各个项目的填列是否齐全,有关人员是否都已签章。

（4）从方针政策上审核凭证所记录的经济业务是否合理、合法。如果发现有错误,应及时更正。

三、会计账簿

会计账簿,是指由具有专门格式而又相互连接在一起的账页所组成,用来分类、连续、系统地记录和反映经济业务的簿籍。

通过设置和登记账簿,可以全面、系统、连续地记录和反映各项资产、负债、所有者权益的增减变动情况,收入、费用的发生情况以及利润的形成及分配情况,为改善经营管理、加强经济核算、合理运用资金提供总括和明细的核算资料;同时,借助于账簿记录,可以监督各项财产物资是否妥善保管,防止损失浪费,揭露贪污盗窃行为,保护财产的安全完整;此外,可以为编制各种会计报表提供系统的会计核算资料;还可以为分析和检查企业经济活动提供依据。

（一）会计账簿的种类

1. 会计账簿按用途进行的分类

会计账簿按其用途不同可以分为三大类:日记账、分类账和备查簿。

日记账又称序时账,是按照记账凭证（或记账凭证所附的原始凭证）所记录的经济业务发生和完成时间的先后顺序进行登记的账簿。如对现金收付款业务设置现金日记账;对银行存款收付款业务设置银行存款日记账,用以加强对货币资金的监督和控制。表2-14是现金日记账的基本格式。

表2-14 现金日记账

年		凭证号码		对方科目	摘要	收入	付出	结余
月	日	现收	现付					

分类账是按照账户对经济业务进行分类核算和监督的账簿。按概括程度的不同,分为总分类账和明细分类账。总分类账是按总分类账户开设,用以总括反映和监督各项资产、负债、所有者权益、收入、费用(成本)、利润等核算资料的账簿,总分类账的基本格式如表2-15所示。

表2-15　总　分　类　账

账户名称：

年		凭证编号	摘　要	借方金额	贷方金额	借/贷	余　额
月	日						

明细分类账也属于分类账,它是按明细分类账户开设,用来提供明细核算资料的账簿。明细分类账是总分类账的必要补充,它所提供的信息对日常的经营管理有着非常重要的作用。明细分类账的格式之一如表12-16所示。

表2-16　应付账款明细分类账

二级明细科目：

年		凭证号数	摘　要	借方金额	贷方金额	借/贷	余　额
月	日						

备查簿也称辅助账,是对在序时账和分类账中未能反映和记录的事项进行补充登记的账簿。主要用来记录一些供日后查考的有关经济事项。如"代销商品登记簿"、"租入固定资产登记簿"等。备查簿只是对账簿记录的一种补充,它与其他账簿之间不存在严密的依存、勾稽关系。

2. 会计账簿按格式进行的分类

会计账簿按其账页格式分类,可分为三栏式账簿、多栏式账簿、数量金额式账簿和横线登记式账簿等。

三栏式账簿是指由设置三个金额栏的账页组成的账簿。一般适用于只需反映金额的经济内容的记录,如总账、债权债务明细账等,表2-16所示应付账款明细账就是三栏式账簿的基本格式。

数量金额式账簿亦称三大栏式账簿,是指在三大栏内,又设置有数量、单价、金额等小栏目的账页组成的账簿。一般适用于需要用数量、单价等辅助度量指标反映的经济内容的记录，如材料、产成品等材料物资明细账。数量金额式明细账的基本格式如表 2-17 所示。

表 2-17　数量金额式明细账

类　　别：　　　　　　　　　　　　　　　　　　品名规格：
计量单位：　　　　　　　　　　　　　　　　　　仓　　库：

年		凭证号数	摘　要	收入			支出			结存		
月	日			数量	单价	金额	数量	单价	金额	数量	单价	金额

多栏式账簿是指由三个以上金额栏的账页所组成的账簿。一般适用于费用、成本类等含有多项经济内容的明细记录，表 2-18 是生产成本明细账的基本格式。

表 2-18　生产成本明细账

产品名称：　　　　　　　　　　　　　　　　　　　　　　　　第　　页

年		凭证号数	摘　要	借方（成本项目）					余额
月	日			直接材料	直接人工	其他直接费用	制造费用	合　计	

横线登记式账簿是指利用平行式账页，将同一经济业务的若干内容在同一横行进行详细登记的账簿。上述备查账簿多是横线登记式账簿。

（二）会计账簿的登记要求

我国《会计法》第十五条规定："会计账簿的登记，必须以经过审核的会计凭证为依据，并符合有关法律、行政法规和国家统一的会计制度的规定。"

记账是会计核算工作的重要环节，为保证账簿记录的正确、及时、完整、清楚，明确记账责任，记账时必须遵循以下记账规则。

（1）登记会计账簿时，应当将会计凭证日期、编号、业务内容摘要、金额和其他有关资料逐项记入账内，做到数字准确、摘要清楚、登记及时、字迹工整。

（2）登记完毕后，要在记账凭证上签名或盖章，并注明已经登账的符号（如

"√"),表示已经记账。

(3)账簿中书写的文字和数字上面要留适当的空距,不要写满格,一般应占行高1/2。

(4)登记账簿要用蓝黑色或黑色墨水书写,不得使用圆珠笔或铅笔书写。但是,下列情况可以用红色墨水记账:①按照红字冲账的记账凭证,冲销错误记录;②在不设借贷等栏的多栏式账页中,登记减少数;③在三栏式账户的余额栏前,如未印明余额的方向,在余额栏内登记负数余额;④会计制度中规定用红字登记的其他记录。

(5)各种账簿按页次顺序连续登记,不得跳行、隔页。如果发生跳行、隔页,应将空行、空页划线注销,或注明"此行空白"或"此页空白"字样,并由会计人员和会计机构负责人(会计主管人员)签名或盖章。

(6)凡需要结出余额的账户,结出余额后,应在"借或贷"等栏内写明"借"或"贷"字样,没有余额的账户,应在"借或贷"等栏内写"平"字,并在余额栏内用"0"表示。现金日记账和银行存款日记账必须逐日结出余额。

(7)每一账页登记完毕结转下页时,应结出本页合计数及余额,写在本页最后一行和下页第一行有关栏内,并在本页的摘要栏内注明"转次页"字样,在次页的摘要栏内注明"承前页"字样。对需要结计本期发生额的账户,结计"转次页"的本页合计数应当为自本月初至本页末止的发生额合计数;对需要结计本年累计发生额的账户,结计"转次页"的本页合计数应当为自年初起至本页末止的累计数;对既不需要结计本月发生额,也不需要结计本年累计发生额的账户,可以只将每页末的余额结转次页。

(8)实行会计电算化的单位,总账和明细账应当定期打印。发生收款和付款业务的,在输入收款凭证和付款凭证的当天必须打印出现金日记账和银行存款日记账,并与库存现金核对无误。

(9)账簿记录发生错误时,不得刮、擦、挖、补,随意涂改或用褪色药水更改字迹,不准重新抄写,应根据错误的情况,按规定的方法进行更正,并由会计人员和会计机构负责人(会计主管人员)签名或盖章。

四、会计报表

企业会计报表是综合反映会计主体的财务状况、经营成果和现金流量的文件。会计报表是企业所提供的核心会计信息产品,也是会计循环的最终环节。通过会计报表,将纷繁、多样、分散的会计信息进行归类、汇总,整理成一套完整的信息,以全面、综合地反映一个企业的财务状况和经营情况。目前我国的主要会计报表包括资产负债表、利润表、现金流量表和所有者权益变动表等。有关会计报表的具体情况将在本教材第十三章中介绍,此处暂不赘述。

【本章相关法规】

《中华人民共和国会计法》(主席令第24号),1999年10月31日

《企业财务会计报告条例》(国务院令第287号),2000年6月21日

财政部《企业会计准则——基本准则》(财政部令第33号),2006年2月15日

财政部《企业会计准则——应用指南》(财会[2006]18号),2006年10月30日

【复习思考题】

1. 如何理解会计恒等式?
2. 什么是会计科目?分别举例说明会计科目有哪些类别。
3. 什么是复式记账?它有什么特征?试举例说明。
4. 什么是借贷记账法?它的基本原理是怎样的?
5. 什么是账户?账户与会计科目有何异同?
6. 各类交易或事项分别对会计恒等式产生怎样的影响?
7. 为什么必须进行试算平衡?试算平衡的根据是什么?
8. 平行登记的基本要求是怎样的?
9. 记账凭证有哪些类别?分别反映哪些交易或事项?
10. 会计循环包括哪些内容?

第二篇 资　　产

【本篇概要】

　　企业要开展生产经营活动,就必须有充足的资产。资产是指企业过去的交易或者事项形成的、由企业拥有或者控制的、预期会给企业带来经济利益的资源。在会计上,将一项资源确认为资产,除了需要符合资产的定义外,还应同时满足与该资源有关的经济利益很可能流入企业、该资源的成本或者价值能够可靠地计量等条件。按照企业的资产是否能在一个会计年度(或超过一个会计年度的一个营业周期)内完成循环周转,将资产分为流动资产和非流动资产。流动资产项目主要有货币资金、交易性金融资产、应收及预付款项、存货等;非流动资产项目主要有长期股权投资、可供出售金融资产、持有至到期投资、固定资产和无形资产等。对资产要素中各项目进行确认、计量、记录和报告,是财务会计的重要工作内容之一。本篇将针对各个资产项目的会计问题分别加以介绍。

第三章 金融资产

【学习目标】

通过本章学习,学生应当了解并掌握:
1. 金融资产的概念和分类
2. 货币资金的管理、核算和核对
3. 外币业务的日常核算以及汇兑损益的处理
4. 交易性金融资产的确认和计量
5. 应收账款的计量方法
6. 坏账损失的核算方法
7. 应收票据的会计核算
8. 持有至到期投资的确认和计量
9. 可供出售金融资产的确认和计量
10. 金融资产的信息披露

第一节　金融资产概述

一、金融资产的概念

金融资产,是指企业的下列资产:
(1) 现金;
(2) 持有的其他单位的权益工具;
(3) 从其他单位收取现金或其他金融资产的合同权利;
(4) 在潜在有利条件下,与其他单位交换金融资产或金融负债的合同权利;
(5) 将来须用或可用企业自身权益工具进行结算的非衍生工具的合同权利,企业根据该合同将收到非固定数量的自身权益工具;
(6) 将来须用或可用企业自身权益工具进行结算的衍生工具的合同权利,但企业以固定金额的现金或其他金融资产换取固定数量的自身权益工具的衍生工具合同权利除外。其中,企业自身权益工具不包括本身就是在将来收取或支付企业自身权益工具的合同。

从上述会计准则中关于金融资产的定义可知,金融资产包括了一般的金融资产和衍生的金融资产,而本教材中对金融资产的介绍仅限于一般金融资产,衍生金融资产的确认和计量问题会在高级财务会计中阐述。

二、金融资产的分类

根据我国现行会计准则,企业应当结合自身业务特点和风险管理要求,将取得的金融资产在初始确认时划分为下列四类,并保持一贯性。

(1) 以公允价值计量且其变动计入当期损益的金融资产,包括交易性金融资产和直接指定为以公允价值计量且其变动计入当期损益的金融资产。

(2) 持有至到期投资。这是指到期日固定、回收金额固定或可确定,且企业有明确意图和能力持有至到期的非衍生金融资产。

(3) 贷款和应收款项。这是指在活跃市场中没有报价、回收金额固定或可确定的非衍生金融资产。

(4) 可供出售金融资产。这是指初始确认时即被指定为可供出售的非衍生金融资产,以及除贷款和应收款项、持有至到期投资、以公允价值计量且其变动计入当期损益的金融资产以外的金融资产。

根据我国企业会计准则,企业在对金融资产进行初始确认时,若将其划归为以公允价值计量且其变动计入当期损益的金融资产,则不能重分类为其他类别的金融资产;其他类金融资产也不能重分类为以公允价值计量且其变动计入当期损益的金融资产。

三、金融资产计量的一般原则

(一) 金融资产的初始计量原则

企业对金融资产进行初始确认时,应当按照其公允价值计量。对于以公允价值计量且其变动计入当期损益的金融资产,发生的相关交易费用应当直接计入当期损益;对于其他类别的金融资产,发生的相关交易费用则应当计入初始确认金额。

公允价值,是指在公平交易中,熟悉情况的交易双方自愿进行资产交换或者债务清偿的金额。在公平交易中,交易双方应当是持续经营企业,不打算或不需要进行清算、重大缩减经营规模,或在不利条件下仍进行交易。

存在活跃市场的金融资产,活跃市场中的报价应当用于确定其公允价值。活跃市场中的报价,是指易于定期从交易所、经纪商、行业协会、定价服务机构等获得的价格,且代表了在公平交易中实际发生的市场交易的价格。

不存在活跃市场的金融资产，企业应当采用估值技术确定其公允价值。采用估值技术得出的结果，应当反映估值日在公平交易中可能采用的交易价格。估值技术包括参考熟悉情况并自愿交易的各方最近进行的市场交易中使用的价格、参照实质上相同的其他金融工具的当前公允价值、现金流量折现法和期权定价模型等。

（二）金融资产的后续计量原则

企业在资产负债表日，应当按照下列方法对金融资产进行后续计量。

（1）对于交易性金融资产以及可供出售金融资产，应当按照期末公允价值进行后续计量。

（2）对于持有至到期投资以及贷款和应收款项，应当采用实际利率法，按摊余成本计量。

第二节 货币资金

企业的资产项目按照其流动性程度可以分为流动资产和非流动资产，而在流动资产中，流动性最强的当属货币资金。货币资金是处于货币形态的资金，是企业资产的重要组成部分，是进行生产经营活动的基本条件。按照货币资金的存放地点和用途，可将其分为库存现金、银行存款以及其他货币资金。由于货币资金具有流动性强的特点，加强对货币资金的管理和内部控制是极为重要的。

一、库存现金

现金是货币资金中流动性最强的项目，是通用的支付手段，也是对其他资产进行计量的一般尺度和会计处理的基础。它可以随时用来购买所需的货物，支付各种费用，偿还债务，也可以随时存入银行。现金的概念有狭义和广义之分。狭义的现金是指企业的库存现金；而广义的现金除了库存现金之外，还包括银行存款和其他符合现金定义的票证。本章所涉及的现金概念是指狭义的现金，即库存现金，包括人民币现金和外币现金。

（一）库存现金的管理

现金既是交换和流通的手段，又可以当作财富来储藏，由于其具有流动性最强的特点，也最容易被挪用和侵吞，因此，企业必须建立一套完善和严密的现金管理制度，以确保现金的安全与完整。

根据中国人民银行颁布的《现金管理暂行条例》及其实施细则，只有当企业单位和个人之间发生收付行为或发生银行转账结算起点以下的零星支出时，才能使

用现金。库存现金的使用范围具体包括以下八个方面:
(1) 职工工资、津贴;
(2) 个人劳务报酬;
(3) 支付给个人的各种奖金;
(4) 各种劳保、福利费用以及国家规定的对个人的其他支出;
(5) 向个人收购农副产品和其他物资的价款;
(6) 出差人员必须随身携带的差旅费;
(7) 结算起点以下的零星支出;
(8) 符合相关规定,确定需要支付现金的其他支出。

企业在办理现金收支业务时,应当遵守以下规定。

(1) 各项现金收入应于当日送存开户银行,当日送存有困难的,由开户银行确定送存日期。

(2) 支付现金,可以从本单位现金库存中支付或者从开户银行提取,不得从本单位的现金收入中直接支付(即坐支);因特殊原因需要坐支的,应事先报经开户银行审批,由开户银行核定坐支范围和限额,企业应按月向开户银行报送坐支金额和使用情况。

(3) 从开户银行提取现金,应当如实写明用途,由本单位财会部门负责人签字盖章,并经开户银行审查批准,予以现金支付。

(4) 因采购地点不确定、交通不便以及其他特殊情况必须使用现金的,应向开户银行提出书面申请,由本单位财会部门负责人签字盖章,经开户银行审查批准后,予以支付现金。

为了加强对现金的管理,随时掌握现金收付的动态和库存余额,保证现金的安全完整,企业必须建立健全现金账目,分别设置"库存现金"总账和"现金日记账",逐笔记载现金支付,账目要日清月结,做到账款相符。不准用不符合财务制度的凭证顶替库存现金;不准单位之间相互借用现金;不准谎报用途套取现金;不准利用银行账户代其他单位和个人存入或支取现金;不准将单位收入的现金以个人名义存入储蓄;不准保留账外公款(即小金库);库存现金要定期或不定期地由内部审计人员查核。

(二) 库存现金的核算

为了全面完整地核算库存现金,保证库存现金的安全完整,企业需要分别设置和使用"库存现金总账"和"现金日记账"。"库存现金总账"和"现金日记账"通常为三栏式,具体格式分别如表3-1和表3-2所示。

表 3-1 库存现金总账

2008 年		凭证		摘 要	借方	贷方	借或贷	余额
月	日	字	号					
1	1			月初余额			借	5 800
	2	收	001	收到销货款	920		借	6 720
				……				
	31			本月合计	98 265	98 456		5 609

表 3-2 现金日记账

第 1 页

2008 年		凭证		摘 要	对方科目	收入	支出	结余
月	日	字	号					
1	1			月初余额				5 800
	2	付	001	提现	银行存款	3 000		
	2	收	001	收到销货款	主营业务收入	920		
	2	付	005	厂办张三报销市内交通费	管理费用		108	
	2	付	009	采购部李四预借差旅费	其他应收款		5 000	
	2			本日合计		3 920	5 108	4 612
				……				
	31			本月合计		98 265	98 456	5 609

企业所发生的现金收支业务必须通过出纳人员,由出纳人员根据收付凭证,按照业务发生的先后顺序逐笔序时登记"现金日记账",现金日记账的收入和支出金额,应根据审核无误后的收款凭证、付款凭证登记。每日终了,应计算全天的现金收入合计数、现金支出合计数和现金结余数,并根据日记账结余数与实际库存数进行核对,做到账实相符。如果发现账款不符,应及时查明原因,进行处理。与此同时,由会计人员根据记账凭证记录"库存现金"总账。月份终了,将"现金日记账"的余额与"库存现金"总账的余额进行核对,做到账账相符。

对于有外币现金收支业务的企业,应当按照人民币现金、外币现金的币种分别设置明细账户进行核算。

二、银行存款

(一)银行存款账户的开设和使用

银行存款是指企业存放在银行或其他金融机构的货币资金。企业除根据《现金管理暂行条例》及其实施细则的规定留取现金以备日常开支之需外,应根据中国人民银行《支付结算办法》的规定,在当地银行开设账户。企业应将超过库存现金限额的现金存入银行;在生产经营过程中发生的一切支出,除了在规定的范围内可以使用现金支付外,都必须经过银行进行转账结算。

企业在开设银行账户时,必须遵守中国人民银行制定的《银行账户管理办法》,该办法规定,企业在银行开设的账户有四种类型,即基本存款账户、一般存款账户、临时存款账户和专用存款账户。基本存款账户是存款人办理日常转账结算和现金收付的账户,企业职工的工资、奖金等现金的支取,只能通过本账户办理;一般存款账户是存款人在基本存款账户以外的银行借款转存、与基本存款账户的存款人不在同一地点的附属非独立核算单位开立的账户,企业可以通过本账户办理转账结算和现金缴存,但不能办理现金支取;临时存款账户是存款人因临时经营活动需要开立的账户,企业可以通过本账户办理转账结算和根据国家现金管理的规定办理现金收付;专用存款账户是存款人因特定用途需要开立的账户。企业只能在银行开立一个基本存款账户。

企业通过银行办理支付结算时,必须认真贯彻执行中国人民银行发布的《支付结算办法》,遵守各项结算纪律。不准签发没有资金保证的票据或远期支票,套取银行信用;不准签发、取得和转让没有真实交易和债权债务的票据,套取银行和他人资金;不准无理由拒绝付款,任意占用他人资金;不准违反规定开立和使用账户。

(二) 银行结算的种类

根据我国现行的《支付结算办法》,企业发生的货币资金收付业务可以采用银行本票、银行汇票、商业汇票、支票、信用卡、信用证、汇兑、委托收款和托收承付等方式,通过银行进行转账结算。

1. 银行本票

银行本票是银行签发的、承诺自己在见票时无条件支付确定的金额给收款人或者持票人的票据。由于银行本票是由银行签发并保证兑付的,而且见票即付,因而具有信誉高、支付功能强的特点。企业用银行本票购买物资,销货方可以见票付货,购货方可以凭票提货;债权债务双方可以凭票清偿;收款人将银行本票交存银行,银行即可为其入账。无论单位和个人,在同一票据交换区域需要支付各种款项,均可使用银行本票。

银行本票分为不定额本票和定额本票两种。定额银行本票面额为1 000元、5 000元、10 000元和50 000元。不定额银行本票用压数机压印出票金额,出票银行在银行本票上签章后交给申请人。

银行本票可以用于转账,注明"现金"字样的银行本票也可以用于支取现金。银行本票的提示付款期限自出票日起最长不得超过2个月。在付款期内的银行本票见票即付。超过提示付款期限不获付款的,在票据权利时效内向出票银行作出说明,并提供本人身份证件或单位证明,可持银行本票向出票银行请求付款。

2. 银行汇票

银行汇票是出票银行签发的、由其在见票时按照实际结算金额无条件支付给收款人或者持票人款项的票据。银行汇票的出票银行为银行汇票的付款人。由于银行汇票具有使用灵活、票随人到、兑现性强等特点,适用于先收款后发货或钱货两清的商品交易。单位和个人各种款项结算,均可使用银行汇票。

银行汇票可以用于转账,填明"现金"字样的银行汇票也可以用于支取现金。银行汇票的提示付款期限为自出票日起1个月内。企业使用银行汇票,应向出票银行填写"银行汇票申请书",填明收款人名称、汇票金额、申请人名称、申请日期等事项并签章,签章为其预留银行的签章。出票银行受理银行汇票申请书,收妥款项后签发银行汇票,并用压数机压印出票金额,将银行汇票和解讫通知一并交给申请人。

收款企业在收到付款单位交付的银行汇票时,应在出票金额以内,根据实际需要的款项办理结算,并将实际结算金额和多余金额准确、清晰地填入银行汇票和解讫通知的有关栏内。银行汇票的实际结算金额低于出票金额的,其多余金额由出票银行退交申请人。未填明实际结算金额和多余金额或实际结算金额超过出票金额的,银行不予受理。收款企业还应在向开户银行提示付款时,在汇票背面"持票人向银行提示付款签章"处签章,签章须与预留银行签章相同,并将银行汇票和解讫通知、进账单送交开户银行。银行审查无误后办理转账。

收款企业可以将银行汇票背书转让给被背书人。银行汇票的背书转让以不超过出票金额的实际结算金额为准。未填写实际结算金额或实际结算金额超过出票金额的银行汇票不得背书转让。

持票人超过期限向代理付款银行提示付款不获付款的,须在票据权利时效内向出票银行作出说明,并提供本人身份证件或单位证明,持银行汇票和解讫通知向出票银行请求付款。

银行汇票的流转过程如图 3-1(引自中国人民银行编:《中华人民共和国票据法实用图册》)所示。

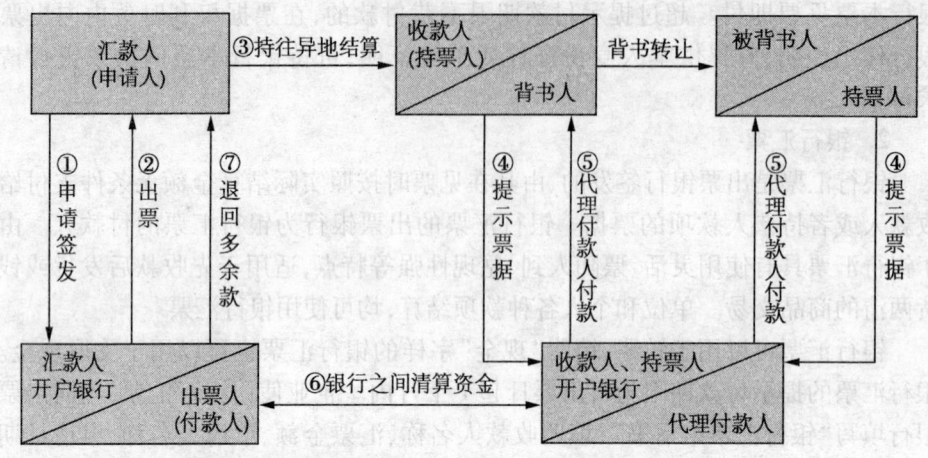

图 3-1　银行汇票流转程序示意图

3. 商业汇票

商业汇票是出票人(付款人或收款人)签发的、付款人在指定日期无条件支付确定的金额给收款人或者持票人的票据。在银行开立存款账户的法人以及其他组织之间，必须具有真实的交易关系或债权债务关系，才能使用商业汇票。

商业汇票的付款人为承兑人。根据承兑人的不同，商业汇票分为商业承兑汇票和银行承兑汇票。商业承兑汇票由银行以外的付款人承兑；银行承兑汇票由银行承兑，银行承兑汇票的承兑银行，应按票面金额向承兑申请人收取万分之五的手续费。

定日付款或者出票后定期付款的商业汇票，持票人应当在汇票到期日前向付款人提示承兑。见票后定期付款的汇票，持票人应当自出票日起 1 个月内向付款人提示承兑。汇票未按照规定期限提示承兑的，持票人丧失对其前手的追索权。

商业汇票的付款人接到出票人或持票人向其提示承兑的汇票时，应当向出票人或持票人签发收到汇票的回单，记明汇票提示承兑日期并签章。付款人应当在自收到提示承兑的汇票之日起 3 日内承兑或者拒绝承兑。付款人拒绝承兑的，必须出具拒绝承兑的证明。

商业汇票的付款期限，最长不得超过 6 个月。定日付款的汇票，付款期限自出票日起计算，并在汇票上记载具体的到期日；出票后定期付款的汇票，付款期限自出票日起按月计算，并在汇票上记载；见票后定期付款的汇票，付款期限自承兑日起按月计算，并在汇票上记载。

商业汇票的提示付款期限，为自汇票到期日起 10 日内。付款人收到开户银行的付款通知，应在当日通知银行付款。付款人在接到通知日的次日起 3 日内（遇法定休假日顺延，下同）未通知银行付款的，视同付款人承诺付款。银行承兑汇票的承兑申请人于汇票到期日未能足额交存票款时,承兑银行除凭票向持票人无条件付款外,对承兑申请人尚未支付的汇票金额按照每天万分之五计收利息。

符合条件的商业汇票的持票人可持未到期的商业汇票连同贴现凭证向银行申请贴现。

以付款人出票并承兑商业承兑汇票为例,商业汇票的结算程序如图 3-2(引自中国人民银行编:《中华人民共和国票据法实用图册》)所示。

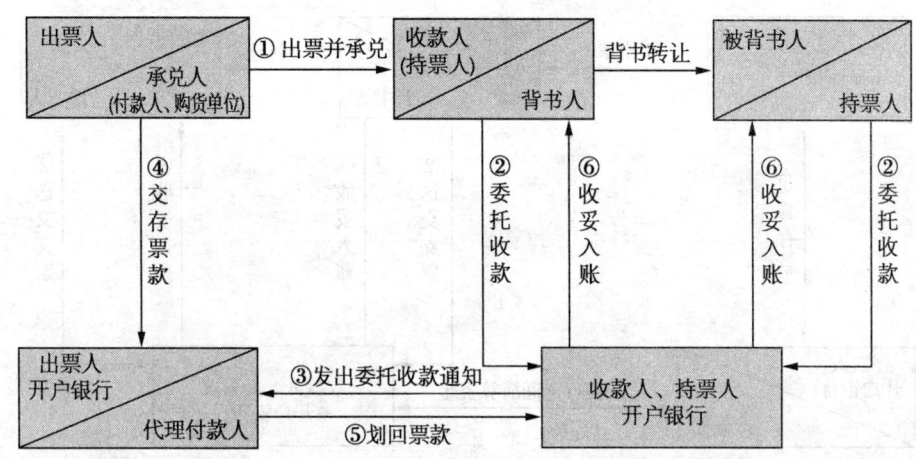

图 3-2 以付款人为出票人的商业承兑汇票流程示意图

如果商业承兑汇票是由销货企业,即收款人出票的,销货企业应首先将汇票交给付款人进行承兑,然后再由付款人将承兑后的汇票交给收款人,这时,收款人才可以向银行进行贴现或者进行背书转让给其债权人,当然,还可以持有至到期作收款处理。

4. 支票

支票是出票人签发的、委托办理支票存款业务的银行在见票时无条件支付确定的金额给收款人或者持票人的票据。支票是同城结算中应用比较广泛的一种结算方式,单位和个人在同一票据交换区域的各种款项结算,均可以使用支票。

支票上印有"现金"字样的为现金支票,现金支票只能用于支取现金。支票上印有"转账"字样的为转账支票,转账支票只能用于转账。支票上未印有"现金"或"转账"字样的为普通支票,普通支票可以用于支取现金,也可以用于转账。在普通支票左上角划两条平行线的,为划线支票,划线支票只能用于转账,不得支取现金。

签发支票应遵循以下规定:使用碳素墨水或墨汁填写;签发现金支票和用于支取现金的普通支票,必须符合国家现金管理的规定;签发支票的金额不得超过企业在其开户银行实有的存款金额;禁止签发空头支票;不得签发与其预留银行签章不符的支票。对于违反上述规定的,银行应予以退票,并按票面金额处以5%但不低于1 000元的罚款。

支票的提示付款期限为自出票日起10日内,但中国人民银行另有规定的除外。超过提示付款期限提示付款的,持票人开户银行不予受理,付款人不予付款。

支票的流转过程如图3-3(引自中国人民银行编:《中华人民共和国票据法实用图册》)所示。

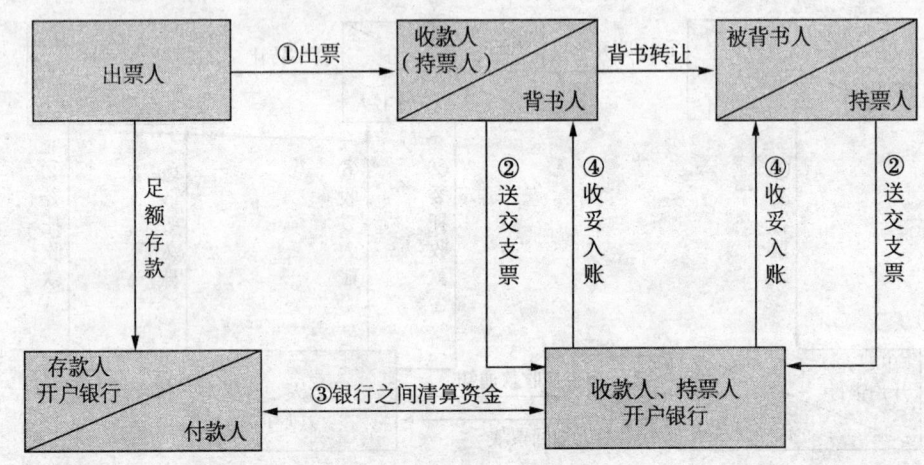

图3-3 支票流转程序示意图

5. 信用卡

信用卡是指商业银行向个人和单位发行的,凭以向特约单位购物、消费和向银行存取现金,且具有消费信用的特制载体卡片。信用卡按使用对象分为单位卡和个人卡;按信用等级分为金卡和普通卡。

凡在中国境内金融机构开立基本存款账户的单位可申领单位卡。单位卡可申领若干张,持卡人资格由申领单位法定代表人或其委托的代理人书面指定和注销。单位卡账户的资金一律从其基本存款账户转账存入,在使用过程中,需要向其账户续存资金的,也从其基本存款账户转账存入,不得交存现金,不得将销货收入的款项存入其账户。单位卡不得用于10万元以上的商品交易、劳务供应款项的结算。

信用卡在规定的限额和期限内允许善意透支,透支期限最长为60天。透支利息,自签单日或银行记账日起15日内按日息万分之五计算,超过15日按日息万分之十计算,超过30日或透支金额超过规定限额的,按日息万分之十五计算。透支计息不分段,按最后期限或者最高透支额的最高利率档次计息。超过规定的限额和期限,并且经发卡银行催收无效的透支行为称为恶意透支,持卡人使用信用卡不得发生恶意透支。

6. 汇兑

汇兑是汇款人委托银行将其款项支付给收款人的结算方式。异地间单位和个人的各种款项的结算,均可使用这种简便、灵活的结算方式。

汇兑分为信汇、电汇两种。信汇是指汇款人委托银行通过邮寄的方式将款项划转给收款人。电汇是指汇款人委托银行通过电报将款项划给收款人。两种汇兑方式由汇款人选择使用。

企业采用汇兑结算方式时,汇出单位应填写银行印发的汇款凭证,列明收款单位名称、汇款金额以及汇款的用途等项目,送达开户银行,委托银行将款项汇往收汇银行。汇出银行受理汇款人签发的汇兑凭证,经审查无误后,应及时向汇入银行办理汇款,并向汇款人签发汇款回单。汇入银行对开立存款账户的收款人,应将汇给其的款项直接转入收款人账户,并向其发出收账通知。

7. 托收承付

托收承付是根据购销合同由收款人发货后委托银行向异地付款人收取款项,由付款人向银行承认付款的结算方式。使用托收承付结算方式的收款单位和付款单位,必须是国有企业、供销合作社以及经营管理较好,并经开户银行审查同意的城乡集体所有制工业企业。办理托收承付结算的款项,必须是商品交易,以及因商品交易而产生的劳务供应的款项。代销、寄销、赊销商品的款项,不得办理托收承付结算。

使用托收承付结算方式的双方必须签有符合《经济合同法》的购销合同,并在合同上订明使用托收承付结算方式。托收承付结算每笔的金额起点为 10 000 元。新华书店系统每笔的金额起点为 1 000 元。托收承付结算款项的划回方法,分邮寄和电报两种,由收款人选用。

托收承付结算方式主要有托收和承付两个环节。托收,是指收款人按照签订的购销合同发货后,委托银行办理托收。此时,收款人需将托收凭证并附发运证件或其他符合托收承付结算的有关证明和交易单证送交银行。承付,是指付款人开户银行收到托收凭证及其附件并审查后,及时通知付款人,付款人应在承付期内审查核对,安排资金承付货款。

付款人承付货款分为验单付款和验货付款两种,由收付双方商量选用,并在合同中明确规定。验单付款的承付期为 3 天,从付款人开户银行发出承付通知的次日算起(承付期内遇法定休假日顺延)。付款人在承付期内,未向银行表示拒绝付款,银行即视作承付,并在承付期满的次日(法定休假日顺延)上午银行开始营业时,将款项主动从付款人的账户内付出,按照收款人指定的划款方式,划给收款人。验货付款的承付期为 10 天,从运输部门向付款人发出提货通知的次日算起。对收付双方在合同中明确规定,并在托收凭证上注明验货付款期限的,银行从其规定。付款人收到提货通知后,应即向银行交验提货通知。付款人在银行发出承付通知的次日起10天内,未收到提货通知的,应在第10天将货物尚未到达的情况通知银行。在第10天付款人没有通知银行的,银行即视作已经验货,于10天期满的次日上午银行开始营业时,将款项划给收款人;在第10天付款人通知银行货物未到,而以后收到提货通知没有及时送交银行,银行仍按10天期满的次日作为划款日期,并按超过的天数,计扣逾期付款赔偿金。采用验货付款的,收款人必须在托收凭证上加盖明显的"验货付款"字样戳记。托收凭证未注明验货付款,经付款人提出合同证明是验货付款的,银行可按验货付款处理。

不论验单付款还是验货付款,付款人都可以在承付期内提前向银行表示承付,并通知银行提前付款,银行应立即办理划款;因商品的价格、数量或金额变动,付款人应多承付款项的,须在承付期内向银行提出书面通知,银行据以随同当次托收款项划给收款人。付款人不得在承付货款中,扣抵其他款项或以前托收的货款。

付款人在承付期满日银行营业终了时,如无足够资金支付,其不足部分,即为逾期未付款项,按逾期付款处理。付款人开户银行对付款人逾期支付的款项,应当根据逾期付款金额和逾期天数,按每天万分之五计算逾期付款赔偿金。逾期付款天数从承付期满日算起。付款人开户银行对付款人逾期未能付款的情况,应当及时通知收款人开户银行,由其告知收款人。

托收承付的结算关系如图3-4所示。

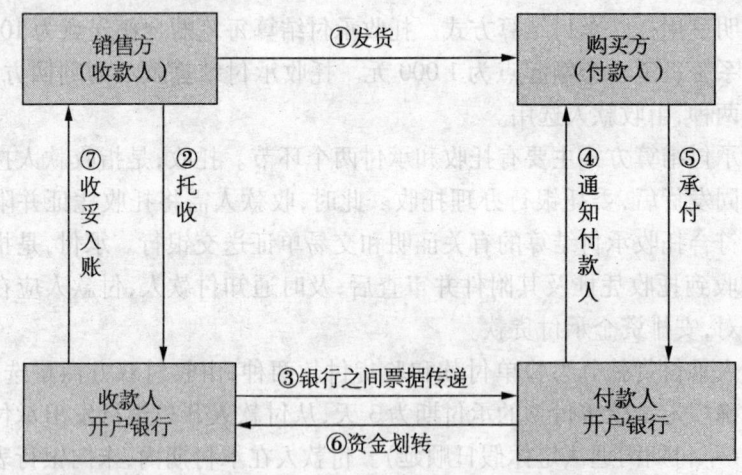

图3-4 托收承付结算关系示意图

8. 委托收款

委托收款是收款人委托银行向付款人收取款项的结算方式。无论是单位还是个人,凭已承兑商业汇票、债券、存单等付款人债权证明办理款项的结算时,均可以使用委托收款结算方式。委托收款在同城、异地均可以使用。在同城范围内,收款人收取公用事业费或根据国务院的规定,可以使用同城特约委托收款。

委托收款结算款项的划回方式,分邮寄和电报两种,由收款人选用。

委托收款结算方式有委托和收款两个主要环节。收款人办理委托收款应向银行提交委托收款凭证和有关的债权证明。付款人应于接到通知的当日书面通知银行付款。按照有关办法规定,付款人未在接到通知日的次日起3日内通知银行付款的,视同付款人同意付款,银行应于付款人接到通知日的次日起第4日上午开始营业时,将款项划给收款人。

9. 信用证

信用证是由开证行根据付款方申请,向收款方开具的有一定金额的在一定期限内凭规定的单据在指定的地点支付(即付款、承兑或议付汇票)的书面保证,是银行有条件的付款承诺。

信用证是国际结算的一种主要方式。经中国人民银行批准经营结算业务的商业银行总行以及经商业银行批准开办信用证结算业务的分支机构,也可以办理国内企业之间商品交易的信用证结算业务。

信用证属于银行信用,采用信用证支付,对销货方安全收回货款较有保障;对购货方来说,由于货款的支付是以取得符合信用证规定的货运单据为条件,避免了预付货款的风险。因此,信用证结算方式在一定程度上解决了购销双方在付款和交货问题上的矛盾。

信用证结算的基本程序是:付款方按购销合同向开证行提交开证申请并交保证金;开证行以邮寄或电传方式将开出的信用证发给通知行;通知行将信用证转交收款方;收款方收到信用证经审核无误后,即备货装运,将跟单汇票连同信用证一同送交当地议付行;议付行经审核,按票款扣除利息垫付货款;然后议付行将跟单汇票寄交开证行索回垫款;开证行收到跟单汇票后,通知付款方审单付款,赎单提货。收款方应根据议付单据及议付行退还的信用证等有关凭证编制收款凭证;付款方在接到开证行的备款赎单通知时,根据付款赎回的有关单据编制付款凭证。

通常,在上述九种转账结算方式中,支票和银行本票仅用于结算双方在同一票据交换区域的情况;银行汇票、信用证、汇兑和托收承付方式仅用于结算双方在不同票据交换区域的情况;商业汇票、委托收款和信用卡结算方式的使用没有区域限制,即在同一票据交换区或不同票据交换区均可使用。

(三)银行存款业务的会计处理以及余额的核对

为了核算和反映企业存入银行或其他金融机构的各种存款,企业应设置和使用"银行存款"科目,根据银行收付款凭证登记银行存款的增加和减少。同时,企业还应按开户银行和其他金融机构、存款种类等,分别设置"银行存款日记账"。"银行存款日记账"由出纳人员根据收付款凭证,按照业务的发展顺序逐笔序时登记,每日终了应结出余额。"银行存款总账"和"银行存款日记账"的格式分别与前述"库存现金总账"和"现金日记账"的格式基本相同,也为三栏式,此处不再赘述。

有外币存款的企业,应分别人民币和各种外币设置"银行存款日记账"进行明细核算。

"银行存款日记账"应定期与"银行对账单"核对,至少每月核对一次。月份终了,企业账面结余与银行对账单余额之间如有差额,必须逐笔查明原因,应按月编制"银行存款余额调节表",调节相符。

在大多数情况下,"银行对账单"余额与企业"银行存款日记账"上的余额不相符,其主要原因是由于会计凭证在传递过程中的时间差,或是由于银行与企业一方的会计差错,致使两者的存取金额及结余金额不相等。

为了控制和检查银行与企业间存款记录的准确性,可以通过编制银行存款余额调节表来调节两者的差异,计算正确的银行存款余额。银行存款余额调节表主要是一种核对工具,用来查明企业与银行间的往来账目是否均无错误。在银行存款余额调节表中需要调节的项目有以下四种:

(1)企业已经入账记增加,银行尚未入账记增加的业务;
(2)企业已经入账记减少,银行尚未入账记减少的业务;
(3)银行已经入账记增加,企业尚未入账记增加的业务;
(4)银行已经入账记减少,企业尚未入账记减少的业务。

银行存款余额调节表的具体内容以及调节过程可以通过下例予以说明。

【例3-1】 莲花公司2008年8月31日银行存款日记账的余额为965 000元,银行对账单余额为1 096 000元,经逐笔核对,发现存在以下账项需要调节:

(1)8月29日收到A公司7 200元转账支票一张,委托银行办理收款,并已根据银行退回的收款凭证入账,但银行因尚未办妥手续而未入账;

(2)8月25日企业开出的#518支票32 000元,8月26日开出的#528支票89 800元,持票人迄今尚未向银行兑现;

(3)8月30日银行代付水电费7 000元,企业尚未收到付款通知;

(4)委托银行收取B公司货款22 900元,8月31日银行已经收到,但企业因尚未收到银行转来的相关凭证而未入账;

(5)8月31日银行已将本期莲花公司存款利息500元登记入账,而企业尚未收到相关单据。

根据上述资料,莲花公司编制的2008年8月31日"银行存款余额调节表"如

表 3-3 所示。

表 3-3　莲花公司银行存款余额调节表

2008 年 8 月 31 日　　　　　　　　　　　　　　　　　　　单位:元

企业银行存款日记账	金　额	银行对账单	金　额
调整前余额	965 000	调整前余额	1 096 000
加:银行已记增加,企业未记增加	22 900	加:企业已记增加,银行未记增加	7 200
	500		
减:银行已记减少,企业未记减少	7 000	减:企业已记减少,银行未记减少	32 000
			89 800
调整后余额	981 400	调整后余额	981 400

银行存款余额调节表是用来核对企业与银行间往来账目是否正确的核对工具,而不是记账的凭证,因此,对其中所调节的未达账项不需要编制调整分录,而待下月凭证传递到达且进行相关处理后,将会自动调节。

如果通过银行存款余额调节表调节未达账项后,银行存款日记账的余额仍与银行对账单余额不相符,则说明企业或银行账务记录有错误,须进一步查明原因予以更正。

三、其他货币资金

其他货币资金是指企业除现金、银行存款以外,为准备某些特定的结算业务而存放在银行或其他金融机构中的货币资金的总称。虽然其他货币资金仍属于货币资金,但由于其存放地点和用途不同于现金和银行存款,因而在会计上应将其单独核算。其他货币资金包括外埠存款、银行汇票存款、银行本票存款、信用卡存款、信用证保证金存款和存出投资款等。

为了单独反映各种其他货币资金,企业应设置"其他货币资金"科目,并按照其他货币资金的种类分别设置"外埠存款"、"银行汇票存款"、"银行本票存款"、"信用卡存款"、"信用证保证金存款"和"存出投资款"等明细科目,进行明细核算。

1. 外埠存款

外埠存款是指企业到外地进行临时或零星采购时,汇往外地银行开立采购专户的款项。企业委托当地银行将款项汇往采购地开立专户时,应填写汇款委托书。汇入地银行以汇款单位名义开立临时采购账户,该账户的存款不计利息、只付不收、付完清户,除了采购人员可从中提取少量现金外,一律采用转账结算。

【例 3-2】　莲花公司委托开户银行将 600 000 元汇至采购地,在采购地银行开立采购专户。收到采购员转来的购货发票等报销凭证,货款 500 000 元,增值税进项税额85 000元,运杂费3 000元。采购任务完结,剩余款项通过银行汇回本地开户银行。莲花公司的相关会计处理如下(假定暂不考虑运费抵扣增值税问题)。

(1) 将款项汇往采购地开设采购专户

借:其他货币资金——外埠存款　　　　　　　　　　600 000
　　贷:银行存款　　　　　　　　　　　　　　　　　600 000

(2) 收到采购员转来的购货发票等报销凭证

借:在途物资　　　　　　　　　　　　　　　　　　503 000
　　应交税费——应交增值税(进项税额)　　　　　　 85 000
　　贷:其他货币资金——外埠存款　　　　　　　　　588 000

(3) 收到从采购地银行转回本地开户行的剩余款项

借:银行存款　　　　　　　　　　　　　　　　　　 12 000
　　贷:其他货币资金——外埠存款　　　　　　　　　 12 000

2. 银行汇票存款

银行汇票存款是企业为取得银行汇票而按照规定存入银行的款项。企业向银行申请开具银行汇票时,应向银行提交"银行汇票委托书",并将款项交存开户银行,取得汇票后,根据银行盖章后的委托书存根联,借记"其他货币资金——银行汇票存款"科目,贷记"银行存款"科目;当使用银行汇票购买货物时,根据发票账单以及开户行转来的银行汇票副联等凭证,经核对无误后,借记"在途物资"等科目,贷记"其他货币资金——银行汇票存款"科目。如果实际采购支付后银行汇票有余额时,多余部分应借记"银行存款"科目,贷记"其他货币资金——银行汇票存款"科目。

【例3-3】　莲花公司填写"银行汇票申请书",向开户银行申请开具50 000元的银行汇票,经银行审核后,开具给莲花公司银行汇票。莲花公司用该汇票在外地采购原材料,增值税专用发票所列货款40 000元,增值税进项税额6 800元。采购完毕,开户银行通知,已将多余款项转回。莲花公司的相关会计处理如下。

(1) 取得银行汇票

借:其他货币资金——银行汇票存款　　　　　　　　 50 000
　　贷:银行存款　　　　　　　　　　　　　　　　　 50 000

(2) 使用银行汇票购进原材料

借:在途物资　　　　　　　　　　　　　　　　　　 40 000
　　应交税费——应交增值税(进项税额)　　　　　　 6 800
　　贷:其他货币资金——银行汇票存款　　　　　　　 46 800

(3) 根据银行通知收到转回的多余款项

借:银行存款　　　　　　　　　　　　　　　　　　 3 200

贷：其他货币资金——银行汇票存款　　　　　　　　　　　　3 200

　　3. 银行本票存款

　　银行本票存款是指企业为取得银行本票，按照规定存入银行的款项。企业向银行申请开具银行本票时，应向银行提交"银行本票申请书"，并将款项交存开户银行，取得本票后，应根据银行盖章退回后的申请书存根联，编制付款凭证，借记"其他货币资金——银行本票存款"科目，贷记"银行存款"科目；当使用银行本票购买货物时，根据发票账单等凭证，经核对无误后，借记"在途物资"、"应交税费——应交增值税（进项税额）"等科目，贷记"其他货币资金——银行本票存款"科目。如果因本票超过付款期等原因而未曾使用要求银行退款时，应填写一式两联的进账单，连同本票一同交给银行，然后，根据经银行盖章退回的一联进账单，借记"银行存款"科目，贷记"其他货币资金——银行本票存款"科目。

　　4. 信用卡存款

　　当企业申请领取信用卡时，填写申请表，并按照银行要求交存备用金，银行开立信用卡存款账户，发给信用卡。企业根据银行盖章后退回的交存备用金的进账单，借记"其他货币资金——信用卡存款"科目，贷记"银行存款"科目。当企业收到开户银行转来的信用卡存款的付款凭证及所附发票账单，经过核对无误进行会计处理时，借记"管理费用"科目，贷记"其他货币资金——信用卡存款"科目。

　　5. 信用证保证金存款

　　当企业向银行申请开具信用证时，根据银行盖章后退回的"信用证委托书"回单，借记"其他货币资金——信用证存款"科目，贷记"银行存款"科目。当企业收到供货单位信用证结算凭证及所附发票账单，经核对无误后，借记"在途物资"、"应交税费——应交增值税（进项税额）"等科目，贷记"其他货币资金——信用证存款"科目。如果收到未用完的信用证存款余额，则与取得信用证时的会计处理相反。

　　6. 存出投资款

　　存出投资款是企业已存入证券公司但尚未进行短期投资的货币资金。当企业将款项划入在证券公司的账户时，按照实际划出的金额，借记"其他货币资金——存出投资款"科目，贷记"银行存款"科目。当企业购买股票或债券进行投资时，按照实际发生的金额，借记"交易性金融资产"等科目，贷记"其他货币资金——存出投资款"科目。

　　【例3-4】 莲花公司将暂时闲置资金800 000元划入其在某证券公司所开设的户头。从二级市场购买QQ公司股票并意图短期持有，共支付价款580 000元（假设不考虑交易费用）。莲花公司的相关会计处理如下：

　　（1）将资金划入其在证券公司开设的户头

借:其他货币资金——存出投资款　　　　　　　　800 000
　　贷:银行存款　　　　　　　　　　　　　　　　　　800 000
(2) 进行短期股票投资
借:交易性金融资产——成本　　　　　　　　　　580 000
　　贷:其他货币资金——存出投资款　　　　　　　　580 000

四、外币交易及其会计处理

(一) 记账本位币和外币

1. 记账本位币

记账本位币,即用来记账的货币,是指企业经营所处的主要经济环境中的货币。我国的企业通常是选择人民币作为记账本位币的。如果企业的业务收支以人民币以外的货币为主,则也可以按照会计准则的规定选定其中一种货币作为记账本位币。但是,编报的财务报表应当折算为人民币。

企业在选定记账本位币时,应当考虑下列因素:(1)该货币主要影响商品和劳务的销售价格,通常以该货币进行商品和劳务的计价和结算;(2)该货币主要影响商品和劳务所需人工、材料和其他费用,通常以该货币进行上述费用的计价和结算;(3)融资活动获得的货币以及保存从经营活动中收取款项所使用的货币。

企业记账本位币一经确定,不得随意变更,除非企业经营所处的主要经济环境发生重大变化。如果企业因经营所处的主要经济环境发生重大变化,确需变更记账本位币,则应当采用变更当日的即期汇率将所有项目折算为变更后的记账本位币。

2. 外币

外币,是指除记账本位币以外的其他任何一种货币。随着企业生产经营规模的不断扩大,自然会或多或少地涉及和境外企业间的经济交往。企业以记账本位币以外的其他货币(即外币)计价或者结算的交易即为外币交易。

通常,企业的外币交易主要包括以下三种类型:(1)买入或者卖出以外币计价的商品或劳务;(2)借入或借出外币资金;(3)其他以外币计价或者结算的交易,如承担或清偿以外币计价的债务等。

(二) 外币交易的会计处理

在我国,除银行等少数金融企业外,绝大多数企业对于外币交易均采用外币统账制进行核算,在外币业务发生时即折算为记账本位币入账,外币交易金额因汇率变动而产生的差额记入"财务费用——汇兑差额"科目。在进行会计处理时,应对外币交易进行双重记录,即一方面登记外币原币种的金额,另一方面要按照一定的汇率将外币的金额折算为记账本位币金额。

汇率,是指两种货币进行兑换的比率,是一种货币单位用另一种货币单位所表示的价格。按照银行外币买卖所采用的价格不同,汇率分为买入价、卖出价和中间价。买入价是指银行买入其他货币的价格;卖出价是指银行出售其他货币的价格;中间价是指银行买入价与卖出价的平均价。无论是买入价,还是卖出价,均是交易的结算价格,都是即期汇率,即期汇率是相对于远期汇率而言的。

外币交易的具体处理分别在交易日和资产负债表日进行,具体程序如下。

在交易发生时,将外币金额按照交易日的即期汇率折算为记账本位币金额,按照折算后的记账本位币金额登记有关账户;同时,按照外币金额登记相应的外币账户。具体折算时,对于外币购销、接受外币投资等一般业务,按照中间价进行折算。对于外币兑换业务,按照交易实际采用的汇率即银行买入价或卖出价进行折算;买入价或卖出价与中间价的差额记入"财务费用——汇兑差额"科目。

期末,将所有外币货币性项目的外币余额,按照期末即期汇率折算为记账本位币金额,并与原记账本位币金额相比较,将其差额记入"财务费用——汇兑差额"科目。

结算外币货币性项目时,将其外币结算金额按照当日即期汇率折算为记账本位币金额,并与原记账本位币金额相比较,将其差额记入"财务费用——汇兑差额"科目。

1. 交易日的会计处理

外币交易应当在初始确认时,采用交易发生日的即期汇率将外币金额折算为记账本位币金额。

【例3-5】 莲花公司为增值税一般纳税人,2008年6月29日,莲花公司从国外A公司购进一台生产设备,设备价款为200 000美元,当日即期汇率为1:6.829,款项尚未支付(假设该设备尚未达到预定可使用状态)。进口关税136 580元以及增值税232 186元均以银行存款支付。莲花公司的相关会计处理如下:

借:在建工程(200 000×6.829+136 580)　　　　1 502 380
　　应交税费——应交增值税(进项税额)　　　　232 186
　　贷:银行存款　　　　　　　　　　　　　　　368 766
　　　　应付账款——A公司(美元)　　　　　　1 365 800

【例3-6】 2008年6月18日,莲花公司向国外B公司出口商品10 000件,单位售价100美元,当日即期汇率为1:6.83,货款尚未收到(假设不考虑相关税费)。莲花公司的相关会计处理如下:

借:应收账款——B公司(美元)(10 000×100×6.83)
　　　　　　　　　　　　　　　　　　　　　　6 830 000
　　贷:主营业务收入　　　　　　　　　　　　6 830 000

【例 3-7】 兴梅公司属外商投资企业,投资合同规定,外方投资 200 000 美元。2007 年 5 月 8 日收到外方投入资本,当日的即期汇率为 1∶7.54。兴梅公司的相关会计处理如下:

借:银行存款——美元(200 000×7.54)　　　　　1 508 000
　　贷:实收资本——外商资本　　　　　　　　　　　　1 508 000

【例 3-8】 2007 年 6 月 20 日兴梅公司从中国银行取得短期借款 500 000 美元,当日的即期汇率为 1∶7.72。兴梅公司相关会计处理如下:

借:银行存款——美元户(500 000×7.72)　　　　3 860 000
　　贷:短期借款——美元户　　　　　　　　　　　　　3 860 000

【例 3-9】 2008 年 8 月 8 日,莲花公司将 10 000 美元兑换为人民币,银行当日的美元即期汇率分别为:买入价 1∶6.830;卖出价 1∶6.840;中间价 1∶6.835。莲花公司就此外币卖出业务作相关会计处理如下:

借:银行存款(10 000×6.830)　　　　　　　　　　68 300
　　财务费用——汇兑差额　　　　　　　　　　　　　　 50
　　贷:银行存款——美元户(10 000×6.835)　　　　　68 350

【例 3-10】 2008 年 9 月 25 日,莲花公司从银行购入 50 000 美元,银行当日美元即期汇率分别为:买入价 1∶6.825;卖出价 1∶6.835;中间价 1∶6.830。莲花公司就此外币买入业务作相关会计处理如下:

借:银行存款——美元户(50 000×6.830)　　　　 341 500
　　财务费用——汇兑差额　　　　　　　　　　　　　　250
　　贷:银行存款(50 000×6.835)　　　　　　　　　　341 750

2. 资产负债表日的会计处理

企业在资产负债表日,应当对外币货币性项目和外币非货币性项目分别进行处理。

(1) 外币货币性项目。

货币性项目,是指企业持有的货币资金和将以固定或可确定的金额收取的资产或者偿付的负债。货币性资产包括库存现金、银行存款、应收账款、其他应收款、预付账款、长期应收款等;货币性负债包括短期借款、应付账款、其他应付款、长期借款、应付债券、长期应付款等。

在资产负债表日及结算日,企业应当以即期汇率折算外币货币性项目,该项目因资产负债表日即期汇率与初始确认时或者前一资产负债表日即期汇率不同而产生的汇兑差额,计入当期损益。

【例 3-11】 承前例 3-6 资料,假定 2008 年 6 月 30 日,美元对人民币的即期汇率为 1∶6.82,则莲花公司对该笔交易产生的外币货币性项目"应收账款"采用期末的即期汇率折算为记账本位币 6 820 000(1 000 000×6.82)元,其与交易日折算的记账本位币金额 6 830 000 元的差额 10 000 元,应当计入当期损益,同时调整货币性项目的记账本位币金额。莲花公司在资产负债表日的相关会计处理如下:

借:财务费用——汇兑差额　　　　　　　　　　　10 000
　　贷:应收账款——B 公司(美元)　　　　　　　　　　　10 000

假定莲花公司于 2008 年 7 月 28 日收到上述货款,当日美元对人民币的即期汇率为 1:6.825。莲花公司相关的会计处理如下:

借:银行存款——美元户(1 000 000×6.825)　　　6 825 000
　　贷:应收账款——B 公司(美元)　　　　　　　　　　6 820 000
　　　　财务费用——汇兑差额　　　　　　　　　　　　　5 000

【例 3-12】 承前例 3-8 资料,假定兴梅公司于 2007 年 12 月 20 日按期以人民币向中国银行归还借入的 500 000 美元。归还借款时的美元卖出价为 1:7.73 元。归还前兴梅公司此笔"短期借款——美元户"的账面余额为 3 860 000 元。兴梅公司相关会计处理如下:

借:短期借款——美元户　　　　　　　　　　　3 860 000
　　财务费用——汇兑差额　　　　　　　　　　　　5 000
　　贷:银行存款——美元户(500 000×7.73)　　　3 865 000

从企业外币业务的日常处理可见,外币货币性项目在发生时均采用发生时的即期汇率折算为记账本位币,期末时,要用期末的汇率将外币货币性项目的余额折算为记账本位币,这样,由于记账时间不同和记账汇率不同,会产生外币货币性账户上的记账本位币的差额,即汇兑损益。对外币货币性资产而言,在汇率上升时,会产生汇兑收益;在汇率下降时,会产生汇兑损失。相反,对于外币货币性负债而言,在汇率上升时,产生汇兑损失;在汇率下降时,产生汇兑收益。

(2) 外币非货币性项目。

非货币性项目,是指货币性项目以外的项目,包括存货、长期股权投资、固定资产、无形资产等。

① 以历史成本计量的外币非货币性项目。

在资产负债表日,企业以历史成本计量的外币非货币性项目,仍采用交易发生日的即期汇率折算,不改变其记账本位币金额。但是,对于以成本与可变现净值孰低计量的存货,如果其可变现净值以外币确定,则在确定存货的期末价值时,应先将可变现净值折算为记账本位币,然后再与记账本位币反映的存货成本进行比较。

【例 3-13】 莲花公司于 2008 年 6 月 18 日从国外进口 A 商品 1 000 件,单位购买价格为 500 美元(假定 A 商品在国内市场尚无供应),并随即支付了货款,美元对人民币的即期汇率为1:6.83。至2008年6月30日,莲花公司已经将A商品售出900件,此时,国内市场仍无A商品供应,而在国际市场上A商品的价格已经下降为450美元/件。6月30日的即期汇率为1:6.82。假定不考虑增值税等相关税费。莲花公司在资产负债表日对存货采用成本与可变现净值孰低法计量。

从上述资料可知,由于莲花公司在资产负债表日采用成本与可变现净值孰低法计量存货,因此,在以外币购入存货,且该存货在资产负债表日的可变现净值以外币反映,计提存货跌价准备时,应当考虑汇率变动的影响。莲花公司的相关会计处理如下:

2008年6月18日从国外进口A商品

借:库存商品——A   3 415 000

    贷:银行存款——美元户   3 415 000

2008年6月30日对A商品提取跌价准备

应计提的存货跌价准备 = 100 × 500 × 6.83 − 100 × 450 × 6.82 = 34 600(元)

借:资产减值损失   34 600

    贷:存货跌价准备   34 600

② 以公允价值计量的外币非货币性项目。

在资产负债表日,企业以公允价值计量的外币非货币性项目,如交易性金融资产、可供出售的金融资产和投资性房地产等,应采用公允价值确定日的即期汇率进行折算,折算后的记账本位币金额与原记账本位币金额之间的差额,作为公允价值变动(含汇率变动)损益,计入当期损益。

【例3-14】 莲花公司于2008年12月8日以每股1.38美元的价格购入甲公司的B股20 000股并将其划归交易性金融资产,当日美元对人民币的即期汇率为1:6.83。2008年12月31日,甲公司B股的市价为每股1.18美元,当日的即期汇率为1:6.82。假定不考虑相关税费的影响。莲花公司的相关会计处理如下:

2008年12月8日购入甲公司B股

借:交易性金融资产   188 508

    贷:银行存款——美元户   188 508

2008年12月31日确认公允价值变动及汇率变动的影响

188 508 − 20 000 × 1.18 × 6.82 = 27 556(元)

借:公允价值变动损益   27 556

    贷:交易性金融资产——公允价值变动   27 556

上述27 556元中既包含莲花公司所购买的甲公司B股股票公允价值变动的影响数,也包含人民币与美元之间汇率变动的影响数。

第三节 交易性金融资产

一、交易性金融资产的概念

交易性金融资产,是企业持有的以公允价值计量且其变动计入当期损益的金融资产中的主要内容,是指企业为了近期内出售而持有的金融资产。比如,企业以赚取差价为目的从二级市场购入的股票、债券、基金等。如果取得的金融资产满足下列条件之一,则企业应将其划分为交易性金融资产。

(1) 取得该金融资产的目的,主要是为了近期内出售。

(2) 属于进行集中管理的可辨认金融工具组合的一部分,且有客观证据表明企业近期采用短期获利方式对该组合进行管理。

(3) 属于衍生工具。但是,被指定且为有效套期工具的衍生工具、属于财务担保合同的衍生工具、与在活跃市场中没有报价且其公允价值不能可靠计量的权益工具投资挂钩并须通过交付该权益工具结算的衍生工具除外。

此处须强调的是,在活跃市场中没有报价、公允价值不能可靠计量的权益工具投资,不得指定为以公允价值计量且其变动计入当期损益的金融资产。

上述"活跃市场",是指同时具有以下特征的市场:①市场内交易的对象具有同质性;②可随时找到自愿交易的买方和卖方;③市场价格信息是公开的。

根据我国现行会计准则,企业可以将以公允价值计量且其变动计入当期损益的金融资产进一步划分为交易性金融资产和直接指定为以公允价值计量且其变动计入当期损益的金融资产。后者主要是指企业基于风险管理、战略投资需要等所作的指定。本节仅以交易性金融资产为例对以公允价值计量且其变动计入当期损益的金融资产加以介绍。

二、交易性金融资产的确认和计量原则

对于交易性金融资产,企业应当按照取得时的公允价值作为初始确认金额,相关的交易费用在发生时计入当期损益。而支付的价款中若包含已宣告但尚未发放的现金股利或已到付息期但尚未领取的债券利息,则应当单独确认为应收项目。

上述"交易费用",是指可直接归属于购买、发行或处置金融工具新增的外部费用。交易费用包括支付给代理机构、咨询公司、券商等的手续费和佣金及其他必要支出,不包括债券溢价、折价、融资费用、内部管理成本及其他与交易不直接相关的费用。"新增的外部费用",是指企业不购买、发行或处置金融工具就不会发生的费用。

对于在交易性金融资产持有期间所取得的利息或现金股利,企业应当将其确认为投资收益。

资产负债表日,企业应对交易性金融资产按照期末的公允价值计价,将期末公允价值与原账面价值之间的差额(即公允价值变动)计入当期损益。

处置交易性金融资产时,其公允价值与初始入账金额之间的差额应确认为投资收益,同时调整公允价值变动损益。

三、交易性金融资产的会计处理

企业应设置和使用"交易性金融资产"、"公允价值变动损益"等科目,核算以公允价值计量且其变动计入当期损益的金融资产。

1. "交易性金融资产"科目

该科目核算为交易目的所持有的债券投资、股票投资、基金投资等交易性金融资产的公允价值,以及企业持有的直接指定为以公允价值计量且其变动计入当期损益的金融资产。在此科目下,企业可进一步按交易性金融资产的类别和品种,分别设置"成本"、"公允价值变动"等明细科目进行核算。具体的核算内容有以下四个方面。

(1) 企业取得交易性金融资产,按其公允价值,借记"交易性金融资产——成本"科目,按发生的交易费用,借记"投资收益"科目,按实际支付金额中包含的已到付息期但尚未领取的利息或已宣告但尚未发放的现金股利,借记"应收利息"或"应收股利"科目,按实际支付的金额,贷记"银行存款"等科目。

(2) 交易性金融资产持有期间被投资单位宣告发放的现金股利,或在资产负债表日按分期付息、一次还本债券投资的票面利率计算的利息,借记"应收股利"或"应收利息"科目,贷记"投资收益"科目。

(3) 资产负债表日,交易性金融资产的公允价值高于其账面余额的差额,借记"交易性金融资产——公允价值变动"科目,贷记"公允价值变动损益"科目;对于公允价值低于其账面余额的差额则借记"公允价值变动损益"科目,贷记"交易性金融资产——公允价值变动"科目。

(4) 出售交易性金融资产,应按实际收到的金额,借记"银行存款"等科目,按该金融资产的账面余额,贷记"交易性金融资产"科目,按其差额,贷记或借记"投资收益"科目。同时,将原计入该金融资产的公允价值变动转出,借记或贷记"公允价值变动损益"科目,贷记或借记"投资收益"科目。

"交易性金融资产"科目的期末借方余额,反映企业持有的交易性金融资产的期末公允价值。

2. "公允价值变动损益"科目

该科目核算企业交易性金融资产公允价值变动形成的应计入当期损益的利

得或损失。直接指定为以公允价值计量且其变动计入当期损益的金融资产公允价值变动形成的应计入当期损益的利得或损失,也通过本科目核算。年末,应将本科目余额转入"本年利润"科目,结转后无余额。

【例 3-15】 2007 年 4 月 30 日,莲花公司从二级市场购买厦门机场股份公司的普通股股票 50 000 股,每股购买价格为 15.90 元,另支付相关税费 3 000 元。厦门机场已于 4 月 26 日宣告股利分派方案,每 10 股分派现金股利 3.5 元,股权登记日为 5 月 16 日,除息日为 5 月 17 日,股利支付日为 6 月 18 日。莲花公司的相关会计处理如下。

(1) 4 月 30 日,购入该股票

借:交易性金融资产——成本　　　　　　　　　　777 500
　　应收股利——厦门机场　　　　　　　　　　　 17 500
　　投资收益　　　　　　　　　　　　　　　　　　3 000
　　贷:银行存款　　　　　　　　　　　　　　　798 000

(2) 6 月 18 日,实际收到现金股利

借:银行存款　　　　　　　　　　　　　　　　　17 500
　　贷:应收股利——厦门机场　　　　　　　　　 17 500

2007 年 6 月 29 日(上半年的最后一个交易日),厦门机场股票的收盘价为 17.62 元,则公允价值变动收益为 103 500(= 50 000 × 17.62 − 777 500)元。莲花公司的相关会计处理如下:

借:交易性金融资产——公允价值变动　　　　　103 500
　　贷:公允价值变动损益　　　　　　　　　　　103 500

2007 年 12 月 28 日(该年度的最后一个交易日),厦门机场股票的收盘价为 19.17 元,则公允价值变动收益为 77 500(= 50 000 × 19.17 − 881 000)元。莲花公司的相关会计处理如下:

借:交易性金融资产——公允价值变动　　　　　 77 500
　　贷:公允价值变动损益　　　　　　　　　　　 77 500

2008 年 6 月 25 日,厦门机场股份公司宣告分配现金股利,每 10 股 0.5 元,除息日为 7 月 1 日,发放日为 7 月 18 日。莲花公司的相关会计处理如下:

借:应收股利——厦门机场　　　　　　　　　　　2 500
　　贷:投资收益　　　　　　　　　　　　　　　　2 500

2008 年 6 月 30 日,厦门机场股票的收盘价为 14.84 元,则公允价值变动损失为 216 500(= 50 000 × 14.84 − 958 500 = − 216 500)元。莲花公司的相关会计处理如下:

借:公允价值变动损益　　　　　　　　　　　　216 500

贷：交易性金融资产——公允价值变动　　　　　　　　　　216 500

　　2008年7月9日，莲花公司将所持厦门机场的股票全部抛售，每股卖出价格为18.08元，相关税费为4 000元。假定莲花公司已在2007年末将"公允价值变动损益"科目的余额181 000元结转至"本年利润"科目。莲花公司的相关会计处理如下：

　　借：银行存款　　　　　　　　　　　　　　　　　　　　900 000
　　　　交易性金融资产——公允价值变动　　　　　　　　　　35 500
　　　　投资收益　　　　　　　　　　　　　　　　　　　　　61 000
　　　　贷：交易性金融资产——成本　　　　　　　　　　　　　777 500
　　　　　　应收股利——厦门机场　　　　　　　　　　　　　　 2 500
　　　　　　公允价值变动损益　　　　　　　　　　　　　　　216 500

　　【例3-16】 2007年1月1日，兴梅公司从二级市场购入Q公司发行的债券，购买价为204 000元（含已经到付息期但尚未领取的利息4 000元），另支付交易费用1 000元。该债券面值为200 000元，剩余期限为2年，票面利率为4%，每半年付息一次，付息日为1月1日、7月1日。兴梅公司将该债券投资划归交易性金融资产。有关该债券投资的其他信息如下：

　　2007年1月6日，收到该债券2006年下半年利息4 000元；

　　2007年6月30日，该债券的公允价值为205 800元（含利息）；

　　2007年9月30日，将该债券全部售出，扣除交易费用后实际取得价款202 800元。

　　兴梅公司的相关会计处理如下。

　　（1）2007年1月1日，购入该债券
　　借：交易性金融资产——成本　　　　　　　　　　　　　200 000
　　　　应收利息　　　　　　　　　　　　　　　　　　　　　 4 000
　　　　投资收益　　　　　　　　　　　　　　　　　　　　　 1 000
　　　　贷：银行存款　　　　　　　　　　　　　　　　　　　205 000

　　（2）2007年1月6日，实际收到利息
　　借：银行存款　　　　　　　　　　　　　　　　　　　　 4 000
　　　　贷：应收利息　　　　　　　　　　　　　　　　　　　 4 000

　　（3）2007年6月30日，确认债券利息收益和公允价值变动损益
　　借：应收利息　　　　　　　　　　　　　　　　　　　　 4 000
　　　　贷：投资收益　　　　　　　　　　　　　　　　　　　 4 000
　　借：交易性金融资产——公允价值变动　　　　　　　　　　1 800
　　　　贷：公允价值变动损益　　　　　　　　　　　　　　　 1 800

(4) 2007年7月6日,实际收到利息
借:银行存款　　　　　　　　　　　　　　　4 000
　　贷:应收利息　　　　　　　　　　　　　　4 000
(5) 2007年9月30日,确认处置损益。
借:应收利息　　　　　　　　　　　　　　　2 000
　　贷:投资收益　　　　　　　　　　　　　　2 000
借:银行存款　　　　　　　　　　　　　　 202 800
　　公允价值变动损益　　　　　　　　　　　1 800
　　贷:交易性金融资产——成本　　　　　　200 000
　　　　　　　　——公允价值变动　　　　　1 800
　　　　应收利息　　　　　　　　　　　　　2 000
　　　　投资收益　　　　　　　　　　　　　　800

第四节　应　收　项　目

应收项目是企业拥有的在将来收取现金、接受商品或劳务的债权,其流动性仅次于货币资金和交易性金融资产,通常在短期内就会转化为现金。应收项目主要包括应收账款、应收票据、预付账款和其他应收款等。

一、应收票据

应收票据,是指企业持有的、尚未到期兑现的商业汇票。企业间的商品交易、劳务供应或欠款的清偿等如果采用的是商业汇票结算方式,则对于收款人而言,由此形成的债权就是应收票据。商业汇票根据承兑人的不同,可分为由付款人承兑的商业承兑汇票和由付款人开户银行承兑的银行承兑汇票。商业汇票根据是否带息,又可以分为带息票据和不带息票据。带息票据指到期时,根据票据面值和利率收取本息的票据。不带息票据是指到期时,根据票据面值收款的票据。

目前,应收票据入账价值的确定,存在两种方法:一种是按应收票据的票面价值入账,另一种则是按票面价值的现值入账。如果考虑到货币的时间价值等因素对票据面值的影响,应收票据按其票面价值的现值入账是比较科学和合理的。但是,由于我国商业汇票的期限较短,利息金额相对来说不大,用现值记账计算烦琐,所以,为了简化核算,现行会计标准规定,应收票据一律按照面值入账,无须考虑其折现问题。

(一) 不带息应收票据

不带息应收票据的到期价值等于其面值,核算过程较为简单。下面举例说明

不带息应收票据的具体核算。

【例 3-17】 莲花公司为增值税一般纳税人,本月向 Y 公司销售产品一批,货款 100 000 元,增值税 17 000 元,当日收到 Y 公司签发并承兑的一张 3 个月到期的不带息商业汇票。莲花公司的相关会计处理如下:

(1) 收到商业汇票

借:应收票据　　　　　　　　　　　　　　　　　　　117 000
　贷:主营业务收入　　　　　　　　　　　　　　　　　117 000
　　　应交税费——应交增值税(销项税额)　　　　　　 17 000

(2) 票据到期足额收回款项

借:银行存款　　　　　　　　　　　　　　　　　　　117 000
　贷:应收票据　　　　　　　　　　　　　　　　　　　117 000

如果票据到期,对方无力偿还,则莲花公司将应收票据价值转入应收账款,作会计处理如下:

借:应收账款——Y 公司　　　　　　　　　　　　　　117 000
　贷:应收票据　　　　　　　　　　　　　　　　　　　117 000

(二) 带息应收票据

对于带息应收票据,应当计算其利息。企业应于中期期末和年度终了,计算票据利息,并将利息计入应收票据的账面价值。

应收票据利息 = 应收票据票面金额 × 利率 × 计息期限

上述公式中,利率一般以年利率表示;期限指票据签发承兑日至到期日的时间间隔,有用月表示,也有用日表示。在实际业务中,为了计算方便,通常把一年定为 360 天。

若票据期限按月表示,应以到期月份中与出票日相同的那一天为到期日。比如,一张 5 月 23 日签发并承兑的 3 个月期限的商业汇票,其到期日应为 8 月 23 日。而月末签发的票据,不论月份大小,均以到期月份的月末那一天为到期日。同时,在计算票据利息时,还应注意将年利率换算成月利率。

若票据期限按日表示,应从出票日起按实际经过天数计算,习惯上出票日和到期日只能算一天。例如,3 月 19 日出票的 90 天票据,其到期日为 6 月 17 日[90 − 3 月份剩余天数 − 4 月份实有天数 − 5 月份实有天数 = 90 − (31 − 19) − 30 − 31 = 17]。同时,在计算票据利息时,还应注意将年利率换算成日利率。

【例 3-18】 兴梅公司为增值税一般纳税人,现因销售产品收到一张票面金额为 234 000 元、出票日为 2007 年 9 月 1 日、期限为 6 个月、年利率为 3% 的商业承兑汇票。兴梅公司的相关会计处理如下。

(1) 2007 年 9 月 1 日收到票据

借：应收票据　　　　　　　　　　　　　　　　　　234 000
　　贷：主营业务收入　　　　　　　　　　　　　　　200 000
　　　　应交税费——应交增值税(销项税额)　　　　 34 000
(2) 2007年12月31日,计算确认本年度4个月(9月—12月)的票据利息
234 000×3%×4÷12=2 340(元)
借：应收票据　　　　　　　　　　　　　　　　　　　2 340
　　贷：财务费用——利息收入　　　　　　　　　　　 2 340
(3) 2008年3月1日,票据到期收回票款
到期值=234 000(1+3%×6÷12)=234 000+3 510=237 510(元)
当年应确认的利息=234 000×3%×2÷12=1 170(元)
或　　　　　　　237 510-(234 000+2 340)=1 170(元)
借：银行存款　　　　　　　　　　　　　　　　　　237 510
　　贷：应收票据　　　　　　　　　　　　　　　　　236 340
　　　　财务费用——利息收入　　　　　　　　　　　1 170

如果票据到期,承兑人无力支付票款,则兴梅公司将应收票据到期值转入应收账款,作会计处理如下：
借：应收账款　　　　　　　　　　　　　　　　　　237 510
　　贷：应收票据　　　　　　　　　　　　　　　　　236 340
　　　　财务费用——利息收入　　　　　　　　　　　1 170

(三) 应收票据的转让和贴现

企业在流动资金不足而又急需购买商品、接受劳务或偿还前欠货款时,可以将自己持有的未到期的商业汇票背书转让给其他单位。背书是指票据的持票人在票据背面签字,签字人称为背书人。经过背书转让的票据,背书人仍负有到期付款的连带责任。

【例3-19】 承例3-17资料,假定莲花公司在该商业汇票未到期前将票据背书转让给一债权人,以清偿前欠的等额货款。则莲花公司在办理完背书转让手续后作如下会计处理：
借：应付账款　　　　　　　　　　　　　　　　　　117 000
　　贷：应收票据　　　　　　　　　　　　　　　　　117 000

企业在商业汇票未到期前,如需提前取得资金,也可以持未到期的商业汇票向银行申请贴现。贴现是指企业将未到期的商业汇票经过背书,交给银行,银行受理后,从票据价值中扣除按银行的贴现率计算确定的贴现息后,将余额付给贴现企业的行为。票据贴现实质上是一种融通资金的行为。在贴现过程中,企业给银行的利息称为贴现息,所用的利率称为贴现利率,票据到期值与贴现息之差称

为贴现所得。企业以应收票据向银行贴现时的贴现息及贴现所得计算公式如下：

$$贴现息 = 票据到期值 \times 贴现利率 \times 贴现期$$
$$贴现所得 = 票据到期值 - 贴现息$$

其中，带息应收票据的到期值，是其面值加上按票据载明的利率计算的票据全部期间的利息；不带息应收票据的到期值就是其面值。

另外，须提请注意的是，如果承兑人在异地的，贴现、转贴现和再贴现的期限以及贴现利息的计算应另加3天的划款日期。

应收票据贴现有带追索权和不带追索权两种形式。在会计处理上，应分别采用不同的方法进行核算。如果应收票据贴现不带追索权，即企业与银行等金融机构签订的贴现协议中规定，当贴现的应收票据到期，债务人未按期偿还时，贴现申请人不负有任何连带责任，则贴现申请人在转让票据所有权的同时，也将票据到期不能收回的风险转给了贴现银行。因此，将应收票据贴现且不带追索权时，企业应按实际收到的贴现款借记"银行存款"科目，按贴现票据的账面金额贷记"应收票据"科目，差额借记或贷记"财务费用"科目。

【例3-20】 承例3-18资料，假定兴梅公司出于筹措资金的考虑，于11月1日将该应收票据向开户银行申请贴现，并随即得到银行的受理，银行贴现利率为5%，且不带追索权。则该贴现票据的贴现息和贴现所得金额计算如下：

$$贴现息 = 234\,000(1 + 3\% \times 6 \div 12) \times 5\% \times 4 \div 12$$
$$= 237\,510 \times 5\% \times 4 \div 12 = 3\,958.50(元)$$

$$贴现所得 = 237\,510 - 3\,958.50 = 233\,551.50(元)$$

贴现所得与应收票据账面价值之差，即须记入"财务费用"科目的金额为448.50(= 234 000 - 233 551.50)元。

根据计算结果作会计处理如下：

借：银行存款	233 551.50
财务费用	448.50
贷：应收票据	234 000

如果应收票据贴现带追索权，实际上并未转嫁票据到期不能收回票款的风险，当承兑人未按期偿还票款时，贴现申请人负有向贴现银行等金融机构还款的责任。因此，将带有追索权的商业汇票贴现，贴现申请人应视为以应收票据为质押取得借款，进行会计核算。

二、应收账款

应收账款是企业在正常经营活动中，由于销售商品、产品或提供劳务，而应向购货单位或接受劳务单位收取的款项。包括代垫的运杂费等。

应收账款的会计问题主要有两个：一个是如何确定应收账款的入账时间，另一个是如何计量应收账款的入账价值。由于应收账款是因为赊销业务而产生的，因此，其入账时间与确认销售收入的时间是一致的，可以根据确认收入实现的时间来定。因而，应收账款入账价值的确定便成为应收账款会计问题的关键。

（一）应收账款的计价

通常，按照历史成本原则，应收账款应根据交易实际发生的金额记账，包括发票金额和代购货单位垫付的运杂费两部分。在确认应收账款的入账价值时，要考虑商业折扣、现金折扣、销货折让与销货退回等因素。

1. 商业折扣

商业折扣作为一种促销手段，目的是为扩大销路、增加销量，以提高盈利水平。商业折扣是根据购买者购买商品数量的多少决定其价格，购买数量少，价格就会按照原定价进行（即没有商业折扣）；而购买数量越多，则价格就越低（即有商业折扣）。商业折扣实际就是通常所说的"薄利多销"。

企业在销售货物时，若以存在商业折扣的价格成交，应收账款的入账金额就应按照扣除商业折扣以后的实际售价（即发票价）计量。例如，某书店向某学校出售参考书，书的定价为20元/本，由于学校购买数量大，成交时书店给予了20%的折扣优惠，实际成交价格为16元/本，则该书店的应收账款和销售收入的入账金额就应以16元/本的单价计算确定（若有代垫运杂费，也应计入）。

2. 现金折扣

现金折扣是为了尽早回笼资金而鼓励购货单位早日偿还赊欠货款，允诺在一定的还款期限内给予的折扣优惠。例如，在10天内偿还赊欠货款的，给予发票价格的2%的优惠；在10天以后而20天内偿还赊欠货款的，给予发票价格的1%的优惠；在20天以后偿还赊欠货款的以发票价格为准收取款项，不存在现金折扣。通常，企业将现金折扣条件简写为2/10,1/20,n/30。例如，一笔发票金额为10 000元的赊销，如果以上述现金折扣条件成交，则允许购货方从发票日起10天内按9 800元支付款项；或允许购货方从发票日起10天后20天内按9 900元支付款项；购货方若在发票日起20天后支付款项，其金额则为10 000元。

在有现金折扣条件的情况下，对应收账款如何计价，通常有两种做法，即"总价法"和"净价法"。

在总价法下，销货方在销售时按发票价格作为"应收账款"的入账价值，现金折扣只有客户在折扣期内支付货款时，才予以确认。这种方法是把客户超过折扣期才付款视为正常现象，认为客户一般都会尽可能地拖延付款时间。销售方把给予客户的现金折扣视为融资的理财费用，在会计上作财务费用处理。

在净价法下，销售方是按发票价格扣除现金折扣后的净额作为实际销售额，据以确认"应收账款"的入账价值。这种方法是把客户取得折扣视为正常现象,认为客户一般都会提前付款以享受现金折扣。将销售方因客户超过折扣期付款而多收取的金额,视为向客户提供信贷而获得的利息收入。

根据我国现行会计标准,销售方和购买方对于现金折扣均应采用总价法核算,在现金折扣发生时作为财务费用处理。

3. 销货折让和销货退回

企业销售产品或商品时,常会因品种、规格、质量等不符合合同要求而遭退回。销货退回可以是全部退回也可以是部分退回,它们都是对主营业务收入的抵减。但是,往往在现实当中购销双方通过协商后会在赊欠的销货金额上给予一定数量的扣减,这被称为销货折让。不论销货退回或销货折让,都会使企业减少未收回的应收账款。

(二)应收账款的会计处理

【例3-21】 莲花公司为增值税一般纳税人,适用的增值税率为17%。本期赊销产品200 000元,规定的现金折扣条件为"2/10;1/20;n/30"。莲花公司对现金折扣采用总价法核算。莲花公司的相关会计处理如下:

(1) 企业销售产品

借:应收账款　　　　　　　　　　　　　　　　　234 000
　　贷:主营业务收入　　　　　　　　　　　　　　200 000
　　　　应交税费——应交增值税(销项税额)　　　 34 000

(2) 如果在10天内收到购货方支付的货款

借:银行存款　　　　　　　　　　　　　　　　　230 000
　　财务费用　　　　　　　　　　　　　　　　　　4 000
　　贷:应收账款　　　　　　　　　　　　　　　　234 000

(3) 如果在10天以后20天以内收到购货方支付的货款

借:银行存款　　　　　　　　　　　　　　　　　232 000
　　财务费用　　　　　　　　　　　　　　　　　　2 000
　　贷:应收账款　　　　　　　　　　　　　　　　234 000

(4) 如果在20天以后收到购货方支付的货款

借:银行存款　　　　　　　　　　　　　　　　　234 000
　　贷:应收账款　　　　　　　　　　　　　　　　234 000

若假定莲花公司对现金折扣采用净价法核算,则相关会计处理如下。

(1) 企业销售产品

借:应收账款　　　　　　　　　　　　　　　　　230 000
　　贷:主营业务收入　　　　　　　　　　　　　　196 000

应交税费——应交增值税(销项税额)	34 000

(2) 如果在10天内收到购货方支付的货款

借:银行存款	230 000
贷:应收账款	230 000

(3) 如果在10天以后20天以内收到购货方支付的货款

借:银行存款	232 000
贷:应收账款	230 000
财务费用	2 000

(4) 如果在20天以后收到购货方支付的货款

借:银行存款	234 000
贷:应收账款	230 000
财务费用	4 000

这里还须说明的是,在有现金折扣条件的商品销售中,折扣通常仅仅是对货款部分而言的,增值税部分不予以现金折扣。因为企业在销售实现时便开具了增值税专用发票,其中已列明了增值税销项税额,如果销售方在给予购买方现金折扣时连带增值税一同折扣的话,这部分增值税的负担便自然会转嫁给销售方。

三、其他应收款

其他应收款是指除应收票据、应收账款、预付账款以外的其他各种应收、暂付款项。其主要内容包括以下七个方面:

(1) 应收的各种赔款、罚款,如因企业财产等遭受意外损失而应向有关保险公司收取的赔款等;

(2) 出租包装物应收的租金;

(3) 应向职工个人收取的各种垫付款项,如为职工垫付的水电费,应由职工负担的医药费、房租等;

(4) 存出保证金、存出包装物押金;

(5) 备用金,如向企业各有关部门拨出的备用金;

(6) 应收、暂付上级单位、所属单位的款项等;

(7) 预付账款转入。

其他应收款是企业的一项流动资产,属于短期性债权。为了加强其他应收款的管理,企业应该建立健全相关的管理制度,分别具体情况,划清责任,给予处理。对于各种罚款,应严格按照国家有关规定,由责任者个人负担的,必须向个人收取,不得列入成本费用;对于企业所遭受的各种财产损失,应确定责任部门和个人,分清情况具体处理;对于备用金,财务部门应按照备用金领用和报销管理制度规定,要求使用单位和个人按照规定用途使用,凭据及时报销。

为了反映和监督企业发生的各种赔款、罚款、存出保证金、应向职工收取的各种垫付款项及应收暂付款等,应设置"其他应收款"账户进行核算。借方发生额反映企业的各种其他应收款;贷方发生额反映企业收到和结转的其他应收款;期末借方余额反映尚未收回的各种其他应收款项。同时,还应对其他应收款的项目分类,并按不同的债务人设置账户进行明细分类核算。

企业发生各种其他应收款时,借记"其他应收款"账户,贷记"库存现金"、"银行存款"等有关账户;收回各种款项时,借记相关账户,贷记"其他应收款"账户。

备用金是其他应收款中的一个重要组成部分,是为了满足企业内部各部门和职工个人生产经营活动的需要,而暂时付给有关部门和职工个人使用的备用现金。

为了反映和监督备用金的领用和使用情况,应在"其他应收款"账户下设"备用金"明细账户,或直接设置"备用金"总账账户,借方登记备用金的发放数额,贷方登记备用金的使用数额,期末余额在借方,反映企业暂付周转使用的备用金数额。根据备用金的管理制度,备用金的核算分为定额备用金制度和非定额备用金制度两种情况进行。

定额备用金的核算是指根据使用部门工作的实际需要,先核定其备用金定额,并依此拨付备用金,使用后再拨付现金,补足其定额的制度。

【例3-22】 莲花公司为其供销科核定的备用金定额8 000元,以现金拨付。莲花公司的相关会计处理如下:

借:其他应收款——备用金　　　　　　　　　　　　　　8 000
　　贷:库存现金　　　　　　　　　　　　　　　　　　　8 000

承上例资料,供销科报销日常开支2 000元。莲花公司相关会计处理如下:

借:销售费用　　　　　　　　　　　　　　　　　　　　2 000
　　贷:库存现金　　　　　　　　　　　　　　　　　　　2 000

备用金的非定额核算是指为了满足临时性需要而暂付给有关部门和个人的现金,待使用后实报实销的制度。

【例3-23】 莲花公司行政办公室管理人员张三到外地出差,预借差旅费5 000元,出纳以现金付讫。莲花公司的相关会计处理如下:

借:其他应收款——备用金(行政办张三)　　　　　　　5 000
　　贷:库存现金　　　　　　　　　　　　　　　　　　　5 000

张三出差归来,报销4 200元,退回现金800元。莲花公司的相关会计处理如下:

借:管理费用　　　　　　　　　　　　　　　　　　　　4 200

库存现金　　　　　　　　　　　　　　　　　　　800
　　　贷:其他应收款——备用金(行政办张三)　　　5 000

四、预付账款

预付账款是企业按照购货合同规定,预付给供应单位的货款。对于购货方来讲,预付货款可以解决材料、商品紧缺时的货源紧张问题,也使购货方具备一定的商业信誉;对于供货方来讲,预收部分货款一方面可以缓解资金供应困难,另一方面还可以减少因购货单位违约而带来的经济损失。

预付账款属于企业短期性债权,是一项流动资产。企业必须加强对预付货款的管理,控制预付货款的范围、比例和时间,以免企业资金被长期占用,无法收回而形成坏账损失。

为了反映和监督预付货款的支出和结算情况,企业应设置"预付账款"账户。该账户属债权性结算账户,核算企业按照购货合同规定,预付给供应单位的货款。其借方登记企业预付货款的金额和补付的款项,贷方登记企业收到采购货物时按发票金额冲销的预付账款数和因预付货款多余而退回的款项,期末借方余额反映企业向供应单位预付的货款,贷方余额反映应补付的货款。预付账款是企业预付给供货方的货款,应按供货单位的不同分别设立明细账。

预付账款的核算一般分两阶段进行,即预付款项和收回货物两个阶段。

根据购货合同的规定,向供应单位预付款项时,借记"预付账款"账户,贷记"银行存款"账户。企业收到所购货物时,根据有关发票账单金额,借记"原材料"、"应交税费——应交增值税(进项税额)"等账户,贷记"预付账款"账户;当预付货款小于采购货物所需支付的款项时,应将不足部分补付,借记"预付账款"账户,贷记"银行存款"账户;当预付货款大于采购货物所需支付的款项时,对收回的多余款项应借记"银行存款"账户,贷记"预付账款"账户。

五、坏账及坏账准备

企业的各项应收款项,可能会因债务人拒付、破产、死亡等原因而无法收回。这类无法收回或收回的可能性极小的应收款项就是坏账。企业因坏账而遭受的损失为坏账损失。

(一)坏账损失的确认

通常,企业的应收款项符合下列条件之一的,应确认为坏账:

(1)债务人死亡,以其遗产清偿后仍无法收回;

(2)债务单位撤销、破产、资不抵债、现金流量严重不足、发生严重自然灾害导致停产而在可预见的时间内无法偿还债务等;

(3) 债务人在较长的时期内(一般为3年)未履行其偿债义务,并有足够的证据表明该款项无法收回或收回的可能性极小。

(二) 坏账损失的核算

坏账损失的核算方法有直接转销法和备抵法两种。

1. 直接转销法

直接转销法是指发生坏账时,将实际发生的坏账损失直接从应收款项中转销,作为期间费用处理。即当坏账发生时,借记"资产减值损失"账户,贷记"应收账款"或"其他应收款"账户。若已确认为坏账的应收款项在以后又收回时,则冲销已作的坏账损失会计分录,同时记录应收款项的收款情况,即当重新收回款项时,借记"应收账款"或"其他应收款"账户,贷记"资产减值损失"账户;同时,借记"银行存款"账户,贷记"应收账款"或"其他应收款"账户。

直接转销法的优点在于会计处理简便、易懂。但对坏账只有在实际发生时,才将其确认为所在期间的费用,使收入和与之相关的坏账费用往往不在同一期间确认,坏账费用的发生与当期的销售业务没有联系,显然不符合权责发生制和配比原则,会导致各期收益不实。所以,根据现行会计准则,企业不能采用直接转销法。

2. 备抵法

备抵法是按期估计坏账损失,计入当期损益,同时形成坏账准备;待坏账实际发生时,冲减坏账准备,同时转销应收款项的方法。

备抵法的优点是预计不能收回的应收款项作为坏账损失及时计入费用,使应收款项实际占用资金接近现实情况,消除了虚列的应收款项,避免了企业明盈实亏,加速了企业资金周转。我国现行会计准则规定,对企业发生的坏账损失,应采用备抵法。

采用备抵法核算坏账损失,应设置"坏账准备"账户,它是"应收账款"和"其他应收款"等账户的备抵调整账户。借方登记坏账损失的发生数,贷方登记坏账准备的计提数,贷方余额表示坏账准备的结余数。

采用备抵法核算坏账损失的会计处理程序如图3-5所示。

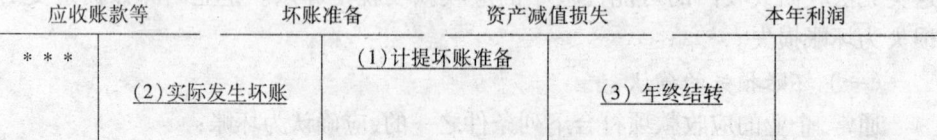

图3-5 坏账损失备抵法核算示意图

下面以应收账款为例,详细介绍坏账损失核算的备抵法。

【例3-24】 2006年年初,莲花公司坏账准备余额为零。年末,对应收账款收回的可能性进行分析,估计的坏账损失为20 000元。莲花公司的相关会计处理如下:

借:资产减值损失——计提的坏账准备　　　　　20 000
　　贷:坏账准备　　　　　　　　　　　　　　　　　　20 000

若2007年3月,有证据表明应收某企业的账款确实无法收回,并确定其金额为16 000元。莲花公司作会计分录如下:

借:坏账准备　　　　　　　　　　　　　　　　　16 000
　　贷:应收账款　　　　　　　　　　　　　　　　　　16 000

2007年11月,若本年3月份已核销的坏账16 000元中,有6 000元收回。莲花公司相关会计处理如下:

借:应收账款　　　　　　　　　　　　　　　　　6 000
　　贷:坏账准备　　　　　　　　　　　　　　　　　　6 000
借:银行存款　　　　　　　　　　　　　　　　　6 000
　　贷:应收账款　　　　　　　　　　　　　　　　　　6 000

企业采用备抵法核算坏账损失时,首先要估计坏账损失的数额。坏账损失的估计方法有四种,分别是余额百分比法、账龄分析法、赊销百分比法和个别认定法。

(1) 余额百分比法。

余额百分比法,是指按应收款项余额的一定比例计算提取坏账准备的方法。这种方法的主要理由是:坏账损失的产生是与应收款项的余额直接相关的,应收款项的余额越大,产生坏账的风险也就越高,因此,应根据应收款项的余额估计期末应收款项上可能发生的坏账损失,即用应收款项期末余额乘以估计坏账率,求出当期应估计的坏账损失数。估计坏账率可以按照以往坏账占应收款项的比例等数据资料合理确定,发生坏账多的企业,比率就相应高一些,反之则低一些,并应在企业经营情况发生变化时及时调整。

余额百分比法计提坏账准备的计算公式如下:

期末坏账准备应有数 = 期末应收款项余额 × 估计坏账率
本期补提的坏账准备 = 期末坏账准备应有数 - 坏账准备账面实有数

【例3-25】 兴梅公司2001年开始采用备抵法核算坏账损失,并用余额百分比法估计坏账,估计坏账率为5%,2001年年末应收账款余额为1 000 000元;2002年发生坏账30 000元,年末应收账款余额为1 200 000元;2003年没有发生坏账,且上年已注销的坏账中有10 000元收回,年末应收账款余额为1 100 000元。兴梅公司的相关会计处理如下。

① 2001年年末,按应收账款余额提取坏账准备

坏账准备应有数 = 1 000 000 × 5% = 50 000(元)

2001年年末"坏账准备"账户的应有余额为50 000元,因年末提取坏账准备前,"坏账准备"账户余额为零,所以,实际应提取的坏账准备为50 000元。

借:资产减值损失——计提的坏账准备　　　　　　　50 000
　　贷:坏账准备——应收账款坏账准备　　　　　　　　50 000

② 2002年发生坏账30 000元,确认坏账损失

借:坏账准备——应收账款坏账准备　　　　　　　　30 000
　　贷:应收账款——××单位　　　　　　　　　　　　30 000

③ 2002年年末,按应收账款余额计算提取坏账准备

坏账准备应有数额 = 1 200 000 × 5% = 60 000(元)

2002年年末"坏账准备"账户余额应为60 000元,但提取坏账准备前,坏账准备账户有贷方余额20 000元,还应再补提40 000[= 60 000 - (50 000 - 30 000)]元。

借:资产减值损失——计提的坏账准备　　　　　　　40 000
　　贷:坏账准备——应收账款坏账准备　　　　　　　　40 000

④ 2003年,收回上年已冲销的坏账10 000元

借:应收账款——××单位　　　　　　　　　　　　10 000
　　贷:坏账准备——应收账款坏账准备　　　　　　　　10 000

借:银行存款　　　　　　　　　　　　　　　　　　10 000
　　贷:应收账款——××单位　　　　　　　　　　　　10 000

⑤ 2003年年末,按应收账款余额计算提取坏账准备

坏账准备应有数额 = 1 100 000 × 5% = 55 000(元)

2003年年末,坏账准备账户余额应为55 000元,但提取坏账准备前,坏账准备账户已有贷方余额70 000元,超过了年末坏账准备应有的余额,应冲回多余的坏账准备15 000[= 55 000 - (60 000 + 10 000)]元。

借:坏账准备——应收账款坏账准备　　　　　　　　15 000
　　贷:资产减值损失——计提的坏账准备　　　　　　　15 000

(2)账龄分析法。

账龄指的是顾客所欠账款的时间。账龄分析法,是指根据应收款项账龄的长短来估计坏账的方法。这种方法的主要理由是:账款被拖欠的时间越长,发生坏账的可能性就越大。采用这种方法,须利用账龄分析表所提供的信息,确定坏账准备的金额,按各类账龄分别估计其可能成为坏账的部分。例如,表3-4为宝山钢铁股份有限公司(股票代码600019)在其2007年年报中披露的根据以往实际发

生坏账损失状况、债务单位的财务状况和现金流量等相关信息划分的账龄层次及各账龄坏账准备计提比例。

表 3-4　宝山钢铁股份有限公司一般坏账准备计提比例一览表

账　龄	坏账准备计提比例
1 年以内	5%
1 至 2 年	30%
2 至 3 年	60%
3 年以上	100%

账龄分析法比较直接地表明了应收款项的估计可变现数额,但是,这种方法并没有将坏账损失反映于其应属的会计期间。因为,在使用账龄分析法时,应收款项可能要等到该销货或发生应收款项期间以后的某一期间才会被估计为不可收回,从而列作坏账,这样,坏账损失必然会推迟到该销货期以后的某一期间才能予以确认,因而由后期的经营收益来负担。也就是说,坏账损失将与其相应的营业收入分别在两个不同的会计期间入账,从而使各该期的净收益计算不够正确,也在一定程度上与配比原则不相符。

【例 3-26】　东川公司 2008 年年末"应收账款"账户的余额为 500 000 元,"坏账准备"账户的贷方余额为余额 3 500 元,采用应收账款账龄分析法分析和估计坏账损失,年末应收账款的余额、账龄以及估计损失的百分比资料如表 3-5 所示。

表 3-5　东川公司应收账款余额、账龄以及估计坏账损失百分比一览表

账　龄	金额(元)	估计损失百分比(%)
未过期	350 000	0.5
过期 1 个月	80 000	1
过期 3 个月	60 000	5
过期 6 个月	10 000	10
合　计	500 000	—

根据账龄分析法,东川 2008 年年末坏账准备的应有数为 6 550 元,由于在提取前,"坏账准备"账户已有贷方余额 3 500 元,所以实际提取金额应为 3 050(=6 550-3 500)元。东川公司相关会计处理如下:

借:资产减值损失——计提的坏账准备　　　　　　　3 050
　　贷:坏账准备——应收账款坏账准备　　　　　　　　3 050

(3) 赊销百分比法。

赊销百分比法,是指以赊销金额的一定百分比来估计坏账损失的方法,也称

作销货百分比法。这种方法的主要理由是:坏账仅和当期因赊销而发生的应收款项有关,与当期的现款销售无关,当期赊销额越多,产生坏账损失的可能性就越大。因此,可以根据过去的经验和有关资料,估计坏账损失与赊销金额之间的比率关系,或用其他更合理的方法进行估计。

【例 3-27】 江川公司 2008 年全年赊销总额为 1 000 000 元,按 1% 估计坏账损失。

2008 年应提取的坏账准备为 10 000(= 1 000 000 × 1%)元。江川公司的相关会计处理如下:

借:资产减值损失——计提的坏账准备　　　　　　　10 000
　　贷:坏账准备——应收账款坏账准备　　　　　　　　10 000

(4) 个别认定法。

个别认定法,是指根据每一项应收款项的具体情况来估计坏账损失的方法。

企业对于单项金额重大的应收款项,应当单独进行减值测试(即采用个别认定法)。如果有客观证据表明其发生了减值,则应当根据其未来现金流量现值低于其账面价值的差额,确认减值损失,计提坏账准备。例如,沈阳商城(股票代码 600306)就在其 2007 年半年报中披露:"本期对账龄为 2—3 年,应收牡丹卡款项 29 019.65 元全额提取坏账准备,该款项可收回性较小。"(摘自沈阳商城 2007 年半年报 P45)

企业对于单项金额非重大的应收款项,可以单独进行减值测试,确定减值损失,计提坏账准备;也可以与经单独测试后未减值的应收款项一起按类似信用风险特征划分为若干组合,再按这些应收款项组合在资产负债表日余额的一定比例计算确定减值损失,计提坏账准备。根据应收款项组合余额的一定比例计算确定的坏账准备,应当反映各项目实际发生的减值损失,即各项组合的账面价值超过其未来现金流量现值的金额。在同一会计期间内,已运用个别认定法计提坏账准备的项目,应从运用其他方法计提坏账准备的应收款项中剔除。

企业应当根据以前年度与之相同或相类似的、具有类似信用风险特征的应收款项组合的实际损失率(根据其以往的经验、债务单位的实际财务状况和现金流量的情况、市场情况和行业惯例等估计)为基础,结合现时情况确定本期各项组合计提坏账准备的比例,据此计算本期应计提的坏账准备。

第五节　持有至到期投资

一、持有至到期投资的概念和判别

持有至到期投资,是指到期日固定、回收金额固定或可确定,且企业有明确意图和能力持有至到期的非衍生金融资产。企业不能将下列非衍生金融资产划分为持有至到期投资：

（1）初始确认时被指定为以公允价值计量且其变动计入当期损益的非衍生金融资产；

（2）初始确认时被指定为可供出售的非衍生金融资产；

（3）贷款和应收款项。

从上述定义可知，企业的一项金融资产能否归为持有至到期投资，取决于以下三方面：管理层是否意图持有至到期；到期日、回收金额是否固定或可确定；是否有能力持有至到期。

（一）有明确意图持有至到期

有明确意图持有至到期，是指投资者在取得投资时的意图就是明确的，除非遇到某些企业不能控制、预期不会重复发生且难以合理预计的独立事件，否则将一直持有至到期。

如果存在下列情况之一，则表明企业没有明确意图将金融资产投资持有至到期。

（1）持有该金融资产的期限不确定。

（2）发生市场利率变化、流动性需要变化、替代投资机会及其投资收益率变化、融资来源和条件变化、外汇风险变化等情况时，将出售该金融资产。但是，无法控制、预期不会重复发生且难以合理预计的独立事项引起的金融资产出售除外。

（3）该金融资产的发行方可以按照明显低于其摊余成本的金额清偿。

（4）其他表明企业没有明确意图将该金融资产持有至到期的情况。

（二）到期日固定、回收金额固定或可确定

到期日固定、回收金额固定或可确定，是指在相关合同中明确了投资者在确定期间内获得或应收取现金流量的金额和时间。比如，在投资协议中已经明确的利息和本金的收取日、金额等。由于企业购入的股权投资没有固定的到期日，故，不符合持有至到期的条件，不能划分为持有至到期投资。

（三）有能力持有至到期

有能力持有至到期，是指企业有足够的财务资源，并不受外部因素影响将投资持有至到期。

如果存在下列情况之一，则表明企业没有能力将具有固定期限的金融资产投资持有至到期。

（1）没有可利用的财务资源持续地为该金融资产投资提供资金支持，以使该金融资产投资持有至到期。

(2) 受法律、行政法规的限制,使企业难以将该金融资产投资持有至到期。

(3) 其他表明企业没有能力将具有固定期限的金融资产投资持有至到期的情况。

企业应在资产负债表日对持有至到期投资的意图和能力进行评价。对于发生变化的,应重新分类为可供出售金融资产。

二、持有至到期投资的计量原则

（一）持有至到期投资的初始计量

企业在取得持有至到期投资时,应当按公允价值和相关交易费用之和作为初始确认金额。若支付的价款中包含了已到付息期但尚未领取的债券利息,应单独确认为应收项目。

企业在对持有至到期投资进行初始确认时,应当计算确定其实际利率,并在该持有至到期投资预期存续期间或适用的更短期间内保持该实际利率不变。

上述实际利率,是指将金融资产(或金融负债)在预期存续期间或适用的更短期间内的未来现金流量,折现为该金融资产(或金融负债)当前账面价值所适用的利率。

金融资产合同各方之间支付或收取的、属于实际利率组成部分的各项收费、交易费用及溢价或折价等,应当在确定实际利率时予以考虑。金融资产的未来现金流量无法可靠预计时,应当采用该金融资产在整个合同期内的合同现金流量。

（二）持有至到期投资的后续计量

企业应当采用实际利率法,按摊余成本对持有至到期投资进行后续计量。

实际利率法,是指按照金融资产或金融负债(含一组金融资产或金融负债)的实际利率计算其摊余成本及各期利息收入或利息费用的方法。

摊余成本,是指该金融资产的初始确认金额经下列调整后的结果:(1)扣除已偿还的本金;(2)加上或减去采用实际利率法将该初始确认金额与到期日金额之间的差额进行摊销形成的累计摊销额;(3)扣除已发生的减值损失。

在持有期间内,企业应当对持有至到期投资按照摊余成本和实际利率计算确认利息收入,计入投资收益。实际利率应当在取得持有至到期投资时确定,实际利率与票面利率差别较小的,也可按票面利率计算利息收入,计入投资收益。

处置持有至到期投资时,企业应将所取得价款与该投资账面价值之间的差额计入投资收益。

三、持有至到期投资的会计处理

企业应设置和使用"持有至到期投资"科目,核算企业持有至到期投资的摊余成本。在此总账科目下,企业可按持有至到期投资的类别和品种,分别设置"成本"、"利息调整"、"应计利息"等明细科目,进行明细核算。具体的账务处理有以下四个方面内容。

(1) 企业取得持有至到期投资时,应按该投资的面值,借记"持有至到期投资——成本"科目,按支付的价款中包含的已到付息期但尚未领取的利息,借记"应收利息"科目,按实际支付的金额,贷记"银行存款"等科目,按其差额,借记或贷记"持有至到期投资——利息调整"科目。

(2) 资产负债表日,企业应按照持有至到期投资付息方式的不同分别进行处理。

① 如果持有至到期投资为分期付息、一次还本债券投资,应按票面利率计算确定的应收未收利息,借记"应收利息"科目,按持有至到期投资摊余成本和实际利率计算确定的利息收入,贷记"投资收益"科目,按其差额,借记或贷记"持有至到期投资——利息调整"科目。

② 如果持有至到期投资为一次还本付息债券投资,则企业应于资产负债表日按票面利率计算确定的应收未收利息,借记"持有至到期投资——应计利息"科目,按持有至到期投资摊余成本和实际利率计算确定的利息收入,贷记"投资收益"科目,按其差额,借记或贷记"持有至到期投资——利息调整"科目。

(3) 如果企业将持有至到期投资重分类为可供出售金融资产,则应在重分类日按其公允价值,借记"可供出售金融资产"科目,按其账面余额,贷记"持有至到期投资"科目,按其差额,贷记或借记"资本公积——其他资本公积"科目。已计提减值准备的,还应同时结转减值准备。

(4) 企业出售持有至到期投资时,应按实际收到的金额,借记"银行存款"等科目,按其账面余额,贷记"持有至到期投资"的"成本"、"利息调整"、"应计利息"科目,按其差额,贷记或借记"投资收益"科目。已计提减值准备的,还应同时结转减值准备。

【例3-28】 2006年1月1日,莲花公司从活跃市场上购入春城公司同日发行的3年期债券,购买的面值总额为1 000 000元,票面利率10%。莲花公司的实际购买价为1 051 510元(含交易费用)。该债券为分期付息,于每年年初付息一次,到期一次归还本金。债券发行人有无条件赎回权,而莲花公司在购买时预计发行人不会提前赎回。莲花公司将该债券划归持有至到期投资。莲花公司购买该债券时的相关会计处理如下:

借:持有至到期投资——成本　　　　　　　　　　　　1 000 000
　　持有至到期投资——利息调整　　　　　　　　　　　　51 510
　　贷:银行存款　　　　　　　　　　　　　　　　　　1 051 510

实际利率 r 计算过程:

$100\,000 \times (1+r)^{-1} + 100\,000 \times (1+r)^{-2} + (100\,000 + 1\,000\,000) \times (1+r)^{-3}$
$= 1\,051\,510(元)$

或 $[1\,000\,000 \times (P/F,r,3) + 1\,000\,000 \times 10\% \times (P/A,r,3)] = 1\,051\,510(元)$

经过插值法,可计算出 $r = 8\%$,即该债券的实际利率为 8%。

莲花公司在资产负债表日采用实际利率法按摊余成本对持有至到期投资进行后续计量,则该债券各年的应收利息、利息收入和利息调整摊销额如表 3-6 所示。

表 3-6　莲花公司债券利息调整摊销额计算表(实际利率法)　　　　单位:元

日期　　　项目	应收利息 (现金流入) ① = 面值× 票面利率	实际利息收入 ② = 上期末⑤ ×实际利率	利息调整 摊销额 ③ = ① - ②	尚未摊销 利息调整 ④ = 上期末④ - ③	摊余成本 ⑤ = 上期末⑤ - ③
2006.1.1				51 510	1 051 510
2006.12.31	100 000	84 121	15 879	35 631	1 035 631
2007.12.31	100 000	82 850	17 150	18 481	1 018 481
2008.12.31	100 000	81 519*	18 481	0	1 000 000
合　计	300 000	248 490	51 510	—	—

*:尾数调整。

各年末,莲花公司的相关会计处理如下。

(1) 2006 年 12 月 31 日,确认实际利息

借:应收利息　　　　　　　　　　　　　　　　　　　100 000
　　贷:持有至到期投资——利息调整　　　　　　　　　　15 879
　　　　投资收益　　　　　　　　　　　　　　　　　　　84 121

(2) 2007 年初,收到债券利息

借:银行存款　　　　　　　　　　　　　　　　　　　100 000
　　贷:应收利息　　　　　　　　　　　　　　　　　　100 000

(3) 2007 年、2008 年,会计处理同理

(4) 2009 年 1 月 1 日,债券到期,收回债券本金及最后一年利息

借:银行存款　　　　　　　　　　　　　　　　　　1 100 000
　　贷:持有至到期投资——成本　　　　　　　　　　1 000 000
　　　　应收利息　　　　　　　　　　　　　　　　　　100 000

【例 3-29】　承例 3-28 资料,并假定莲花公司于 2008 年年初在收到 2007 年债券利息后将该债券出售一半,扣除交易费用后实际取得价款为 510 500;而因持有

意图改变,决定将该债券的其余部分重新分类为可供出售金融资产,以公允价值进行计量,重分类日,该债券的公允价值为 510 800 元。则莲花公司的会计处理如下:

借:银行存款 510 500.00
　　贷:持有至到期投资——成本 500 000.00
　　　　持有至到期投资——利息调整 9 240.50
　　　　投资收益 1 259.50
借:可供出售金融资产 510 800.00
　　贷:持有至到期投资——成本 500 000.00
　　　　持有至到期投资——利息调整 9 240.50
　　　　资本公积——其他资本公积 1 559.50

第六节　可供出售金融资产

一、可供出售金融资产的概念

可供出售金融资产,是指初始确认时即被指定为可供出售的非衍生金融资产,以及除下列各类资产以外的金融资产:

(1) 贷款和应收款项;

(2) 持有至到期投资;

(3) 以公允价值计量且其变动计入当期损益的金融资产。

例如,企业购入在活跃市场上有报价的股票、债券或基金,而又没有将其划分为以公允价值计量且其变动计入当期损益的金融资产或持有至到期投资等金融资产,持有意图并不明确,在这种情况下,可将其划归为可供出售金融资产。

一项金融资产具体应划分为哪一类别,主要取决于企业管理层的风险管理、投资决策等因素,也就是说,金融资产的分类应是管理层意图的如实表达。

二、可供出售金融资产的确认和计量原则

企业对可供出售金融资产的计量原则主要包括以下四个方面。

(1) 企业在取得可供出售金融资产时,应按照其公允价值与交易费用之和作为初始成本。若实际支付的价款中包含了已到付息期但尚未领取的债券利息或已宣告但尚未发放的现金股利,应单独确认为应收项目。

(2) 资产负债表日,企业应将可供出售金融资产公允价值变动形成的利得或损失,除减值损失和外币货币性金融资产形成的汇兑差额外,直接计入所有者权益,在该可供出售金融资产终止确认时转出,计入当期损益。

对于可供出售外币货币性金融资产,其形成的汇兑差额,企业应当计入当期损益。

可供出售金融资产发生的减值损失,应计入当期损益。

(3) 可供出售金融资产持有期间取得的利息或现金股利,应当计入投资收益。对于采用实际利率法计算的可供出售金融资产的利息,应当计入当期损益;对于可供出售权益工具投资的现金股利,应当在被投资单位宣告发放股利时计入当期损益。

(4) 处置可供出售金融资产时,应将取得的价款与该金融资产账面价值之间的差额,计入投资损益;同时,将原直接计入所有者权益的公允价值变动累计额对应处置部分的金额转出,计入投资损益。

此外,企业还应注意:

① 因持有意图或能力发生改变,使某项投资不再适合划分为持有至到期投资时,应当将其重分类为可供出售金融资产,并以公允价值进行后续计量。重分类日,该投资的账面价值与公允价值之间的差额计入所有者权益,在该可供出售金融资产发生减值或终止确认时转出,计入当期损益。

② 持有至到期投资部分出售或重分类的金额较大,且不属于例外情况,使该投资的剩余部分不再适合划分为持有至到期投资时,企业应当将该投资的剩余部分重分类为可供出售金融资产,并以公允价值进行后续计量。重分类日,该投资剩余部分的账面价值与其公允价值之间的差额计入所有者权益(如前述例3-29),在该可供出售金融资产发生减值或终止确认时转出,计入当期损益。

三、可供出售金融资产的会计处理

企业应设置和使用"可供出售金融资产"科目,核算企业持有的可供出售金融资产的公允价值,包括划分为可供出售的股票投资、债券投资等金融资产等,并在该科目下按可供出售金融资产的类别和品种,分别设置"成本"、"利息调整"、"应计利息"、"公允价值变动"等明细科目,进行明细核算。具体的账务处理有以下五个方面内容。

(1) 企业取得可供出售金融资产时,应按其公允价值与交易费用之和,借记"可供出售金融资产——成本"科目,按支付的价款中包含的已宣告但尚未发放的现金股利,借记"应收股利"科目,按实际支付的金额,贷记"银行存款"等科目。

企业取得的可供出售金融资产为债券投资的,应按债券的面值,借记"可供出售金融资产——成本"科目,按支付的价款中包含的已到付息期但尚未领取的利息,借记"应收利息"科目,按实际支付的金额,贷记"银行存款"等科目,按其差额,借记或贷记"可供出售金融资产——利息调整"科目。

(2) 资产负债表日,可供出售债券为分期付息、一次还本债券投资的,应按票面利率计算确定的应收未收利息,借记"应收利息"科目,按可供出售债券的摊余成本和实际利率计算确定的利息收入,贷记"投资收益"科目,按其差额,借记或贷记"可供出售金融资产——利息调整"科目。

可供出售债券为一次还本付息债券投资的,企业应于资产负债表日,按票面利率计算确定的应收未收利息,借记"可供出售金融资产——应计利息"科目,按可供出售债券的摊余成本和实际利率计算确定的利息收入,贷记"投资收益"科目,按其差额,借记或贷记"可供出售金融资产——利息调整"科目。

(3) 资产负债表日,可供出售金融资产的公允价值高于其账面余额的差额,借记"可供出售金融资产——公允价值变动"科目,贷记"资本公积——其他资本公积"科目;公允价值低于其账面余额的差额作相反的会计分录。

(4) 将持有至到期投资重分类为可供出售金融资产的,应在重分类日按其公允价值,借记"可供出售金融资产"科目,按其账面余额,贷记"持有至到期投资"科目,按其差额,贷记或借记"资本公积——其他资本公积"科目。已计提减值准备的,还应同时结转减值准备。

(5) 出售可供出售的金融资产,应按实际收到的金额,借记"银行存款"等科目,按其账面余额,贷记"可供出售金融资产"的"成本"、"公允价值变动"、"利息调整"、"应计利息"科目,按应从所有者权益中转出的公允价值累计变动额,借记或贷记"资本公积——其他资本公积"科目,按其差额,贷记或借记"投资收益"科目。

【例 3-30】 2007 年 6 月 8 日,东川公司从二级市场上购入某上市公司普通股股票 50 000 股,每股市价为 20 元,另支付交易费用 5 000 元。东川公司在初始确认时,将该股票划分为可供出售金融资产。

2007 年 6 月 30 日,东川公司仍持有该股票,此时,该股票的市价为 25 元。

2007 年 12 月 31 日,东川公司仍持有该股票,此时,该股票的市价为 18 元。

2008 年 1 月 18 日,东川公司将该公司股票全部售出,每股售价为 16 元,同时发生交易费用 3 000 元。

假定不考虑其他因素,东川公司的相关会计处理如下。

(1) 购买该上市公司股票

市价(50 000×20)	1 000 000
加:交易费用	5 000
初始投资成本	1 005 000
借:可供出售金融资产——成本	1 005 000
贷:银行存款	1 005 000

(2) 6 月 30 日,确认股票价格变动

借:可供出售金融资产——公允价值变动　　　　　　　250 000
　　贷:资本公积——其他资本公积　　　　　　　　　　　250 000
(3) 12月31日,确认股票价格变动
借:资本公积——其他资本公积　　　　　　　　　　　350 000
　　贷:可供出售金融资产——公允价值变动　　　　　　　350 000
(5) 2008年1月18日,出售该股票
借:银行存款　　　　　　　　　　　　　　　　　　　797 000
　　可供出售金融资产——公允价值变动　　　　　　　100 000
　　投资收益　　　　　　　　　　　　　　　　　　　208 000
　　贷:可供出售金融资产——成本　　　　　　　　　1 005 000
　　　　资本公积——其他资本公积　　　　　　　　　　100 000

【例3-31】 2007年1月1日剑川公司以每份价款102.82元的价格购入某公司发行的3年期公司债券1 000份,该公司债券每份的票面金额为100元,票面利率4%,实际利率为3%,利息每年末支付,本金到期归还。假定购买该债券时未发生交易费用。剑川公司将该公司债券划分为可供出售金融资产。其他资料如下:

2007年12月31日,该债券的市场价格为101元(不含利息);

2008年12月31日,该债券的市场价格为100.50元(不含利息)。

剑川公司的相关会计处理如下。

(1) 2007年1月1日,购入该债券
借:可供出售金融资产——成本　　　　　　　　　　100 000
　　　　　　　　　　　　——利息调整　　　　　　　　2 820
　　贷:银行存款　　　　　　　　　　　　　　　　　102 820

(2) 2007年12月31日,收到债券利息、确认公允价值变动
实际利息 = 102 820 × 3% = 3 084.60(元)
年末摊余成本 = 102 820 + 3 084.60 − 4 000 = 101 904.60(元)
公允价值变动 = 101 × 1 000 − (102 820 − 915.40) = −904.60(元)

借:应收利息　　　　　　　　　　　　　　　　　　4 000.00
　　贷:投资收益　　　　　　　　　　　　　　　　　3 084.60
　　　　可供出售金融资产——利息调整　　　　　　　　915.40
借:银行存款　　　　　　　　　　　　　　　　　　　4 000
　　贷:应收利息　　　　　　　　　　　　　　　　　　4 000
借:资本公积——其他资本公积　　　　　　　　　　　904.60
　　贷:可供出售金融资产——公允价值变动　　　　　　　904.60

(3) 2008年12月31日,收到债券利息、确认公允价值变动

实际利息 = 101 904.60 × 3% ≈ 3 057.14(元)
年末摊余成本 = 101 904.60 + 3 057.14 − 4 000 = 100 961.74(元)
公允价值变动 = 100.50 × 1 000 − (102 820 − 915.40 − 942.86) + 904.60
            = 442.86(元)

借:应收利息   4 000.00
    贷:投资收益   3 057.14
       可供出售金融资产——利息调整   942.86
借:银行存款   4 000
    贷:应收利息   4 000
借:可供出售金融资产——公允价值变动   442.86
    贷:资本公积——其他资本公积   442.86

第七节 金融资产在财务会计报告中的列报

一、金融资产在会计报表中的列示

企业应将金融资产逐项列示在资产负债表中,不得相互抵销。

在资产负债表中的"流动资产"项目下,分别列示货币资金、交易性金融资产、应收票据、应收账款、预付账款、应收利息和应收股利等项目的信息。具体列示情况如下。

"货币资金"项目,应根据"库存现金"、"银行存款"、"其他货币资金"科目的期末余额合计填列。

"交易性金融资产"项目,应当根据"交易性金融资产"科目的期末余额填列。

"应收票据"项目,应根据"应收票据"科目的期末余额,减去"坏账准备"科目中有关应收票据计提的坏账准备期末余额后的金额填列。

"应收账款"项目,应根据"应收账款"和"预收账款"科目所属各明细科目的期末借方余额合计减去"坏账准备"科目中有关应收账款计提的坏账准备期末余额后的金额填列。如"应收账款"科目所属明细科目期末有贷方余额的,应在"预收款项"项目内填列。

"预付款项"项目,应根据"预付账款"和"应付账款"科目所属各明细科目的期末借方余额合计数,减去"坏账准备"科目中有关预付款项计提的坏账准备期末余额后的金额填列。如"预付账款"科目所属各明细科目期末有贷方余额的,应在资产负债表"应付账款"项目内填列。

"应收利息"项目,应根据"应收利息"科目的期末余额,减去"坏账准备"科目中有关应收利息计提的坏账准备期末余额后的金额填列。

"应收股利"项目,应根据"应收股利"科目的期末余额,减去"坏账准备"科目中有关应收股利计提的坏账准备期末余额后的金额填列。

"其他应收款"项目,应根据"其他应收款"科目的期末余额,减去"坏账准备"科目中有关其他应收款计提的坏账准备期末余额后的金额填列。

在资产负债表中的"非流动资产"项目下,分别列示可供出售金融资产、持有至到期投资和长期股权投资(本章暂未介绍)等项目。具体列示情况如下。

"可供出售金融资产"项目,应根据"可供出售金融资产"科目的期末余额,减去"可供出售金融资产减值准备"科目期末余额后的金额填列。

"持有至到期投资"项目,应根据"持有至到期投资"科目的期末余额,减去"持有至到期投资减值准备"科目期末余额后的金额填列。

二、金融资产在会计报表附注中的披露

(一)金融资产的详细信息

在会计报表附注中,企业还须进一步披露金融资产的详细信息,主要包括以下六个方面。

(1)编制财务报表时对金融工具所采用的重要会计政策、计量基础等信息。

(2)交易性金融资产和可供出售金融资产的构成及期初、期末公允价值;持有至到期投资的构成及期初、期末账面余额等信息。

(3)将金融资产进行重分类,使该金融资产后续计量基础由成本或摊余成本改为公允价值,或由公允价值改为成本或摊余成本的,应当披露该金融资产重分类前后的公允价值或账面价值和重分类的原因。

(4)披露与作为担保物的金融资产有关的下列信息:

① 本期作为负债或或有负债的担保物的金融资产的账面价值;

② 与担保物有关的期限和条件。

(5)披露每类金融资产减值损失的详细信息,包括前后两期可比的金融资产减值准备期初余额、本期计提数、本期转回数、期末余额之间的调节信息等。

(6)披露与金融工具有关的下列收入、费用、利得或损失:

① 本期以公允价值计量且其变动计入当期损益的金融资产、持有至到期投资、贷款和应收款项、可供出售金融资产的净利得或净损失;

② 本期按实际利率法计算确认的金融资产利息收入总额;

③ 已发生减值的金融资产产生的利息收入;

④ 持有至到期投资、贷款和应收款项、可供出售金融资产本期发生的减值损失。

（二）在会计报表附注"报表重要项目的说明"中的披露

1. 货币资金在会计报表附注中的披露

在会计报表附注中，企业应披露货币资金各组成项目的期初、期末金额，币种等信息。如果货币资金中有外币的，则企业还应披露与外币折算有关的信息，具体包括以下三个方面。

（1）企业及其境外经营选定的记账本位币及选定的原因，记账本位币发生变更的，说明变更理由。

（2）采用近似汇率的，说明近似汇率的确定方法。

（3）计入当期损益的汇兑差额。

2. 交易性金融资产在会计报表附注中的披露

在会计报表附注中，企业应分别披露交易性金融资产中各组成项目的期初公允价值和期末公允价值。具体披露格式如表3-7所示。

表3-7 交易性金融资产的披露格式

项 目	期末公允价值	年初公允价值
1. 交易性债券投资		
2. 交易性权益工具投资		
3. 指定为以公允价值计量且其变动计入当期损益的金融资产		
4. 衍生金融资产		
5. 其他		
合 计		

3. 应收项目在会计报表附注中的披露

在会计报表附注中，企业应分别对各应收项目，按照账龄结构、账户类别等进行分类披露。同时，还应对应收款项及计提坏账准备的方法进行披露，并重点说明如下事项：

（1）本年度全额计提坏账准备，或计提坏账准备的比例较大的（计提比例超过40%以上的），应单独说明计提的比例及理由；

（2）以前年度已全额计提坏账准备，或计提比例较大的，但在本年度又全额或部分收回的，或通过债务重组等其他方式收回的，应说明其原因，原估计计提比例的理由，以及原估计计提比例的合理性；

（3）对某些金额较大的应收款项不计提坏账准备，或计提坏账准备比例较低（一般为5%或低于5%）的理由；

（4）本年度冲销的应收款项及理由。其中，实际冲销的关联交易产生的应收款项应单独披露。

企业如以应收债权为基础进行出售、融资等业务,应将有关业务的具体情况在会计报表附注中进行披露。具体包括:

(1) 与银行等金融机构签订的出售、融资协议的主要内容;

(2) 所涉及出售、融资业务的应收债权的基本情况,包括其金额、账龄、已提取的坏账准备等;

(3) 以应收债权为基础取得的质押借款的具体情况,如借款金额、利率、借款期限、用于质押的应收债权的账面价值等;

(4) 作为销售确认的应收债权出售交易,对当期净损益的影响金额;

(5) 已贴现的应收债权的账面金额、贴现收到的金额、贴现期限等。

此外,如果企业有已贴现的商业承兑汇票,则在会计报表附注中的"或有事项的说明"中,还须对已贴现商业承兑汇票形成的或有负债予以披露。

4. 可供出售金融资产在会计报表附注中的披露

在会计报表附注中,企业应分别披露可供出售金融资产中各组成项目的期初公允价值和期末公允价值。具体披露格式如表3-8所示。

表 3-8 可供出售金融资产的披露格式

项 目	期末公允价值	年初公允价值
1. 可供出售债券		
2. 可供出售权益工具		
3. 其他		
合 计		

5. 持有至到期投资在会计报表附注中的披露

在会计报表附注中,企业应分别披露所拥有的各持有至到期投资的期初账面余额和期末账面余额。具体披露格式与前述可供出售金融资产类似。

【案例】 宝山钢铁股份有限公司(600018)在其2007年年度报告资产负债表中披露了金融资产的年初和年末账面价值如表3-9所示。

宝山钢铁股份有限公司合并资产负债表(局部)
2007 年 12 月 31 日

资 产	附注六	2007 年 12 月 31 日	2006 年 12 月 31 日
货币资金	(1)	11 240 041 072.36	18 173 601 056.00
……			
交易性金融资产	(3)	1 637 805 977.77	1 977 013 192.82

续表

资　产	附注六	2007年12月31日	2006年12月31日
应收票据	(4)	5 656 985 157.79	5 195 257 188.66
应收账款	(5)	6 311 642 149.53	5 549 254 983.12
预付款项	(6)	6 003 758 547.07	4 328 925 121.63
应收利息	(7)	18 236 632.06	
应收股利	(8)	22 045 889.41	
其他应收款	(9)	866 340 183.83	785 729 955.06
……			
可供出售金融资产	(13)	1 598 061 926.01	470 311 903.30
持有至到期投资			1 000 000.00
……			

而在其年报会计报表附注中,还披露了各金融资产项目的详细情况,具体如下:

六、合并财务报表主要项目注释(续)

(3)交易性金融资产

	2007年12月31日	2006年12月31日
交易性债券投资	986 914 949.50	1 591 861 955.13
交易性权益工具投资	636 862 035.93	374 071 816.69
衍生金融资产	-	450 065.20
交易性基金投资	14 028 992.34	10 629 355.80
合计	1 637 805 977.77	1 977 013 192.82

本公司管理层认为交易性金融资产投资变现不存在重大限制。

(4)应收票据

	2007年12月31日	2006年12月31日
银行承兑汇票	4 921 362 585.79	2 831 916 983.14
商业承兑汇票	735 622 572.00	2 363 340 205.52
合计	5 656 985 157.79	5 195 257 188.66

于2007年12月31日,账面价值为人民币40 736 000.00元的银行承兑汇票已质押取得短期借款计人民币36 000 000.00元;账面价值为人民币571 785 228.59元的票据已贴现取得短期借款人民币571 785 228.59元。

于2007年12月31日,应收票据余额中无持本公司5%或以上表决权股份的股东单位的欠款。

(5) 应收账款(续)

应收账款的账龄情况如下:

	2007年12月31日	2006年12月31日
1年以内	6 458 439 172.10	5 606 164 421.43
1—2年	63 431 955.62	121 084 339.92
2—3年	45 741 224.31	39 035 866.63
3年以上	177 512 260.87	148 178 018.18
合计	6 745 124 612.90	5 914 462 646.16

应收账款坏账准备的变动如下:

	2007年度	2006年度
年初数	365 207 663.04	343 970 128.83
本年计提	123 840 805.61	153 307 641.58
因收购子公司而转入	–	43 817.80
同一控制下企业合并转入	27 344 180.66	–
本年转回	(65 998 921.30)	(115 188 010.99)
因出售子公司转出	(530 193.42)	–
转销	(16 683 371.54)	(17 697 383.79)
收回已核销	–	662 706.50
外币报表折算差额	302 300.32	108 763.11
年末数	433 482 463.37	365 207 663.04

应收账款(续)

	2007年12月31日	2006年12月31日
前五名欠款金额合计	1 134 983 113.03	1 064 614 730.41
占应收账款总额比例	17%	18%
欠款年限	一年以内	一年以内

于2007年12月31日,本账户余额包括持本公司5%或以上表决权股份的股东单位的欠款计人民币5 518 012.52元(2006年12月31日:人民币6 143 232.24元),其明细资料在附注八、关联方关系及其交易中披露。

(13) 可供出售金融资产

	2007年12月31日	2006年12月31日
可供出售债券	157 276 220.20	176 611 687.30
可供出售权益工具	1 384 262 705.81	254 656 716.00
其他	56 523 000.00	39 043 500.00
合计	1 598 061 926.01	470 311 903.30

【本章相关法规】

财政部《企业会计准则第19号——外币折算》(财会[2006]3号),2006年2月15日

财政部《企业会计准则第22号——金融资产确认和计量》(财会[2006]3号),2006年2月15日

财政部《企业会计准则——应用指南》(财会[2006]18号),2006年10月30日

财政部《企业会计制度》(财会[2000]25号),2002年12月29日

财政部《关于执行〈企业会计制度〉和相关会计准则有关问题解答(四)》(财会[2004]3号),2004年5月28日

中国人民银行《现金管理暂行条例》,1997年6月23日

中国人民银行《现金管理暂行条例实施细则》,1998年9月23日

中国人民银行《银行账户管理办法》(银发[1994]225号),1994年10月9日

中国人民银行《支付结算办法》(银发[1997]393号),1997年9月19日

财政部《内部会计控制规范——货币资金(试行)》(财会[2001]41号),2001年7月12日

国际会计准则委员会《国际会计准则第25号——投资会计》

【复习思考题】

1. 举例说明什么是金融资产。
2. 什么是未达账项?怎样编制银行存款余额调节表?
3. 什么是即期汇率?什么是汇兑损益?如何核算企业发生的汇兑损益?
4. 什么是外币货币性项目?在资产负债表日应当如何确认和计量?
5. 什么是坏账损失?坏账损失如何确定?
6. 分析比较余额百分比法、账龄分析法与赊销百分比法在确定坏账准备上有何区别?
7. 交易性金融资产有哪些基本特征?
8. 将金融资产划分为持有至到期投资,需要满足何种条件?
9. 什么是摊余成本?
10. 可供出售金融资产与交易性金融资产的确认和计量有何区别?

第四章 存　　货

【学习目标】

通过本章学习,学生应当能了解并掌握:
1. 存货的概念、内容及确认条件
2. 存货的永续盘存制和定期盘存制
3. 发出存货成本的计算方法
4. 存货的具体核算方法
5. 存货期末计量的原则以及存货跌价准备的会计处理
6. 存货项目的信息披露

第一节　存货的范围与认定

一、存货的概念和内容

存货是指企业在日常活动中持有以备出售的产成品或商品、处在生产过程中的在产品、在生产过程或提供劳务过程中耗用的材料和物料等。存货包括原材料、在产品、半成品、产成品、库存商品、包装物、低值易耗品和委托代销商品等。存货的具体内容如下。

(1) 原材料,是指企业在生产过程中经加工改变其形态或性质并构成产品主要实体的各种原料及主要材料、辅助材料、外购半成品(外购件)、修理用备件(备品备件)、包装材料、燃料等。

(2) 在产品,是指企业正在制造尚未完工的生产物,包括正在各个生产工序加工的产品,和已加工完毕但尚未检验或已检验但尚未办理入库手续的产品。

(3) 半成品,是指经过一定生产过程并已检验合格交付半成品仓库保管,但尚未制造完工成为产成品,仍需进一步加工的中间产品。但不包括从一个生产车间转给另一个生产车间继续加工的自制半成品以及不能单独计算成本的自制半成品,这类自制半成品属于在产品。

(4) 产成品,是指工业企业已经完成全部生产过程并验收入库,可以按照合同规定的条件送交订货单位,或者可以作为商品对外销售的产品。企业接受外来原材料加工制造的代制品和为外单位加工修理的代修品,制造和修理完成验收入库后,应视同企业的产成品。

(5)库存商品,是指商品流通企业外购或委托加工完成验收入库用于销售的各种商品。

(6)包装物,是为了包装本企业商品而储备的各种包装容器,如桶、箱、瓶、坛、袋等。其主要作用是盛装、装潢产品或商品。

(7)低值易耗品,是指不能作为固定资产的各种用具物品,如工具、管理用具、玻璃器皿、劳动保护用品,以及在经营过程中周转使用的容器等。其特点是单位价值较低,或使用期限相对于固定资产较短,在使用过程中保持其原有实物形态基本不变。

(8)委托代销商品,是指企业委托其他单位代销的商品。

下面我们简单介绍一下不同类型公司(如商业公司、制造业公司和服务业公司)中的存货。

一个公司可以进行销售活动,提供服务,还(或)可以进行制造活动。为方便起见,我们假定本章描述的公司都只从事一种类型的业务。如果公司确实从事多种业务,可按照业务类型分别采用适当的会计计量方法。

零售商店、批发商、分销商,及其他类似的销售有形商品的公司属于商业公司。商业公司所销售商品的实物形态基本上与商品取得时的形态相同,因此它的销售成本就是所售商品的购置成本。购置成本在资产负债表上,反映为流动资产项下的"存货"项目,所反映的是到编制资产负债表日为止已经取得但还没有售出的货物成本。商业公司商品存货成本流转过程如图4-1所示。

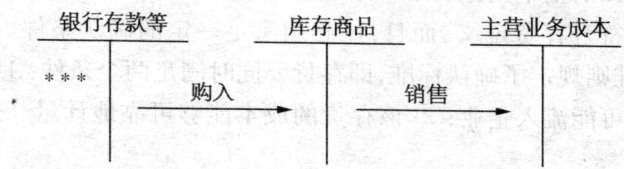

图4-1 商业公司商品存货成本流转示意图(永续盘存制)

制造业公司通过制造过程将购入的原材料和零部件转变成产成品,因此,它的销售成本既包括生产成本,又包括原材料和零部件的采购成本。制造业公司的存货账户有:原材料存货、在产品存货、半成品存货、产成品存货、委托加工材料及包装物存货等项目。在资产负债表上,反映为流动资产项下的"存货"项目。制造业公司和商业公司销售的都是有形货物。制造业公司存货成本流转过程如图4-2所示。

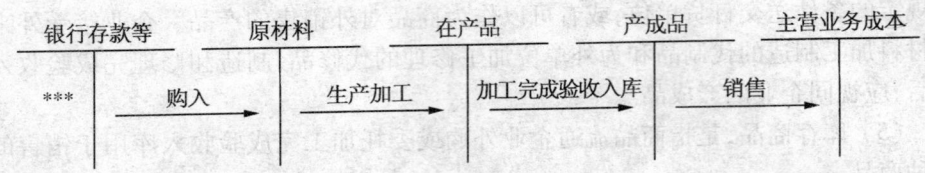

图 4-2　制造业公司存货成本流转示意图（永续盘存制）

服务业组织提供的是无形服务，而不是有形商品。它们包括：旅馆、美容院及其他个人服务业；医院及其他医疗卫生组织；教育机构；银行及其他金融组织；政府机关等。服务业组织也可能会拥有原材料存货，例如，管道公司的管材和设备。职业服务公司（如法律、咨询、会计等服务业）和建筑公司还可能会拥有无形存货，它们是由公司代表客户所发生的但尚未向客户收取的费用组成，这些存货通常称为进展中业务或者未收账成本，相当于制造业中的在制品存货。服务组织中没有产成品存货。

除了直接参与商业流通或制造业过程的商品存货外，公司还可能有一种以上的低值易耗品存货。低值易耗品是在公司的正常运营过程中消耗的有形物品，如办公消耗品、设备的润滑油和维修零部件等。它们不像商业公司的商品那样用于销售，也不像原材料那样单独计为产品制造成本的一部分。同样是纸张，信笺商店里用于销售的纸张是商品存货，而单位办公室里供使用的纸张却是低值易耗品存货。本章不再进一步讨论该问题。

二、存货的确认

根据会计确认的基本内涵，某一项目能否作为存货在资产负债表中确认，取决于该项目是否符合存货定义，而且，还必须满足一定的确认条件。对于存货的确认条件，存货准则规定了确认标准，即存货要同时满足两个条件：① 与该存货有关的经济利益很可能流入企业；② 该存货的成本能够可靠地计量。这样，对该存货才能加以确认。

判断一项资产是否属于存货，主要是看该项资产在企业中所起的作用。同一项物品，如果在生产中所起的作用不同，则有不同的归属。例如，一台机器在一般企业用来加工制造产品，则属固定资产；但如属机器制造企业，则生产制造的机器就是企业的产成品，属于存货。

存货的确认，应以企业对存货是否拥有所有权为依据。凡在结账日，所有权属于企业的一切物品，不论其存放何处或处于何种状态，都应作为企业的存货。反之，凡所有权不属于企业的物品，即使尚未运离企业，也不应包括在本企业存货范围内。如企业委托其他单位代销的货物、未出售的在外展品和存放于其他企业中的货物,由于企业具有所有权,都属于企业的存货。对于在途货物,要随送货制、发货制与提货制而辨别其所有权的转移。

第二节 存货数量的确定

存货的计量分为数量与金额两个方面。数量的计量是金额计量的基础。存货数量的计量一般有实地盘存制和永续盘存制两种。

我们可以把商品存货看作一个水箱。在一个会计期间的期初,"水箱"中有一定量的存货,即期初存货。会计期内又完工(或购入)了一些产品增加到"水箱"中,期间内可销售的货物量是期初存货量加上期间内完工产品量。同时,也会从"水箱"中又取出一些商品用于销售。经过这一过程,到期末时,"水箱"中还保留的量就是期末存货。那么,如何将可用于销售的货物量在期末存货量和已销售货物的成本之间进行分配?可销售的货物中有多少还在手中,有多少已经售出?这是一个很重要的问题,因为它的解决不但影响资产负债表上所反映的存货价值,而且更为重要的是它影响损益表上所报告的当期利润。

对于上述问题有以下两种解决方法。

(1)我们可以确定期末存货量(即期末时"水箱"中的存水量),然后从可用于销售的货物量中减去期末存货,就可以推算出已销售货物的成本。这就是定期盘存制。

(2)我们可以计量出实际移送到顾客手中的货物成本,然后从可用于销售的货物量中减去已销售商品的成本,就可以推算出期末存货。这就是永续盘存制。

(一)定期盘存制

定期盘存制也称实地盘存制,它是在期末盘点实物,确定存货数量,并据以计算期末存货和本期耗用或销售成本的一种会计处理方法。它用于工业企业,又称"以存计耗制"或"盘存计耗制";用于商业企业,又称"以存计销制"或"盘存计销制"。采用这一方法,平时对存货在账簿中只记借方,不记贷方;期末通过盘点确定存货数量后,据以计算期末存货成本,然后计算出当期耗用或销售成本,记入有关存货账户贷方。其计算公式如下:

期末存货 = 盘存数量 × 单位成本
本期耗用或销售成本 = 期初存货成本 + 本期增加成本 − 期末存货成本

【例4-1】 某公司期初存货为4 000件,本期增加存货7 400件,期末盘点确定的存货为2 000件。假定该存货的单位成本为1元。

根据上述资料,我们可以通过在可用于销售的存货量中减去期末存货,推算出已销售货物的数量:

期初存货	4 000
加:本期增加成本	7 400
得:可销售存货	11 400
减:期末存货	2 000
已销售货物量	9 400

用上述方法推算已销售货物的成本时,需要为计算过程中涉及的每一个项目建立一个独立的账户。因此,上例中我们需要建立一个"产成品"账户,将完工产品的成本记入这个账户借方,会计期末,这些账户都需要结转到"产品销售成本"账户。

(二)永续盘存制

永续盘存制又叫账面盘存制,它是设置存货明细账,平时逐笔或逐日登记存货的收发数,并随时结算其账面结存数的一种会计处理方法。通过会计账簿资料,可以完整反映存货的收、发、存情况。在没有发生丢失和被盗的情况下,存货账户的余额应当与实际库存相符。为加强存货的管理,仍须定期或不定期进行实地盘点,以便核对账存数与实存数是否相符。

永续盘存制的计算公式如下:

期末存货成本 = 期初存货成本 + 本期增加成本 − 本期耗用或销售成本

【**例 4-2**】 承例 4-1 资料,为简单起见,我们假定该公司只有一项存货,各笔业务的日记账为:

期初存货	4 000
加:本期增加成本	7 400
得:可销售货物	11 400
减:已销售货物	9 400
得:期末存货	2 000

(三)定期盘存制和永续盘存制的比较

两种盘存制都实现了销货成本与货物销售收入的配比,因此,这两种盘存制都符合配比原则。如果缺乏配比性的话,则当期的毛利数额也就没有什么意义了。永续盘存制要求对各项存货都保持长期的记录,因而需要进行辅助的簿记工作。对于经营的商品品种较少(至多有几百种)、价格较高(如珠宝、工具等)的商店,这种辅助的簿记工作并不会很烦琐、很劳累,还可以采用。但是,对于存储大量低价商品的商店,如百货商店等,这种簿记方法就可能没什么价值了(一个大型超市可以存储万余种不同种类的商品)。然而,随着电子收款系统(POS 终端)的发展,可以通过终端上的扫描器读出商品包装上的条码辨别销售的各种商品,减小了簿记的工作量,所以,很多百货商店也转而采用永续盘存制。

1. 永续盘存制的优点

第一，对每件商品保持详细的记录，便于决定何时再订货、订多少货，也有利于分析顾客对于各种商品的需求状况。在很多使用 POS 销售终端的商店里，扫描器记录的销售资料被用作中心仓库计算机模块的输入信息，这种计算机模块可以自动编制订单，为商店补充存货。所以说，采用永续盘存制，有助于避免缺货和商店里某种商品超额库存现象的发生。

第二，永续盘存制具有内在的检查作用，这是定期盘存制不可能具有的。在定期盘存制下，期末进行实物盘点是计算销货成本的必经步骤，期间内可销售货物量与期末时手中存货之差被假定为销货成本。实际上，这种假定并不一定正确，因为有些货物可能失窃、丢失、废弃，或者是在进行实物盘点时多计了，总的来说，这种不在存货中，又没出售的货物构成了期间内的存货缩水，在永续盘存制下，对存货进行实物盘点可以检查存货记录的准确性，哪种存货减少了，就可以查出来并予以确认，而不是隐藏在销货成本里。

第三，采用永续盘存制，公司可以不进行实物盘点即可编制利润表，因此可以每月都编制利润表，而只在一年或半年进行一次实物盘点以检验永续盘存制记录的准确性。

2. 定期盘存制的优点

定期盘存制的主要优点是简化日常核算工作。但其缺点也明显，主要表现在手续不严密，不能随时反映存货的收、发和结存情况。由于以存计耗或以存计销，倒算耗用成本或销售成本，这就把非销售或非生产耗用的一些存货的损耗、差错损失或短缺等全部挤入销售或耗用成本之中，从而削弱了对存货的控制和监督作用。所以，这种方法只适用于期末盘点时结转耗用或销售成本，而不能随时结转成本，其实用性较差，对自然消耗大、数量不稳定的鲜活商品可采用。

【例 4-3】 某公司期初有甲商品 40 000 件，单位成本 1 元；本期现购 80 000 件，单位成本不变；本期销售 60 000 件，每件售价 1.5 元，款项已收到；期末盘存 59 000 件。根据上述资料，该公司分别采用定期盘存制和永续盘存制的账务处理如表 4-1 所示（假定不考虑相关税费）。

从表 4-1 中可以看出，两种盘存制度，除账务处理有所不同外，定期盘存制下的毛利比永续盘存制下的毛利少 1 000 元，其原因是定期盘存制将非销售减少的存货挤进了主营业务成本。而在永续盘存制下，存货盘盈、盘亏数先记入"待处理财产损溢"这一暂记科目，等查明原因或期末时，再进行处理。

表 4-1　两种盘存制下存货的账务处理比较　　　　　　　　单位：元

经济业务	定期盘存制	永续盘存制
1. 购入商品	借：购货　　　　　　　80 000 　贷：银行存款　　　　　　80 000	借：库存商品　　　　　80 000 　贷：银行存款　　　　　　80 000
2. 销售商品	借：银行存款　　　　　90 000 　贷：主营业务收入　　　　90 000	借：银行存款　　　　　90 000 　贷：主营业务收入　　　　90 000 借：主营业务成本　　　60 000 　贷：库存商品　　　　　　60 000
3. 期末盘点	销售成本 = 40 000×1 + 80 000×1 − 59 000×1 = 61 000 借：库存商品（期末）　　59 000 　　主营业务成本　　　　61 000 　贷：购货　　　　　　　　80 000 　　　库存商品（期初）　　40 000	借：待处理财产损溢　　1 000 　贷：库存商品　　　　　　1 000
销售毛利	90 000 − 61 000 = 29 000	90 000 − 60 000 = 30 000

鉴于永续盘存制便于存货的日常核算、有利于存货的计划管理与控制、能通过实物盘点及时发现和处理各种不正常的存货损失等优点，因而被当前国内外企业，特别是大中型企业存货核算广泛采用。我国现行会计制度也要求企业对存货数量确定采用永续盘存制。

第三节　存货收发的核算

一、存货的取得

存货的获取共有购入和制造两种主要途径。先讲述购入。从理论上讲，凡与形成存货有关的支出，均应计入存货成本之内。IAS # 2 公告第 7 条中明确指出："存货的成本应由使存货达到目前（指可出售或可耗用，作者注）的场所和状态所发生的采购成本、加工成本和其他成本所组成。"

采购成本包括如下各项内容。

（1）买价。一般来讲，企业购入的各种货物，应以发票所确认购货价格扣除商业折扣后的净额为准，但应包括现金折扣在内。企业获得的现金折扣应作为理财收益，冲减当期财务费用。

（2）附属成本。附属成本是指除买价外，自将存货运入仓库起直到可销售或可耗用状态以前所需要支出的各种费用。这些费用包括运输费、装卸费、保险费、佣金、税金、途中损耗、入库前的加工整理及挑选费用等。在某些行业由于业务特点（例如专业物资采购单位、房产业、施工企业等），会发生较大比重的储存保管费用。此时也将存货的储存保管费用列为附属成本,但在一般企业则以进入仓库为界,将其后发生的储存保管费用列为期间费用(即由当期损益负担),不计入存货成本。

① 税金。企业购入货物应负担的税金系指其应负担的海关关税、消费税、资源税、城市维护建设税及购自小规模纳税企业的存货上的增值税等。至于增值税一般纳税人购自一般纳税企业的存货上的增值税,实行价税分离,不计入存货成本内。

② 商品流通企业在采购商品过程中发生的运输费、装卸费、保险费以及其他可归属于存货采购成本的费用等进货费用,应计入所购商品成本。在实务中,企业也可以将发生的运输费、装卸费、保险费以及其他可归属于存货采购成本的费用等进货费用先进行归集,期末,按照所购商品的存销情况进行分摊。对于已销售商品的进货费用,计入主营业务成本;对于未售商品的进货费用,计入期末存货成本。商品流通企业采购商品的进货费用金额较小的,可以在发生时直接计入当期销售费用。

③ 加工成本指在本企业自行加工制成半成品、产成品所花费的直接人工成本、直接和间接的制造费用,或委托外单位加工的工费。

④ 其他成本则指直接能使产品达到可用状态的其他花费,例如专为客户设计特定产品的费用、生产周期较长的产品的期内借款利息等。

(一) 外购存货

企业外购存货一般有两种记账方法:(1)先通过"材料(商品)采购"账户,待费用汇齐、存货运到后或待期末将盘存部分转入存货账户;(2)直接记入存货账户。

会计期间内,如果发生了销货退回和折让,公司就需要对购货成本进行调整。如果购货带有现金折扣条件,公司可以采用两种记录方法:(1)以扣除折扣后的净额记录购货额(即净价法);(2)以货物发票价格记录购货额,接受折扣时再对折扣额进行记录(即总价法)。

【例4-4】 某公司购入价值1 000元的商品,信用政策是:如果在10天内付款,给予2%的折扣(为简化起见,此处假定不考虑相关税费)。

(1) 按净价法,取得商品时

借:库存商品　　　　　　　　　　　　　　　　　　980
　　贷:应付账款　　　　　　　　　　　　　　　　　　980

如果公司在10天以内付款,即可享受现金折扣,相关会计处理如下:

借:应付账款　　　　　　　　　　　　　　　　　　980
　　贷:银行存款　　　　　　　　　　　　　　　　　　980

如果公司在 10 天以后付款,就意味着放弃了折扣,相关会计处理如下:
借:应付账款　　　　　　　　　　　　　　　　　980
　财务费用　　　　　　　　　　　　　　　　　　 20
　　贷:银行存款　　　　　　　　　　　　　　　　　　1 000
(2) 按总价法,取得商品时
借:库存商品　　　　　　　　　　　　　　　　　1 000
　　贷:应付账款　　　　　　　　　　　　　　　　　　1 000
如果公司在 10 天内付款,即可享受现金折扣,相关会计处理如下:
借:应付账款　　　　　　　　　　　　　　　　　1 000
　　贷:财务费用　　　　　　　　　　　　　　　　　　 20
　　　银行存款　　　　　　　　　　　　　　　　　　 980
如果公司在 10 天以后付款,就意味着放弃了折扣,相关会计处理如下:
借:应付账款　　　　　　　　　　　　　　　　　1 000
　　贷:银行存款　　　　　　　　　　　　　　　　　　1 000

在会计中,"购买"这个词不是指发出购买订单,而是指收到订购的商品,订购商品时不需做任何记录,只有在商品成为购买方的财产时才予以记录。按照规定,如果采用"起运点交货价"条款(买方支付运输费用),通常只要货物一运到运输公司,它就属于买方的财产了。如果卖方支付运输费用(目的地交货),那么一直等到货物运达购买方的仓库,货物才真正属于买方。

【例 4-5】　某公司外购材料一批,货款 150 000 元,支付的增值税额 25 500 元,对方代垫运费 4 000 元(按照税法规定,运输费用按照 7% 的扣除率计算进项税额)。材料已验收入库,全部账单也已以银行存款付讫。

方法一:
银行转来单证支付货款时:
借:在途物资　　　　　　　　　　　　　　　　　153 720
　　应交税费——应交增值税(进项税额)　　　　　 25 780
　　贷:银行存款　　　　　　　　　　　　　　　　　 179 500
材料仓库接货验收,报出入库单时:
借:原材料　　　　　　　　　　　　　　　　　　153 720
　　贷:在途物资　　　　　　　　　　　　　　　　　 153 720
方法二:
根据付款凭证及材料入库单:
借:原材料　　　　　　　　　　　　　　　　　　153 720
　　应交税费——应交增值税(进项税额)　　　　　 25 780

贷：银行存款　　　　　　　　　　　　　　　　　　179 500

（二）对外委托加工的存货

　　企业委托外单位加工存货时，应采用"委托加工物资"科目汇总所花成本，包括加工过程中耗用的材料或半成品的实际成本、支付的加工费用和往返运杂费及应交除增值税以外的税金（假定委托方和受托方均为增值税一般纳税人）。

　　【例4-6】 甲公司为增值税一般纳税人，适用的增值税税率为17%。甲公司委托乙公司（增值税一般纳税人）代为加工一批属于应税消费品的原材料（非金银首饰），该批委托加工原材料收回后用于继续加工应税消费品，适用的消费税税率为10%。发出原材料实际成本为620万元，支付的不含增值税的加工费为100万元，增值税额为17万元，乙公司代收代交的消费税额为80万元。该批委托加工原材料加工完成已验收入库。

　　根据上述资料，甲公司加工收回的该材料的实际成本为 = 620 + 100 = 720（万元）。

　　若假定，甲公司该批委托加工材料收回后将直接销售。其他资料不变，则该批委托加工材料的实际成本为

　　组成计税价格 =（620 + 100）÷（1 − 10%）= 800（万元）

　　应交消费税 = 800 × 10% = 80（万元）

　　加工收回的该材料的实际成本为 = 620 + 100 + 80 = 800（万元）

　　【例4-7】 某公司为增值税一般纳税人，现委托外单位加工西服1 200套，发出原材料为50 000元，支付加工费10 000元和运费800元。

　　原料发出，支付运费时：

　　借：委托加工物资　　　　　　　　　　　　　　　50 800
　　　　贷：原材料　　　　　　　　　　　　　　　　　　50 000
　　　　　　银行存款　　　　　　　　　　　　　　　　　　800

支付加工费10 000元及加工增值税时：

　　借：委托加工物资　　　　　　　　　　　　　　　10 000
　　　　应交税费——应交增值税（进项税额）　　　　 1 700
　　　　贷：银行存款　　　　　　　　　　　　　　　　 11 700

加工西服收回，剩余原料价值4 000元验收入库：

　　借：库存商品　　　　　　　　　　　　　　　　　56 800
　　　　原材料　　　　　　　　　　　　　　　　　　 4 000
　　　　贷：委托加工物资　　　　　　　　　　　　　　60 800

（三）投资者投入存货的成本

　　投资者投入存货的成本，应当按照投资合同或协议约定的价值确定，但合同

或协议约定价值不公允的除外。

【例4-8】 甲公司和乙公司商定,甲公司以公允价值和计税价值均为500万元的产成品对乙公司投资,取得乙公司10%的股权份额,乙公司的所有者权益总额为5 000万元。甲公司将产成品运抵乙公司同时开具了增值税专用发票,增值税款85万元。乙公司将取得的该项存货作为原材料入库,乙公司的相关会计处理如下:

借:原材料　　　　　　　　　　　　　　　　　5 000 000
　　应交税费——应交增值税(进项税额)　　　　 850 000
　贷:实收资本　　　　　　　　　　　　　　　　5 000 000
　　　资本公积——资本溢价　　　　　　　　　　 850 000

二、存货的发出

(一) 实际成本法

这里还有一个问题需要讨论,即:会计期间内,存货项目中有一项或多项存货的单位成本发生变动时,存货和销货成本如何计量。最基本的问题就是如何将可销售的货物的成本在销货成本和期末存货之间进行分配。请注意:我们假定可销售的货物只有两种存在状态,要么已经被销售,要么依然是存货。这表明,如果分配给销货成本的数额越高,则期末存货余额越低;反之亦然。会计中有一些处理这个问题的公认方法,选择不同的方法对企业的收益有很大的影响。

我国2006年新颁布的企业会计准则只允许企业采用个别计价法、加权平均法和先进先出法确定发出存货的实际成本。

这里,我们用一个商业公司的例子来说明这些方法。同样的原理也适用于制造业公司。为方便说明,我们假定在该公司一年中的相关数据资料如表4-2所示。

表 4-2

	数量(单位)	单位成本(元)	总成本(元)
1月1日存货	100	8	800
6月1日采购	60	9	540
10月1日采购	80	10	800
可销售货物	240		2 140
本年销售货物	150	?	?
期末存货	90	?	?

1. 个别计价法

如果有办法对每件商品保持独立的记录,例如,可以在商品上贴上条码,就能够确知每件商品的实际成本。个别计价法在大宗商品,如汽车,以及独一无二的商品如油画、贵重珠宝、订制的家具等的计量中很常用。随着条码和扫描器的出现,个别计价法在低档商品中也得到了应用,但在很多情况下,销售大批量实物形态相类似的商品时,由于销货成本决定于所销售的是哪件具体商品,事实上,商家能够通过选择销售不同成本的商品来人为操纵销货成本。

【例4-9】 在表4-2中,该公司售出150单位货物,如果销售商选择100单位的成本为8元的货物,50单位的成本为9元的货物。则

销货成本 $= 100 \times 8 + 50 \times 9 = 1\,250$(元)

如果销售商认定所售的150单位商品都是成本最高的商品,则

销货成本 $= 80 \times 10 + 60 \times 9 + 10 \times 8 = 1\,420$(元)

2. 加权平均法

采用加权平均法,可以计算出可销售货物加权平均成本,销售成本账户和期末存货账户中的商品都以此加权平均成本计量。在定期盘存制下,平均成本是整个期间的平均成本,它是一个加权平均数,每个单位成本的权数都是该成本层次上的货物数量。在永续盘存制下,每次采购后都要计算一个新的平均单位成本。无论是定期盘存制还是永续盘存制,平均成本都是在整个期间内所有可销售货物成本的体现。

【例4-10】 某公司采用定期盘存制,本期可销售货物总量为240单位,可销售货物总成本为2 140元。

平均单位成本 $= 2\,140 \div 240 \approx 8.917$(元)

销货成本和期末存货的计算如表4-3所示。

表4-3

	数量(单位)	单位成本(元)	总成本(元)
销货成本	150	8.917	1 338
期末存货	90	8.917	802
合计	240		2 140

根据上述计算结果,该公司结转存货销售成本的会计处理如下:

借:主营业务成本　　　　　　　　　　　　　　1 338
　　贷:库存商品　　　　　　　　　　　　　　　1 338

有些公司对期间内的所有业务都用一个事先确定的单位成本进行计量,即是标准成本制度,这是管理会计中探讨的问题。标准成本制度实际上是平均成本法的一种变体。

采用平均成本法得到的结果介于下面要讲述的先进先出法和后进先出法之

间,因此,对于那些不知道到底应该采用哪一种方法的组织,平均成本法是一种折中的选择。

3. 先进先出法

先进先出法是假定商家总是先出售最早购入的货物,而将最近购入的货物留在期末存货中。在前面的例子中,对 150 单位售出的货物,假定其中 100 单位来自期初存货的货物最先售出,另外的 50 单位来自 6 月 1 日的采购。销货成本和期末存货的计算如表 4-4 所示。

表 4-4

	数量(单位)	单位成本(元)	总成本(元)
销货成本:			
来自期初存货	100	8	800
来自 6 月 1 日采购	50	9	450
销货成本	150		1 250
期末存货:			
来自 6 月 1 日采购	10	9	90
来自 10 月 1 日采购	80	10	800
期末存货	90		890

(二) 计划成本法

计划成本法是一种特殊的计价方法,更确切说是一种账务处理方法,并不影响存货实际成本的计价原则。

为简化会计处理,在存货品种、规格和数量繁多的企业,存货的日常记录可以按照计划成本记账,即存货账簿中记录的收入、发出和结存都采用事先确定的计划成本记录。在会计期末,采用一定的方法将发出存货的计划成本和期末结存的存货计划成本调整为实际成本。

存货的计划成本一般由企业的供应部门会同财务部门、生产部门和计划部门共同制定,并列出存货计划成本的目录,供有关部门遵照执行。采用计划成本记账,存货明细账中,平时只登记收入、发出和结存的数量,期末只要将数量乘上计划单价,就可以算出发出和结存存货的计划成本。

存货的实际成本和计划成本之间的差异应单独归集和分配,在计算存货发出成本和编制资产负债表时,将计划成本加减差异,调整为实际成本。

在计划成本法下,对材料进行会计处理时,除了设置"原材料"账户外,还必须设置"材料采购"和"材料成本差异"账户。账户的具体内容和结构如下。

"原材料"科目,核算企业原材料收、发、结存的计划成本。借方登记已验收入库原材料的计划成本;贷方登记发出原材料的计划成本;期末余额在借方,反映库存原材料的计划成本。

"材料采购"科目,核算企业购入原材料的实际采购成本,并确定外购原材料成本差异额。借方登记已经付款的购入原材料的实际成本以及结转实际成本小于计划成本的节约差异额;贷方登记已经付款并已验收入库原材料的计划成本以及结转实际成本大于计划成本的超支差异额;期末余额在借方,反映在途材料的实际成本数额。

"材料成本差异"科目,核算企业各种原材料的实际成本与计划成本的差异额。借方登记由"物资采购"账户贷方转入的实际成本大于计划成本的超支差异额;贷方登记由"物资采购"账户借方转入的计划成本大于实际成本的节约差异额以及已分配的差异额(节约用红字,超支用蓝字)。月末,如为借方余额,则表示库存材料应负担的成本超支数额;如为贷方余额,则表示库存材料应调整的成本节约数额。"材料成本差异"科目是"原材料"等科目的调整项目。账户的余额如果在借方,表示实际成本大于计划成本的超支数,在资产负债表上应作为存货项目的增加数;账户的余额如果在贷方,表示实际成本小于计划成本的节约数,在资产负债表上应作为存货项目的减少数。

在计划成本核算法下,企业可以将实际发生的全部材料差异合并起来计算,也可以分类计算。

材料成本差异的类别应根据成本计算的正确性以及账务处理的手续繁简程度来确定。企业平时根据材料的类别开设材料成本差异明细账,登记材料成本差异。

会计期末,计算材料成本差异的分配率,分配耗用材料的计划成本应负担的材料成本差异,将耗用的计划成本调整为实际成本。计算公式如下:

$$材料成本差异率 = \frac{月初结存材料成本差异 + 本月收入材料成本差异}{月初结存材料计划成本 + 本月收入材料计划成本} \times 100\%$$

发出材料应负担的材料成本差异 = 本月发出材料计划成本 × 材料成本差异率

【例4-11】 某公司购入圆钢一批,买价50 000元,增值税税率为17%,材料验收入库,款项已用转账支票支付。该批圆钢的计划成本共计50 900元。该公司的相关会计处理如下。

(1) 支付货款时

借:材料采购　　　　　　　　　　　　　　　　　　　50 000
　　应交税费——应交增值税(进项税额)　　　　　　　8 500
　　贷:银行存款　　　　　　　　　　　　　　　　　　58 500

（2）材料验收入库时

借：原材料 　　　　　　　　　　　　　　　　　　　　　　　50 900
　　贷：材料采购　　　　　　　　　　　　　　　　　　　　　　 50 000

（3）结转实际成本与计划成本的差异额时

借：物资采购　　　　　　　　　　　　　　　　　　　　　　　　900
　　贷：材料成本差异　　　　　　　　　　　　　　　　　　　　　900

若该批圆钢的计划成本共计49 300元，则莲花公司在该批材料验收入库时的相关会计处理如下：

借：原材料　　　　　　　　　　　　　　　　　　　　　　　49 300
　　贷：材料采购　　　　　　　　　　　　　　　　　　　　　 50 000

结转实际成本与计划成本的差异额时

借：材料成本差异　　　　　　　　　　　　　　　　　　　　　　700
　　贷：物资采购　　　　　　　　　　　　　　　　　　　　　　　700

【例4-12】　某公司采用计划成本核算法对原材料进行核算。2008年11月初库存原材料的计划成本为100 000元，本月收入原材料的计划成本为300 000元，本月发出原材料的计划成本为260 000元。原材料成本差异的月初余额为超支差异2 000元，本月收入原材料的成本差异为节约差异8 000元。该公司材料成本差异率及发出材料应负担的成本差异计算如下：

材料成本差异率 = (2 000 - 8 000) ÷ (100 000 + 300 000) × 100% = -1.5%

发出材料应负担的成本差异 = 260 000 × (-1.5%) = -3 900(元)

发出材料的实际成本 = 260 000 - 3 900 = 256 100(元)

期末库存原材料的实际成本 = (100 000 + 300 000 - 260 000) + (2 000 - 8 000 + 3 900) = 137 900(元)

假定根据"发料凭证汇总表"，2008年11月，该公司各部门领用原材料的计划成本分别为：基本生产车间领用150 000元；辅助车间领用100 000元；车间管理部门领用6 000元；厂部管理部门领用3 000元；独立的销售部门领用1 000元。则该公司的相关会计处理如下。

（1）发出材料时

借：生产成本——基本生产成本　　　　　　　　　　　　　　150 000
　　　　　　——辅助生产成本　　　　　　　　　　　　　　100 000
　　制造费用　　　　　　　　　　　　　　　　　　　　　　 6 000
　　管理费用　　　　　　　　　　　　　　　　　　　　　　 3 000
　　销售费用　　　　　　　　　　　　　　　　　　　　　　 1 000
　　贷：原材料——原料及主要材料　　　　　　　　　　　　260 000

(2) 月末,结转发出原材料应负担的成本差异时

借:生产成本——基本生产成本 2 250(红字)
　　　　　——辅助生产成本 1 500(红字)
　　制造费用 90(红字)
　　管理费用 45(红字)
　　销售费用 15(红字)
　贷:材料成本差异 3 900(红字)

通常,企业本期材料成本差异的分配采用本期平均分配率,即以本期期初结存的存货和本期购入的存货资料计算。在实际工作中,也可以采用期初材料差异分配率调整计算发出材料的实际成本的办法。

采用计划成本法便于将存货的实际成本与计划成本相比较,有利于考核各部门的经营责任,加强成本控制,促进内部管理;也有利于计划简化日常核算。但如果实际成本与计划成本差异过大,这种方法会影响成本计算的正确性。因此,当差异过大时,应及时调整计划成本。

(三) 存货成本的估计方法

除了上述各种存货计价方法外,还存在一些估计的方法确定期末存货成本。实务中常用的主要有毛利率法和零售价格法。

1. 毛利率法

毛利率法是指运用以前年度或估计的销售毛利率估计本期销售成本和期末存货的方法。毛利率是指销售毛利占销售净额的比率,用销售净额乘上估计的毛利率的补数计算出估计的销售成本,可供销售的存货成本减去估计的销售成本就是期末估计的存货成本。毛利率法的计算公式可表示为

估计毛利率 = 销售毛利 ÷ 销售净额 = (销售净额 − 销售成本) ÷ 销售净额
估计销售成本 = 销售净额 − 估计销售毛利
估计期末存货 = 期初存货成本 + 本期增加存货成本 − 估计销售成本

公式中,期初存货和本期增加存货的成本是取自账面记录,销售毛利是根据上期或者是估计的数据计算的,因而以此计算的销售成本和期末存货都是估计数。

采用毛利率法估计期末存货,关键是正确估计毛利率,通常可以使用上一期的毛利率作为计算依据。如果以前各期的毛利率波动较大,也可以采用平均毛利率作为计算依据。

毛利率法主要适用于那些无法及时计算出实际成本资料,而又需要对存货情况作一些估计的企业,可以归纳为以下四种情况。

(1) 实行定期盘存制的商业企业,在提供中期财务报告时,为了及时了解商

品的进、销、存情况,计算销售毛利和估计利润时,可以采用毛利率法。

（2）企业遭受自然灾害、意外事故时,为了估计受灾损失的程度,要求保险索赔时可以采用毛利率法。

（3）企业会计资料如凭证、账簿、报表等发生遗失或毁损时,可以设法在补齐期初存货和本期增加存货的资料后,采用毛利率法估计销售成本和期末存货成本。

（4）注册会计师等审计人员为了检验销售成本和期末存货等实际数据的合理性,可以采用毛利率法来估计测算销售成本和期末存货,如果实际成本与预测成本的差异较大,则应该作为审计的重点。

【例4-13】 某公司本期存货的资料如表4-5所示。

表4-5

	成本(元)	零售价(元)
期初存货	4 000	6 000
采购	7 000	10 000
可销售货物	11 000	16 000

毛利率为(16 000 - 11 000) ÷ 16 000 = 31.25%,其补数为:1 - 31.25% = 68.75%。如果本月销售额为13 000元,我们即可假定销货成本为本月销售额的68.75%,即8 937.5元。实践中运用此方法时,如果开始定的零售价调低了(如清仓大减价),必须相应作出调整。

2. 零售价格法

零售价格法是指利用期末存货的零售价格与进货成本之间的比率推算出期末存货成本的方法。

零售价格法的计算公式如下:

$$售价成本率 = \frac{期初结存存货成本 + 本期进货成本}{期初结存存货售价 + 本期进货售价} \times 100\%$$

$$期末存货售价 = 期初存货售价 + 本期进货售价 - 本期销售存货售价$$

$$期末存货成本 = 期末存货售价 \times 售价成本率$$

零售价格法适用于商品品种多、规格全、进销十分频繁的百货商店、大型超市等零售商业企业。

零售企业商品需要随时标出售价,因此可以利用现成的资料推算库存商品成本。

零售价格法同毛利率法一样,属于估计的方法,不能作为报表的编制依据。

第四节 存货的期末计价及信息披露

一、存货期末计量

为了客观地反映期末存货的实际价值,企业的存货应当按照成本与可变现净值孰低法计量。

成本与可变现净值孰低法,是指对期末存货按照成本与可变现净值两者之中较低者计价的一种方法。当成本低于可变现净值时,期末存货按成本计价;当可变现净值低于成本时,期末存货按可变现净值计价。其中,"成本"是指期末存货的实际成本;而"可变现净值"是指企业在正常生产经营过程中,以存货的估计售价减去至完工估计将要发生的成本、估计的销售费用以及相关税金后的金额。

企业应当定期,或者至少于每年年度终了,对存货进行全面清查,如由于存货遭受毁损、全部或部分陈旧过时或销售价格低于成本等原因,使存货可变现净值低于其成本的部分,应当提取存货跌价准备。

二、存货跌价准备

存货跌价准备应按单个存货项目的成本与可变现净值孰低计量。对于数量繁多、单价较低的存货,可以按存货类别合并计量成本与可变现净值。当存在下列情况之一时,应当计提存货跌价准备:

(1) 市价持续下跌,并且在可预见的未来无回升的希望;

(2) 企业使用该材料生产的产品的成本大于产品的销售价格;

(3) 因产品更新换代,原有库存材料或商品已不适应新产品的需要,而相关材料或商品的市场价格又低于其账面成本;

(4) 因所提供的商品或劳务过时或消费者偏好改变而使市场的需求发生变化,导致市场价格逐渐下跌;

(5) 其他足以证明有关存货实质上发生减值的情况。

企业应设置"存货跌价准备"账户核算存货跌价准备的提取和冲回情况。该账户的贷方登记计提的存货跌价准备,借方登记冲销的存货跌价准备。期末贷方余额,反映企业已提取的存货跌价准备。

提取和补提存货跌价准备时,借记"资产减值损失——计提的存货跌价准备"账户,贷记"存货跌价准备"账户;如已计提跌价准备的存货的价值以后又得以恢复时,应按恢复增加的数额,借记"存货跌价准备"账户,贷记"资产减值损失——计提的存货跌价准备"账户。但是,当已计提跌价准备的存货的价值以后又得以恢复,其冲减的跌价准备金额,应以"存货跌价准备"账户的余额冲减至零为限。

【例 4-14】 某企业采用成本与可变现净值孰低法进行期末存货计价。假定 2001—2004 年各年年末存货的账面成本均为 50 000 元,2001—2004 年可变现净值依次为 47 500 元、45 000 元、48 500 元和 51 500 元。根据上述资料,各年年末账务处理方法如下。

(1) 2001 年年末计提存货跌价准备。

计提存货跌价准备 = 50 000 - 47 500 = 2 500(元)

借:资产减值损失——计提的存货跌价准备　　　　　2 500
　　贷:存货跌价准备　　　　　　　　　　　　　　　　2 500

(2) 2002 年补提存货跌价准备

补提存货跌价准备 = 50 000 - 45 000 - 2 500 = 2 500(元)

借:资产减值损失——计提的存货跌价准备　　　　　2 500
　　贷:存货跌价准备　　　　　　　　　　　　　　　　2 500

(3) 2003 年冲减存货跌价损失准备

冲减存货跌价损失准备 = 50 000 - 48 500 - 5 000 = -3 500(元)

借:存货跌价准备　　　　　　　　　　　　　　　　　3 500
　　贷:资产减值损失——计提的存货跌价准备　　　　　3 500

(4) 2004 年年末将"存货跌价准备"账户余额冲减至为零

借:存货跌价准备　　　　　　　　　　　　　　　　　1 500
　　贷:资产减值损失——计提的存货跌价准备　　　　　1 500

综上所述,资产负债表日,企业应当确定存货的可变现净值,将存货实际成本与可变现净值两者中的较低者作为存货的实际价值列示于报表中。若以前减记存货价值的影响因素已经消失,则应当恢复减记的金额,并在原已计提的存货跌价准备金额内转回,转回的金额计入当期损益。

存货发生的盘亏或毁损,应作为待处理财产损溢进行核算。属于计量收发差错和管理不善等原因造成的存货短缺,应将净损失计入管理费用;属于自然灾害等非常原因造成的存货毁损,应将净损失计入营业外支出。

三、存货项目在报表中的列示

(一)存货在资产负债表中的列示

有关存货的信息首先应在企业的资产负债表中进行披露。在资产负债表中,"存货"项目,反映企业期末在库、在途和在加工中的各项存货的成本或可变现净值,包括各种材料、商品、在产品、半成品、包装物、低值易耗品、分期收款发出商品、委托代销商品、受托代销商品等。企业应根据"物资采购"、"原材料"、"低值易耗品"、"库存商品"、"包装物"、"发出商品"、"委托加工物资"、"委托代销商品"、"受托代销商品"、"生产成本"等科目的期末余额合计,减去"受托代销商品款"、"存货跌价准备"科目期末余额后的金额填列。如果企业对存货采用计划成本核算,或对库存商品采用计划成本或售价核算,还应按加或减材料成本差异、商品进销差价后的金额填列。

(二)存货在会计报表附注中的披露

企业应当在其会计报表附注中,披露下列与存货有关的信息。

(1)材料、在产品、产成品等类存货的当期期初和期末账面价值及总额。

(2)当期计提的存货跌价准备和当期转回的存货跌价准备。

(3)存货取得的方式以及低值易耗品和包装物的摊销方法。存货取得的方式如购买、自行生产、接受债务人非现金资产偿债、接受投资者投入、非货币性交易换入、盘盈等;低值易耗品的摊销方法如一次转销法、五五摊销法等,包装物的摊销方法如一次转销法、五五摊销法等。

(4)存货跌价准备的计提方法。如按单个存货项目计提、合并计提、按存货类别计提等。存货减值准备的年初余额、年末余额、本年增加数和本年减少数的情况。

(5)确定存货可变现净值的依据。如为执行销售合同或者劳务合同而持有的存货以产成品或商品的合同价格作为其可变现净值的计量基础;企业持有存货的数量超出销售合同订购数量的部分的可变现净值以产成品或商品的一般销售价格作为计量基础;没有销售合同或劳务合同约定的存货的可变现净值以产成品或商品一般销售价格作为计量基础;用于出售的材料等以市场价格作为其可变现净值的计量基础等。

(6)确定发出存货的成本所采用的方法,如先进先出法、加权平均法、移动平均法或个别计价法等。

(7)用于债务担保的存货的账面价值。

(8)当期确认为费用的存货成本,如主营业务成本等。

【案例】 宝山钢铁股份有限公司(600019)在其2007年年度报告资产负债表中披露了存货期初和期末余额分别为 31 236 424 727.90 元和 39 068 728 055.69 元。同时,在其会计报表附注中披露了存货的构成及存货跌价准备情况,具体如下:

六、合并财务报表主要项目注释(续)

(11) 存货

	2007 年 12 月 31 日	2006 年 12 月 31 日
原材料	11 927 478 226.33	9 103 434 354.42
半成品	12 215 784 432.97	9 436 431 399.38
产成品	12 703 879 366.70	10 395 970 060.86
备品备件及其他	3 252 067 831.43	2 516 664 365.89
减:存货跌价准备	1 030 481 801.74	216 075 452.65
	39 068 728 055.69	31 236 424 727.90

本年存货跌价准备变动如下:

	原材料	半成品	产成品	备品备件及其他	合计
年初数	7 329 115.85	108 331 310.49	21 424 374.75	78 990 651.56	216 075 452.85
本年计提	141 173 849.31	320 489 967.92	439 137 645.83	20 209 566.59	921 011 029.65
本年转回	(4 872 714.00)	(10 289 790.75)	(67 949 446.69)	(22 701 711.05)	(105 813 662.49)
本年转销	—	—	(521 392.71)	(297 653.36)	(819 046.07)
外币报表折算差额	—	—	28 028.00	—	28 028.00
年末数	143 630 251.16	418 531 487.65	392 119 209.18	76 200 853.74	1 030 481 801.74

于资产负债表日,对于成本高于可变现净值的,计提存货跌价准备,计入当年损益。本年转回存货跌价准备是由于存货价值回升。

【本章相关法规】

《国际会计准则第 2 号——存货》(IAS 2 Inventories),1993 年修订

财政部《企业会计准则第 1 号——存货应用指南》(财会[2006]18 号),2006 年 10 月 30 日

财政部《企业会计制度》,2000 年 12 月 29 日

【复习思考题】

1. 什么是存货?存货包括哪些内容?
2. 判断一项资产是否属于存货的条件是什么?
3. 什么是存货的实地盘存制?
4. 什么是存货的永续盘存制?
5. 企业取得存货的会计处理方法是怎样的?

6. 企业发出存货的会计处理方法是怎样的？
7. 存货期末如何计量？
8. 存货的可变现净值如何确定？
9. 存货跌价准备的会计处理如何进行？
10. 存货在财务会计报告中应如何列报？

第五章 长期股权投资

【学习目标】

通过本章学习,学生应当了解并掌握:
1. 长期股权投资的分类
2. 长期股权投资的初始计量原则
3. 长期股权投资的成本法
4. 长期股权投资的权益法
5. 长期股权投资的期末计价
6. 长期股权投资的信息披露

第一节 长期股权投资的分类

企业可能出于各种目的,将自己的货币资金、实物或无形资产等投向其他企业。长期股权投资也是企业的重要活动,它可以为企业的扩大再生产提供资金或其他方面的条件。长期股权投资,是指企业投出的期限在一年以上(不含一年)的股权性投资。

投资企业在将有关资产投入被投资单位时,是将原持有的其他资产转换为对被投资单位的投资,形成一项金融资产,而被投资单位在接受投资企业的出资时,一方面要确认取得的资产,另一方面构成其所有者权益,是一种权益性工具,因此投资企业的长期股权投资与被投资单位的权益性工具形成金融工具。因此,根据我国《企业会计准则第22号——金融工具确认和计量》,长期股权投资本质上属于金融资产。然而,对于投资企业而言,其持有的能够对被投资单位施加重大影响的权益性投资,在很大程度上是为了通过对被投资单位生产经营决策施加影响,使得被投资单位的生产经营活动能够按照对投资企业有利的方向进行,或者是希望自被投资单位未来经营活动中获取利益,这与投资企业持有的其他金融资产为企业带来经济利益的方式是有所不同的,为此,对于长期股权投资的确认与计量,也应与其他金融资产有所不同。我国的《企业会计准则第2号——长期股权投资》就是专门针对长期股权投资的确认与计量加以规范的。

长期股权投资可以按照对被投资单位的影响力的不同或按照长期股权投资形成方式的不同加以分类。

一、按照投资企业对被投资单位的影响力分类

按照投资企业对被投资单位产生的不同影响,可以将长期股权投资分为四种类型:①控制;②共同控制;③重大影响;④无控制、无共同控制且无重大影响。

(一)控制

控制,指有权决定一个企业的财务和经营政策,并能据以从该企业的经营活动中获取利益。如果投资企业能够对被投资单位实施控制,则被投资单位成为其子公司,投资企业应当将子公司纳入合并财务报表的合并范围。

通常,当投资企业直接拥有被投资单位50%以上的表决权资本,或虽然直接拥有被投资单位50%或以下的表决权资本,但具有实质控制权时,便说明投资企业能够控制被投资单位。

投资企业对被投资单位是否具有实质控制权,可以通过以下一项或若干项情况判定。

(1)通过与其他投资者的协议,投资企业拥有被投资单位50%以上表决权资本的控制权。

(2)根据章程或协议,投资企业有权控制被投资单位的财务和经营政策。

(3)有权任免被投资单位董事会等类似权力机构的多数成员。这种情况是指,虽然投资企业拥有被投资单位50%或以下表决权资本,但根据章程、协议等有权任免董事会的董事,以达到实质上控制的目的。

(4)在董事会或类似权力机构会议上有半数以上投票权。这种情况是指,虽然投资企业拥有被投资单位50%或以下表决权资本,但能够控制被投资单位董事会等类似权力机构的会议,从而能够控制其财务和经营政策,使其达到实质上的控制。

(二)共同控制

共同控制,是指按照合同约定对某项经济活动所共有的控制。共同控制仅在与某项经济活动相关的重要财务和经营决策需要分享控制权的投资方一致同意时存在。共同控制的实质是通过合同协议约定建立起来的、合营各方对合营企业共有的控制。在合营企业生产经营决策制定过程中,基本上是按照合同约定而非各合营方的持股比例行使表决权。

在确定是否构成共同控制时,一般可根据以下情况判断。

(1)任何一个合营方均不能单独控制合营企业的生产经营活动。

(2)涉及合营企业基本经营活动的决策需要各合营方一致同意。

(3) 各合营方可能通过合同或协议的形式任命其中的一个合营方对合营企业的日常活动进行管理,但其必须在各合营方已经一致同意的财务和经营政策范围内行使管理权。

上述共同控制,仅指共同控制实体,不包括共同控制经营、共同控制财产等。共同控制实体,是指由两个或多个企业共同投资建立的实体,该被投资单位的财务和经营政策必须由投资双方或若干方共同决定。

如果投资企业与其他方对被投资单位实施共同控制,则被投资单位为其合营企业。

(三) 重大影响

重大影响,是指对一个企业的财务和经营政策有参与决策的权力,但并不能够控制或者与其他方一起共同控制这些政策的制定。在确定能否对被投资单位实施控制或施加重大影响时,应当考虑投资企业和其他方持有的被投资单位当期可转换公司债券、当期可执行认股权证等潜在表决权因素。

通常,当投资企业直接拥有被投资单位20%或以上至50%的表决权资本时,一般认为对被投资单位具有重大影响。此外,虽然投资企业直接拥有被投资单位20%以下的表决权资本,但符合下列情况之一的,也应确认为对被投资单位具有重大影响。

(1) 在被投资单位的董事会或类似的权力机构中派有代表。在这种情况下,由于在被投资单位的董事会或类似的权力机构中派有代表,并享有相应的实质性的参与决策权,投资企业可以通过该代表参与被投资单位政策的制定,从而达到对该被投资单位施加重大影响。

(2) 参与被投资单位的政策制定过程。在这种情况下,由于可以参与被投资单位的政策制定过程,在制定政策过程中可以为其自身利益而提出建议和意见,由此可以对该被投资单位施加重大影响。

(3) 向被投资单位派出管理人员。在这种情况下,通过投资企业对被投资单位派出管理人员,管理人员有权力并负责被投资单位的财务和经营活动,从而能对被投资单位施加重大影响。

(4) 依赖投资企业的技术资料。在这种情况下,由于被投资单位的生产经营需要依赖对方的技术或技术资料,从而表明投资企业对被投资单位具有重大影响。

(5) 其他能足以证明投资企业对被投资单位具有重大影响的情形。

如果投资企业能够对被投资单位施加重大影响,则被投资单位为其联营企业。

(四) 无控制、无共同控制且无重大影响

无控制、无共同控制且无重大影响,是指除上述三种类型之外的其他情形,具体表现为：

（1）投资企业直接拥有被投资单位20%以下的表决权资本，同时不存在其他实施重大影响的途径。

（2）投资企业直接拥有被投资单位20%或以上的表决权资本，但实质上对被投资单位不具有控制、共同控制和重大影响。

二、按照长期股权投资的形成方式分类

按照长期股权投资的形成方式，可以将长期股权投资分为合并形成的长期股权投资和非合并原因形成的长期股权投资两大类。

（一）合并形成的长期股权投资

企业合并，是指将两个或两个以上独立的企业合并形成一个报告主体的交易或事项。在企业合并过程中形成合并方的长期股权投资。

企业合并有以下不同类型，由此形成不同类型的长期股权投资。

1. 以合并方式为依据对企业合并的分类

从企业合并的本质上看，它是一个企业取得对另一个企业的控制权、吸收另一个或多个企业的净资产，以及将参与合并的企业相关资产、负债进行整合后，成立新企业等情况。因此，以合并方式为依据，可以将企业合并分为控股合并、吸收合并和新设合并三类。

（1）控股合并。

控股合并，是指合并方通过企业合并交易或事项取得对被合并方的控制权，能够主导被合并方的生产经营决策，从而将被合并方纳入其合并财务报表范围，形成一个报告主体的情况。在控股合并中，合并后，被合并方仍然保持其独立的法人资格，继续进行其生产经营活动；合并方在合并中取得的是对被合并方的股权，在其会计账簿及个别财务报表中应确认对被合并方的长期股权投资，合并中取得的被合并方的资产和负债仅在合并财务报表中确认。

（2）吸收合并。

吸收合并，是指合并方在企业合并中取得被合并方的全部净资产，并将有关资产、负债并入合并方自身的会计账簿和报表中。企业合并后，要注销被合并方的法人资格，由合并方持有合并中取得的被合并方的资产、负债，在新的基础上继续进行生产经营活动。

（3）新设合并。

新设合并，是指企业合并中注册成立一家新的企业，由该新企业持有原参与合并各方的资产、负债，在新的基础上进行生产经营活动。企业合并后，要注销原参与合并各方的法人资格。

2. 以是否在同一控制下进行企业合并为依据对企业合并的分类

以是否在同一控制下进行企业合并为依据,可以将企业合并分为同一控制下的企业合并和非同一控制下的企业合并。

(1) 同一控制下的企业合并。

同一控制下的企业合并,是指参与合并的企业在合并前后均受同一方或相同的多方最终控制,而且,这种控制并不是暂时性的。在这种合并方式下,在合并日取得对其他参与合并企业控制权的一方为合并方,参与合并的其他企业为被合并方。这里所说的"合并日",是指合并方实际取得对被合并方控制权的日期。

常见的同一控制下的企业合并有多种情况,如:母公司将其持有的子公司的股权用于交换非全资子公司增加发行的股份;母公司将其持有的对某一子公司的控股权出售给另一子公司;集团内某子公司自另一子公司处取得对某一孙公司的控制权,等等。在实务中,企业应根据企业会计准则中对同一控制下企业合并的界定,并遵循"实质重于形式"的原则判断同一控制下企业合并的具体类型。

(2) 非同一控制下的企业合并。

非同一控制下的企业合并,是指参与合并的各方在合并前后不受同一方或相同的多方的最终控制。在这种合并方式下,在购买日取得对其他参与合并企业控制权的一方为购买方,参与合并的其他企业为被购买方。这里所说的"购买日",是指购买方实际取得对被购买方控制权的日期。

(二) 非合并原因形成的长期股权投资

除上述企业合并之外,企业还可能因其他原因取得长期股权投资,常见的方式有:

(1) 以支付现金取得长期股权投资;
(2) 以发行权益性证券取得长期股权投资;
(3) 投资者投入的长期股权投资;
(4) 通过非货币性资产交换取得长期股权投资;
(5) 通过债务重组取得长期股权投资,等等。

企业持有的长期股权投资,涉及的会计核算问题主要包括初始投资成本的确定、持有期间的后续计量及处置损益的结转等几个方面。

第二节　长期股权投资的初始计量

企业持有的长期股权投资可能产生于不同的方式。如可以通过企业合并等方式取得对子公司的权益性投资,也可以通过非企业合并的方式如支付现金、转移非现金资产取得对联营企业、合营企业的投资等。根据我国现行的企业会计准则,企业应按照长期股权投资的不同类型,采用不同的方法对长期股权投资进行初始计量。

一、企业合并形成的长期股权投资

对于企业合并形成的长期股权投资,应当按该合并是否在同一控制下进行,分别确定其初始投资成本。

(一) 同一控制下企业合并形成的长期股权投资

对于同一控制下的企业合并,从能够对参与合并各方在合并前及合并后均实施最终控制的一方来看,其在企业合并前及合并后能够控制的资产并没有发生变化。因此,在这种合并方式下,合并方在企业合并中取得的资产和负债,应当按照合并日其在被合并方的账面价值来计量。合并方取得的净资产账面价值与支付的合并对价账面价值(或发行股份面值总额)之间的差额,应当调整资本公积(资本溢价或股本溢价);若资本公积不足以冲减,则调整留存收益。具体应分别以下两种情形处理。

(1) 合并方以支付现金、转让非现金资产或承担债务方式作为合并对价的,应当在合并日按照取得被合并方所有者权益账面价值的份额作为长期股权投资的初始成本。初始投资成本与支付的现金、转让的非现金资产以及所承担债务账面价值之间的差额,应当调整资本公积;若资本公积不足以冲减,则调整留存收益。

(2) 合并方以发行权益性证券作为合并对价的,应当在合并日按照取得被合并方所有者权益账面价值的份额作为长期股权投资的初始成本,按照发行股份的面值总额作为股本。长期股权投资初始投资成本与所发行股份面值总额之间的差额,应当调整资本公积;若资本公积不足以冲减,则调整留存收益。

企业在具体进行账务处理时,应通过"长期股权投资"、"应收股利"、"资本公积"、"盈余公积"和"利润分配"等会计科目。企业应在合并日按取得被合并方所有者权益账面价值的份额,借记"长期股权投资"科目,按享有被投资单位已宣告但尚未发放的现金股利或利润的数额,借记"应收股利"科目,按支付的合并对价的账面价值,贷记有关资产或借记有关负债科目,按其差额,贷记"资本公积——资本溢价(或股本溢价)"科目;若差额为借方的,借记"资本公积——资本溢价(或股本溢价)"科目,资本公积——资本溢价(或股本溢价)不足以冲减的,依次借记"盈余公积"、"利润分配——未分配利润"科目。

【例5-1】 卡米拉公司与皓天公司同属于莲花集团公司的子公司。2008年6月29日,卡米拉公司向皓天公司的原股东定向发行500万股普通股,取得皓天公司100%的股权,并于当日起能够对皓天公司实施控制。卡米拉公司增发的普通股每股面值为1元,市价为9.88元。此次合并后,皓天公司仍维持其独立法人地位继续生产经营。假定卡米拉公司和皓天公司在合并前采用的会计政策相同。在合并日,卡米拉公司和皓天公司的账面所有者权益构成情况如表5-1所示。

表5-1   单位:元

项目 \ 金额	卡米拉公司	皓天公司
股本	75 000 000	5 000 000
资本公积	10 000 000	3 000 000
盈余公积	12 000 000	2 000 000
未分配利润	21 885 000	2 088 000
合计	118 885 000	12 088 000

由于皓天公司在合并后仍维持其法人资格继续生产经营,此项合并为同一控制下的控股合并。合并日卡米拉公司在其账簿及个别财务报表中应确认对皓天公司的长期股权投资,其成本为合并日享有皓天公司账面所有者权益的份额,卡米拉公司在合并日应进行如下会计处理:

借:长期股权投资——皓天公司　　　　　　　12 088 000
　　贷:股本　　　　　　　　　　　　　　　　5 000 000
　　　　资本公积——股本溢价　　　　　　　　7 088 000

【例5-2】 金陵公司与逸飞公司同属东川集团公司的子公司。2008年12月18日,金陵公司以银行存款自逸飞公司原有股东处取得逸飞公司所有者权益的80%。合并日,金陵公司与逸飞公司的所有者权益构成情况如表5-2所示。

表5-2   单位:元

项目 \ 金额	金陵公司	逸飞公司
股本	20 000 000	3 000 000
资本公积	2 000 000	2 000 000
盈余公积	5 000 000	1 000 000
未分配利润	8 000 000	4 000 000
合计	35 000 000	10 000 000

金陵公司在此项合并中支付的银行存款为6 800 000元,则金陵公司在合并日应进行如下会计处理:

```
借：长期股权投资——逸飞公司          8 000 000
    贷：银行存款                            6 800 000
        资本公积——股本溢价                1 200 000
```

若假定金陵公司支付的银行存款为 9 800 000 元。则金陵公司在合并日应进行如下会计处理：

```
借：长期股权投资——逸飞公司          8 000 000
    资本公积——股本溢价              1 800 000
    贷：银行存款                            9 800 000
```

若假定金陵公司支付的银行存款为 10 200 000 元。则金陵公司在合并日应进行如下会计处理：

```
借：长期股权投资——逸飞公司          8 000 000
    资本公积——股本溢价              2 000 000
    盈余公积——法定盈余公积            200 000
    贷：银行存款                           10 200 000
```

【例5-3】 卡米拉公司和剑川公司为同一集团内的两个子公司。2008年6月29日,卡米拉公司向剑川公司的原股东定向发行500万股普通股,对剑川公司进行吸收合并,并于当日取得剑川公司的净资产。卡米拉公司发行的普通股每股面值为1元,市价为9.88元。剑川公司在2008年6月29日未考虑该项企业合并前,有关资产项目的账面价值总额为12 000 000元,公允价值为12 980 000元;负债项目的账面价值总额为5 500 000元,公允价值为5 500 000元(具体项目略)。

假定自2008年6月29日起,卡米拉公司能够对剑川公司的净资产实施控制,该日即为合并日。卡米拉公司在合并日应进行如下会计处理：

```
借：××资产                         12 000 000
    贷：××负债                            5 500 000
        股本                                5 000 000
        资本公积——股本溢价                1 500 000
```

（二）非同一控制下企业合并形成的长期股权投资

在非同一控制下的企业合并方式中,购买方应当按照确定的企业合并成本作为长期股权投资的初始成本。企业合并成本包括购买方付出的资产、发生或承担的负债、发行的权益性证券等均应按其在购买日的公允价值以及为进行企业合并发生的各项直接相关费用。其中,以支付非货币性资产为对价的,所支付的非货币性资产在购买日的公允价值与其账面价值的差额,应作为资产处置损益,记入合并当期的利润表。

非同一控制下企业合并的合并成本确定具体分以下四种情形。

（1）通过一次交换交易实现的企业合并，合并成本为购买方在购买日为取得对被购买方的控制权而付出的资产、发生或承担的负债以及发行的权益性证券的公允价值。

（2）通过多次交换交易分步实现的企业合并，合并成本为每一单项交易成本之和。

（3）购买方为进行企业合并发生的各项直接相关费用也应当计入企业合并成本。

（4）在合并合同或协议中对可能影响合并成本的未来事项作出约定的，购买日如果估计未来事项很可能发生并且对合并成本的影响金额能够可靠计量的，购买方应当将其计入合并成本。

在非同一控制下企业合并中，购买方对合并成本大于合并中取得的被购买方可辨认净资产公允价值份额的差额，应当确认为商誉。购买方对合并成本小于合并中取得的被购买方可辨认净资产公允价值份额的差额，应当按照下列规定处理：

（1）对取得的被购买方各项可辨认资产、负债的公允价值以及合并成本的计量进行复核；

（2）经复核后合并成本仍小于合并中取得的被购买方可辨认净资产公允价值份额的，其差额应当计入当期损益。

无论是哪种合并方式下形成长期股权投资，其实际支付的价款或对价中包含的已宣告但尚未发放的现金股利或利润，都应作为应收项目处理。

在具体进行账务处理时，应在购买日按企业合并成本（不含应自被投资单位收取的现金股利或利润），借记"长期股权投资"科目，按享有被投资单位已宣告但尚未发放的现金股利或利润，借记"应收股利"科目，按支付合并对价的账面价值，贷记有关资产或借记有关负债科目，按发生的直接相关费用，贷记"银行存款"等科目，按其差额，贷记"营业外收入"或借记"营业外支出"等科目。非同一控制下企业合并涉及以库存商品等作为合并对价的，应按库存商品的公允价值，贷记"主营业务收入"科目，并同时结转相关的成本。涉及增值税的，还应进行相应的处理。

【例5-4】 春申公司通过企业合并于2008年6月30日取得了QQ公司60%的股权。在该项企业合并中，春申公司支付的有关资产在购买日的账面价值与公允价值如表5-3所示。合并中，春申公司为核实QQ公司的资产价值，聘请有关机构对该项合并进行咨询，共支付咨询费用300 000元。假定合并前春申公司与QQ公司不存在任何关联方关系。

表 5-3 单位:元

项目 \ 金额	账面价值	公允价值
土地使用权	5 000 000	6 000 000
专利权	310 000	400 000
银行存款	580 000	580 000
合计	5 890 000	6 980 000

由于春申公司与QQ公司在合并前不存在任何关联方关系,故,应作为非同一控制下的企业合并处理。春申公司对于合并形成的对QQ公司的长期股权投资,应按支付对价的公允价值确定其初始投资成本。假定春申公司作为合并对价的土地使用权和专利权的历史成本分别为5 000 000元和500 000元,累计摊销总额为190 000元。春申公司在合并日应进行如下会计处理:

借:长期股权投资——QQ公司　　　　　　　7 280 000
　　累计摊销　　　　　　　　　　　　　　　190 000
　贷:无形资产——土地使用权　　　　　　　5 000 000
　　　　　　——专利权　　　　　　　　　　500 000
　　银行存款　　　　　　　　　　　　　　　880 000
　　营业外收入　　　　　　　　　　　　　 1 090 000

二、非合并原因形成的长期股权投资

除企业合并形成的长期股权投资以外,其他方式取得的长期股权投资,应当按照下列规定确定其初始投资成本。

(1)以支付现金取得的长期股权投资,应当按照实际支付的购买价款作为初始投资成本。初始投资成本包括与取得长期股权投资直接相关的费用、税金及其他必要支出。企业取得长期股权投资时,实际支付的价款或对价中包含的已宣告但尚未发放的现金股利或利润,应作为应收项目处理。

(2)以发行权益性证券取得的长期股权投资,应当按照发行权益性证券的公允价值作为初始投资成本。发行权益性证券所支付的手续费、佣金等与权益性证券发行直接相关的费用,不计入长期股权投资的取得成本,而应从权益性证券的溢价发行收入中扣除,溢价不足以扣除的,应冲减盈余公积和未分配利润。

(3)投资者投入的长期股权投资,应当按照投资合同或协议约定的价值作为初始投资成本,但合同或协议约定价值不公允的除外。

投资者投入的长期股权投资,是指投资者以其持有的对第三方的投资作为出资,在这种方式下,接受投资的企业在确定所取得的长期股权投资的成本时,应当按照投资合同或协议约定的价值作为初始投资成本,但如果合同或协议约定价值不公允,即有明显高于或低于该项资产公允价值的,则应当以公允价值作为长期股权投资的初始投资成本。

企业在确定长期股权投资公允价值时,如果存在活跃的市场,其价值可以按照活跃市场中的信息直接取得,即参照市场价确定其公允价值;否则,应当按照一定的估价技术等合理方法确定的价值作为其公允价值。

(4)通过非货币性资产交换、债务重组取得的长期股权投资,其初始投资成本应当按照《企业会计准则第7号——非货币性资产交换》、《企业会计准则第12号——债务重组》的规定确定。

【例5-5】 秦丰公司于2008年8月18日自公开市场上买入甲公司普通股,实际支付价款800 000元,另外,在购买过程中支付手续费等相关费用5 000元。秦丰公司的相关会计处理如下:

借:长期股权投资——甲公司　　　　　　　　　805 000
　　贷:银行存款　　　　　　　　　　　　　　　　　　805 000

【例5-6】 七宝公司于2008年8月18日,通过增发500万股自身的股份取得对乙公司20%的股权,按照增发前后的平均股价计算,该500万股股份的公允价值为680万元,为增发该部分股份,七宝公司支付了15万元的佣金和手续费。七宝公司的相关会计处理如下:

借:长期股权投资——乙公司　　　　　　　　　6 800 000
　　贷:股本　　　　　　　　　　　　　　　　　　　　5 000 000
　　　　资本公积——股本溢价　　　　　　　　　　　　1 800 000
借:资本公积——股本溢价　　　　　　　　　　　150 000
　　贷:银行存款　　　　　　　　　　　　　　　　　　150 000

【例5-7】 洱海公司成立时,其主要投资人之一甲公司以其持有的对QQ公司的长期股权投资作为出资。在投资协议中,投资各方约定,参照QQ公司股票的市场价格,对该项长期股权投资作价180 000元。洱海公司的注册资本为1 000 000元,甲公司投资占洱海公司注册资本的15%。洱海公司在接受甲公司投资时的相关会计处理如下:

借:长期股权投资——QQ公司　　　　　　　　　180 000
　　贷:实收资本　　　　　　　　　　　　　　　　　　150 000
　　　　资本公积——资本溢价　　　　　　　　　　　　30 000

第三节 长期股权投资的后续计量

企业取得长期股权投资后,应当针对对被投资单位的影响力的不同情况,分别采用成本法或权益法对长期股权投资进行后续计量,确定期末长期股权投资的账面余额。

一、长期股权投资的成本法

(一)成本法的适用范围

成本法,是指长期股权投资按取得时的成本计价的方法。

长期股权投资的成本法适用于以下情形:

(1)投资企业能够对被投资单位实施控制的长期股权投资;

(2)投资企业对被投资单位不具有共同控制或重大影响,并且在活跃市场中没有报价、公允价值不能可靠确定的长期股权投资。

(二)成本法的核算

在成本法下,长期股权投资应当按照初始投资成本计价。被投资单位宣告分派现金股利或利润时,投资企业确认投资收益,而此时,长期股权投资成本仍维持初始成本不变。企业若追加投资或收回投资时,应当调整长期股权投资的初始投资成本。

在采用成本法核算长期股权投资时,企业应在"长期股权投资"科目下,按照被投资单位设置明细科目进行明细核算。

成本法核算的具体程序如下:

(1)初始投资或追加投资时,按照初始投资成本或追加投资成本增加长期股权投资的账面价值;

(2)被投资单位宣告分派利润或现金股利时,投资企业按应享有的部分,确认为当期投资收益。

在成本法下,企业确认自被投资单位应分得的现金股利或利润后,应当考虑长期股权投资可能存在的减值迹象,同时关注该项长期股权投资的账面价值是否大于享有被投资单位合并财务报表中净资产(包括相关商誉)账面价值的份额,以及当期宣告发放的现金股利或利润是否超过被投资单位综合收益等情况。

【例5-8】 兴梅公司于2008年1月初以2 000 000元的价格购入春城公司5%的股份,并准备长期持有,另支付相关税费8 000元。由于春城公司是一家非上市公司,其股权不存在明确的市场价格。兴梅公司取得该股权后,不会参与春城公司的生产经营决策。同年12月,春城公司宣告当年实现净利润8 000 000元,并决定分派现金股利 5 000 000 元。兴梅公司的相关会计处理如下。

（1）2008 年 1 月投资时

初始投资成本 = 2 000 000 + 8 000 = 2 008 000（元）

借：长期股权投资——春城公司　　　　　　　　　2 008 000
　　贷：银行存款　　　　　　　　　　　　　　　　　　2 008 000

（2）被投资公司（春城公司）宣告现金股利分派方案时

借：应收股利——春城公司　　　　　　　　　　　250 000
　　贷：投资收益　　　　　　　　　　　　　　　　　　　250 000

（3）收到春城公司发放的现金股利时

借：银行存款　　　　　　　　　　　　　　　　　250 000
　　贷：应收股利——春城公司　　　　　　　　　　　　250 000

由上例可见，兴梅公司在获得春城公司分配的现金股利后，其长期股权投资账面余额仍然为当初的初始投资成本 2 008 000 元。

综上所述，长期股权投资成本法的核算过程如图 5-1 所示。

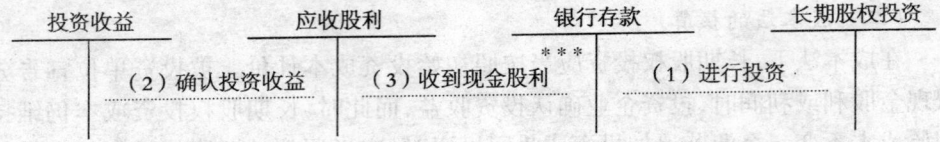

图 5-1　长期股权投资成本法核算过程示意图

二、长期股权投资的权益法

（一）权益法的适用范围

权益法，是指长期股权投资最初以初始投资成本计价；其后，根据投资企业享有被投资单位所有者权益的份额的变动，对投资的账面价值进行调整的一种计价方法。

长期股权投资的权益法适用于以下情形：

（1）投资企业对被投资单位具有共同控制的长期股权投资，即对合营企业的投资；

（2）投资企业对被投资单位具有重大影响的长期股权投资，即对联营企业的投资。

（二）权益法的核算程序

长期股权投资采用权益法核算的一般程序如下：

（1）初始投资或追加投资时，按照初始投资成本或追加投资成本增加长期股权投资的账面价值；

（2）投资后，被投资单位所有者权益变动时，投资企业按所持表决权资本比例相应调整长期股权投资的账面价值。

长期股权投资采用权益法核算时，投资企业应解决的问题主要有以下三个方面：①初始投资成本与应享有被投资单位可辨认净资产公允价值份额之间的差额的处理；②投资后，被投资单位实现净利润、发生净亏损以及分配现金股利或利润的处理；③被投资单位除净损益或利润分配外，其他原因导致所有者权益变动时，投资企业的处理。

（三）权益法的核算

企业采用权益法核算长期股权投资时，应在"长期股权投资"科目下设置"成本"、"损益调整"和"其他权益变动"等明细科目进行明细核算。

1. 股权投资差额的处理

股权投资差额，是指采用权益法核算长期股权投资的差额。

根据我国的企业会计准则，如果长期股权投资初始投资成本大于投资时应享有被投资单位可辨认净资产公允价值份额，则该部分差额属于投资企业在购入该项投资过程中，通过购买价体现出的与所取得股权份额相对应的商誉及被投资单位不符合确认条件的资产价值。对于这部分初始投资成本与应享有被投资单位可辨认净资产公允价值份额之间的差额，不需要对长期股权投资的成本进行调整。

如果长期股权投资的初始投资成本小于投资时应享有被投资单位可辨认净资产公允价值份额的，则该部分差额可以看做是被投资单位的原股东给予投资企业的让步，或是出于其他方面的考虑，被投资单位的原有股东无偿赠与投资企业的价值，因而，对于这部分经济利益流入应作为当期的收益处理，同时调整长期股权的初始投资成本。具体进行会计处理时，应将该差额，借记"长期股权投资（成本）"科目，贷记"营业外收入"科目。

【例5-9】 兴梅公司于2008年年初以5 000 000元投资于东川公司，占东川公司普通股的20%，并对其有重大影响，兴梅公司按权益法核算此项投资。假定此时东川公司所有者权益总额为22 000 000元，各项可辨认资产、负债的公允价值与其账面价值均相同。兴梅公司的相关会计处理如下。

（1）2008年年初投资时

借：长期股权投资——东川公司（投资成本）　　5 000 000
　　贷：银行存款　　　　　　　　　　　　　　　　5 000 000

（2）股权投资差额的处理

投资时，兴梅公司应享有东川公司可辨认净资产公允价值的份额为4 400 000（=22 000 000×20%）元。

初始投资成本与应享有东川公司可辨认净资产公允价值份额的差额,即股权投资差额为 600 000(= 5 000 000 - 4 400 000)元。

由于长期股权投资初始成本大于取得投资时应享有东川公司可辨认净资产公允价值的份额,所以不对股权投资账面价值进行调整。

【例 5-10】 若仍依例 5-9 资料,并假定东川公司 2008 年年初所有者权益总额为 28 000 000 元,各项可辨认资产、负债的公允价值与其账面价值均相同。其他资料不变。

兴梅公司的初始投资成本小于其投资时在东川公司可辨认净资产公允价值中所占的份额,应将差额 600 000(= 28 000 000 × 20% - 5 000 000)元计入营业外收入。兴梅公司在进行此项股权投资时的相关会计处理如下:

借:长期股权投资——东川公司(投资成本)　　5 600 000
　　贷:银行存款　　　　　　　　　　　　　　　　　　5 000 000
　　　　营业外收入　　　　　　　　　　　　　　　　　　600 000

2. 投资损益的确认

采用权益法核算时,被投资单位实现净利润或发生净亏损均会引起其所有者权益的变动,投资企业的长期股权投资账面价值也应作出相应的调整。具体处理如下。

(1) 被投资单位实现净利润时,投资企业按其应享有的份额(法规或章程规定不属于投资企业的净利润除外),调整增加长期股权投资的账面价值,并确认为当期投资收益。会计处理为借记"长期股权投资——损益调整"科目,贷记"投资收益"科目。

(2) 被投资单位发生净亏损,投资企业按应分担的份额,减少长期股权投资账面价值,并确认为当期投资损失。会计处理为借记"投资收益"科目,贷记"长期股权投资——损益调整"科目。

(3) 被投资单位宣告分派现金股利或利润时,投资企业按应分得的部分,冲减长期股权投资的账面价值,同时确认应收股利或利润。会计处理为借记"应收股利"科目,贷记"长期股权投资——损益调整"科目。

如果被投资单位分派的是股票股利,则不会因此使其所有者权益总额发生变动,故投资企业长期股权投资账面价值不作调整,但应在备查簿中登记所增加的股数,以表明每股投资成本的减少。

【例 5-11】 承例 5-10 资料,假定东川公司 2008 年实现净利润 1 500 000 元,分派现金股利 600 000 元;2009 年发生净亏损 200 000 元,不分配;2010 年扭亏为盈,实现净利润 500 000 元,分派现金股利 400 000 元。

兴梅公司长期股权投资的相关资料以及东川公司 2008 年至 2010 年实现的净利润(或发生的净亏损)、分派的现金股利情况如表 5-4 所示。

表 5-4 单位:元

年度	东川公司(被投资企业)			兴梅公司(投资企业)				
	净利润(净亏损)	分派现金股利	所有者权益总额	长期股权投资			投资收益(亏损)	应收股利
				投资成本	损益调整	账面余额合计		
2008	1 500 000		28 000 000	5 600 000		5 600 000		
			29 500 000		300 000	5 900 000	300 000	
		600 000	28 900 000		(120 000)	5 780 000		120 000
2009	(200 000)		28 700 000	5 600 000	(40 000)	5 740 000	(40 000)	
2010	500 000		29 200 000		100 000	5 840 000	100 000	
		400 000	28 800 000	5 600 000	(80 000)	5 760 000		80 000

兴梅公司的相关会计处理如下。

（1）2008 年

借:长期股权投资——东川公司(损益调整)　　　　　300 000
　　贷:投资收益——股权投资收益　　　　　　　　　　　300 000
借:应收股利——东川公司　　　　　　　　　　　　120 000
　　贷:长期股权投资——东川公司(损益调整)　　　　　120 000

（2）2009 年

借:投资收益——股权投资收益　　　　　　　　　　40 000
　　贷:长期股权投资——东川公司(损益调整)　　　　　40 000

（3）2010 年

借:长期股权投资——东川公司(损益调整)　　　　　100 000
　　贷:投资收益——股权投资收益　　　　　　　　　　　100 000
借:应收股利——东川公司　　　　　　　　　　　　80 000
　　贷:长期股权投资——东川公司(损益调整)　　　　　80 000

须说明的是,在采用权益法核算被投资单位实现的净损益时应注意以下问题。

第一,核算被投资单位实现的净损益时,应当以取得投资时被投资单位各项可辨认资产等的公允价值为基础,在对被投资单位的净利润进行调整后确认。比如,以取得投资时被投资单位固定资产、无形资产的公允价值为基础计提的折旧额或摊销额,相对于被投资单位已计提的折旧额、摊销额之间存在差额的,应按其差额对被投资单位净损益进行调整,并按调整后的净损益和持股比例计算确认投资损益。在进行相关调整时,应当考虑具有重要性的项目。

存在下列情况之一时,可以按照被投资单位的账面净损益与持股比例计算确认投资损益,但应当在会计报表附注中说明这一事实及其原因。

① 无法可靠确定投资时被投资单位各项可辨认资产等的公允价值。

② 投资时被投资单位可辨认资产等的公允价值与其账面价值之间的差额较小。

③ 其他原因导致无法对被投资单位净损益进行调整。

第二，被投资单位采用的会计政策及会计期间与投资企业不一致的，投资企业应当按照自身的会计政策及会计期间对被投资单位的财务报表进行调整，并据以确认投资损益。

第三，投资企业确认被投资单位发生的净亏损，应当以长期股权投资的账面价值以及其他实质上构成对被投资单位净投资的长期权益减记至零为限，投资企业负有承担额外损失义务的除外。在确认应分担被投资单位发生的亏损时，应当按照以下顺序进行处理。

① 冲减长期股权投资的账面价值。

② 长期股权投资的账面价值不足以冲减的，应当以其他实质上构成对被投资单位净投资的长期权益账面价值为限继续确认投资损失，冲减长期应收项目等的账面价值。

③ 经过上述处理，按照投资合同或协议约定企业仍承担额外义务的，应按预计承担的义务确认预计负债，计入当期投资损失。

被投资单位以后期间实现盈利的，投资企业扣除未确认的亏损分担额后，应按与上述相反的顺序处理，减记已确认预计负债的账面余额、恢复其他实质上构成对被投资单位净投资的长期权益及长期股权投资的账面价值，同时确认投资收益。

这里的投资账面价值是指该项股权投资的账面余额减去该项投资已计提的减值准备，股权投资的账面余额包括投资成本、损益调整等。

【例 5-12】 逸飞公司于 2008 年 1 月 8 日购入莲花公司 30% 的股份并自投资之日起对莲花公司产生重大影响，购买价款为 20 000 000 元。当日，莲花公司净资产公允价值为 60 000 000 元，除下表所列项目外，莲花公司其他资产、负债的公允价值均与其账面价值相同。

表 5-5　　　　　　　　　　　　　　　　　　　　　　单位：元

	账面原价	已提折旧或摊销	公允价值	莲花公司预计使用年限	逸飞公司预计剩余使用年限
存货	5 000 000		6 000 000		
固定资产	13 000 000	2 600 000	12 000 000	20	16
无形资产	6 000 000	1 200 000	7 000 000	10	8
小计	24 000 000	3 800 000	25 000 000		

假定莲花公司于2008年实现净利润8 000 000元,其中,在逸飞公司取得投资时的账面存货有70%对外出售。逸飞公司与莲花公司的会计年度及采用的会计政策相同。固定资产、无形资产均按直线法提取折旧或摊销,预计净残值均为零。

逸飞公司在确定其应享有的投资收益时,应在莲花公司实现净利润的基础上,根据取得投资时莲花公司有关资产的账面价值与其公允价值差额的影响进行调整(假定不考虑所得税影响):

存货账面价值与公允价值的差额应调增的营业成本为700 000〔=(6 000 000 − 5 000 000)×70%〕元。

固定资产公允价值与账面价值差额应调整增加的折旧额为100 000 (= 12 000 000 ÷ 16 − 13 000 000 ÷ 20 = 750 000 − 650 000)元。

无形资产公允价值与账面价值差额应调整增加的摊销额275 000(= 7 000 000 ÷ 8 − 6 000 000 ÷ 10 = 875 000 − 600 000)元。

调整后的莲花公司净利润为6 925 000(= 8 000 000 − 700 000 − 100 000 − 275 000)元。

逸飞公司应享有份额为2 077 500(= 6 925 000×30%)元。

逸飞公司确认投资收益时的会计处理如下:

借:长期股权投资——损益调整　　　　　　　　2 077 500
　　贷:投资收益　　　　　　　　　　　　　　　　　　2 077 500

【例5-13】 卡米拉公司按照投资合约于2007年年初以3 000 000元投资于剑川公司,占剑川公司有表决权资本的30%,并对其有重大影响。卡米拉公司按权益法核算此项投资。投资时剑川公司的所有者权益以及其后实现的净损益、股利分配情况如表5-6所示。

表5-6　　　　　　　　　　　　　　　　　　　　　　　　　单位:元

时　　间	净利润(净亏损)	分派现金股利	所有者权益合计
2007.1.1			10 000 000
2007.12.31	2 000 000		12 000 000
2008.2.8		1 800 000	10 200 000
2008.12.31	(3 000 000)		7 200 000
2009.12.31	(7 500 000)		(300 000)
20010.12.31	1 500 000		1 200 000

根据上述资料,卡米拉公司的相关会计处理如下。

(1) 2007年

① 年初投资时确认初始投资成本

借:长期股权投资——剑川公司(投资成本) 3 000 000
　　贷:银行存款 3 000 000
② 2007年年末,按在被投资单位当年实现净利润中应享有的金额确认投资收益

应确认的投资收益 = 2 000 000 × 30% = 600 000(元)
借:长期股权投资——剑川公司(损益调整) 600 000
　　贷:投资收益——股权投资收益 600 000

2007年年末,卡米拉公司该项长期股权投资账面余额为3 600 000元。

(2) 2008年
① 2月,被投资单位宣告分派现金股利时
借:应收股利——剑川公司 540 000
　　贷:长期股权投资——剑川公司(损益调整) 540 000
(实际收到现金股利时的会计处理略)
② 年末,按在被投资单位当年发生的净亏损中应负担的金额确认投资损失
应确认的投资损失 = 3 000 000 × 30% = 900 000(元)
借:投资收益——股权投资收益 900 000
　　贷:长期股权投资——剑川公司(损益调整) 900 000

2008年年末,卡米拉公司该项长期股权投资账面余额为2 160 000元。

(3) 2009年
年末,按在被投资单位当年发生的净亏损中应负担的金额确认投资损失
应负担的投资损失 = 7 500 000 × 30% = 2 250 000(元)
而此时,长期股权投资的账面余额仅为2 160 000元,故,只能确认投资损失2 160 000元,其余90 000元在备查簿中进行登记。
借:投资收益——股权投资收益 2 160 000
　　贷:长期股权投资——剑川公司(损益调整) 2 160 000

2009年年末,卡米拉公司该项长期股权投资账面余额为零,同时,备查簿中尚有未确认的投资损失90 000元。

(4) 2010年
年末,按在被投资单位当年实现净利润中应分享的金额确认投资收益
被投资单位当年实现净利润中应分享的金额 = 1 500 000 × 30% = 450 000(元)
由于此时备查簿中尚有未确认的投资损失90 000元,故,
应确认投资收益 = 450 000 - 90 000 = 360 000(元)
借:长期股权投资——剑川公司(损益调整) 360 000

贷：投资收益——股权投资收益　　　　　　　　　　　　　　360 000

本例中卡米拉公司长期股权投资各年的变动和余额情况，及其与剑川公司所有者权益间的联系可用表 5-7 表示如下。

表 5-7　　　　　　　　　　　　　　　　　　　　　　　　　　　　单位：元

时间	剑川公司（被投资企业）所有者权益		卡米拉公司（投资企业）长期股权投资账面余额		
	变动数	余额	投资成本	损益调整	合计
2007.1.1		10 000 000	3 000 000		3 000 000
2007.12.31	2 000 000	12 000 000		600 000	3 600 000
2008.2.8	(1 800 000)	10 200 000		(540 000)	3 060 000
2008.12.31	(3 000 000)	7 200 000		(900 000)	2 160 000
2009.12.31	(7 500 000)	(300 000)		(2 160 000)	0
2010.12.31	1 500 000	1 200 000		360 000	360 000

通过表 5-7 可以清晰地反映出，在权益法下，投资企业的长期股权投资账面余额是随着被投资单位所有者权益变动而变动的，当被投资单位所有者权益增加时，投资企业的长期股权投资随之增加；当被投资单位所有者权益减少时，投资企业的长期股权投资也随之减少，但减少的金额以零为限。在不考虑股权投资差额的情况下，投资企业的长期股权投资账面余额始终保持其在被投资单位所有者权益中所占的比例。

3. 被投资单位除净损益外所有者权益的其他变动

投资企业对于被投资单位除净损益以外所有者权益的其他变动，应按照持股比例计算应归属于本企业的部分，调整长期股权投资的账面价值并计入资本公积。

在权益法下，投资企业的长期股权投资账面价值，应随着被投资单位所有者权益的变动而变动。除实现的净损益及利润分配影响而发生变动外，被投资单位的净资产在对可供出售金融资产期末计价、进行长期股权投资、增发股票等活动中也会发生变动。投资企业对被投资单位除净损益以外的所有者权益的其他变动，也应当根据具体情况及时调整长期股权投资的账面价值。

【例 5-14】 承前例 5-13 资料，2011 年 6 月 30 日，剑川公司因持有的可供出售金融资产公允价值的变动计入资本公积的金额为 500 000 元。则卡米拉公司的相关会计处理如下：

应调整长期股权投资的金额 = 500 000 × 30% = 150 000（元）

借：长期股权投资——剑川公司（其他权益变动）　　　150 000

贷：资本公积——其他资本公积　　　　　　　　　　　　　150 000

【例5-15】　伟业公司持有QQ公司25%的股份，并能够对QQ公司施加重大影响。2008年，QQ公司因可供出售金融资产公允价值变动而计入资本公积的金额为15 000 000元，除该事项外，QQ公司当期实现的净损益为50 000 000元。假定伟业公司与QQ公司适用的会计政策、会计期间等均相同，投资时QQ公司有关资产、负债的公允价值也与其账面价值相同。

2008年，伟业公司在确认应享有被投资单位所有者权益的变动时作会计处理如下：

借：长期股权投资——损益调整　　　　　　　　　　　12 500 000
　　　　　　　　——其他权益变动　　　　　　　　　　3 750 000
　贷：投资收益　　　　　　　　　　　　　　　　　　　12 500 000
　　　资本公积——其他资本公积　　　　　　　　　　　 3 750 000

综上所述，长期股权投资权益法的核算过程如图5-2所示。

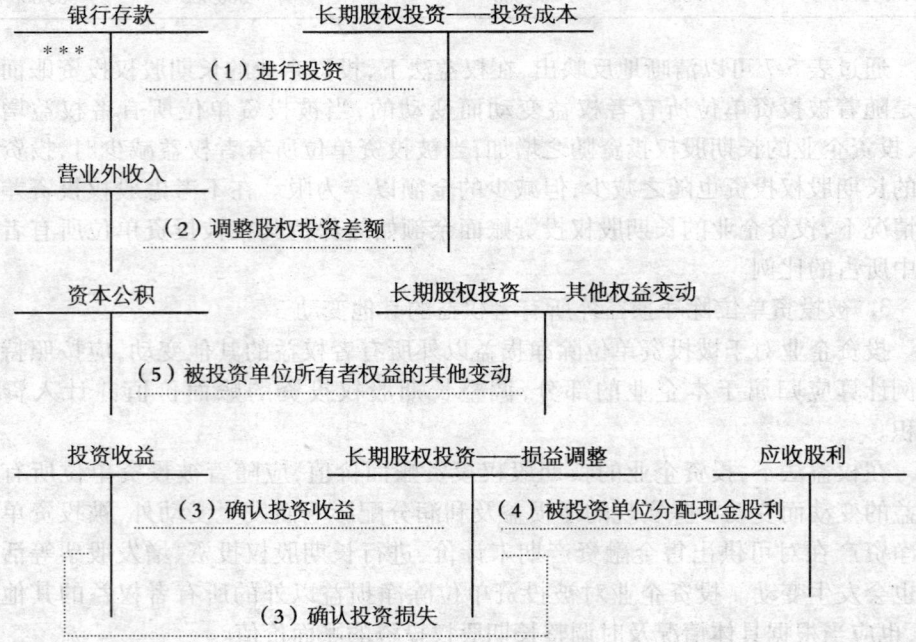

图5-2　长期股权投资权益法核算过程示意图

三、成本法和权益法的比较及转换

（一）成本法和权益法的比较

通过前面对成本法和权益法的介绍我们可以知道，长期股权投资这两种损益确定方法的观点是不同的。

成本法认为：股权投资的初始成本是企业取得被投资单位股权时的实际支出，一项投资能够获得多少利益在很大程度上取决于能分回多少利润或现金股利，当处置某项股权时，计算该项投资累积获得的收益是实际分回的利润或现金股利，以及处置该项投资时实际收回金额与投资成本的差额的合计。因此，期末长期股权投资应按投资成本计价，以收到利润或现金股利时确认收益。

权益法认为：股权代表股东应享有或应分担的被投资单位的利益或损失，当被投资单位产生利润而增加所有者权益时，投资企业应按投资比例确认投资收益，同时增加投资的账面价值；反之，若被投资单位发生亏损而减少所有者权益时，投资企业应按投资比例计算应分担的份额，确认为投资损失，同时冲减投资的账面价值。因此，期末长期股权投资应按持股比例计算的应享有被投资单位期末所有者权益的份额计价，按所持股权所代表的所有者权益的增减变动确认收益。

当投资企业对被投资单位具有控制、共同控制或能够实施重大影响时，投资企业可能左右或能够影响被投资单位的经营政策、财务政策、利润分配政策等，其获得投资的未来收益的不确定性往往相对较小，而采用权益法核算，能够代表这种权益的实施，并表明投资收益是可实现的。同时，权益法强调投资企业与被投资单位之间的经济关系的实质，在被投资单位实现利润时而非实际分配时确认投资收益，其处理方法更符合权责发生制原则。此外，权益法反映的投资收益更客观真实，不易被操纵，避免了投资企业利用其对被投资单位的控制或重大影响而要求被投资单位多分或少分利润，而为投资企业调节利润的情况。

权益法的优点是显而易见的，同样，权益法也有其不可忽视的缺点。比如，在权益法下，投资企业长期股权投资的账面价值要随着被投资单位的所有者权益的增减变动而变动，在一定程度上与法律上的企业法人的概念相悖；投资企业确认投资收益的实现与现金流入的时间不相吻合，即确认投资收益在先，实际获得现金流入在后；会计核算相对于成本法而言比较复杂。

与权益法相比较，成本法的优点主要体现在以下几方面：长期股权投资账户能够反映投资的成本；会计核算简便；企业反映的实际获利情况与其流入的现金在时间上基本吻合；与法律上企业法人的概念相符；确认投资收益的时间与我国税法上的确认时间是一致的；确认的资产和收益相对比较稳健，符合谨慎性原则。同样，成本法也有其缺陷与不足，比如，在成本法下，无法透过投资企业的会计资料了解被投资单位的所有者权益增减变动情况等。

（二）成本法和权益法的转换

1. 权益法转换为成本法

投资企业因减少投资等原因对被投资单位不再具有共同控制或重大影响的，并且在活跃市场中没有报价、公允价值不能可靠计量的长期股权投资，应当改按成本法核算，并以权益法下长期股权投资的账面价值作为按照成本法核算的初始投资成本。

【例5-16】 卡米拉公司投资于某服装厂，占该服装厂注册资本的30%，采用权益法核算。至2007年末，投资的账面价值为500 000元，其中，投资成本360 000元，损益调整140 000元。2008年1月，卡米拉公司以300 000元的价格将其所持有的该服装厂的股权的一半转让给甲企业。由于对该服装厂已不再具有重大影响，卡米拉公司对此项投资改按成本法核算。2008年12月，该服装厂宣告分派本年度的现金股利，卡米拉公司可获得现金股利80 000元。卡米拉公司的相关会计处理如下。

（1）2008年1月，部分转让此项投资

借：银行存款　　　　　　　　　　　　　　　　　　300 000
　　贷：长期股权投资——某服装厂（投资成本）　　　　180 000
　　　　　　　　　　——某服装厂（损益调整）　　　　 70 000
　　　　投资收益　　　　　　　　　　　　　　　　　　 50 000

（2）部分转让投资后，长期股权投资的账面价值为250 000（=500 000 - 250 000）元，则，新的投资成本为250 000元。改按成本法核算。

借：长期股权投资——某服装厂　　　　　　　　　　250 000
　　贷：长期股权投资——某服装厂（投资成本）　　　　180 000
　　　　　　　　　　——某服装厂（损益调整）　　　　 70 000

（3）12月，卡米拉公司从该服装厂分得的现金股利中有70 000元属于按持股比例计算享有的分配原未分配利润的金额，应冲减投资账面价值；超过上述数额的部分即10 000元则应确认为投资收益。

借：应收股利——某服装厂　　　　　　　　　　　　 80 000
　　贷：长期股权投资——某服装厂　　　　　　　　　　 70 000
　　　　投资收益　　　　　　　　　　　　　　　　　　 10 000

此时，卡米拉公司对该服装厂股权投资的账面价值为180 000（=250 000 - 70 000）元。

2. 成本法转换为权益法

通常，长期股权投资在以下两种情况下，须将核算方法由成本法转换为权益法：一是原持有的对被投资单位不具有控制、共同控制或重大影响，不存在活跃市场，公允价值无法可靠取得的长期股权投资，因追加投资而导致持股比例上升，并且能够对被投资单位施加重大影响或是实施共同控制，但不构成控制的情况；二是因部分处置长期股权投资而导致对被投资单位的影响能力由控制转为具有重大影响或是与其他投资方一起实施共同控制的情况。

长期股权投资的核算由成本法转为权益法时，应以成本法下长期股权投资的账面价值作为按照权益法核算的初始投资成本，并在此基础上比较该初始投资成本与应享有被投资单位可辨认净资产公允价值的份额，确定是否需要对长期股权投资的账面价值进行调整。针对上述成本法向权益法转换的两种情形，具体会计处理原则如下：

（1）因追加投资由成本法转换为权益法。

投资企业因追加投资而导致持股比例上升，能够对被投资单位施加重大影响或是实施共同控制时，应将股权投资的核算方法由成本法转为权益法。此时，投资企业应区分原持有的长期股权投资以及新增长期股权投资两部分分别处理。

① 对于原持有长期股权投资的账面余额与按照原持股比例计算确定应享有原取得投资时被投资单位可辨认净资产公允价值份额之间的差额，属于通过投资作价体现的商誉部分，不调整长期股权投资的账面价值；属于原取得投资时因投资成本小于应享有被投资单位可辨认净资产公允价值份额的差额，一方面应调整长期股权投资的账面价值，另一方面应调整留存收益。

② 对于原取得投资后至追加投资的交易日之间被投资单位可辨认净资产公允价值的变动相对于原持股比例的部分，属于在此期间被投资单位实现净损益中投资企业应享有份额的，应当调整长期股权投资的账面价值，同时调整留存收益；属于其他原因导致的被投资单位可辨认净资产公允价值变动中投资企业应享有的份额，在调整长期股权投资账面价值的同时，应当计入资本公积。

③ 对于因追加投资新取得的股权部分，应比较新增投资的成本与取得该部分投资时应享有被投资单位可辨认净资产公允价值的份额，其中投资成本大于投资时应享有被投资单位可辨认净资产公允价值份额的，不调整长期股权投资的成本；对于投资成本小于应享有被投资单位可辨认净资产公允价值份额的，应调整增加长期股权投资的成本，同时计入取得当期的营业外收入。

上述与原持股比例相对应的商誉或是应计入留存收益的金额与新取得投资过程中体现的商誉与计入当期损益的金额应综合考虑，在此基础上确定与整体投资相关的商誉或是因投资成本小于应享有被投资单位可辨认净资产公允价值份额应计入留存收益或是损益的金额。

【例5-17】 伟业公司于2007年1月取得甲公司10%的股权，初始投资成本为580万元,取得该项投资时甲公司可辨认净资产公允价值总额为5 600万元,且与其账面价值相同。因对被投资单位不具有重大影响且无法可靠确定该项投资的公允价值,伟业公司对该项投资采用成本法核算。假定伟业公司每年均按照净利润的10%提取盈余公积。

2008年5月8日,伟业公司又以1 100万元的价格取得甲公司15%的股权,当日甲公司可辨认净资产公允价值总额为7 000万元。取得该部分股权后,按照甲公司章程规定,伟业公司能够派人参与甲公司的生产经营决策,即对甲公司能够产生重大影响,故对该项长期股权投资的核算由成本法转为采用权益法。假定伟业公司在取得对甲公司10%的股权后,甲公司通过生产经营活动实现的净利润为800万元,未派发现金股利或利润。除所实现净利润外,未发生其他计入资本公积的交易或事项。伟业公司的相关会计处如下:

① 2007年1月,伟业公司对甲公司投资

借:长期股权投资——甲公司　　　　　　　　　　　5 800 000
　　贷:银行存款　　　　　　　　　　　　　　　　　　5 800 000

② 2008年5月,伟业公司对甲公司追加投资

借:长期股权投资——甲公司　　　　　　　　　　　11 000 000
　　贷:银行存款　　　　　　　　　　　　　　　　　　11 000 000

③ 对长期股权投资账面价值的调整

确认该部分追加的长期股权投资后,伟业公司对甲公司投资的账面价值为1 680万元,其中与原持有比例相对应的部分为580万元,新增股权的成本为1 100万元。

对于原10%股权的成本580万元与原投资时应享有被投资单位可辨认净资产公允价值份额560万元(5 600×10%)之间的差额20万元,属于原投资时体现的甲公司的商誉,该部分差额不调整长期股权投资的账面价值。

对于被投资单位(甲公司)可辨认净资产在伟业公司原投资后至追加投资交易日之间公允价值的变动(7 000－5 600)相对于原持股比例的部分140(1 400×10%)万元,其中属于投资后被投资单位实现净利润部分80(800×10%)万元,应调整增加长期股权投资的账面余额,同时调整留存收益;除实现净损益外其他原因导致的可辨认净资产公允价值的变动60万元,应当调整增加长期股权投资的账面余额,同时计入资本公积(其他资本公积)。针对该部分投资的会计处理为:

借:长期股权投资——甲公司　　　　　　　　　　　1 400 000
　　贷:资本公积——其他资本公积　　　　　　　　　　600 000
　　　　盈余公积——法定盈余公积　　　　　　　　　　80 000
　　　　利润分配——未分配利润　　　　　　　　　　　720 000

对于新追加的股权投资,其成本为1 100万元,取得该投资时按照持股比例计算确定应享有被投资单位可辨认净资产公允价值的份额1 050(7 000×15%)万元之间的差额50万元为投资作价中体现出的甲公司的商誉,该部分商誉不要求调整长期股权投资的成本。

④ 伟业公司将该项股权投资由成本法下的会计科目转换为权益法下的会计科目

借:长期股权投资——甲公司(投资成本)　　　　16 800 000
　　　　　　　　——甲公司(损益调整)　　　　　　 800 000
　　　　　　　　——甲公司(其他权益变动)　　　　 600 000
　贷:长期股权投资——甲公司　　　　　　　　　 18 200 000

(2) 因部分处置投资由成本法转换为权益法。

因处置投资等导致投资企业对被投资单位的影响能力由控制转为具有重大影响或是与其他投资方一起实施共同控制时,投资企业首先应按处置或收回投资的比例结转应终止确认的长期股权投资成本。在此基础上,应当比较剩余的长期股权投资成本与按照剩余持股比例计算原投资时应享有被投资单位可辨认净资产公允价值的份额,属于投资作价中体现的商誉部分,不调整长期股权投资的账面价值;属于投资成本小于应享有被投资单位可辨认净资产公允价值份额的,在调整长期股权投资成本的同时,应调整留存收益。

对于原取得投资后至转变为权益法核算之间被投资单位可辨认净资产公允价值的变动相对于剩余持股比例的部分,属于在此期间被投资单位实现净损益中应享有份额的,应当调整长期股权投资的账面价值,同时应调整留存收益;属于其他原因导致的被投资单位可辨认净资产公允价值变动中应享有的份额,应调整长期股权投资账面价值,同时计入资本公积。

【例5-18】 莲花公司原持有乙公司60%的股权,其账面余额为5 808万元,未计提减值准备。2008年12月18日,莲花公司将其持有的乙公司20%的股权出售给某企业,出售取得价款3 200万元,当日被投资单位可辨认净资产公允价值总额为12 000万元。莲花公司原取得对乙公司60%股权时,乙公司可辨认净资产公允价值总额为8 800万元。自莲花公司取得对乙公司长期股权投资后至处置投资前,乙公司实现净利润3 000万元。假定乙公司一直未进行利润分配。除所实现净损益外,乙公司未发生其他计入资本公积的交易或事项。乙公司每年均按净利润的10%提取盈余公积。

在出售20%的股权后,莲花公司对乙公司的持股比例为40%。假定莲花公司虽不能对B公司生产经营决策实施控制,但仍对其有重大影响。莲花公司将其对乙公司长期股权投资应由成本法改为按照权益法进行核算。莲花公司与该项长期股权投资相关的会计处理如下。

① 部分处置该项长期股权投资,确认处置损益

借:银行存款　　　　　　　　　　　　　　　32 000 000
　　贷:长期股权投资——乙公司　　　　　　　　19 360 000
　　　　投资收益　　　　　　　　　　　　　　12 640 000

② 调整长期股权投资账面价值

剩余长期股权投资的账面价值为3 872万元,与原投资时应享有被投资单位可辨认净资产公允价值份额之间的差额352(=3 872−8 800×40%)万元为乙公司的商誉,该部分商誉的价值不需要对长期股权投资的成本进行调整。

取得投资以后被投资单位可辨认净资产公允价值的变动中应享有的份额为1 280[=(12 000−8 800)×40%]万元,其中1 200(=3 000×40%)万元为被投资单位实现的净损益,应调整增加长期股权投资的账面价值,同时调整留存收益;除以上部分外,仍存在的差额80万元,在调整增加长期股权投资账面价值的同时,应计入资本公积。莲花应进行以下会计处理:

借:长期股权投资——乙公司　　　　　　　　12 800 000
　　贷:资本公积——其他资本公积　　　　　　　　800 000
　　　　盈余公积　　　　　　　　　　　　　　 1 200 000
　　　　利润分配——未分配利润　　　　　　　10 800 000

③ 莲花公司将该项股权投资由成本法下的会计科目转换为权益法下的会计科目

借:长期股权投资——乙公司(投资成本)　　　38 720 000
　　　　　　　　——乙公司(损益调整)　　　 12 000 000
　　　　　　　　——乙公司(其他权益变动)　　　800 000
　　贷:长期股权投资——乙公司　　　　　　　51 520 000

四、长期股权投资的减值

长期股权投资如果出现减值迹象,应当按照有关规定计提减值准备。采用成本法核算的、在活跃市场中没有报价、公允价值不能可靠计量的长期股权投资,其减值应当按照《企业会计准则第22号——金融工具确认和计量》处理;其他长期股权投资,其减值应当按照《企业会计准则第8号——资产减值》处理。长期投资减值的具体处理,可参见金融资产、固定资产中相关章节,此处不再赘述。

第四节　长期股权投资的处置

出于各方面的考虑,企业可能会决定将所持有的对被投资单位的长期股权投

资全部或部分对外出售。此时,企业应结转与所售股权相对应的长期股权投资的账面价值,出售所得价款与处置该项长期股权投资账面价值之间的差额,应确认为处置损益。

采用权益法核算的长期股权投资,原已计入资本公积中的金额,在处置时也应同时自资本公积转入当期损益。

【例 5-19】 承例 5-8 资料。2009 年初,兴梅公司决定将持有的春城公司的股份全部转让,转让所得为 2 800 000 元。兴梅公司的相关会计处理如下:

借:银行存款　　　　　　　　　　　　　　2 800 000
　　贷:长期股权投资——春城公司　　　　　　　2 008 000
　　　　投资收益　　　　　　　　　　　　　　　792 000

【例 5-20】 莲花公司持有丙公司 40% 的股份,2008 年 12 月 28 日,莲花公司决定转让所持丙公司股份的 1/4。此时,莲花公司账面上对丙公司长期股权投资的价值为 16 000 000 元,其中:投资成本 12 000 000 元,损益调整 3 200 000 元,其他权益变动 800 000 元。转让所得价款为 5 000 000 元。莲花公司处置该项长期股权投资时的相关会计处理如下。

(1)确认处置损益
借:银行存款　　　　　　　　　　　　　　5 000 000
　　贷:长期股权投资——丙公司(投资成本)　　　3 000 000
　　　　　　　　　　——丙公司(损益调整)　　　　800 000
　　　　　　　　　　——丙公司(其他权益变动)　　200 000
　　　　投资收益　　　　　　　　　　　　　　1 000 000
(2)结转原计入的资本公积
借:资本公积——其他资本公积　　　　　　　200 000
　　贷:投资收益　　　　　　　　　　　　　　　200 000

第五节　长期股权投资在财务会计报告中的列报

企业应在财务会计报告中披露的与长期股权投资有关的信息包括在表内和表外。

在资产负债表内,披露的长期股权投资的信息主要是"长期股权投资"项目。反映企业不准备在 1 年内(含 1 年)变现的各种股权性质的投资的可收回金额。企业应根据"长期股权投资"科目的期末余额,减去"长期投资减值准备"科目中有关股权投资减值准备期末余额后的金额填列。

在会计报表附注中披露的与长期股权投资有关的信息主要包括以下内容。

（1）子公司、合营企业和联营企业清单,包括企业名称、注册地、业务性质、投资企业的持股比例和表决权比例。

（2）合营企业和联营企业当期的主要财务信息,包括资产、负债、收入、费用等合计金额。

（3）被投资单位向投资企业转移资金的能力受到严格限制的情况。

（4）当期及累计未确认的投资损失金额。

（5）与对子公司、合营企业及联营企业投资相关的或有负债。

【案例】 宝山钢铁股份有限公司(600018)在其2007年年度报告资产负债表中披露了长期股权投资的期初和期末余额分别为3 104 365 492.94元和3 754 348 861.50元。同时,在其会计报表附注中披露了长期股权投资的构成,具体情况如下:

六、合并财务报表主要项目注释（续）

（14）长期股权投资

	2006年12月31日	本年增加	本年减少	其中:本年分回现金红利	2007年12月31日
成本法	582 556 476.70	416 293 935.74	(37 870 368.80)		960 980 048.64
权益法	2 513 859 527.06	903 453 298.38	(631 893 501.76)	(292 228 453.17)	2 785 419 323.68
原制度转入	7 949 489.18				7 949 489.18
股权分置流通权	3 104 365 429.94	1 319 747 234.12	669 763 865.560		3 754 348 861.50
减:长期股权投资减值准备	3 104 365 429.94				3 754 348 861.50

【本章相关法规】

财政部《企业会计准则第 2 号——长期股权投资》(财会[2006]3 号),2006年 2 月 15 日

财政部《企业会计准则第 20 号——企业合并》(财会[2006]3 号),2006 年 2 月 15 日

财政部《企业会计准则第 8 号——资产减值》(财会[2006]3 号),2006 年 2 月 15 日

财政部《企业会计准则——应用指南》(财会[2006]18 号),2006 年 10 月 30 日

财政部会计司《企业会计准则解释第 3 号》（财务［2009］35 号），2009 年 5 月 14 日

财政部《企业会计制度》（财会［2000］25 号）

财政部《关于执行〈企业会计制度〉和相关会计准则有关问题解答（二）》（财会［2003］10 号），2003 年 3 月 17 日

财政部、国家税务总局《关于执行〈企业会计制度〉和相关会计准则有关问题解答（三）》（财会［2003］29 号），2003 年 8 月 22 日

财政部《关于执行〈企业会计制度〉和相关会计准则有关问题解答（四）》（财会［2004］3 号），2004 年 5 月 28 日

国际会计准则委员会《国际会计准则第 25 号——投资会计》

【复习思考题】
1. 长期股权投资的取得方式有哪几种？
2. 投资企业对被投资单位的影响力有哪些类型？
3. 企业合并有哪几种类型？
4. 同一控制下的企业合并形成的长期股权投资应如何进行初始计量？
5. 非同一控制下的企业合并形成的长期股权投资应如何进行初始计量？
6. 什么是成本法？在我国，成本法的适用范围是怎样的？
7. 什么是权益法？在我国，权益法的适用范围是怎样的？
8. 成本法转换为权益法时应如何核算？
9. 采用权益时，应如何处理初始投资成本与投资时应享有被投资单位可辨认净资产公允价值的份额之间的差额？
10. 企业应如何在财务会计报告中披露长期股权投资？

第六章 固定资产

【学习目标】

通过本章学习,学生应当能了解并掌握:
1. 固定资产的概念、特点和分类
2. 固定资产的确认原则与计量方法
3. 固定资产取得的会计处理
4. 固定资产折旧的计算方法
5. 固定资产处置和报废的核算
6. 固定资产的期末计价及减值准备的计提
7. 固定资产项目的信息披露

第一节 固定资产的分类及计价

一、固定资产的概念、特点及分类

(一) 固定资产的概念和特点

固定资产,是指同时具有下列特征的有形资产:①为生产商品、提供劳务、出租或经营管理而持有;②使用寿命超过一个会计年度。

固定资产是沿着固定资产的购建、价值转移与补偿、实物更新的顺序进行循环的,因而有如下特点。

(1) 固定资产是企业为生产商品、提供劳务、出租或经营管理而持有的。企业持有固定资产的目的是为了生产商品、提供劳务、出租或经营管理,即企业持有的固定资产是企业的劳动工具或手段而不是用于出售的产品。其中,"出租"的固定资产是指企业以经营租赁方式出租的机器设备类固定资产,不包括以经营租赁方式出租的建筑物,后者属于企业的投资性房地产,不属于固定资产。

(2) 固定资产的使用寿命超过一个会计年度。通常,固定资产的使用寿命超过一年或长于一年的一个经营周期,且在使用过程中保持原来的物质形态不变。这一特征表明,企业为了获得资产并把它投入生产经营而发生的支出属于资本性支出而不是收益性支出。上述"使用寿命",是指使用固定资产的预计期间,或者该固定资产所能生产商品或提供劳务的数量。

(3) 固定资产是有形资产。固定资产具有实物特征,这一特征使固定资产与无形资产相区别。有些无形资产可能同时符合固定资产的其他特征,如无形资产为生产商品、提供劳务而持有,使用寿命超过一个会计年度,但是,由于其没有实物形态,故不属于固定资产。

(二) 固定资产的分类

为了加强固定资产管理,必须对固定资产进行科学的分类。固定资产可以按照不同的标志进行分类。

(1) 固定资产按其经济用途,可分为生产经营用固定资产和非生产经营用固定资产。

① 生产用固定资产,是指直接参加生产过程或直接服务于生产过程的各种固定资产,如房屋、建筑物、机器、机械、器具、工具、动力设备、传导设备、运输设备、管理用具等。

② 非生产用固定资产,是指不参加或不直接服务于生产过程的固定资产,如职工宿舍、招待所、学校、幼儿园、俱乐部、食堂、浴室、理发室、医院、疗养院、专设的科学研究试验机构等单位使用的房屋、设备等固定资产。

按经济用途分类,可据以分析各类固定资产在全部固定资产中的比重,研究固定资产的结构,便于了解生产技术的机械化水平,促使企业合理地配置固定资产,充分发挥固定资产的效能。

(2) 固定资产按其使用情况,可分为使用中的、未使用的、不需用的固定资产。

① 使用中的固定资产,是指正在使用中的生产和非生产用的固定资产。由于季节性生产和修理等原因暂时停止使用,以及存在车间备用的机器设备等,仍属企业生产所需,也应列为使用中的固定资产。

② 未使用的固定资产,是指尚未使用的新增固定资产,调入尚待安装的固定资产,进行改建、扩建的固定资产,以及经批准停止使用的固定资产。

③ 不需用的固定资产,是指不适合企业生产需要,或者超过企业当前需要,已经报请上级批准处理的固定资产。

按使用情况分类,可以分析企业固定资产利用程度,促使企业提高固定资产利用效率,并且保证正确计提折旧。

(3) 固定资产按其所有权,可分为自有固定资产和租入固定资产。

① 企业自有固定资产是指产权属于企业所有、可供企业自由支配使用的固定资产。

② 租入固定资产，是指企业采用租赁方式从其他单位租入的固定资产。企业依照租赁合同，对租入固定资产拥有使用权，同时负有支付租金的义务，而资产的所有权属于出租方。租入固定资产可进一步分为临时性租入固定资产和融资租入固定资产。融资租入固定资产是指企业以融资租赁方式租入的机器设备。在租赁期内应视同企业自有固定资产管理。

（4）对企业的固定资产综合分类，可分为以下七大类。

① 生产用固定资产。

② 非生产用固定资产。

③ 租出固定资产。

④ 未使用固定资产。

⑤ 不需用固定资产。

⑥ 融资租入固定资产。

⑦ 土地。指过去已经估价单独入账的土地。因征用土地而支付的补偿费，应计入与土地有关的房屋、建筑物的价值内，不单独作为土地价值入账。

由于企业的经营性质不同，经营规模各异，对固定资产的分类不可能完全一致，也没有必要强求统一，企业可以根据各自的具体情况和经营管理、会计核算的需要进行必要的分类。

二、固定资产的初始计量

（一）固定资产的计价基础

对固定资产的计价，传统上都以原始价值为基础，但是，由于盘盈或接受捐赠等原因增加的固定资产，因无法确定其历史成本，就要采用重置成本来计量固定资产。考虑到固定资产价值较大，其价值会随着服务能力的下降而逐渐减少，还须揭示固定资产的折余价值。因此，固定资产的计价主要有以下三种方法。

1. 按历史成本计价

历史成本是指企业购建某项固定资产达到可使用状态前所发生的一切合理、必要的支出。企业新购建固定资产的计价、确定计提折旧的依据等均采用这种计价方法。其优点主要是具有客观性和可验证性，也就是说，按这种计价方法确定的价值，均是实际发生并有支付凭据的支出。正是由于这种计价方法具有客观性和可验证性的特点，它成为固定资产的基本计价标准，在我国会计实务中，固定资产的计价大多采用历史成本。

当然，历史成本计价方法也有明显的缺点，当经济环境和市场物价水平发生变化时，它不能反映固定资产的真实价值。由于货币时间因素和物价水平变动的影响，加上固定资产的使用期限较长，购建固定资产所发生的原始成本与现实价值就可能相差甚远,这样,固定资产的原始价值也就不能真实反映企业现实的经营规模,以此为前提所反映的企业的财务状况的真实性也必然会有"水分"。所以,也有人主张以现时重置价值代替原始成本作为固定资产的计价依据。

2. 按重置成本计价

重置成本也称为现时成本,是指在当时的生产技术条件下,重新购建同样的固定资产所需要的全部支出。按现时重置成本计价,可以比较真实地反映固定资产的现实价值,但也带来了一系列的其他问题,会计实务操作比较复杂。因此,这种方法仅是在财产清查中确定盘盈固定资产的价值时使用,或在对报表进行补充和附注说明时采用。

3. 按净值计价

固定资产净值也称为折余价值,是指固定资产原始价值或重置完全价值减去已提折旧后的净额。它可以反映企业实际占用固定资产的价值和固定资产的新旧程度。这种计价方法主要用于计算盘盈、盘亏、毁损固定资产的盈余或损失等。

(二) 固定资产的价值构成

固定资产的价值构成是指固定资产价值所包括的范围。由于固定资产的来源渠道不同,其价值构成的具体内容也有所差异。

(1) 企业购入的固定资产,按实际支付的买价、相关税金和使固定资产达到预定可使用状态前所发生的可归属于该项资产的包装费、运输费、安装费、专业人员服务费等作为原价。企业用一笔款项购入多项没有标价的固定资产时,应按各项固定资产市场价格的比例进行分配,以确定各项固定资产的原价。

根据我国修订后的《增值税暂行条例》,自2009年起,企业购入的机器设备等生产经营用固定资产所支付的增值税在符合税收法规规定的情况下,应从销项税额中扣除,不计入固定资产成本。而购入的用于集体福利或个人消费等目的的固定资产而支付的增值税,仍应计入固定资产成本。

(2) 自行建造的固定资产,由建造该项资产达到预定可使用状态前所发生的必要支出构成,包括工程物资成本、人工成本、交纳的相关税费、应予资本化的借款费用以及应分摊的间接费用等。

(3) 企业对于其他单位投资转入的房屋、机器设备等固定资产的初始成本,应当按照投资合同或协议约定的价值确定,但合同或协议约定价值不公允的除外。在投资合同或协议约定价值不公允的情况下,按照该项固定资产的公允价值作为入账价值。

(4) 融资租入固定资产,按租赁开始日租赁资产的原账面价值与最低租赁付款额的现值中较低者作为入账价值。

(5) 在原有固定资产基础上进行改建、扩建的固定资产,按原固定资产价值,加上由于改建、扩建而发生的支出,减去改建、扩建过程中发生的变价收入记账。

(6) 接受捐赠的固定资产,根据捐赠者提供的有关凭据记账;未取得相关单据的,按同类资产的市场价格估计记账。接受捐赠过程中发生的各项费用,也应当计入固定资产的价值。

(7) 盘盈的固定资产,按同类固定资产的市场价格减去按该项资产的新旧程度估计的价值损耗后的余额价值记账。

企业在对固定资产计价过程中还须注意以下三个问题。

(1) 关于固定资产购建过程中发生的借款费用的处理。企业为取得固定资产而发生的借款利息支出等有关费用是否计入固定资产成本,是固定资产计价的重要问题。根据现行会计准则,与固定资产购建相关的借款费用在符合资本化条件时应将其资本化,计入固定资产初始成本,否则,应将其费用化,计入当期损益。如果固定资产购建过程发生中断,借款费用应区分不同情况进行处理。

① 如固定资产的购建发生非正常中断时间较长的,其中断期间发生的借款费用,不计入所购建固定资产的成本,应将其计入当期损益,直到购建重新开始时,再继续资本化。

② 如中断是使购建的固定资产达到可使用状态所必需的程序,则中断期间所发生的借款费用,仍应计入所购建固定资产的成本。

(2) 关于固定资产价值的调整。固定资产的价值确定并入账以后,一般不得进行调整,但是在一些特殊情况下对已入账的固定资产价值可进行调整。这些情况主要包括:

① 根据国家规定对固定资产价值重新估价;
② 增加补充设备或改良装置;
③ 将固定资产的一部分拆除;
④ 根据实际价值调整原来的暂估价值;
⑤ 发现原记固定资产价值有错误。

(3) 固定资产价值减值。固定资产发生损坏、技术陈旧或其他经济原因,导致其可回收金额低于其账面净值,这种情况称为固定资产价值减值。企业应对固定资产的账面净值定期进行检查,如果固定资产可收回金额低于账面价值,即应将可收回金额低于固定资产账面价值的差额作为固定资产减值准备,并计入当期损益。而固定资产的减值准备一旦提取,就不得转回。

第二节 固定资产的取得

企业取得的固定资产,按其来源不同分为:购置的固定资产、自行建造的固定资产、投资者投入的固定资产、租入的固定资产、接受捐赠的固定资产等。企业应分别不同的来源进行会计处理。

一、购置固定资产的核算

（一）购入不需要安装的固定资产的核算

这种情况是指企业购入的固定资产不需要安装就可以直接交付使用。购入的固定资产按实际支付的买价加上包装费、运杂费等支出，借记"固定资产"账户，按价款和增值税率计算的增值税额，借记"应交税费——应交增值税（进项税额）"；同时贷记"银行存款"等账户。

【例6-1】 某企业为工会活动室购入一套不需要安装的健身设备，发票价格50 000元，增值税8 500元，发生的运费2 000元，款项全部付清。编制会计分录如下：

  借：固定资产   60 500
    贷：银行存款   60 500

（二）购入需要安装的固定资产的核算

这种情况是指购入的固定资产需要经过安装以后才能交付使用。在会计核算上，企业购入的固定资产以及发生的安装费等均应通过"在建工程"账户核算，待安装完毕交付使用时，再由"在建工程"账户转入"固定资产"账户。企业购入固定资产时，按实际支付的买价、包装费、运输费等借记"在建工程"账户，按支付的增值税额借记"应交税费——应交增值税（进项税额）"（注：若企业购入的是非生产经营用固定资产，则缴纳的增值税应计入购建成本），贷记"银行存款"等账户；发生安装费时，借记"在建工程"账户，贷记"银行存款"等账户；安装完毕交付验收使用时，按其实际成本（包括买价、包装费、运输费和安装费等）作为固定资产的原价转账，借记"固定资产"账户，贷记"在建工程"账户。

【例6-2】 某企业购入一台需要安装的生产设备，取得的增值税专用发票上注明的设备买价为50 000元，增值税额为8 500元，支付的运输费为1 000元，安装设备时，领用材料物资价值1 500元，购进该批材料时支付的增值税额为255元，安装人员工资为2 500元。有关会计处理如下：

（1）支付设备价款、增值税、运输费等计59 500元

  借：在建工程   51 000
    应交税费——应交增值税（进项税额）   8 500
    贷：银行存款   59 500

（2）领用安装材料、分配工资费用等计4 000元

  借：在建工程   4 000

  贷：原材料   1 500
    应付职工薪酬   2 500
  （3）设备安装完毕交付使用，确定固定资产价值为 51 000 + 4 000 = 55 000（元）
  借：固定资产   55 000
    贷：在建工程   55 000

二、自行建造固定资产的核算

  企业生产经营所需的固定资产，除了外购以外，还经常根据生产经营的特殊需要利用自有的人力、物力条件自行建造固定资产，即称之为自制、自建固定资产。自制固定资产是指企业自己制造生产经营所需的机器设备（如自制特殊需要的车床）等，自行建造房屋、建筑物、各种设施等，自行进行大型机器设备的安装工程（如大型生产线的安装工程）等，也称为在建工程，包括固定资产新建工程、改扩建工程和大修理工程等。在建工程按其实施的方式不同可分为自营工程和出包工程两种。

  前已述及，企业自行建造的固定资产，其成本由建造该项资产达到预定可使用状态前所发生的必要支出构成，包括工程物资成本、人工成本、交纳的相关税费、应予资本化的借款费用以及应分摊的间接费用等。

  企业自行建造的固定资产具体应按下列两种方法计价。

  （1）自营工程。按照发生的直接材料、直接人工、直接机械施工费以及所分摊的工程管理费等计价。企业自营工程主要通过"工程物资"和"在建工程"账户进行核算。"工程物资"账户，核算为在建工程准备的各种物资的实际成本。"在建工程"账户核算企业为工程所发生的实际支出，以及改扩建工程等转入的被改建固定资产净值。

  【例6-3】 甲公司自行建造的办公楼已于2008年6月30日达到预定可使用状态并投入使用。甲公司未按规定办理竣工决算及结转固定资产手续，2008年6月30日，该"在建工程"科目的账面余额为2 000万元。2008年12月31日该"在建工程"科目账面余额为2 190万元，其中包括建造该办公楼相关的专门借款在2008年7月至12月期间发生的利息50万元，应计入管理费用的支出140万元。甲公司在2008年12月31日发现该项差错。假定该办公楼预计使用年限为20年，预计净残值为零，采用年限平均法计提折旧。

  调整上述差错的会计分录：
  借：固定资产   2 000（万元）
    管理费用   140（万元）

财务费用	50(万元)
贷:在建工程	2 190(万元)
借:管理费用	50(万元)
贷:累计折旧	50(万元)

(2) 出包工程。按照应当支付的工程价款计价。

企业采用出包方式进行的自制、自建固定资产工程,其工程的具体支出在承包单位核算。这种方式下,"在建工程"账户实际成为企业与承包单位的结算账户。企业将与承包单位结算的工程价款作为工程成本,通过"在建工程"账户核算。企业按规定预付承包单位工程价款时,借记"在建工程——××工程"账户,贷记"银行存款"等账户;工程完工收到承包单位账单,补付或补记工程价款时,借记"在建工程——××工程"账户,贷记"银行存款"等账户;工程完工交付使用时,按实际发生的全部支出,借记"固定资产"账户,贷记"在建工程——××工程"账户。

【例6-4】 某公司以出包方式建造仓库一座,预付工程款300 000元,工程完工决算,根据竣工工程决算表,需补付工程价款25 000元。编制会计分录如下。

① 预付工程款

借:在建工程——仓库	300 000
贷:银行存款	300 000

② 补付工程价款

借:在建工程——仓库	25 000
贷:银行存款	25 000

③ 根据竣工工程决算表,结转工程成本

借:固定资产——仓库	325 000
贷:在建工程——仓库	325 000

三、接受投资者投入固定资产的核算

企业对于其他单位投资转入的房屋、机器设备等固定资产,应按投资各方确认的价值记账。但是,若投资合同或协议约定价值不公允时,按照该项固定资产的公允价值作为入账价值。

【例6-5】 甲公司接受乙公司投入的大型运输车一辆,投资各方确认的价值为900 000元。编制如下会计分录:

借:固定资产	900 000
贷:实收资本	900 000

四、租入固定资产的核算

租赁按其性质和形式的不同分为经营性租赁和融资性租赁两种。融资租赁,是指在实质上转移与一项资产所有权有关的主要风险和报酬的一种租赁。经营租赁,是指融资租赁以外的另一种租赁。

(一) 经营租赁

从租赁人(即租入资产方企业)角度看,采用经营性租赁方式租入资产,主要是为了解决生产经营的季节性、临时性需要,并不是长期拥有,租赁期限相对较短;资产的所有权仍归属出租方,企业只是在租赁期内拥有资产的使用权;租赁期满,企业将资产退还给出租人。也就是说,在这种租赁方式下,与租赁资产相关的风险和报酬仍属于出租人。

【例 6-6】 某企业由于季节性生产经营需要,每年 9—12 月份的农产品收购季节,需租入货运汽车以满足进货之需要,假设 2008 年 9 月租入汽车 10 辆,租期为 4 个月,每月租金 40 000 元,共 160 000 元,租金于开始时一次付清。有关会计处理如下:

(1) 预付租金
借:待摊费用　　　　　　　　　　　　　　　　　160 000
　　贷:银行存款　　　　　　　　　　　　　　　　　160 000

(2) 分四期摊销
借:制造费用等　　　　　　　　　　　　　　　　40 000
　　贷:待摊费用　　　　　　　　　　　　　　　　　40 000

(二) 融资租赁

融资租赁与经营租赁相比,其特点和区别主要体现在:

(1) 租期较长(一般达到租赁资产使用年限的 75% 以上);

(2) 租赁期满,租赁资产的所有权转移给承租人;

(3) 对承租人而言,租赁开始日最低租赁付款额的现值几乎相当于租赁开始日租赁资产的原账面价值;

(4) 租赁期满,承租人有优先选择廉价购买租赁资产的权利;

(5) 租赁资产性质特殊,只有承租人才能使用;也就是说,在融资租赁方式下,与租赁资产有关的风险和报酬已由出租人转归承租人。

【例 6-7】 某企业采用融资租赁方式租入一条生产线,租赁开始日为 2008 年 1 月 1 日,租赁期 5 年,租金为 100 000 元,该生产线的折旧年限为 5 年,采用直线法计提折旧(不考虑净残值),租赁开始日原账面价值 80 000 元,租金于每年年末支付 20 000 元,年利率 8%,租赁期满,该生产线转归承租企业所有。

租赁付款额的现值 = 20 000 × 3.9927 ≈ 79 854(元)

(1) 租入生产线

借:固定资产　　　　　　　　　　　　　　　　　79 854
　　未确认融资费用　　　　　　　　　　　　　　20 146
　　贷:长期应付款　　　　　　　　　　　　　　　100 000

(2) 资产使用时,按月摊销未确认融资费用 = 20 146 ÷ 60 ≈ 335.77(元)

借:财务费用——利息　　　　　　　　　　　　　335.77
　　贷:未确认融资费用　　　　　　　　　　　　　335.77

(3) 每年签发转账支票支付租赁费

借:长期应付款——应付融资租赁款　　　　　　　20 000
　　贷:银行存款　　　　　　　　　　　　　　　　20 000

(4) 租赁期满,资产产权转入企业

借:固定资产——生产经营用固定资产　　　　　　79 854
　　贷:固定资产——融资租入固定资产　　　　　　79 854

五、接受捐赠固定资产的核算

企业接受捐赠的固定资产,应根据所获得的有关凭据中所列明的价格或参照同类固定资产的市场价格作为固定资产原价入账。按照现行税率计算应交纳的所得税计入递延税款,余额记入"营业外收入——捐赠利得"科目下。接受捐赠固定资产时发生的各种费用(如运输费、包装费、安装调试费等),计入固定资产价值。

【例 6-8】 某企业接受一外商捐赠设备一台,根据捐赠设备的发票、报关等单位有关单据确定其价值为 33 000 元,发生的运输费、包装费计 1 000 元。企业收到捐赠的设备时,作如下分录:

借:固定资产　　　　　　　　　　　　　　　　　34 000
　　贷:营业外收入——捐赠利得　　　　　　　　　33 000
　　　　银行存款　　　　　　　　　　　　　　　　1 000

六、分期付款购买固定资产的核算

购买固定资产的价款超过正常信用条件延期支付,实质上具有融资性质的,固定资产的成本以购买价款的现值为基础确定。实际支付的价款与购买价款的现值之间的差额,除按照《企业会计准则第 17 号——借款费用》应予资本化的以外,应当在信用期间内计入当期损益。

【例 6-9】 假定 A 公司 2007 年 1 月 1 日购入固定资产已到货,购货合同约定，N 型机器的总价款为 2 000 万元（不考虑增值税），分 3 年支付，2007 年 12 月 31 日支付 1 000 万元，2008 年 12 月 31 日支付 600 万元，2009 年 12 月 31 日支付 400 万元。假定 A 公司按照 3 年期银行借款年利率 6% 为折现率。

总价款的现值 $= 1\,000/(1+6\%) + 600/(1+6\%)^2 + 400/(1+6\%)^3$
$\approx 943.4 + 543 + 335.85 \approx 1\,813.24$（万元）

总价款与现值的差额 $= 2\,000 - 1\,813.24 = 186.76$（万元）

2007 年至 2009 年各年未确认融资费用的分摊额如表 6-1 所示。

表 6-1 未确认融资费用摊销表 单位：万元

年 度	货 款	其中：利息	其中：本金	未付本金
2007.1.1	1 813.24			
2007.12.31	1 000.00	108.79	891.21	1 813.24 − 891.21 = 922.03
2008.12.31	600.00	55.32	544.68	922.03 − 544.68 = 377.35
2009.12.31	400.00	22.65	377.35	377.35 − 377.35 = 0
合 计	2 000.00	186.76	1 813.24	0

会计分录如下：

借：固定资产　　　　　　　　　　　　　　　　1 813.24（万元）
　　未确认融资费用　　　　　　　　　　　　　　186.76（万元）
　贷：长期应付款　　　　　　　　　　　　　　　2 000（万元）

2007 年末支付价款时摊销上述未确认融资费用，其会计处理：

借：长期应付款　　　　　　　　　　　　　　　　1 000（万元）
　贷：银行存款　　　　　　　　　　　　　　　　1 000（万元）
借：财务费用　　　　　　　　　　　　　　　　　108.79（万元）
　贷：未确认融资费用　　　　　　　　　　　　　108.79（万元）

2008 和 2009 年的会计处理同理。

第三节　固定资产的折旧

企业的固定资产可以长期参与生产经营而仍然保持其原有实物形态，但其价值将随着固定资产的使用而逐渐转移到生产的产品成本中，构成企业的费用。这部分随着固定资产磨损而逐渐转移的价值即称为固定资产的折旧。

一、影响固定资产折旧的因素

1. 折旧基数

计算固定资产折旧的基数一般为取得固定资产的原始成本,即固定资产的账面原价。在西方一些国家,也有主张以固定资产的重置完全成本(或重估价)为依据计提折旧。

2. 固定资产预计净残值

这是指预计固定资产报废时可以收回的残余价值扣除清理费用后的数额。在计算应计折旧额时,企业应将固定资产预计净残值折现。

3. 固定资产的预计使用年限

固定资产使用年限的长短直接影响各期应提的折旧额。在确定固定资产使用年限时,不仅要考虑固定资产的有形损耗,还要考虑固定资产的无形损耗。企业应当根据国家的有关规定,结合本企业具体情况合理地确定固定资产的折旧年限。

二、固定资产折旧范围

确定固定资产折旧范围,一是要从空间范围上确定哪些固定资产应当提取折旧,哪些固定资产不应当提取折旧;二是要从时间范围上确定应提折旧的固定资产什么时间开始提取折旧,什么时间停止提取折旧。

(1) 不提折旧的固定资产包括:以经营租赁方式租入的固定资产;已提足折旧继续使用的固定资产(指已经提足该项固定资产应提的折旧总额,应提的折旧总额为固定资产原价与预计净残值之差;国家规定不提折旧的其他固定资产,如土地等)。

(2) 按照现行制度规定:企业在计提折旧时,应以月初应计折旧的固定资产原价为依据,当月增加的固定资产,当月不提折旧,从下月起计提;当月减少的固定资产,当月照提折旧,从下月起停止计提折旧。

三、固定资产折旧的计算方法

1. 平均年限法

平均年限法,又称直线法,是将固定资产的折旧均衡地分摊到各期的一种方法。采用这种方法计算的每期折旧额均是等额的。其计算公式如下:

年折旧率 = (1 − 预计净残值率)/预计使用年限 × 100%

月折旧率 = 年折旧率/12

月折旧额 = 固定资产原价 × 月折旧率

【例 6-10】 某企业有一栋厂房,原价为 500 000 元,预计可使用 20 年,按照有关规定,该厂房报废时的净残值率为 2%。该厂房的折旧率和折旧额的计算如下:

年折旧率 = (1 - 2%)/20 × 100% = 4.9%

月折旧率 = 4.9% / 12 ≈ 0.41%

月折旧额 = 500 000 × 0.41% = 2 050(元)

上述折旧率是按个别固定资产单独计算的,称为个别折旧率,即某项固定资产在一定期间的折旧额与该项固定资产原价的比率。此外,还有分类折旧率和综合折旧率。

分类折旧率是指固定资产分类折旧额与该类固定资产原价的比率,采用这种方法,应先把性质、结构和使用年限接近的固定资产归为一类,再按类计算平均折旧率,用该类折旧率对该类固定资产计提折旧。如将房屋建筑物划分为一类,将机械设备划分为一类等。分类折旧率的计算公式如下:

某类固定资产年分类折旧率 = 该类固定资产年折旧额之和/该类固定资产原价 × 100%

采用分类折旧率计算固定资产折旧,其优点是计算方法简单,但准确性不如个别折旧率。

综合折旧率是指某一期间企业全部固定资产折旧额与全部固定资产原价的比率。与采用个别折旧率和分类折旧率计算固定资产折旧相比,采用综合折旧率计算固定资产折旧,其计算结果的准确性较差。因此,现行制度规定,企业一般不得采用综合折旧率。

2. 工作量法

工作量法是根据实际工作量计提折旧额的一种方法,其基本计算公式为

每一工作量折旧额 = [固定资产原值 × (1 - 净残值率)]/预计总工作量

某项固定资产月折旧额 = 该项固定资产当月工作量 × 每一工作量折旧额

【例 6-11】 某公司有货运卡车一辆,原值为 150 000 元,预计净残值率为 5%,预计总行驶里程为 600 000 公里,当月行驶里程为 2 000 公里,该项固定资产的月折旧额计算如下:

单位里程折旧额 = 150 000 × (1 - 5%) / 600 000 = 0.2375(元/公里)

本月折旧额 = 2 000 × 0.2375 = 475(元)

工作量法实际上也是直线法,只不过是按照固定资产所完成的工作量计算每期的平均折旧额。

3. 加速折旧法

加速折旧法也称为快速折旧法或递减折旧法,其特点是在固定资产有效使用年限的前期多提折旧,后期则少提折旧,从而相对加快折旧的速度,以使固定资产

成本在有效使用年限中加快得到补偿。加速折旧的计提方法有多种，常用的有以下两种。

（1）双倍余额递减法。双倍余额递减法是在不考虑固定资产净残值的情况下，根据每期期初固定资产账面余额和双倍的直线法折旧率计算固定资产折旧的一种方法。计算公式为

年折旧率 = 2 / 预计的折旧年限 × 100%
年折旧额 = 固定资产账面净值 × 年折旧率
月折旧额 = 年折旧额/12

由于双倍余额递减法不考虑固定资产的净残值，因此，在应用这种方法时必须注意不能使固定资产的账面折余价值降低到它的预计净残值以下。

【例 6-12】 某高科技企业进口一条生产线，安装完毕后，固定资产原值为 200 000 元，预计使用年限 5 年，预计净残值 8 000 元。该生产线按双倍余额递减法计算的各年的折旧额为

双倍直线折旧率 = 2/5 × 100% = 40%
第一年应提折旧 = 200 000 × 40% = 80 000（元）
第二年应提折旧 = (200 000 - 80 000) × 40% = 48 000（元）
第三年应提折旧 = (120 000 - 48 000) × 40% = 28 800（元）
第四年应提折旧 = (72 000 - 28 800 - 8 000)/2 = 17 600（元）
第五年应提折旧 = (72 000 - 28 800 - 8 000)/2 = 17 600（元）
每年各月折旧额根据年折旧额除以 12 计算。

（2）年数总和法。年数总和法又称合计年限法，是将固定资产的原值减去净残值后的金额乘以一个逐年递减的分数计算每年的折旧额，这个分数的分子代表固定资产尚可使用的年数，分母代表使用年数的逐年数字总和。计算公式如下：

年折旧率 = 尚可使用年数 ÷ 预计使用年限的年数总和

或者，

年折旧率 = (预计使用年限 - 已使用年限) / [预计使用年限 × (预计使用年限 + 1) ÷ 2] × 100%
年折旧额 = (固定资产原值 - 预计净残值) × 年折旧率
月折旧额 = 年折旧额/12

【例 6-13】 仍依例 6-12 资料，若该企业对该生产线采用年数总和法计提折旧，则各年的折旧额为

第一年应提折旧 = (200 000 - 8 000) × 5/15 = 64 000（元）
第二年应提折旧 = 192 000 × 4/15 = 51 200（元）
第三年应提折旧 = 192 000 × 3/15 = 38 400（元）

第四年应提折旧 = 192 000 × 2/15 = 25 600(元)
第五年应提折旧 = 192 000 × 1/15 = 12 800(元)

采用加速折旧法后,在固定资产使用的早期多提折旧,后期少提折旧,其递减的速度逐年加快。加快折旧速度,目的是使固定资产成本在估计耐用年限内加快得到补偿。

四、提取折旧的账务处理

企业计提的固定资产折旧,应根据固定资产的使用地点和用途,记入有关成本费用账户。对于生产性固定资产计提的折旧,记入"制造费用"账户;行政管理部门固定资产计提的折旧,记入"管理费用"账户;经营租赁租出固定资产计提的折旧,记入"其他业务成本"账户。

【例6-14】 某企业采用平均年限法提取固定资产折旧。1998年1月份根据"固定资产折旧计算表"确定的各车间及厂部管理部门应分配的折旧额为:甲车间1 000元,乙车间3 000元,厂部管理部门3 500元,经营性出租的2 000元。有关会计分录如下:

```
借:制造费用——甲车间              1 000
        ——乙车间              3 000
    管理费用                      3 500
    其他业务成本                  2 000
  贷:累计折旧                            9 500
```

第四节 固定资产的清理与清查

一、固定资产清理

企业购置的固定资产是为本企业生产经营使用的,但对那些不使用或不需用的固定资产,企业可以出售转让,企业的固定资产由于使用而不断磨损直至最终报废,或由于技术进步等原因发生提前报废,或由于遭受自然灾害等非常损失发生毁损等,这些都将使固定资产减少。

企业因出售、报废、毁损等原因减少的固定资产,要通过"固定资产清理"账户核算。"固定资产清理"账户是计价对比账户,用来核算企业因出售、报废和毁损等原因转入清理的固定资产净值以及在清理过程中发生的清理费用和清理收入,其借方反映转入清理固定资产的净值和发生的清理费用,贷方反映清理固定资产的变价收入和应由保险公司或过失人承担的损失等。会计核算一般可分以下几个步骤。

第一步，固定资产转入清理。企业出售、报废和毁损的固定资产转入清理时，应按清理固定资产的净值，借记"固定资产清理"账户；按已提的折旧，借记"累计折旧"账户；按固定资产原价，贷记"固定资产"账户。

第二步，发生的清理费用。固定资产清理过程中发生的清理费用（如支付清理人员工资等），也应记入"固定资产清理"账户。按实际发生的清理费用，借记"固定资产清理"账户，贷记"银行存款"等账户。

第三步，计算应缴纳营业税。企业销售按照税法规定需要缴纳营业税的固定资产，计算的营业税应记入"固定资产清理"账户，借记"固定资产清理"账户，贷记"应交税费——应交营业税"账户。

第四步，出售收入和残料等的处理。企业收回出售固定资产的价款、报废固定资产的残料价值和变价收入等，应冲减清理支出，按实际收到的出售价款及残料变价收入等，借记"银行存款"、"原材料"等账户，贷记"固定资产清理"账户。

第五步，清理净损益的处理。固定资产清理后的净收益，计入当期损益，借记"固定资产清理"账户，贷记"营业外收入"账户；发生的净损失，借记"营业外支出"账户，贷记"固定资产清理"账户。

固定资产报废有的属于正常报废，有的属于非正常报废。正常报废包括使用磨损报废和由于技术进步而发生的提前报废；非正常报废主要是指自然灾害和责任事故所致。

【例6-15】 某企业有旧厂房一幢，原值450 000元，已提折旧435 000元，因使用期满经批准报废。在清理过程中，以银行存款支付清理费用12 700元，拆除的残料一部分作价15 000元，由仓库收作维修材料，另一部分变卖收入6 800元存入银行。编制会计分录如下。

（1）固定资产转入清理

借：固定资产清理　　　　　　　　　　　　　　　15 000
　　累计折旧　　　　　　　　　　　　　　　　　435 000
　　贷：固定资产　　　　　　　　　　　　　　　450 000

（2）支付清理费用

借：固定资产清理　　　　　　　　　　　　　　　12 700
　　贷：银行存款　　　　　　　　　　　　　　　 12 700

（3）材料入库并收到变价收入

借：原材料　　　　　　　　　　　　　　　　　　15 000
　　银行存款　　　　　　　　　　　　　　　　　 6 800
　　贷：固定资产清理　　　　　　　　　　　　　 21 800

（4）结转固定资产清理净损益

借:营业外支出——处理固定资产净损失　　　　　　5 900
　　贷:固定资产清理　　　　　　　　　　　　　　　　　5 900

【例6-16】　某公司的运输卡车一辆,原价150 000元,已提折旧50 000元,在一次交通事故中报废,收回过失人赔偿款80 000元,卡车残料变卖收入5 000元。编制会计分录如下。

（1）将报废卡车转销
借:固定资产清理　　　　　　　　　　　　　　　　100 000
　　累计折旧　　　　　　　　　　　　　　　　　　　50 000
　　贷:固定资产　　　　　　　　　　　　　　　　　　150 000
（2）收到过失人赔款及残料变卖收入
借:银行存款　　　　　　　　　　　　　　　　　　85 000
　　贷:固定资产清理　　　　　　　　　　　　　　　　85 000
（3）结转固定资产净损益
借:营业外支出——非常损失　　　　　　　　　　　15 000
　　贷:固定资产清理　　　　　　　　　　　　　　　　15 000

二、固定资产的变卖

企业因调整经营方针或因考虑技术进步等因素,固定资产出售给其他企业。按照有关规定,企业销售不动产,还应按销售额计算缴纳营业税。

【例6-17】　某企业出售一座建筑物,原价3 000 000元,已使用6年,计提折旧400 000元,支付清理费用10 000元,出售价格收入为2 900 000元,营业税率5%（假定不考虑城建税和教育费附加）。编制会计分录如下。

（1）固定资产转入清理
借:固定资产清理　　　　　　　　　　　　　　　2 600 000
　　累计折旧　　　　　　　　　　　　　　　　　　400 000
　　贷:固定资产　　　　　　　　　　　　　　　　　3 000 000
（2）支付清理费用
借:固定资产清理　　　　　　　　　　　　　　　　10 000
　　贷:银行存款　　　　　　　　　　　　　　　　　　10 000
（3）收到价款时
借:银行存款　　　　　　　　　　　　　　　　　2 900 000
　　贷:固定资产清理　　　　　　　　　　　　　　　2 900 000
（4）计算缴纳的营业税（2 900 000×5% = 145 000元）
借:固定资产清理　　　　　　　　　　　　　　　　145 000

贷：应交税费——应交营业税　　　　　　　　　　145 000
（5）缴纳营业税
　　借：应交税费——应交营业税　　　　　　　　　　145 000
　　　贷：银行存款　　　　　　　　　　　　　　　　145 000
（6）结转固定资产清理后的净损益
　　借：固定资产清理　　　　　　　　　　　　　　　145 000
　　　贷：营业外收入　　　　　　　　　　　　　　　145 000

三、固定资产的清查

　　企业在清查盘点中发现盘亏的固定资产，通过"待处理财产损溢"账户核算，不记入"固定资产清理"账户。

　　【例6-18】　盘点发现盘亏一台原值为50 000元、已提折旧为22 000元的固定资产。应编制如下会计分录：
　　借：待处理财产损溢　　　　　　　　　　　　　　28 000
　　　　累计折旧　　　　　　　　　　　　　　　　　22 000
　　　贷：固定资产　　　　　　　　　　　　　　　　50 000
　　经批准后转账
　　借：营业外支出　　　　　　　　　　　　　　　　28 000
　　　贷：待处理财产损溢　　　　　　　　　　　　　28 000

四、固定资产后续支出

　　固定资产投入使用后，企业为了适应新技术发展的需要，或者为了维护或提高固定资产的使用效能，往往需要对现有固定资产进行维护、改建、扩建或者改良，企业在这些方面发生的支出称为固定资产的后续支出。企业应根据固定资产后续支出所产生效果的不同，对固定资产后续支出分别采用资本化或费用化的处理方法。

　　若与固定资产有关的后续支出，使可能流入企业的经济利益超过了原先的估计，如延长了固定资产的使用寿命，或者使产品质量实质性提高，或者使产品成本实质性降低，则应当计入固定资产账面价值，但其增计金额不应超过该固定资产的可收回金额。

　　若与固定资产有关的后续支出属于固定资产维护支出，即只是确保固定资产处于正常工作状态下，并不会使固定资产的性能改变或未来的经济利益增加。因此，应在此类支出发生时一次性直接计入当期费用。

　　在具体实务中，对于固定资产发生的下列各项后续支出，通常的处理方法如下。

(1) 固定资产修理费用,应当直接计入当期费用。

(2) 固定资产改良支出,应当计入固定资产账面价值,如有被替换部分应扣除其账面价值。

(3) 如果不能区分是固定资产修理还是固定资产改良,或固定资产修理和固定资产改良结合在一起,则企业应按上述原则进行判断,其发生的后续支出,分别计入固定资产价值或计入当期费用。

(4) 固定资产装修费用,符合上述原则可予资本化的,应当在"固定资产"科目下单设"固定资产装修"明细科目核算,并在两次装修期间与固定资产尚可使用年限两者中较短的期间内,采用合理的方法单独计提折旧。下次装修时,该项固定资产相关的"固定资产装修"明细科目的余额减去相关折旧后的差额,一次全部计入当期营业外支出。

(5) 融资租赁方式租入的固定资产发生的固定资产后续支出,比照上述原则处理。发生的固定资产装修费用,符合上述原则可予资本化的,应在两次装修期间、剩余租赁期与固定资产尚可使用年限三者中较短的期间内,采用合理的方法单独计提折旧。

【例 6-19】 某企业于 2007 年 3 月 31 日对某生产线进行改造。该生产线的账面原价为 3 200 万元,按照直线法计提折旧 1 000 万元。在改造过程中,领用工程用材料 310 万元,领用生产用原材料 200 万元,更换生产线一主要部件 700 万元,原生产线使用的该部件 800 万元。

改造后生产线入账价值:

按照规定,如有被替换的部分应扣除其账面价值,这部分账面价值 = 800 - 1 000/3 200 × 800 = 550(万元)

改造后生产线入账价值 = (3 200 - 1 000 - 550) + (310 + 200 × 117% + 700)
$$= 2\ 894(万元)$$

会计处理如下:

借:在建工程	2 200
累计折旧	1 000
贷:固定资产	3 200
借:在建工程	1 244
贷:工程物资	310
原材料	200
应交税费——应交增值税(进项税额转出)	34
工程物资	700
借:营业外支出	550

　　　　贷：在建工程　　　　　　　　　　　　　　　　550
　　　　借：固定资产　　　　　　　　　　　　　　　2 894
　　　　　　贷：在建工程　　　　　　　　　　　　　2 894

第五节　固定资产的期末计价及信息披露

一、固定资产减值的含义

　　固定资产减值，是指由于损坏、技术陈旧或其他经济原因而引起的固定资产可收回金额低于其账面价值。这里的可收回金额，是指固定资产的公允价值减去处置费用后的净额与固定资产预计未来现金流量的现值两者之间的较高者；固定资产的公允价值，是指在公平交易中，熟悉情况的交易双方自愿进行资产交换或者债务清偿的金额；处置费用包括与固定资产处置有关的法律费用、相关税金、搬运费以及为使固定资产达到可销售状态所发生的直接费用等。

　　对于已经发生的资产价值的减值如果不予以确认，必然导致虚夸资产的价值，虚盈实亏，这既不符合真实性的原则，也有悖于稳健原则。因此，对那些已经没有经济价值、不能给公司带来经济利益的固定资产，必须计提固定资产减值准备。例如，在技术上已经被淘汰的设备，尽管实物仍然存在，但它实际已经不能为企业带来未来的经济利益，这样的设备就不能再确认为资产。

二、固定资产减值确认与计价的程序

（一）固定资产是否发生减值的认定

　　企业确认固定资产减值损失，首先应判断固定资产是否发生了减值。在资产负债表日，如果发现固定资产市价大幅度下跌，预计在近期内不可能恢复；企业所处的经营环境发生重大变化；影响企业计算固定资产可收回金额的同期市场利率大幅度提高；固定资产陈旧过时或发生实体损坏以及由于固定资产预计使用方式发生重大不利变化等原因时，企业应当计算固定资产的可收回金额，来确定资产是否已经发生了减值。

（二）计算确定固定资产可收回金额

　　由于固定资产账面价值已知，因此确定固定资产可收回金额成为固定资产减值计价的核心。为了正确确定固定资产的可收回金额，必须掌握固定资产公允价值的确定方法。固定资产的公允价值，应当根据公平交易中有法律约束力的销售协议价格确定。如果没有法律约束力的销售协议但存在资产活跃市场时，其公允价值应当按照市场价格确定，该市场价格应当根据固定资产的买方出价确定。如果既没有法律约束力的销售协议，又不存在资产的活跃市场，应当以可获取的最

佳信息(如同行业类似资产的最近交易价格或者结果)为基础,估计固定资产的公允价值。

企业按照上述规定仍然无法可靠估计资产的公允价值减去处置费用后的净额的,应当以该资产未来现金流量的现值作为其可收回金额。

(三)固定资产减值的确定

可收回金额的计量结果表明,资产的可收回金额低于其账面价值的,应当将资产的账面价值减记至可收回金额,减记的金额确认为资产减值损失,计入当期损益,同时计提相应的资产减值准备。资产减值损失一经确认,在以后会计期间不得转回。

(四)对已计提减值损失的固定资产折旧额的调整

固定资产减值损失确认后,减值固定资产的折旧应当在未来期间作相应调整,以使该固定资产在剩余使用寿命内,系统地分摊调整后的固定资产账面价值(扣除预计净残值)。

【例6-20】 2005年12月31日,南方公司根据有关迹象判断,该公司购进的加工设备可能已经发生减值。该设备于2001年12月25日购入并投入使用,其原值1 625 000元,使用寿命为8年,预计净残值为81 250元,采用年限平均法计提折旧。该设备以前未曾计提减值准备。

2005年12月31日公允价值减去处置费用后的净额为255 000元,未来4年内形成的现金流量现值为351 000元。

根据上述资料,南方公司会计处理如下。

(1) 2001年12月25日取得加工设备的会计分录略。

(2) 2002年1月1日至2005年12月31日,公司每年计提的折旧金额分别为192 968.75 [= (1 625 000 - 81 250) ÷ 8]元,累计折旧金额为 771 875 (= 192 968.75 × 4)元。每年提取加工设备折旧的会计分录略。

(3) 2005年12月31日,固定资产账面净值为853 125 (= 1 625 000 - 771 875)元。由于预期未来形成现金流量的现值351 000元大于公允价值减去处置费用后的净额255 000元。因此,该公司确定的可收回金额为351 000元,应计提固定资产减值准备金额为502 125 (= 853 125 - 351 000)元。

编制计提固定资产减值准备会计分录如下:
借:资产减值损失 502 125
  贷:固定资产减值准备 502 125

(4) 2006年、2007年两年间,每年计提的固定资产折旧金额为 67 437.50 [= (351 000 - 81 250) ÷ 4]元,会计分录略。

三、固定资产在财务报告中的披露

（一）固定资产在资产负债表中的列示

在企业的资产负债表中，与固定资产相关的项目主要有"固定资产原价"、"累计折旧"、"固定资产净值"、"固定资产减值准备"、"固定资产净额"以及"工程物资"、"在建工程"和"固定资产清理"等。

"固定资产原价"和"累计折旧"项目，反映企业的各种固定资产原价及累计折旧。融资租入的固定资产，其原价及已提折旧也包括在内。融资租入固定资产原价还应在会计报表附注中另行反映。这两个项目应分别根据"固定资产"科目和"累计折旧"科目的期末余额填列。

"固定资产减值准备"项目，反映企业计提的固定资产减值准备。本项目应根据"固定资产减值准备"科目的期末余额填列。

"工程物资"项目，反映企业各项工程尚未使用的工程物资的实际成本。本项目应根据"工程物资"科目的期末余额填列。

"在建工程"项目，反映企业期末各项未完工程的实际支出，包括交付安装的设备价值，未完建筑安装工程已经耗用的材料、工资和费用支出，预付出包工程的价款，已经建筑安装完毕但尚未交付使用的工程等的可收回金额。本项目应根据"在建工程"科目的期末余额，减去"在建工程减值准备"科目期末余额后的金额填列。

"固定资产清理"项目，反映企业因出售、毁损、报废等原因转入清理但尚未清理完毕的固定资产的账面价值，以及固定资产清理过程中所发生的清理费用和变价收入等各项金额的差额。本项目应根据"固定资产清理"科目的期末借方余额填列；如"固定资产清理"科目期末为贷方余额，以"－"号填列。

此外，在资产负债表附表1即资产减值准备明细表中，还应对固定资产减值准备的年初、年末数以及本年增加和转回数分别予以列示。

（二）固定资产在会计报表附注中的披露

企业除了在资产负债表内披露上述有关固定资产的信息外，还应当在会计报表附注中披露下列与固定资产有关的信息：

（1）固定资产的标准、分类、计价方法和折旧方法；

（2）各类固定资产的使用寿命、预计净残值和折旧率；

（3）固定资产增减变动情况，包括期初和期末各类固定资产账面总金额及累计折旧总额，以及各类扩建、处置及其他调节项目的金额；

（4）当期确认的固定资产减值损失及当期转回的固定资产减值损失；

（5）在建工程的期初、期末数额及增减变动情况；

（6）对固定资产所有权的限制及其金额；

(7) 已承诺将为购买固定资产支付的金额;
(8) 暂时闲置的固定资产账面价值;
(9) 已提足折旧仍继续使用的固定资产账面价值;
(10) 已退废和准备处置的固定资产账面价值。

【案例】 沈阳机床股份有限公司(股票代码000410)在其2007年12月31日的资产负债表中披露的年初和年末的固定资产和在建工程信息如下:

项目	期末数		期初数	
	合并数	母公司	合并数	母公司
固定资产	1 104 579 065.74	711 119 831.97	886 057 646.98	522 765 984.55
在建工程	27 687 969.42	27 625 067.71	521 132 429.25	363 334 323.06

而在其会计报表附注中披露了与固定资产相关的详细信息,具体如下。

(十) 固定资产及其折旧核算方法

1. 固定资产确认标准

本公司固定资产是指为生产商品、提供劳务、出租或经营管理而持有的,使用寿命超过一个会计年度,与该资产有关的经济利益很可能流入本公司且其成本能够可靠计量的有形资产,以及不属于生产经营主要设备,但单位价值在2 000元以上,并且使用年限超过两个会计年度的物品。

2. 固定资产的分类与计价

(1) 固定资产的分类:本公司根据生产经营的实际情况,将固定资产分为房屋及建筑物、机器设备、运输设备、仪器仪表和办公设备五大类。

(2) 固定资产的计价:固定资产按其成本作为入账价值,其中,外购的固定资产的成本包括买价、相关税费等,以及为使固定资产达到预定可使用状态前所发生的可直接归属于该资产的其他支出。购买固定资产的价款超过正常信用条件延期支付,实质上具有融资性质的,固定资产的成本以购买价款的现值为基础确定。实际支付的价款与购买价款的现值之间的差额,除按照规定应予资本化的以外,应当在信用期间内计入当期损益;自行建造固定资产的成本,由建造该项资产达到预定可使用状态前所发生的必要支出构成;投资者投入的固定资产,按投资合同或协议约定的价值作为入账价值,但合同或协议约定价值不公允的按公允价值入账;融资租赁租入的固定资产,按租赁开始日租赁资产公允价值与最低租赁付款额的现值两者中较低者,作为入账价值。

3. 固定资产的折旧方法

固定资产折旧采用平均年限法,按固定资产的类别、规定使用年限、残值率5%确定分类折旧率如下:

固定资产种类	折旧年限(年)	年折旧率(%)	预计残值率(%)
房屋及建筑物	20—40	2.375—4.75	5
机器设备	9—11	8.63—10.56	5
运输设备	5—7	13.57—19	5
仪器仪表	5—7	13.57—19	5
办公设备	3	31.67	5

8. 固定资产

（1）固定资产明细情况

项目	2006.12.31	本期增加	本期减少	2007.12.31
固定资产原价合计	1 853 679 726.54	906 245 799.55	774 106 754.46	1 985 818 771.63
房屋及建筑物	370 674 309.62	215 497 447.23	530 289 189.86	55 882 566.99
机器设备	1 237 419 034.81	506 886 222.53	184 381 439.01	1 559 923 818.33
电子设备	100 306 474.67	5 645 948.97	19 001 185.56	86 951 238.08
运输设备	61 418 525.02	24 193 332.70	2 539 197.02	83 072 660.70
其他设备	83 861 382.42	154 022 848.12	37 895 743.01	199 988 487.53
累计折旧合计	966 787 076.27	148 508 005.31	234 890 378.98	880 404 702.60
房屋及建筑物	99 919 799.75	2 473 070.08	84 844 178.81	17 548 691.02
机器设备	728 114 154.64	110 119 036.48	111 440 428.50	726 792 762.62
电子设备	70 772 378.77	9 910 411.78	16 698 718.53	63 984 072.02
运输设备	26 259 542.81	8 967 439.20	1 899 822.43	33 327 159.58
其他设备	41 721 200.30	17 038 047.77	20 007 230.71	38 752 017.36
固定资产减值准备累计金额合计	835 003.29			835 003.29
房屋及建筑物				
机器设备	780 908.07			780 908.07
电子设备	10 909.22			10 909.22
运输设备	43 186.00			43 186.00
其他设备				
固定资产账面价值合计	886 057 646.98			1 104 579 065.74
房屋及建筑物	270 754 509.87			38 333 875.97
机器设备	508 523 972.10			832 350 147.64
电子设备	29 523 186.68			22 956 256.84
运输设备	35 115 796.21			49 702 315.12
其他设备	42 140 182.12			161 236 470.17

（2）在建工程转入固定资产的情况

项目	转入固定资产的时间	转入固定资产的金额
沈阳数控产业园搬迁工程	2007 年	639 417 499.43
待安装设备	2007 年	23 990 305.66
合计		**663 407 805.09**

(3) 固定资产减值准备

项目	2006.12.31	本期计提额	转回额	本期减少额 转销额	合计	2007.12.31
房屋及建筑物						
机器设备	780 908.07					780 908.07
电子设备	10 909.22					10 909.22
运输设备	43 186.00					43 186.00
其他设备						
合计	835 003.29					835 003.29

【本章相关法规】

财政部《企业会计准则第 4 号——固定资产》(财会[2006]3 号),2006 年 2 月 15 日

财政部《企业会计准则第 8 号——资产减值》(财会[2006]3 号),2006 年 2 月 15 日

财政部《企业会计准则——应用指南》(财会[2006]18 号),2006 年 10 月 30 日

国务院《中华人民共和国增值税暂行条例》(国务院令第 538 号),2008 年 11 月 10 日

财政部、国家税务总局《中华人民共和国增值税暂行条例实施细则》(财政部、国家税务总局令第 50 号),2008 年 12 月

《国际会计准则第 16 号——不动产、厂场和设备》,1998 年修订

【复习思考题】

1. 试述固定资产的基本特征及确认条件。
2. 比较固定资产与存货在哪些方面存在不同。
3. 固定资产初始计价方法有哪些?
4. 固定资产取得方式有哪些?应如何进行会计处理?
5. 固定资产折旧的计算方法有哪些,有何区别?
6. 固定资产提取折旧时,在账务上应如何处理?
7. 固定资产清理时会计核算的步骤如何?
8. 固定资产减值时的会计处理如何?
9. 融资租入固定资产应如何进行账务处理?
10. 企业对固定资产应如何进行管理?

第七章 无形资产

【学习目标】

通过本章学习,学生应当能了解并掌握:
1. 无形资产的概念、特征、内容和分类
2. 无形资产的确认条件
3. 无形资产的初始计量和后续计量
4. 无形资产取得、摊销、处置和转销的核算
5. 无形资产的信息披露

第一节 无形资产及其确认

一、无形资产的概念及特征

无形资产,是指企业拥有或者控制的没有实物形态的可辨认性非货币性资产,包括专利权、非专利技术、商标权、著作权、土地使用权、特许权等。

上述定义中的"可辨认性"是指:① 能够从企业中分离或者划分出来,并能单独或者与相关合同、资产或负债一起,用于出售、转移、授予许可、租赁或者交换;② 源自合同性权利或其他法定权利,无论这些权利是否可以从企业或其他权利和义务中转移或者分离。

无形资产尽管不存在物质实体,但它们表明企业拥有一种特殊的权利。这种权利有助于企业取得高于一般水平的获利能力,在较长时期内为企业提供经济利益。与其他资产相比,无形资产具有以下六个特征。

(一) 无形资产是由企业拥有或者控制并能为其带来未来经济利益的资源

预计能为企业带来未来经济利益,是作为一项资产的本质特征,无形资产也是如此。通常,企业拥有或者控制的无形资产应当拥有其所有权并且能够为企业带来未来经济利益。但是,在某些情况下并不需要企业拥有其所有权,如果企业有权获得某项无形资产产生的经济利益,同时又能约束其他人获得这些经济利益,则说明企业控制了该无形资产,或者说控制了该无形资产产生的经济利益,具

体表现为企业拥有该无形资产的法定所有权,或者使用权并受法律的保护。

(二)无形资产是一种没有实物形态的资产

不具有独立的物质实体,是无形资产区别于其他资产的显著标志。虽然无形资产没有实物形态,但却具有价值。其价值往往是法律或合同所赋予的某种法定或特许的权利(如专利权、商标权)以及获得超额利润的能力,这种价值难以通过人们感觉器官所直接触摸或感受到,而是隐形存在于企业之中。

(三)无形资产具有可辨认性

要将一项资产作为无形资产进行管理和核算,则该资产必须是能够区别于其他资产可单独辨认的,如企业持有的专利权、非专利技术、商标权、土地使用权、特许权等。由于商誉是与企业整体价值联系在一起的,它的存在无法与企业自身区分开来,不具有可辨认性,所以,虽然商誉也是没有实物形态的非货币性资产,但不构成无形资产。

(四)无形资产是非货币性长期资产

无形资产虽然不具有物质实体,但能在若干生产经营期内使用或发挥作用,具有未来的经济效益,使企业在较长的时期内获得高于同行业一般水平的盈利能力。因而,无形资产属于一项长期资产。资产按其未来为企业带来的经济利益,即货币金额是否固定或可确定,可分为货币性资产和非货币性资产。其中,货币性资产是指企业持有的现金及将以固定或可确定金额的货币收取的资产,如现金、银行存款、应收票据、应收账款以及准备持有至到期的债券投资等。非货币性资产,是指货币性资产以外的资产,如存货、固定资产、无形资产、股权投资以及不准备持有至到期的债券投资等。可见,无形资产属于非货币性资产。

(五)无形资产所能提供的未来经济效益具有很大的不确定性

受企业外部因素、企业有形资产使用状况的影响,无形资产提供的未来经济效益具有较大的不确定性,有些无形资产确认的账面价值与以后实际价值往往出现较大差距;一项取得成本较高的无形资产可能为企业带来较少的经济效益,而取得成本较低的无形资产则可能给企业带来较大的利益;有些无形资产的受益期难以断定,其价值随着市场竞争、新技术的发明、替代品的出现而波动,其预期获利能力不能准确加以确定。多数情况下,无形资产的潜在价值可能是分布在零至很大金额的范围内,具有高度不确定性。

(六)企业持有无形资产的目的不是对外销售

企业持有无形资产的目的是用于生产商品或提供劳务、出租给他人,或为了行政管理,而不是为了对外销售。脱离了生产经营活动,无形资产就失去其经济价值。

二、无形资产的内容

无形资产包括专利权、非专利技术、商标权、著作权、土地使用权和特许权。

(一)专利权

专利权,是指国家专利主管机关依法授予发明创造专利申请人对其发明创造在法定期限内所享有的专有权利,包括发明专利权、实用新型专利权和外观设计专利权。

(二)非专利技术

非专利技术,也称专有技术。它是指不为外界所知、在生产经营活动中已采用了的、不享有法律保护的各种技术和经验。非专利技术一般包括工业专有技术、商业贸易专有技术、管理专有技术等。非专利技术可以用蓝图、配方、技术记录、操作方法的说明等具体资料表现出来,也可以通过卖方派出技术人员进行指导,或接受买方人员进行技术实习等手段实现。非专利技术具有经济性、机密性和动态性等特点。

(三)商标权

商标是用来辨认特定的商品或劳务的标记。商标权指专门在某类指定的商品或产品上使用特定的名称或图案的权利。商标权包括独占使用权和禁止权两个方面。独占使用权指商标权享有人在商标的注册范围内独家使用其商标的权利,禁止权指商标权享有人排除和禁止他人对商标独占使用权进行侵犯的权利。

(四)著作权

著作权又称版权,是指作者对其创作的文学、科学和艺术作品依法享有的某些特殊权利。著作权包括两方面的权利,即精神权利(人身权利)和经济权利(财产权利)。前者指作品署名、发表作品、确认作者身份、保护作品的完整性、修改已经发表的作品等项权利,包括发表权、署名权、修改权和保护作品完整权;后者指以出版、表演、广播、展览、录制唱片、摄制影片等方式使用作品以及因授权他人使用作品而获得经济利益的权利。

(五)土地使用权

土地使用权,是指国家准许某企业在一定期间内对国有土地享有开发、利用、经营的权利。根据我国土地管理法的规定,我国土地实行公有制,任何单位和个人不得侵占、买卖或者以其他形式非法转让。企业取得土地使用权的方式大致有以下几种:行政划拨取得、外购取得、投资者投入取得等。

(六)特许权

特许权,又称经营特许权、专营权,是指企业在某一地区经营或销售某种特定商品的权利或是一家企业接受另一家企业使用其商标、商号、技术秘密等的权利。

前者一般是由政府机构授权,准许企业使用或在一定地区享有经营某种业务的特权,如水、电、邮电、通讯等专营权、烟草专卖权等;后者是指企业间依照签订的合同,有限期或无限期使用另一家企业的某些权利,如连锁店分店使用总店的名称等。

三、无形资产的分类

无形资产可以按不同的标准进行如下分类。

(1) 按取得方式分类,可分为外部购入、外部投入、内部自创形成等类别。外部购入包括单独购入、同其他资产购入、与企业整体一起购入;外部投入包括投资者投入、他人捐赠;内部自创是企业自行创造、研制的无形资产。

(2) 按是否有专门法律保护分类,可分为有专门法律保护和无专门法律保护的无形资产。有专门法律保护的无形资产,包括专利权、商标权等。这些无形资产将法律有效年限作为其使用年限。无专门法律保护的无形资产,包括非专利技术等。不论是有有效期限的,还是无有效期限的无形资产,只要不能带来超额收益,无形资产的价值就发生减值,其经济寿命也就结束。

(3) 按使用寿命是否确定分类,可分为使用寿命有限的无形资产和使用寿命不确定的无形资产。无形资产的使用寿命如果是有限的,应当估计该使用寿命的年限或者构成使用寿命的产量等类似计量单位数量;无法预见无形资产为企业带来未来经济利益的期限的,应当视为使用寿命不确定的无形资产。

四、无形资产的确认

(一) 无形资产的确认的一般原则

根据无形资产准则的规定,同时满足下列条件的项目,才能确认为无形资产:第一,与该资产有关的未来经济利益很可能流入企业;第二,该资产的成本能够可靠地计量。

作为无形资产核算的项目首先应该符合无形资产的定义,即指企业拥有或者控制的没有实物形态的可辨认非货币性资产。符合无形资产定义的重要表现之一,就是企业能够控制该无形资产产生的经济利益。具体表现为企业拥有该无形资产的法定所有权,或企业与他人签订了协议,使得企业的相关权利受到法律的保护。比如,企业自行研制的技术通过申请依法取得专利权后,在一定期限内便拥有了该专利技术的法定所有权。

作为企业无形资产予以确认的项目,必须具备产生的经济利益很可能流入企业这项基本条件。如果某一无形资产预期不能给企业带来经济利益,就不能确认为企业的无形资产。在实际工作中,首先,需要判断该项无形资产所包含的经济利益是否有可能流入企业。如果某项无形资产包含的经济利益不是很可能流入企业,那么,即使其满足无形资产确认的其他条件,企业也不应将其确认为无形资产;如果该项无形资产包含的经济利益很可能流入企业,并同时满足无形资产确认的其他条件,那么,企业应将其确认为无形资产。成本能够可靠地计量,是资产确认的另一项基本条件。无形资产作为企业资产的重要组成部分,要予以确认,其为取得该无形资产而发生的支出也必须能够可靠地计量。如果无形资产的成本能够可靠地计量,并同时满足其他确认条件,就可以加以确认;否则,企业不应加以确认。根据无形资产的上述特征,符合无形资产的定义并同时满足上述条件的无形项目,才能确认为无形资产。

(二) 企业内部研究开发项目确认为无形资产的方法

在科学技术高度发达的现代社会,企业要想在竞争中立于不败之地,就必须加强研究和开发工作。企业进行内部研究项目的开发,必须投入人力和物力,发生各种支出,比如,研究与开发人员的工资和福利、所用设备的折旧、外购相关技术发生的支出等。

企业内部研究开发项目支出,可分为研究阶段支出与开发阶段支出。其中,研究阶段支出,是指为获取新的科学或技术知识并理解它们而进行的独创性的有计划的调查阶段发生的支出;开发阶段支出,是指在进行商业性生产或使用前,将研究成果或其他知识应用于某项计划或设计,以生产出新的或具有实质性改进的材料、装置、产品等而发生的支出。

随着企业间技术竞争的加剧,企业研究与开发的项目是否很可能成功,是否很可能为企业带来未来经济利益,在研究与开发过程中往往存在较大的不确定性。为此,新会计准则规定,企业内部研究开发项目研究阶段的支出,应当于发生时计入当期损益,而企业内部研究开发项目开发阶段的支出,能够证明下列各项时,应当确认为无形资产:① 完成无形资产以使其能够使用或出售在技术上具有可行性;② 具有完成该无形资产并使用或出售的意图;③ 无形资产产生未来经济利益的方式,包括能够证明运用该无形资产生产的产品存在市场或无形资产自身存在市场,无形资产将在内部使用的,应当证明其有用性;④ 有足够的技术、财务资源和其他资源支持,以完成该无形资产的开发,并有能力使用或出售该无形资产;⑤ 归属于该无形资产开发阶段的支出能够可靠地计量。

第二节 无形资产的初始计量

无形资产通常是按实际成本计量,即以取得无形资产并使之达到预定用途而发生的全部支出,作为无形资产的成本。对于不同来源取得的无形资产,其初始成本构成也不尽相同。

企业取得无形资产的途径主要有：购入无形资产、自创无形资产和接受投资转入无形资产等。

企业应设置"无形资产"科目核算无形资产增减变动情况。该科目借方贷记无形资产的增加，贷方登记无形资产的减少，期末借方余额反映企业已入账无形资产的实际成本。企业应按无形资产的种类设置明细账户进行无形资产的明细核算。

一、购入的无形资产

外购无形资产的成本，包括购买价款、相关税费以及直接归属于使该项资产达到预定用途所发生的其他合理必要的支出。企业购入无形资产时，借记"无形资产"科目，贷记"银行存款"、"应付账款"等科目。

【例7-1】 某公司用 500 000 元的价格购入一项专利权，价款以银行存款支付。该公司的相关会计处理如下：

借：无形资产——专利权　　　　　　　　　　　　　　500 000
　　贷：银行存款　　　　　　　　　　　　　　　　　　500 000

若企业购入无形资产超过正常信用条件延期支付价款，实质上具有融资性质的，则应按所购无形资产购买价款的现值，借记"无形资产"科目，按应支付的金额，贷记"长期应付款"科目，按其差额，借记"未确认融资费用"科目。

【例7-2】 东方上市公司（以下简称"东方公司"）2006 年 1 月 8 日从北海公司购买一项商标权，由于东方公司资金周转比较紧张，经与北海公司协议采用分期付款方式支付款项。合同规定，该项商标权总计 3 000 000 元，每年末付款 1 500 000元，两年付清。假定银行同期贷款利率为 6%，2 年期年金现值系数为 1.8334。

（1）有关指标计算结果如下

无形资产现值 = 1 500 000 × 1.8334 = 2 750 100（元）

未确认融资费用 = 3 000 000 − 2 750 100 = 249 900（元）

第一年应确认的融资费用 = 2 750 100 × 6% = 165 006（元）

第二年应确认的融资费用 = 249 900 − 165 006 = 84 894（元）

（2）进行会计处理

确认无形资产时：

借：无形资产——商标权　　　　　　　　　　　　　　2 750 100
　　未确认融资费用　　　　　　　　　　　　　　　　 249 900
　　贷：长期应付款　　　　　　　　　　　　　　　　3 000 000

第一年底付款时:
借:长期应付款 1 500 000
　　贷:银行存款 1 500 000
借:财务费用 165 006
　　贷:未确认融资费用 165 006
第二年底付款时:
借:长期应付款 1 500 000
　　贷:银行存款 1 500 000
借:财务费用 84 894
　　贷:未确认融资费用 84 894

二、投资者投入的无形资产

投资者投入的无形资产的成本,应当按照投资合同或协议约定的价值确定无形资产的取得成本。如果投资合同或协议约定价值是不公允的,应按无形资产的公允价值作为无形资产初始成本入账。

【例7-3】 某公司接受投资者土地使用权投资,投资协议约定,将土地使用权作价 20 000 000 元。该公司的相关会计处理如下:

借:无形资产——土地使用权 20 000 000
　　贷:实收资本 20 000 000

三、自行开发的无形资产

企业自行开发的无形资产如专利权、专有技术等,这些无形资产一般研制过程较长,而且能否成功有很大的不确定性。因此,对自行开发的无形资产,其确认和初始计量除应遵循无形资产确认和初始计量的一般要求外,还应遵循有关研究与开发费用处理的特别规定。

为评价自行开发无形资产是否符合确认标准,企业应将自行开发过程划分为两个阶段,即研究阶段和开发阶段。研究阶段不会产生应予确认的无形资产,因此,这个阶段发生的支出或费用应在发生当期确认为损益。而在开发阶段,则可能产生应予确认的无形资产,因而某些符合无形资产确认条件的开发费用应予资本化。

内部研发活动形成的无形资产成本,由可直接归属于该资产的创造、生产并使该资产能够以管理层预定的方式运作的所有必要支出组成。可直接归属成本包括:开发该无形资产时耗费的材料、劳务成本、注册费、在开发该无形资产过程中使用的其他专利权和特许权的摊销,以及按照借款费用的处理原则可资本化的利息支出。在开发无形资产过程中发生的除上述可直接归属于无形资产开发活动的其他销售费用、管理费用等间接费用,无形资产达到预定用途前发生的可辨认的无效和初始运作损失,为运行该无形资产发生的培训支出等,不构成无形资产的开发成本。

此外还须注意,内部开发无形资产的成本仅包括在满足资本化条件的时点至无形资产达到预定用途前发生的支出总和,对于同一项无形资产在开发过程中达到资本化条件之前已经费用化计入当期损益的支出不再进行调整。

在进行会计处理时,对于企业自行开发无形资产发生的研发支出,不满足资本化条件的,借记"研发支出——费用化支出"科目,满足资本化条件的,借记"研发支出——资本化支出"科目,贷记"原材料"、"银行存款"、"应付职工薪酬"等科目。

对于企业以其他方式取得的正在进行中的研究开发项目,应按确定的金额,借记"研发支出——资本化支出"科目,贷记"银行存款"等科目。以后发生的研发支出,应当比照上述第一条原则进行处理。

对于研究开发项目达到预定用途形成无形资产的,应按"研发支出——资本化支出"科目的余额,借记"无形资产"科目,贷记"研发支出——费用化支出"科目。

【例7-4】 某公司2007年至2008年作为非专利技术研究和开发了一项新工艺。2007年10月1日以前发生各项研究、调查、试验等费用200万元,2007年10月至12月发生材料人工等各项支出100万元。在2007年9月30日,该公司已经可以证实该项新工艺必然开发成功并满足无形资产确认标准。2008年1—6月又发生材料费用、直接参与开发人员的工资、场地设备等租金和注册费等支出400万元。2008年6月30日该项新工艺完成,预计该项新工艺所含专有技术的可收回金额为600万元。

2007年10月1日以前的200万元支出计入管理费用,2007年10月1日以后支出资本化金额 = 100 + 400 = 500万元。

会计处理如下。

(1) 2007年12月31日以前的支出

借:研发支出——费用化支出   2 000 000
        ——资本化支出   1 000 000
  贷:银行存款等   3 000 000

(2) 2007年12月31日

借:管理费用   2 000 000
  贷:研发支出——费用化支出   2 000 000

(3) 2008年1—6月支出

借:研发支出——资本化支出   4 000 000

    贷:银行存款等   4 000 000

(4) 2008年6月30日

借:无形资产——非专利技术   5 000 000

    贷:研发支出——资本化支出   5 000 000

第三节 无形资产的后续计量

    无形资产计量包括无形资产初始计量和后续计量。无形资产初始计量涉及如何确定无形资产的入账价值;无形资产后续计量主要涉及使用寿命有限的无形资产,其价值如何摊销以及如何进行期末计价问题。

    无形资产摊销就是将无形资产成本在其受益期限内进行系统的分配。从理论上讲,确定无形资产摊销额应与无形资产价值变化相一致。但是,由于受到各种因素的影响,各种无形资产价值变化千差万别,无同一规律可循,无形资产的成本与其所带来的经济利益之间一般也不存在明显、必然的联系。同时,有些无形资产的使用寿命是有限的,也可以合理估计,而有些无形资产的使用寿命是不确定的。

    无形资产摊销主要涉及无形资产成本、摊销开始月份、摊销方法、摊销年限、残值等因素。其中,无形资产成本即为入账价值;摊销的起讫时间是自无形资产可供使用时起,至不再作为无形资产确认时止,即当月增加的无形资产,当月开始摊销;当月减少的无形资产,当月不再摊销。

    无形资产摊销方法,应当反映企业预期消耗该项无形资产所产生的未来经济利益的方式,因而无形资产摊销方法可以有多种,如直线法、加速摊销法或其他方法。无形资产相关会计准则规定,无法可靠确定消耗方式的,应当采用直线法摊销。

    确定无形资产的应摊销金额是进行无形资产摊销的重要前提。无形资产准则规定:"无形资产的应摊销金额为其成本扣除残值后的金额。已计提减值准备的无形资产,还应扣除已计提预计的无形资产减值累计金额。使用寿命有限的无形资产,其残值应当视为零。但下列情况除外:有第三方承诺在无形资产使用寿命结束时购买该无形资产;可以根据活跃市场得到残值信息,并且该市场在无形资产使用寿命结束时很可能存在。"

    企业应设置"累计摊销"科目,核算企业对使用寿命有限的无形资产计提的累计摊销。企业按月计提无形资产摊销时,贷记该科目,期末贷方余额,反映企业无形资产累计摊销额。

企业按月计提无形资产摊销,借记"管理费用"、"其他业务成本"等科目,贷记"累计摊销"科目。

【例7-5】 丽源企业2004年初无形资产情况如下:专利权入账价值200 000元,摊销期10年;土地使用权入账价值300 000元,摊销期20年。本年无形资产摊销额计算过程如下:

专利权年摊销额 = 200 000/10 = 20 000(元)

土地使用权年摊销额 = 300 000 / 20 = 15 000(元)

会计分录如下:

借:管理费用——无形资产摊销　　　　　　　　　　　35 000
　　贷:累计摊销　　　　　　　　　　　　　　　　　　35 000

如果企业无法合理估计某项无形资产的使用寿命,则应作为使用寿命不确定的无形资产进行核算。对于使用寿命不确定的无形资产,在持有期间内不需要摊销,但应当在每个会计期间进行减值测试。其减值测试的方法按照资产减值的原则进行处理,如经减值测试表明已发生减值,则须计提相应的减值准备,其相关的账务处理为:借记"资产减值损失"科目,贷记"无形资产减值准备"科目。

第四节　无形资产的处置和转销

一、无形资产出售

企业拥有的无形资产可以依法转让出售,不再享有无形资产占有、使用和收益处置的权利。企业出售无形资产时,应按实际收到的金额,借记"银行存款"等科目,按已计提的累计摊销,借记"累计摊销"科目,已计提减值准备的,借记"无形资产减值准备"科目,按应支付的相关税费,贷记"应交税费"等科目,按其账面余额,贷记"无形资产"科目,按其差额,贷记"营业外收入——处置非流动资产利得"科目或借记"营业外支出——处置非流动资产损失"科目。

【例7-6】 某企业购买一项专利,支付费用300 000元,按规定摊销期限为10年,企业购买2年后将其所有权转让,取得转让收入290 000元。转让无形资产适用的营业税率为5%。转让时,编制如下会计分录:

借:银行存款　　　　　　　　　　　　　　　　　　　290 000
　　累计摊销　　　　　　　　　　　　　　　　　　　　60 000
　　贷:无形资产——专利权　　　　　　　　　　　　　300 000
　　　　应交税费——应交营业税　　　　　　　　　　　 14 500
　　　　营业外收入——处置非流动资产利得　　　　　　 35 500

二、无形资产出租

无形资产出租是指企业将拥有的无形资产的使用权让渡给他人,并收取租金。出租无形资产,企业仅将无形资产的部分使用权让渡给其他企业,而企业仍保留着对原有无形资产的各项权利,出让方也无须改变无形资产的账面价值。在取得无形资产租金收入时,应借记"银行存款"等科目,贷记"其他业务收入"等科目;结转出租无形资产的成本时,借记"其他业务成本"科目,贷记有关科目。

【例 7-7】 某企业将一项专利权的使用权转让给甲公司,合同规定专利权使用费每年 4 000 元,本年的使用费甲公司已用支票付讫。该转让业务发生的咨询费为 600 元,已用转账支票付讫。

借:银行存款　　　　　　　　　　　　　　4 000
　　贷:其他业务收入　　　　　　　　　　　　　4 000
借:其他业务成本　　　　　　　　　　　　　600
　　贷:银行存款　　　　　　　　　　　　　　　600

三、无形资产转销

无形资产预期不能为企业带来经济利益的,应按已计提的累计摊销,借记"累计摊销"科目,原已计提减值准备的,借记"无形资产减值准备"科目,按账面余额,贷记"无形资产"科目,若有差额,则借记"营业外支出"科目。

第五节　无形资产在财务会计报告中的列报

一、无形资产披露的原则

无形资产披露对于会计信息使用者了解企业的无形资产信息是不可或缺的。对此,无形资产准则规定,在企业的资产负债表中,无形资产项目应按照"无形资产"账面余额减去"累计摊销"和"无形资产减值准备"账户余额后的净额列示。

在会计报表附注中,企业应当按照无形资产的类别披露下列相关信息。
(1) 无形资产的期初和期末账面余额、累计摊销额及累计减值损失金额。
(2) 使用寿命有限的无形资产,其使用寿命的估计情况;使用寿命不确定的无形资产,使用寿命不确定的判断依据。
(3) 无形资产摊销方法。
(4) 用于担保的无形资产账面价值、当期摊销额等情况。
(5) 计入当期损益和确认为无形资产的研究开发支出金额。

二、无形资产披露原则的运用

【例 7-8】 某股份有限公司 2007 年度的财务会计报告附注中就无形资产披露如下信息。

（1）无形资产的期初和期末账面余额、累计摊销额见下表：

无形资产的期初和期末账面余额、累计摊销额计算表　　　单位：万元

种类	期初余额	本期增加	本期转出	本期摊销	期末余额
专利权	0	2 000	0	40	1 960
商标权	100	200	80	40	180

（2）无形资产摊销方法采用直线法。

（3）用于担保的商标权账面价值 50 万元，当期摊销额为 15 万元。

【案例】 沈阳机床股份有限公司（股票代码 000410）在其 2007 年 12 月 31 日的资产负债表中披露的年初和年末的无形资产信息如下：

项目	期末数		期初数	
	合并数	母公司	合并数	母公司
无形资产	19 022 120.02	16 808 732.36	67 157 901.83	56 691 728.15

而在其会计报表附注中披露了与无形资产相关的详细信息，具体如下：

10. 无形资产

项目	取得方式	原值	2006.12.31	本期增加	本期转出	本期摊销	累计摊销	2007.12.31
土地使用权	股东投入	84 543 314.50	61 289 593.06		61 289 593.06			
专有技术及专利权	购入	17 175 979.63	5 064 427.44	15 320 775.03	2 078 727.00	1 418 717.93	3 157 564.82	16 887 757.54
软件	购入	1 205 822.00	803 881.33	2 223 644.67		1 381 021.83	2 392 731.66	1 646 504.17
其他				487 858.31				487 858.31
合计		102 925 116.13	67 157 901.83	18 032 278.01	63 368 320.06	2 799 739.76	5 550 296.48	19 022 120.02

注：本公司下属分公司沈阳第一机床厂无形资产中土地使用权余额 55 791 846.82 元，原值 66 336 105.50 元；本公司下属子公司中捷机床有限公司的土地使用权余额 5 497 746.24 元，原值 7 959 000.00 元，本公司已于 2007 年 1 月 20 日基本完成搬迁，上述土地使用权已转让。

【本章相关法规】

财政部《企业会计准则第 6 号——无形资产》（财会[2006]3 号），2006 年 2 月

15 日

财政部《企业会计准则第 8 号——资产减值》(财会[2006]3 号),2006 年 2 月 15 日

财政部《企业会计准则——应用指南》(财会[2006]18 号),2006 年 10 月 30 日

国务院《中华人民共和国营业税暂行条例》(国务院令第 540 号),2008 年 11 月 10 日

财政部、国家税务总局《中华人民共和国营业税暂行条例实施细则》(财政部、国家税务总局令第 52 号),2008 年 12 月

国际会计准则委员会《国际会计准则第 38 号——无形资产》,1998 年 9 月修订

【复习思考题】
1. 试述无形资产的基本特征及确认条件。
2. 比较无形资产与固定资产的列示方式有何不同。
3. 无形资产转让所有权与使用权分别给会计报表带来什么影响?
4. 企业购入无形资产应如何进行会计处理?
5. 自行开发无形资产应如何进行会计处理?
6. 无形资产摊销应如何进行会计处理?
7. 企业出售无形资产应如何进行账务处理?
8. 无形资产出租涉及的科目及账务处理方法是怎样的?
9. 无形资产期末应如何计价?
10. 无形资产披露的原则及内容是怎样的?

第三篇　负　　债

【本篇概要】

　　企业生产经营所需的资金,通常有两种来源:投资人投资以及企业举债。负债,是指企业由于过去的交易或事项形成的、预期会导致经济利益流出企业的现时义务。负债是企业最常用的融资途径,它体现了债权人对企业资产所拥有的求偿权,表示企业对债权人所承担的经济法律义务。由于负债要在一定时期内由企业清偿,因此,企业负债的多少及其权益的构成情况,是企业的投资者、经营管理者以及债权人所共同关心的问题。加强对负债的核算与管理,不仅有利于促使企业合理利用负债资金,避免财务风险和提高盈利水平,而且也是企业对外提供债务信息的需要。根据企业负债的偿还期长短,可将负债分为流动负债和非流动负债,前者是企业将在短期内偿还的负债,而后者是企业将在较长一段时间后才偿还的负债。

第八章 流动负债

【学习目标】

通过本章学习,学生应当了解并掌握以下内容:
1. 流动负债的概念、特征和分类
2. 应付账款和应付票据的核算
3. 短期借款和应付利息的核算
4. 应交税费的核算
5. 应付职工薪酬的确认和计量
6. 流动负债的信息披露

第一节 流动负债概述

一、流动负债的概念和特征

流动负债,是指将在一年(含一年)或者超过一年的一个营业周期以内偿还的债务。流动负债是企业负债的主要形式之一,它主要因企业的生产经营活动而产生,比如,因赊购原材料而产生的应付账款、应付票据;因销售商品而预收的订金;因生产经营活动应交而未交的税费;因生产经营需要而向银行举借的短期借款等。此外,由生产经营活动以外的交易或事项所产生的其他负债,如果预期将在一年以内或超过一年的一个营业周期以内偿还,也应列入流动负债,比如,企业因购置固定资产而举借的短期债务等。

流动负债除了具有负债的一般特征外,与非流动负债相比较,还具有偿还期较短、需以企业的流动资产或新增流动负债来清偿的特点。通过了解企业流动负债与流动资产的相对比例,可以大致反映出企业的短期偿债能力,这是债权人最为关心的问题之一。

流动负债具体包括应付账款、应付票据、预收账款、短期借款、应交税费、应付职工薪酬、应付股利、应付利息和其他应付款等。

二、流动负债的分类

通常,我们可以按照流动负债形成的原因、金额确定的方法等作为分类标准,对流动负债进行不同的分类,具体情况如下。

(1) 按流动负债产生的原因,可将其分为融资形成的流动负债、营业活动形成的流动负债和利润分配形成的流动负债三类。

(2) 按流动负债应付金额的确定办法,可将其分为金额确定的流动负债、金额视经营情况而定的流动负债和金额需要估计的流动负债三类。

三、流动负债的计价

正确地对流动负债计价,有利于正确计量相关资产的价值,也是正确确定企业所有者权益的前提条件。

负债是企业将在未来偿付的经济义务。从理论上讲,流动负债应按企业未来应支付金额的现值计量,但由于流动负债的期限较短,未来应偿付金额与其现值一般差异不大,因此,为了提高会计信息的有用性和相关性,基于重要性原则,为简化会计核算,一般按流动负债的实际发生额即将来应付金额计量。对于短期借款、带息应付票据等还应按照确定的利率按期计提利息。

第二节 应付账款与应付票据

一、应付账款

(一) 应付账款的确认

应付账款是企业最常见、最普遍的流动负债项目,是企业在日常的生产经营过程中,因购买材料、商品或接受劳务供应等而发生的债务,是买方由于取得货物或接受服务与支付货款在时间上不一致而产生的负债。

从理论上讲,应付账款的确认时间,应以所购货物的所有权转移或接受劳务已经发生为标志,即在企业取得所购货物的所有权或已接受劳务时确认应付账款。在实际工作中,应付账款的会计确认应当区别以下不同情况进行。

已收到结算凭证而尚未支付的,由于已发生货物所有权的转移,因此,应确认为应付账款。但是,通常,企业从收到结算凭证到支付款项的时间比较短,为简化会计核算,企业在收到结算凭证时,也可以暂不作账务处理,而是待支付款项后作为购货、付款同时完成处理。但是,若在月末时仍未支付该款项,则必须将其作为应付账款确认。

已收到货物但尚未收到结算凭证的,由于应支付的款项金额尚不清楚,为简化会计核算,企业收货时可暂不作账务处理,即不确认应付账款。待收到结算凭证并支付款项后,作为购货、付款同时完成处理。但是,若在月末因仍未收到结算凭证而尚未付款,则应估价作应付账款入账。

货物和结算凭证同时到达的,一般应在货物验收入库后,才按照结算凭证所列金额作为应付账款确认。

(二) 应付账款的核算

1. 应付账款的一般核算

企业应设置"应付账款"科目,总括反映企业因购进材料、商品或接受劳务供应等应付给供应单位的款项及其归还情况。该科目的贷方登记发生的应付款项,借方登记归还的款项,期末余额一般在贷方,反映尚未支付的应付账款。在本科目下,企业应按供应单位名称设置明细科目,进行明细核算。

【例 8-1】 莲花公司于 2008 年 9 月 29 日从本地伟业公司购进一批原材料且已验收入库。结算凭证显示该批材料价款 200 000 元,增值税 34 000 元。10 月 6 日,莲花公司通过开户银行支付了该款项。莲花公司对该项业务的会计处理如下:

(1) 9 月末,根据结算凭证作材料购进及应付账款的会计处理

借:原材料 200 000
　　应交税费——应交增值税(进项税额) 34 000
　贷:应付账款——伟业公司 234 000

(2) 10 月 6 日支付该款项的会计处理

借:应付账款——伟业公司 234 000
　贷:银行存款 234 000

2. 带有现金折扣时应付账款的核算

若购货带有现金折扣条件,则应付账款有总价法和净价法两种处理方法。

在总价法下,应付账款应按照未扣除现金折扣的总价记账,若企业提前付款而享受现金折扣时,应视同理财收益,计入当期损益。

在净价法下,应付账款应按扣除最大现金折扣后的净价记账,扣除的最大现金折扣从所购货物的成本中抵减;若企业未能提前付款而丧失现金折扣时,应视同理财费用,计入当期损益。

【例 8-2】 仍依例 8-1 资料,假定在此项购销活动中伟业公司与莲花公司约定的现金折扣条件为 2/10;1/20;n/30。则莲花公司对该项业务在总价法和净价法下的会计处理分别如下。

总价法下的会计处理:

(1) 购进货物时的处理

借:原材料	200 000	
应交税费——应交增值税(进项税额)	34 000	
贷:应付账款——伟业公司		234 000

(2) 付款时的处理

① 若在 10 天以内付款

借:应付账款——伟业公司	234 000	
贷:银行存款		230 000
财务费用		4 000

② 若在 10 天以后而 20 天以内付款

借:应付账款——伟业公司	234 000	
贷:银行存款		232 000
财务费用		2 000

③ 若在 20 天以后付款

借:应付账款——伟业公司	234 000	
贷:银行存款		234 000

净价法下的会计处理:

(1) 购进货物时的处理

借:原材料	196 000	
应交税费——应交增值税(进项税额)	34 000	
贷:应付账款——伟业公司		230 000

(2) 付款时的处理

① 若在 10 天以内付款

借:应付账款——伟业公司	230 000	
贷:银行存款		230 000

② 若在 10 天以后而 20 天以内付款

借:应付账款——伟业公司	230 000	
财务费用	2 000	
贷:银行存款		232 000

③ 若在 20 天以后付款

借:应付账款——伟业公司	230 000	
财务费用	4 000	
贷:银行存款		234 000

二、应付票据

(一) 应付票据的确认和计量

应付票据是由出票人出票,并由承兑人承兑,约定在一定日期按票面确定金额向收款人或持票人支付票款及利息的商业汇票。商业汇票是以票据为依据来确定收付款双方债权债务关系的。不论商业汇票是由付款人承兑还是由银行承兑,均属付款人应偿还的义务。因此,付款人应在承兑汇票到期前将票款足额交存银行,以便于票据的到期兑付。如果票据到期时付款人银行存款不足以支付票款,此时,若为商业承兑汇票,银行将把票据退还收款人,由收付款双方自行协商解决;若为银行承兑汇票,则银行将代付款人垫付款项。银行垫付的款项,视为付款人的逾期贷款处理。

商业汇票按是否带息可分为带息商业汇票和不带息商业汇票两种。带息商业汇票的到期价值为面值与利息之和,不带息商业汇票的到期价值为面值。不论商业汇票是否带息,在交易、事项发生时,付款人均应按其面值计价入账。对于带息的商业汇票,付款人还应根据权责发生制,按期计提利息,计提的利息增记应付票据金额,同时作为利息费用,计入当期损益。

(二) 应付票据的核算

企业应设置"应付票据"科目,核算商业汇票的开出、承兑及支付情况。该科目贷方登记企业开出并经承兑的商业汇票面值及按期计提的带息票据的应付利息,借方登记企业到期支付或无力支付而转出的应付票据本息,期末贷方余额反映企业持有尚未到期的应付票据本息。企业按期计提的应付票据利息以及支付银行承兑汇票的手续费,计入财务费用。

【例8-3】 莲花公司于2008年11月1日从本地东川公司购进材料一批,增值税专用发票上注明的材料价款为500 000元,增值税为85 000元。莲花公司已按合同规定将其开具并承兑的不带息商业汇票一张交付东川公司,该商业汇票的票面金额为585 000元,期限为6个月。则莲花公司对该项业务的会计处理如下。

(1) 购进材料并将商业承兑汇票交付东川公司

借:原材料　　　　　　　　　　　　　　　　　　500 000
　　应交税费——应交增值税(进项税额)　　　　　85 000
　　贷:应付票据　　　　　　　　　　　　　　　　585 000

(2) 票据到期,莲花公司如数支付票款

借:应付票据　　　　　　　　　　　　　　　　　585 000
　　贷:银行存款　　　　　　　　　　　　　　　　585 000

若该票据到期后,莲花公司无力支付,则

借:应付票据 585 000
　　贷:应付账款——东川公司 585 000

【例8-4】 承例8-3资料,并假定该商业汇票是由莲花公司开具并申请由其开户银行承兑的带息商业汇票,票面利率为4%,莲花公司向开户银行支付承兑手续费300元。莲花公司对该项业务的会计处理如下。

(1) 支付银行承兑手续费

借:财务费用 300
　　贷:银行存款 300

(2) 购进材料并将银行承兑汇票交付东川公司

借:原材料 500 000
　　应交税费——应交增值税(进项税额) 85 000
　　贷:应付票据 585 000

(3) 2008年年末,计提该应付票据已发生的利息

应计提的利息 = 585 000 × 4% × 2 ÷ 12 = 3 900(元)

借:财务费用 3 900
　　贷:应付票据 3 900

至此,"应付票据"账户的年末余额为该项商业汇票的面值和已确认的利息之和588 900元。

(4) 票据到期,如数支付票款

借:应付票据 588 900
　　财务费用 7 800
　　贷:银行存款 596 700

若上述票据到期后,莲花公司无力支付,则

借:应付票据 588 900
　　财务费用 7 800
　　贷:短期借款 596 700

对于银行代承兑申请人垫付的款项,银行将视为对承兑申请人的逾期贷款处理,并按天计收罚息。

第三节　应交税费

应交税费,是指企业在生产经营过程中产生的、应向国家缴纳的各种税费,主要包括增值税、消费税、营业税、资源税、城市维护建设税、土地增值税、房产税、车船使用税、土地使用税、所得税、矿产资源补偿费和教育费附加等。

企业按照税法规定应向国家缴纳的各种税费一经形成，即纳税义务已经发生，在尚未缴纳之前就构成企业的一项流动负债。在会计核算中，应设置和使用"应交税费"科目进行核算。确认各种应交税费时，记入该科目的贷方；实际缴纳时，记入该科目借方；期末贷方余额，反映应交而未交税费的实有数额。在"应交税费"科目下，企业应按照税种设置明细科目，进行明细核算。

一、应交增值税

增值税是就货物或应税劳务的增值部分征收的一种流转税。按照《增值税暂行条例》规定，凡在我国境内销售货物，或者提供应税劳务以及进口货物的单位和个人，均为增值税的纳税义务人。应纳增值税的货物是指除不动产、无形资产以外的有形动产，如钢材、汽车、粮食等各种工农业有形产品，包括电力、热力以及气体在内。应税劳务是指企业提供的加工、修理修配劳务。

增值税是价外税，即实行的是价税分离、价外计征的办法。为了便于增值税的征收管理并简化计税，我国将增值税的纳税人划分为一般纳税人和小规模纳税人。这两类纳税人在增值税的计算与交税、会计科目的设置以及账务处理等方面都有所不同。

（一）一般纳税人应交增值税的核算

1. 一般纳税人增值税的计税方法

一般纳税人是指年销售额达到国家规定标准、会计核算健全、能够按规定准确提供税务资料的企业单位。符合一般纳税人标准的纳税人，要向税务主管机关办理资格认定手续。一般纳税人应纳增值税的基本计税方法是以进抵出、间接扣税，企业购入货物或接受应税劳务支付的增值税（进项税额），可以从销售货物或提供劳务按规定收取的增值税（销项税额）中抵扣，即以当期销项税额抵扣当期进项税额后的余额，作为当期应纳的增值税额。当期应纳的增值税额的计算公式如下：

当期应纳增值税额 = 当期销项税额 − 当期进项税额

企业购进货物支付的增值税进项税额，能否允许从销售货物取得的销项税额中抵扣，应视具体情况而定。按照《增值税暂行条例》规定，企业购进货物或接受应税劳务支付的增值税，在取得合法的扣税凭证的前提下，可以从销售货物或提供应税劳务收取的增值税中抵扣。这些合法的扣税凭证包括：增值税专用发票；从海关取得的完税凭证；购进免税农产品、收购废旧物资的收购凭证以及可以据以作为扣税依据的运费结算单据等。如果企业未能取得上述合法的扣税凭证，则，其支付的增值税进项税额不能从销项税额中抵扣，而只能计入所购货物或所接受劳务的成本。

2. 一般纳税人增值税核算的科目设置

一般纳税人应纳的增值税,在"应交税费"科目下设置"应交增值税"和"未交增值税"两个明细科目进行核算。其中,"应交增值税"明细账户应采用多栏式,分别设置"进项税额"、"已交税金"、"转出未交增值税"、"销项税额"、"出口退税"、"进项税额转出"、"转出多交增值税"等专栏。其明细账格式如表8-1所示。

表8-1 一般纳税人应交增值税明细账

年		凭证编号	摘要	借方				贷方				借或贷	余额
月	日			合计	进项税额	已交税金	转出未交增值税	合计	销项税额	出口退税	进项税额转出	转出多交增值税		

"应交税费——应交增值税"明细科目各专栏所反映的具体内容如下。

"进项税额"专栏,记录企业购入货物或接受应税劳务而支付的、按规定准予从销项税额中抵扣的增值税额。

"已交税金"专栏,记录企业已缴纳的增值税额。

"销项税额"专栏,记录企业销售货物或提供应税劳务应收取的增值税额。

"出口退税"专栏,记录企业出口货物,向海关办理报关出口手续后,凭出口报关单等有关凭证,向税务机关申报办理出口退税而收到退回的税款。

"进项税额转出"专栏,记录企业因购进货物、在产品、产成品等发生非正常损失以及其他原因而不应从销项税额中抵扣,按规定转出的进项税额。

"转出未交增值税"专栏,记录企业月终转出应交未交的增值税。

"转出多交增值税"专栏,记录企业月终转出多交的增值税。

"应交税费——未交增值税"明细账户为三栏式,反映企业月终结转的应交未交增值税或多交的增值税。

3. 一般纳税人增值税的账务处理

(1) 购销业务增值税的账务处理。

一般纳税人采购货物或接受应税劳务等,应根据增值税专用发票上注明的价款和税额记账。借记"材料采购"、"原材料"、"委托加工物资"、"制造费用"、"应交税费——应交增值税(进项税额)"等科目,贷记"银行存款"、"应付账款"、"应付票据"等科目。根据《增值税暂行条例》,企业采购货物所支付的运输费用,允许按运费结算单据(普通发票)上注明的运费金额的7%作为进项税额处理。

纳税人销售货物或提供应税劳务等,应根据增值税专用发票注明的价款和税额记账。借记"银行存款"、"应收账款"、"应收票据"等科目,贷记"主营业务收入"、"其他业务收入"、"应交税费——应交增值税(销项税额)"等科目。

【例8-5】 莲花公司为增值税一般纳税人。2008年12月,发生以下经济业务。

① 购进一批原材料,增值税专用发票注明的材料价款为200 000元,增值税34 000元。货款和增值税已用转账支票支付。材料已验收入库(假定莲花公司对原材料采用实际成本核算)。另外,购进原材料时以银行存款支付运费1 000元(按照税法规定,运输费用按照7%的扣除率计算进项税额)。莲花公司的相关会计处理如下:

可抵扣的增值税进项税额 = 34 000 + 1 000 × 7% = 34 070(元)

借:原材料　　　　　　　　　　　　　　　　　　200 930
　　应交税费——应交增值税(进项税额)　　　　　 34 070
　贷:银行存款　　　　　　　　　　　　　　　　　235 000

② 委托甲公司(增值税一般纳税人)加工材料一批,按规定应付加工费10 000元,增值税1 700元,已收到增值税专用发票,款项尚未支付。莲花公司的相关会计处理如下:

借:委托加工物资　　　　　　　　　　　　　　　 10 000
　　应交税费——应交增值税(进项税额)　　　　　 1 700
　贷:应付账款——甲公司　　　　　　　　　　　　 11 700

③ 向乙公司销售产品一批,增值税专用发票上注明的产品价款为300 000元,增值税51 000元,已通过银行办理委托收款手续。莲花公司的相关会计处理如下:

借:应收账款——乙公司　　　　　　　　　　　　351 000
　贷:主营业务收入　　　　　　　　　　　　　　　300 000
　　　应交税费——应交增值税(销项税额)　　　　 51 000

(2)购入免税产品增值税的账务处理。

根据《增值税暂行条例》,企业购入免税农产品、收购废旧物资等免征增值税项目的货物,可以按其买价或收购金额的13%作为扣除率计算进项税额,并准予从销项税额中抵扣。

【例8-6】 莲花公司于2008年12月收购免税农产品一批,供货单位开具的普通发票上注明的金额为50 000元。莲花公司的相关会计处理如下:

借:库存商品　　　　　　　　　　　　　　　　　 43 500
　　应交税费——应交增值税(进项税额)　　　　　 6 500
　贷:银行存款　　　　　　　　　　　　　　　　　 50 000

(3) 不予抵扣项目的账务处理。

根据《增值税暂行条例》,下列项目的进项税额不得从销项税额中抵扣:①用于非增值税应税项目、免征增值税项目、集体福利或者个人消费的购进货物或者应税劳务;②非正常损失的购进货物及相关的应税劳务;③非正常损失的在产品、产成品所耗用的购进货物或者应税劳务;④国务院财政、税务主管部门规定的纳税人自用消费品;⑤上述货物的运输费用和销售免税货物的运输费用。

对于按规定不予抵扣的项目,如果在购进时即能认定其进项税不能抵扣的,其增值税应计入所购货物或所接受劳务的成本。如果购入时不能直接认定其进项税额能否抵扣,可先将增值税记入"进项税额";若以后认定该进项税额不能抵扣时,则将增值税从"进项税额"中转出,计入有关成本费用。

【例8-7】 莲花公司于2008年12月购进一套健身设备用于职工内部健身房,增值税专用发票上注明的设备价款为100 000元,增值税17 000元,款项已支付。设备在安装过程中领用库存原材料一批,账面实际成本为1 000元。莲花公司的相关会计处理如下。

① 购进健身设备

借:在建工程　　　　　　　　　　　　　　　　　117 000
　　贷:银行存款　　　　　　　　　　　　　　　　　117 000

② 安装过程中领用原材料

须转出的增值税进项税额 = 1 000 × 17% = 170(元)

借:在建工程　　　　　　　　　　　　　　　　　1 170
　　贷:原材料　　　　　　　　　　　　　　　　　1 000
　　　　应交税费——应交增值税(进项税额转出)　　170

(4) 视同销售的账务处理。

根据《增值税暂行条例》,企业的下列行为应当视同为销售货物:将货物交付他人代销;销售代销货物;将自产或委托加工的货物用于非应税项目、集体福利或个人消费;将自产、委托加工或购买的货物用于投资、向股东分配或无偿赠送他人等。

视同销售行为是没有直接现金流入的销售。根据企业会计制度和相关会计准则,这类行为可能并非销售行为,而是为了计税需要,将其视同销售。视同销售行为应按照企业确认的公允价值或税务主管部门认定的价格计税,计算出的增值税作为销项税额处理。

视同销售行为在会计处理上,应当区分其是否形成会计销售进行不同的处理。对于形成会计销售的行为,如将货物交付他人代销;将自产、委托加工或购买的货物向股东分配等,应当确认其销售收入。对于不形成会计销售的行为,如将自产、委托加工或购买的货物用于投资、无偿赠送他人等,一般按成本转账,不作销售处理。视同销售行为不论是否形成会计销售,都应按规定的计税价格计算应纳的增值税。

【例8-8】 莲花公司于2008年12月将生产的一批产品捐赠给他人,产品的生产成本为9 000元,计税价格为11 000元。莲花公司的相关会计处理如下:

借:营业外支出　　　　　　　　　　　　　　　　10 870
　　贷:库存商品　　　　　　　　　　　　　　　　　9 000
　　　　应交税费——应交增值税(销项税额)　　　　1 870

(5) 增值税的缴纳及月末结转的账务处理。

增值税的纳税期限由主管税务机关核定。企业应按核定的纳税期限,及时足额地缴纳各期的增值税。企业每月缴纳当月的增值税时,借记"应交税费——应交增值税(已交税金)"科目,贷记"银行存款"科目。

为了分别反映一般纳税人增值税的欠交、多交和留抵情况,避免出现企业在以前月份有欠交增值税而以后月份有未抵扣增值税时,用以前月份欠交的增值税抵扣以后月份未抵扣增值税的情况,确保企业及时足额上交增值税。企业应在"应交税费"科目下设置"未交增值税"明细科目,用以核算企业在月终时转入的应交未交的增值税或多交的增值税。月末,企业转出当月应交而未交的增值税时,借记"应交税费——应交增值税(转出未交增值税)"科目,贷记"应交税费——未交增值税"科目;转出当月多交的增值税时,借记"应交税费——未交增值税"科目,贷记"应交税费——应交增值税(转出多交增值税)"科目。经过结转后,"应交税费——应交增值税"科目的月末借方余额,反映企业尚未抵扣的增值税进项税额。企业缴纳以前月份欠交的增值税时,借记"应交税费——未交增值税"科目,贷记"银行存款"科目。

【例8-9】 莲花公司2008年12月份缴纳当月增值税10 000元。假设该公司12月初"应交税费——应交增值税"科目没有余额,其他有关资料如例8-5—例8-8,莲花公司的相关会计处理如下。

① 缴纳当月增值税

借:应交税费——应交增值税(已交税金)　　　　10 000
　　贷:银行存款　　　　　　　　　　　　　　　　10 000

② 月末转出欠交(或多交)增值税

12月末欠交增值税 = (51 000 + 1 870) - (34 070 + 1 700 + 6 500 - 170)
　　　　　　　　　　- 10 000
　　　　　　　　　= 52 870 - 42 100 - 10 000
　　　　　　　　　= 770(元)

借:应交税费——应交增值税(转出未交增值税)　　　770
　　贷:应交税费——未交增值税　　　　　　　　　　　770

在上例中由于所有增值税进项税额均已抵扣,故,月末结转后,"应交税费——应交增值税"明细科目无余额。如表8-2所示。

表8-2　莲花公司应交增值税明细账(简化)　　　　　　　　　　　　　　　单位:元

2008年		凭证编号	摘要	借方				贷方				借或贷	余额
月	日			合计	进项税额	已交税金	转出未交增值税	合计	销项税额	出口退税	进项税额转出	转出多交增值税	
12				……	……	……		……	……		……		
12	31		合计	53 040	42 270	10 000	770	53 040	52 870		170		—

(二)小规模纳税人应交增值税的核算

1. 小规模纳税人增值税的计税方法

小规模纳税人是指年销售额达不到规定标准、会计核算不健全、不能提供准确税务资料的增值税纳税人。

小规模纳税人增值税的计算采用简化方法,即购进货物或接受应税劳务支付的增值税进项税额,无论是否取得扣税凭证,均不得作为进项税额从销项税额中抵扣,而是计入所购货物或劳务的成本中。销售货物或提供应税劳务时,按销售额和征收率(小规模纳税人增值税征收率为3%)计算的税额,即为应纳的增值税。

小规模纳税人应征增值税的销售额,与一般纳税人应征增值税的销售额一样,也为不含增值税的销售额。由于小规模纳税企业销售货物或提供应税劳务时,不能开具增值税专用发票,因此,小规模纳税企业的销售额一般为含税销售额。进行会计处理时,应对其进行价税分离。其计算公式为

$$不含税销售额 = \frac{含税销售额}{1+征收率}$$

$$应纳增值税 = 不含税销售额 \times 征收率$$

2. 小规模纳税人增值税的账务处理

小规模纳税人增值税的核算,通过在"应交税费"科目下设置"应交增值税"明细科目进行,"应交增值税"明细账应是三栏式格式。

【例8-10】　银都公司为增值税小规模纳税人,本月购进材料一批,增值税专用发票注明:材料价款5 000元,增值税850元。款项已支付,材料已入库。本月销售产品一批,含税销售额30 000元,货款尚未收到。该公司适用增值税的征收率为3%。银都公司相关会计处理如下:

(1) 购进材料
借:原材料　　　　　　　　　　　　　　　　　5 850
　　贷:银行存款　　　　　　　　　　　　　　　　　5 850
(2) 销售产品
不含税销售额 = 30 000 ÷ (1 + 3%) ≈ 29 126(元)
应交增值税 = 29 126 × 3% ≈ 874(元)
借:应收账款　　　　　　　　　　　　　　　　30 000
　　贷:主营业务收入　　　　　　　　　　　　　　　29 126
　　　　应交税费——应交增值税　　　　　　　　　　874
(3) 向税务机关缴纳增值税
借:应交税费——应交增值税　　　　　　　　　　874
　　贷:银行存款　　　　　　　　　　　　　　　　　874

二、应交消费税

(一) 消费税的计税方法

消费税是对我国境内从事生产、委托加工和进口应税消费品的单位和个人征收的一种税。这是对特定消费品和消费行为征收的一种流转税,属于价内税。根据我国现行税法,计征消费税的应税消费品包括烟、酒、化妆品、贵重首饰及珠宝玉石、鞭炮焰火、成品油、汽车轮胎、摩托车、小汽车、高尔夫球及球具、高档手表、游艇、木制一次性筷子和实木地板等。消费税在计税方法上采用从价定率法、从量定额法和复合计税法三种方法。采用从价定率计税方法,是按照应税消费品的销售额和适用的税率计算应纳的消费税,其中销售额与计征增值税的销售额口径相同,为不含增值税的销售额。采用从量定额计税方法,是按照应税消费品的数量和单位税额计算应纳的消费税。其中,数量有不同情况:属于销售自产应税消费品的,为销售数量;属于自产自用应税消费品的,为自用数量;属于委托加工应税消费品的,为收回数量;属于进口应税消费品的,为海关核定的进口应税数量。目前,在应税消费品中,除黄酒、啤酒、汽油和柴油四种产品实行从量定额计税办法外,其他产品几乎都实行从价定率的计税办法。采用复合计税方法,是对应税消费品先征一定的从量定额税,然后再从价征税。我国目前对香烟、粮食白酒和薯类白酒等应税消费品就采用这种复合征税的方法。

(二) 应交消费税的核算

企业应在"应交税费"科目下设置"应交消费税"明细科目,核算消费税的应交和实际缴纳情况。该科目贷方登记按规定应缴纳的消费税;借方登记实际缴纳的消费税和待扣的消费税;期末,贷方余额反映尚未缴纳的消费税,借方余额反映多交或待抵扣的消费税。

1. 销售自产应税消费品的账务处理

企业将生产的应税消费品对外销售,应在销售时计算应纳的消费税。企业按规定计算应纳的消费税时,借记"营业税费及附加"科目,贷记"应交税费——应交消费税"科目。销售应税消费品应交消费税的计算公式如下:

$$应纳消费税 = 销售额 \times 适用税率$$

【例 8-11】 卡美尔公司 2008 年 10 月份销售生产的摩托车一批,增值税专用发票注明的产品价款 200 000 元,增值税 34 000 元。款项已存入银行。该产品适用的消费税税率为 10%。卡美尔公司的相关会计处理如下:

借:银行存款 234 000
　　贷:主营业务收入 200 000
　　　　应交税费——应交增值税(销项税额) 34 000
借:营业税费及附加 20 000
　　贷:应交税金——应交消费税 20 000

2. 委托加工应税消费品的账务处理

委托加工应税消费品应纳的消费税,应于委托方提货时,由受托方代收代缴税款。在会计处理时,如果委托加工物资收回后直接用于销售的,应将企业支付的消费税计入加工物资的成本;如果收回后用于继续加工应税消费品的,应将企业支付的消费税记入"应交税费——应交消费税"科目借方,准予从以后加工完成并销售时计算的消费税中抵扣。

委托加工应税消费品应纳消费税的计算公式如下:

$$应纳消费税 = \frac{原材料成本 + 加工费}{1 - 适用税率} \times 适用税率$$

【例 8-12】 甲卷烟厂委托乙公司加工一批烟丝,双方均为增值税一般纳税人。甲卷烟厂按合同规定提供烟叶的实际成本为 50 000 元,支付的加工费为 8 000 元,增值税为 1 360 元。消费税由乙公司代收代缴。加工物资已经收回。烟丝的消费税税率为 30%。甲卷烟厂的相关会计处理如下。

(1) 发出加工材料

借:委托加工物资 50 000
　　贷:原材料 50 000

(2) 支付加工费

借:委托加工物资 8 000
　　应交税费——应交增值税(进项税额) 1 360
　　贷:银行存款 9 360

(3) 支付代扣代缴的消费税

代扣代缴的消费税 = (50 000 + 8 000) ÷ (1 − 30%) × 30%

$$\approx 82\,857 \times 30\%$$

$$\approx 24\,857(元)$$

① 假定收回后直接用于销售

借:委托加工物资　　　　　　　　　　　　　24 857
　　贷:银行存款　　　　　　　　　　　　　　24 857

加工的烟丝入库

借:库存商品　　　　　　　　　　　　　　　82 857
　　贷:委托加工物资　　　　　　　　　　　　82 857

烟丝销售时,不再缴纳消费税。

② 假定收回后将用于继续加工应税消费品(卷烟)

借:应交税费——应交消费税　　　　　　　　24 857
　　贷:银行存款　　　　　　　　　　　　　　24 857

加工的烟丝入库

借:原材料　　　　　　　　　　　　　　　　58 000
　　贷:委托加工物资　　　　　　　　　　　　58 000

3. 进口应税消费品的账务处理

企业进口应税消费品应纳的消费税,应计入该进口消费品的成本,借记"固定资产"、"材料采购"等科目,贷记"应交税费——应交消费税"科目。企业缴纳消费税时,借记"应交税费——应交消费税"科目,贷记"银行存款"科目。

三、应交营业税

营业税是以纳税人从事经营活动的营业额为纳税对象的一种流转税。营业税的纳税人是指在我国境内提供应税劳务、转让无形资产、销售不动产的单位和个人。按照《营业税暂行条例》规定,凡在我国境内提供交通运输、建筑、金融保险、邮电通信、文化体育、娱乐、服务等劳务以及转让无形资产或者销售不动产的单位和个人,均为营业税的纳税义务人。

(一) 营业税的计税方法

营业税也是价内税,即实行价内征收的办法,在计税方法上采用从价定率法。其应纳税额按照营业额和规定的税率计算。应纳营业税的营业额是指向对方收取的全部价款和价外费用。价外费用包括向对方收取的手续费、基金、集资费、代收款项、代垫款项及其他各种性质的价外收费。

(二) 应交营业税的核算

企业应在"应交税费"科目下设置"应交营业税"明细科目,核算营业税的应交和实际缴纳情况。该科目贷方登记按规定应纳的营业税;借方登记实际缴纳的营业税;期末贷方余额反映尚未缴纳的营业税;期末借方余额反映多交的营业税。

1. 提供应税劳务应纳营业税的账务处理

企业提供交通运输、建筑等应税劳务,按规定计算出应纳的营业税时,借记"营业税金及附加"等科目,贷记"应交税费——应交营业税"科目;实际缴纳营业税时,借记"应交税费——应交营业税"科目,贷记"银行存款"科目。

【例 8-13】 顺达运输公司对外提供运输劳务,取得收入 50 000 元,已存入银行。适用的营业税税率为 3%。顺达运输公司的相关会计处理如下:

借:银行存款   50 000
　　贷:主营业务收入   50 000
应纳营业税 = 50 000 × 3% = 1 500(元)
借:营业税金及附加   1 500
　　贷:应交税费——应交营业税   1 500

2. 转让无形资产或销售不动产应纳营业税的账务处理

企业转让无形资产,应按实际取得的转让收入,借记"银行存款"科目,按该项无形资产已计提的累计摊销和减值准备,借记"累计摊销"和"无形资产减值准备"科目,按无形资产的账面余额,贷记"无形资产"科目,按应支付的营业税及相关税费,贷记"应交税费"科目,按其差额,贷记"营业外收入"科目或者借记"营业外支出"科目。企业销售不动产,按应支付的营业税及相关税费,借记"固定资产清理"科目,贷记"应交税费"科目。有关账务处理已分别在第六章和第七章中介绍,此处不再赘述。

四、其他应交税费

(一) 应交城市维护建设税和教育费附加

城市维护建设税是以纳税人实际缴纳的流转税为计税依据征收的一种流转税。税款征收由地方人民政府安排,专门用于城镇公用事业和公共设施的维护、建设,属于地方附加税性质。凡是缴纳增值税、消费税和营业税的单位和个人,同时都是城市维护建设税的纳税人。

城市维护建设税的计税依据是纳税人实际缴纳的增值税、消费税和营业税税额。只要发生增值税、消费税和营业税的纳税行为,就要在缴纳增值税、消费税和营业税的同一环节上,分别计算缴纳城市维护建设税。城市维护建设税的税率,按纳税人所在地不同分别为:市区 7%、县城 5%、乡村 1%。

教育费附加是国家为了发展我国的教育事业,提高人民的文化素质而征收的一项费用。教育费附加按照企业缴纳的流转税的一定比例计算,并与流转税一起缴纳。

企业应在"应交税费"科目下分别设置"应交城市维护建设税"、"应交教育费附加"明细科目,核算按规定计算缴纳的城市维护建设税和教育费附加情况。企业计算出应纳的城市维护建设税和教育费附加时,借记"营业税金及附加"、"固定资产清理"等科目,贷记"应交税费——应交城市维护建设税"、"应交税费——应交教育费附加"科目;实际缴纳时,借记"应交税费——应交城市维护建设税"、"应交税费——应交教育费附加"科目,贷记"银行存款"科目。

【例8-14】 春城公司2008年12月应纳的增值税为50 000元、消费税为30 000元。适用的城市维护建设税的适用税率为7%、教育费附加率为3%。春城公司的相关会计处理如下:

应纳城市维护建设税 = (50 000 + 30 000) × 7% = 5 600(元)

应交教育费附加 = (50 000 + 30 000) × 3% = 2 400(元)

借:营业税金及附加　　　　　　　　　　　　　　8 000
　　贷:应交税费——应交城市维护建设税　　　　　　　5 600
　　　　应交税费——应交教育费附加　　　　　　　　　2 400

企业实际缴纳城市维护建设税和教育费附加

借:应交税费——应交城市维护建设税　　　　　　5 600
　　应交税费——应交教育费附加　　　　　　　　2 400
　　贷:银行存款　　　　　　　　　　　　　　　　　8 000

(二) 应交房产税、土地使用税和车船使用税

房产税是国家对在城市、县城、建制镇和工矿区征收的由产权所有人缴纳的一种税。房产税的计税依据是房产的计税价值或房产的租金收入。按《房产税暂行条例》规定,房产税依照房产原值一次减除10%—30%后的余额计算缴纳。没有房产原值作为依据的,由房产所在地税务机关参考同类房产核定;房产出租的,以房产租金为房产税的计税依据。

土地使用税是国家为了合理利用城镇土地,调节土地级差收入,提高土地使用效益,加强土地管理而对在城市、县城、建制镇和工矿区内的国家所有和集体所有的土地征收的一种税。土地使用税以纳税人实际占用的土地面积为计税依据,依照规定的税额计算征收。

车船使用税是由拥有并且使用车船的单位和个人缴纳的一种税。车船使用税是一种行为税性质的税种,凡是行驶于中国境内的公共道路的车辆和航行于中国境内河流、湖泊或领海的船舶,均为车船使用税的纳税范围。车船使用税按照适用税额计算缴纳。

企业按规定计算出应交的房产税、土地使用税、车船使用税时,借记"管理费用"科目,贷记"应交税费——应交房产税"、"应交税费——应交土地使用税"、"应交税费——应交车船使用税"等科目;缴纳时,借记"应交税费——应交房产税"、"应交税费——应交土地使用税"、"应交税费——应交车船使用税"等科目,贷记"银行存款"科目。

(三) 应交矿产资源补偿费

矿产资源补偿费是对在我国境内和其他管辖海域开采矿产资源而征收的一项费用。矿产资源补偿费按照矿产品销售收入的一定比例计征,由采矿权人缴纳。缴纳矿产资源补偿费的企业,在"管理费用"科目下设置"矿产资源补偿费"明细科目,在"应交税费"科目下设置"应交矿产资源补偿费"明细科目,进行核算。

企业销售矿产品和对矿产品进行加工,应按照有关规定,定期计算缴纳矿产资源补偿费。企业在缴纳矿产资源补偿费前,根据各月矿产品销售收入等资料,按月计提矿产资源补偿费,计提时,借记"管理费用——矿产资源补偿费"科目,贷记"应交税费——应交矿产资源补偿费"科目。收购未纳矿产资源补偿费矿产品的企业,在收购时,按实际支付的收购款项和代扣代缴的矿产资源补偿费,借记"物资采购"等科目,按代扣代缴的矿产资源补偿费,贷记"应交税费——应交矿产资源补偿费"科目,按实际支付的收购款,贷记"银行存款"科目。企业实际上交应交的矿产资源补偿费时,借记"应交税费——应交矿产资源补偿费"科目,贷记"银行存款"科目。

第四节 应付职工薪酬

一、职工薪酬的概念和内容

职工薪酬,是指企业为获得职工提供的服务而给予各种形式的报酬以及其他相关支出,包括企业为职工在职期间和离职后提供的全部货币性薪酬和非货币性福利。提供给职工配偶、子女或其他被赡养人的福利等,也属于职工薪酬。

上述"职工",是指与企业订立劳动合同的所有人员,含全职、兼职和临时职工,也包括虽未与企业订立劳动合同但由企业正式任命的人员,如董事会成员、监事会成员等。在企业的计划和控制下,虽未与企业订立劳动合同或未由其正式任命,但为其提供与职工类似服务的人员,也属于职工范畴,比如劳务用工合同人员。

具体来说,职工薪酬包括以下八个方面内容:

(1) 职工工资、奖金、津贴和补贴;

（2）职工福利费；

（3）社会保险费，包括医疗保险费、养老保险费、失业保险费、工伤保险费和生育保险费等；

（4）住房公积金；

（5）工会经费和职工教育经费；

（6）非货币性福利；

（7）辞退福利；

（8）其他与获得职工提供的服务相关的支出。

二、职工薪酬的确认和计量

（一）职工薪酬的确认原则

（1）企业应当在职工为其提供服务的会计期间，将应付的职工薪酬确认为负债，并根据职工提供服务的受益对象，分别下列情况进行处理。

① 应由生产产品、提供劳务负担的职工薪酬，计入产品成本或劳务成本。

② 应由在建工程、研发支出负担的职工薪酬，分别计入固定资产建造成本、研发支出。

③ 除上述两种情况之外的其他职工薪酬，计入当期损益。

（2）企业为职工缴纳的医疗保险费、养老保险费、失业保险费、工伤保险费、生育保险费等社会保险费和住房公积金，应当在职工为其提供服务的会计期间，根据工资总额的一定比例计算，并比照上述原则分别处理。

（3）企业在职工劳动合同到期之前解除与职工的劳动关系，或者为鼓励职工自愿接受裁减而提出给予补偿的建议，同时满足一定条件的，应当确认因解除与职工的劳动关系给予补偿而产生的预计负债，同时计入当期损益。

（二）职工薪酬的计量标准

1. 货币性职工薪酬

计量应付职工薪酬时，国家规定了计提基础和计提比例的，企业应当按照国家规定的标准，计量企业承担的职工薪酬义务和计入成本费用的职工薪酬。比如，应向社会保险经办机构等缴纳的医疗保险、养老保险费（包括根据企业年金计划向企业年金基金相关管理人缴纳的补充养老保险费）、失业保险费、工伤保险费、生育保险费等社会保险费（简称"五险"），应向住房公积金管理机构缴存的住房公积金（简称"一金"），以及工会经费和职工教育经费等。

对于国家没有明确规定计提基础和计提比例的货币性薪酬，企业应当根据历史经验数据和实际情况，合理计算当期应付职工薪酬金额和应计入成本费用的薪酬金额。

对于在职工提供服务的会计期末以后一年以上到期的应付职工薪酬,企业应当选择恰当的折现率,以应付职工薪酬折现后的金额计入相关资产成本或当期损益;应付职工薪酬金额与其折现后金额相差不大的,也可按照未折现金额计入相关资产成本或当期损益。

2. 非货币性职工薪酬

企业以其产品作为非货币性福利发放给职工的,应当根据受益对象,按照该产品的公允价值和相关税费,计量应计入成本费用的职工薪酬金额,并确认为主营业务收入和应交税费,其销售成本的结转和相关税费的处理与正常水平销售相同。以外购商品作为非货币性福利提供给职工的,应当按照该商品的公允价值和相关税费,计量应计入成本费用的职工薪酬金额。

企业租赁住房等资产供职工无偿使用的,应当根据受益对象,将每期应付的租金计入相关资产成本或当期损益,并确认应付职工薪酬。难以认定受益对象的非货币性福利,直接计入当期损益和应付职工薪酬。

(三) 职工薪酬的会计核算

企业应设置和使用"应付职工薪酬"会计科目核算企业根据有关规定应付给职工的各种薪酬及其支付情况。并相应设置"工资"、"职工福利"、"社会保险费"、"住房公积金"、"工会经费"、"职工教育经费"等明细科目进行明细核算。

【例8-15】 根据莲花公司2008年12月份的"工资结算汇总表",应付职工薪酬总额为615 000元,其中:生产人员工资300 000元,车间管理人员工资100 000元,企业管理人员工资122 800元,专设产品销售机构人员工资60 000元,固定资产购建工程人员工资32 200元。

根据有关规定,莲花公司分别按照职工工资总额的10%、12%、2%和10.5%计提医疗保险费、养老保险费、失业保险费和住房公积金;分别按照职工工资总额的2%和1.5%计提工会经费和职工教育经费。公司设有医务室,根据以往实际发生的职工福利情况,公司预计本月应承担的职工福利义务金额为职工资总额的2%,职工福利的受益对象为公司所有员工。

莲花公司将应付职工的工资在扣除职工个人应负担的社会保险费、住房公积金(假定个人负担比例与企业相同)以及个人所得税25 000元后,通过开户银行向职工发放。代扣的个人所得税向税务部门缴付;社会保险费和住房公积金分别缴纳给当地社会保险经办机构和住房公积金管理机构。

莲花公司的相关会计处理如下。

(1) 对本月份职工薪酬进行分配

应计入生产成本的职工薪酬 = 300 000 + 300 000 × (10% + 12% + 2% + 10.5% + 2% + 1.5% + 2%) = 420 000(元)

应计入制造费用的职工薪酬 = 100 000 + 100 000 × (10% + 12% + 2% + 10.5% + 2% + 1.5% + 2%) = 140 000(元)

应计入管理费用的职工薪酬 = 122 800 + 122 800 × (10% + 12% + 2% + 10.5% + 2% + 1.5% + 2%) = 171 920(元)

应计入销售费用的职工薪酬 = 60 000 + 60 000 × (10% + 12% + 2% + 10.5% + 2% + 1.5% + 2%) = 84 000(元)

应计入在建工程成本的职工薪酬 = 32 200 + 32 200 × (10% + 12% + 2% + 10.5% + 2% + 1.5% + 2%) = 45 080(元)

借:生产成本	420 000
制造费用	140 000
管理费用	171 920
销售费用	84 000
在建工程	45 080
贷:应付职工薪酬——工资	615 000
——社会保险费	147 600
——住房公积金	64 575
——工会经费	12 300
——职工教育经费	9 225
——职工福利	12 300

(2) 向职工发放薪酬同时代扣职工个人应负担的社会保险费、住房公积金及个人所得税

借:应付职工薪酬——工资	402 825
贷:银行存款	377 825
应交税费——应交个人所得税	25 000

(3) 将代扣的个人所得税向税务机关缴付

借:应交税费——应交个人所得税	25 000
贷:银行存款	25 000

(4) 将社会保险费和住房公积金缴纳给相关部门

借:应付职工薪酬——工资	212 175
应付职工薪酬——社会保险费	147 600
应付职工薪酬——住房公积金	64 575
贷:银行存款	424 350

【例 8-16】 2008 年 12 月,伟业公司决定用其生产的 1 000 台净水器作为非货币性福利发放给全体职工。其中:生产工人 600 名,车间管理人员 200 名,销售

人员120名,管理人员80名。净水器的单位成本为120元,单位计税价格(公允价值)为160元,适用的增值税税率为17%。伟业公司的相关会计处理如下。

(1) 决定发放非货币性福利

净水器的售价总额 = 160×1 000 = 160 000(元)

净水器的增值税销项税额 = 160 000×17% = 27 200(元)

借:生产成本	112 320
制造费用	37 440
销售费用	22 464
管理费用	14 976
贷:应付职工薪酬——非货币性福利	187 200

(2) 实际发放非货币性福利

借:应付职工薪酬——非货币性福利	187 200
贷:主营业务收入	160 000
应交税费——应交增值税(销项税额)	27 200
借:主营业务成本	120 000
贷:库存商品	120 000

【例8-17】 2008年8月,春城公司支付租赁的职工宿舍当月房屋租金20 000元。该宿舍供公司管理人员免费居住。春城公司的相关会计处理如下:

借:管理费用	20 000
贷:应付职工薪酬——非货币性福利	20 000
借:应付职工薪酬——非货币性福利	20 000
贷:银行存款	20 000

第五节　其他流动负债

企业的流动负债除了应付账款、应付票据、应付职工薪酬、应交税费外,还包括短期借款、应付利息、预收账款、应付股利、其他应付款等。

一、短期借款和应付利息

短期借款是指企业向银行或其他金融机构借入的期限在一年以内(含一年)的各种借款。

企业应设置"短期借款"科目核算短期借款的借入和归还情况,并应按债权人和借款种类设置明细科目。借入款项时,借记"银行存款"科目,贷记"短期借款"科目;归还借款时,借记"短期借款"科目,贷记"银行存款"科目。

短期借款利息应当作为财务费用计入当期损益。在一般情况下,企业与银行之间的利息结算是按季进行的。为了正确计算各期盈亏,企业应在季度的前两个月按月预提应付利息。每月预提利息费用时,借记"财务费用"科目,贷记"应付利息"科目;季末支付利息时,按照已预提的利息数额借记"应付利息"科目,按照已到期但尚未预提的利息借记"财务费用"科目,按照实际支付的利息数额贷记"银行存款"科目。如果短期借款的利息数额较少或利息是按月支付的,也可以在实际支付利息时,直接计入当期损益。借记"财务费用"科目,贷记"银行存款"科目。

【例8-18】 莲花公司于2008年7月1日从银行取得6个月期限的借款500 000元,年利率6%,每季度结息一次。莲花公司的相关会计处理如下。

(1) 7月1日取得借款

借:银行存款　　　　　　　　　　　　　　　　500 000
　　贷:短期借款　　　　　　　　　　　　　　　　500 000

(2) 7月末和8月末预提当月利息

借:财务费用　　　　　　　　　　　　　　　　2 500
　　贷:应付利息　　　　　　　　　　　　　　　　2 500

(3) 9月末银行通知,扣收本季度利息7 500元

借:应付利息　　　　　　　　　　　　　　　　5 000
　　财务费用　　　　　　　　　　　　　　　　2 500
　　贷:银行存款　　　　　　　　　　　　　　　　7 500

第四季度利息计提的处理同上,略。

(4) 借款到期,归还借款本金和第四季度利息

借:短期借款　　　　　　　　　　　　　　　　500 000
　　应付利息　　　　　　　　　　　　　　　　5 000
　　财务费用　　　　　　　　　　　　　　　　2 500
　　贷:银行存款　　　　　　　　　　　　　　　　507 500

二、预收账款

预收账款是指企业按合同规定,向购货单位或接受劳务单位预收的货款或订金。

企业应设置"预收账款"科目核算预收账款的收取和结算情况,并在该科目下按购货单位设置明细科目。企业预收款项时,借记"银行存款"科目,贷记"预收款项"科目;向购货单位发货时,借记"预收账款"科目,贷记"主营业务收入"、"应交税费——应交增值税(销项税额)"等科目;退还多收的预收账款时,借记"预收账款"科目,贷记"银行存款"科目;收到购货单位补付的款项时,借记"银行存款"科

目,贷记"预收账款"科目。

【例 8-19】 莲花公司按照购货合同约定,预收伟业公司购买 A 商品的货款 100 000 元。数日后,莲花公司将 A 商品发出并办理有关结算手续,货款 150 000 元,增值税 25 500 元。伟业公司随即补付了相关款项。莲花公司的相关会计处理如下。

(1) 预收伟业公司货款

借:银行存款	100 000
贷:预收账款——伟业公司	100 000

(2) 向伟业公司发出 A 产品,并办理结算手续

借:预收账款——伟业公司	175 500
贷:主营业务收入	150 000
应交税费——应交增值税(销项税额)	25 500

(3) 收到伟业公司补付的货款

借:银行存款	75 500
贷:预收账款——伟业公司	75 500

根据重要性原则,如果企业的预收账款业务不多,也可以不设置"预收账款"科目,而将预收的款项并入"应收账款"科目并在其下设置相应明细科目核算。

三、应付股利

应付股利是指企业经股东大会决议进行利润分配时,确定以现金形式向股东派发的股利或利润。企业确定并宣告分派现金股利或利润之日起,就形成对股东承担的一项流动负债。

企业确定并宣告分派现金股利或利润时,借记"利润分配"科目,贷记"应付股利"科目;实际支付时,借记"应付股利"科目,贷记"银行存款"等科目。

须说明的是,企业以股票股利(即送红股)形式分配的股利,不属于应付股利的核算内容。股票股利实际上是将企业的未分配利润转作股东的股本处理,是企业股东权益内部的结构调整,不会导致经济利益流出企业。

【例 8-20】 莲花公司于 2008 年 8 月 8 日经股东大会表决通过,确定并宣告向股东分派现金股利 180 000 元。现金股利发放日为 9 月 18 日。莲花公司的相关会计处理如下。

(1) 8 月 8 日,确定并宣告分派现金股利

借:利润分配	180 000
贷:应付股利	180 000

(2) 9 月 18 日派发现金股利

```
借：应付股利                           180 000
    贷：银行存款                              180 000
```

四、其他应付款

其他应付款是指除上述各项流动负债以外，企业应付、暂收其他单位或个人的款项，如收取的存入保证金、应付的赔偿金等。

企业应设置"其他应付款"科目，核算应付、暂收其他单位或个人的款项。例如企业计提应付租入固定资产和包装物的租金时，借记"制造费用"、"管理费用"、"销售费用"、"其他业务成本"等科目，贷记"其他应付款"科目；企业收取的作为保证金的款项，借记"银行存款"科目，贷记"其他应付款"科目。

【例 8-21】 莲花公司以经营租赁方式租入一套生产用设备，按租赁合同规定，每月租金应于次月初支付。本月末计提应付租金 1 000 元。莲花公司的相关会计处理如下。

（1）月末计提应付租金

```
借：制造费用                              1 000
    贷：其他应付款——应付设备租金                 1 000
```

（2）次月初支付租金

```
借：其他应付款——应付设备租金              1 000
    贷：银行存款                                1 000
```

第六节　流动负债在财务会计报告中的列报

一、流动负债在资产负债表中的列报

在资产负债表中，流动负债应按照具体负债项目分别列示。具体包括的项目有短期借款、应付票据、应付账款、预收账款、应付职工薪酬、应付股利、应付利息、应交税费、其他应付款等。

"短期借款"项目，反映企业借入尚未归还的一年期以下（含一年）的借款。企业应根据"短期借款"科目的期末余额填列。

"应付票据"项目，反映企业为了抵付货款等而开出、承兑的尚未到期付款的应付票据，包括银行承兑汇票和商业承兑汇票。企业应根据"应付票据"科目的期末余额填列。

"应付账款"项目，反映企业购买原材料、商品和接受劳务供应等而应付给供应单位的款项。企业应根据"应付账款"科目所属各有关明细科目的期末贷方余

额合计填列;如果"应付账款"科目所属各明细科目期末有借方余额,应在资产负债表的"预付账款"项目内填列。

"预收账款"项目,反映企业预收购买单位的账款。企业应根据"预收账款"科目所属各有关明细科目的期末贷方余额合计填列。如果"预收账款"科目所属有关明细科目有借方余额的,应在资产负债表的"应收账款"项目内填列;如果"应收账款"科目所属明细科目有贷方余额的,则也应包括在"预收账款"项目内。

"应付职工薪酬"项目,反映企业应付未付的职工工资。企业应根据"应付职工薪酬"科目期末贷方余额填列。如果"应付职工薪酬"科目期末为借方余额,则应以"-"号填列。

"应付股利"项目,反映企业尚未支付的现金股利。企业应根据"应付股利"科目的期末余额填列。

"应付利息"项目,反映企业期末应付未付的利息。企业应根据"应付利息"科目的期末余额填列。

"应交税费"项目,反映企业期末未交、多交或未抵扣的各种税费。企业应根据"应交税费"科目的期末贷方余额填列;如果"应交税费"科目期末为借方余额,则应以"-"号填列。

"其他应付款"项目,反映企业所有应付和暂收其他单位和个人的款项。企业应根据"其他应付款"科目的期末余额填列。

"其他流动负债"项目,反映企业除以上流动负债以外的其他流动负债。企业应根据有关科目的期末余额填列。如其他流动负债价值较大的,应在会计报表附注中披露其内容及金额。

二、流动负债在会计报表附注中的披露

为了使财务报告反映的信息详细而完整,企业除了在资产负债表中列示流动负债项目外,在报表附注中,还需分别对应付职工薪酬、应交税费、短期借款等项目作补充说明。

【案例】 厦门国际航空港股份有限公司(股票代码600897)在其2007年年度报告中对有关流动负债的信息披露如下:

资产负债表(局部)

2007 年 12 月 31 日

编制单位:厦门国际航空港股份有限公司　　　　　　　　　　　　　　　　　　　　　会企01表
　　　单位:人民币元

负债和所有者权益	附注	年末数	期初数
流动负债:			
应付账款	13	17 855 914.47	10 969 073.34
预收账款	14	5 469 645.89	4 151 093.74
应付职工薪酬	15	19 171 123.26	16 338 453.68
应交税费	16	11 167 975.56	13 506 294.29
其他应付款	17	21 023 375.27	16 508 836.81
其他流动负债	18	818 987.07	3 493 251.76
流动负债合计		75 507 021.52	64 967 003.62

附注九、财务报表主要项目注释
……
13．应付账款

(1) 截至 2007 年 12 月 31 日,应付账款余额为 17 855 914.47 元,账龄超过一年的大额应付账款的明细如下:

供应商	余额	发生时间	性质或内容	未偿还的原因
中国建筑第三工程局第三建筑工程安装工程公司	636 228.94	2005 年	工程款	正常结算欠款
厦门鹭路兴绿化工程建设有限公司	436 875.00	2006 年	工程款	正常结算欠款
中国机械工业第三安装工程公司厦门分公司	405 361.59	2006 年	工程款	正常尚未结算
合计	1 478 465.53			

(2) 截至 2007 年 12 月 31 日,应付账款余额中应付持有本公司 5%(含 5%)以上表决权股份的股东单位款项合计 672 281.04 元,明细详见本附注十之(三);关联方应付账款及占总应付账款的比例详见本附注十之(三)所述。

14．预收账款

(1) 截至 2007 年 12 月 31 日,预收账款余额为 5 469 645.89 元,账龄超过一年的大额预收账款的明细如下:

客户	金额	发生时间	性质或内容	未偿还的原因
漳浦天福食品开发有限公司	657 000.00	2004 年	预收租金	正常结算欠款

（2）截至 2007 年 12 月 31 日，预收账款余额中无预收持有本公司 5%（含 5%）以上表决权股份的股东单位款项；关联方预收账款及占总预收账款的比例详见本附注十之（三）所述。

15．应付职工薪酬

项目	年初账面余额	本年增加额	本年支付额	年末账面余额
工资、奖金、津贴和补贴	4 426 019.00	35 303 016.67	31 710 047.51	8 018 988.16
职工福利费	9 409 456.89	1 605 514.63	2 885 104.44	8 129 867.08
其中：职工福利及奖励基金	2 644 827.35	2 345 592.16	1 481 164.29	3 509 255.22
社会保险费	910 423.05	5 050 318.60	4 910 051.94	1 050 689.71
住房公积金	-	2 306 544.69	2 302 162.61	4 382.08
工会经费和职工教育经费	1 592 554.74	1 306 076.51	931 435.02	1 967 196.23
因解除劳动关系给予的补偿	-	42 810.24	42 810.24	-
合计	16 338 453.68	45 614 281.34	42 781 611.76	19 171 123.26

注：职工福利费年末余额 8 129 867.08 元包含职工福利及奖励基金 3 509 255.22 元和企业年金 4 620 611.86元，企业年金的详细情况见本附注十四之(2)）。

16．应交税费

类别	年末账面余额	年初账面余额
增值税	31 631.01	152 983.50
营业税	2 151 809.99	1 819 312.93
房产税	569 766.28	997 392.88
土地使用税	346 356.00	-
企业所得税	7 529 635.71	10 127 059.84
其他	538 776.57	409 545.14
合计	11 167 975.56	13 506 294.29

注1：本年度上述各税费尚待税务部门汇算；
注2：有关税率及减免税情况详见本附注六。

17．其他应付款

（1）截至 2007 年 12 月 31 日，其他应付款余额为 21 023 375.27 元，账龄超过一年的大额其他应付款的明细如下：

项目	金额	性质或内容	未偿还的原因
厦门兴丰裕商贸有限公司	658 496.00	租赁保证金	租赁期未满
厦门国际航空港兴航有限公司	604 240.00	租赁保证金	租赁期未满
中国机械工业第三安装工程公司厦门分公司	580 200.00	履约保证金	工程尚未结算
厦门航空有限公司	455 260.00	租赁保证金	租赁期未满
合计	2 298 196.00		

(2) 截至2007年12月31日,其他应付款余额中应付持有本公司5%(含5%)以上表决权股份的股东单位款项合计4 322 436.15元,明细详见本附注十之(三);关联方其他应付款及占总其他应付款的比例详见本附注十之(三)所述。

【本章相关法规】

财政部《企业会计制度》(财会[2000]25号),2000年12月29日

财政部《企业会计准则第9号——职工薪酬》(财会[2006]3号),2006年2月15日

财政部《关于执行〈企业会计制度〉和相关会计准则有关问题解答(四)》(财会[2004]3号),2004年5月28日

国际会计准则委员会《国际会计准则第37号——准备、或有负债和或有资产》,1998年7月

国务院《中华人民共和国增值税暂行条例》(国务院令第538号),2008年11月10日

国务院《中华人民共和国消费税暂行条例》(国务院令第539号),2008年11月10日

国务院《中华人民共和国营业税暂行条例》(国务院令第540号),2008年11月10日

财政部、国家税务总局《中华人民共和国增值税暂行条例实施细则》(财政部、国家税务总局令第50号),2008年12月

财政部、国家税务总局《中华人民共和国消费税暂行条例实施细则》(财政部、国家税务总局令第51号),2008年12月

财政部、国家税务总局《中华人民共和国营业税暂行条例实施细则》(财政部、国家税务总局令第52号),2008年12月

【复习思考题】

1. 什么是负债?负债有哪些基本特征?

2. 什么是流动负债？流动负债包括哪些内容？
3. 对流动负债应如何分类与计价？
4. 对带息应付票据的利息应如何核算？
5. 什么是增值税？一般纳税人与小规模纳税人在进行增值税核算时的会计科目设置有何不同？
6. 增值税一般纳税人在月末对应交增值税如何结转？为什么要结转？
7. 什么是消费税？纳税人委托加工应税消费品时，对消费税应如何进行会计处理？
8. 什么是职工薪酬？职工薪酬包括哪些内容？
9. 职工薪酬应如何确认和计量？
10. 流动负债在财务报告中应如何列示？

第九章 非流动负债

【学习目标】
　　通过本章学习,学生应当了解并掌握:
　　1. 非流动负债的概念和特点
　　2. 长期借款的确认和计量
　　3. 应付债券的会计处理
　　4. 应付债券利息调整的摊销方法及其特点
　　5. 长期应付款和预计负债的会计处理
　　6. 非流动负债的信息披露

第一节　非流动负债概述

一、非流动负债的概念和特点

　　非流动负债又称长期负债,是指偿还期在一年(或超过一年的一个营业周期)以上的负债,包括长期借款、应付公司债券、长期应付款、专项应付款、预计负债等。

　　非流动负债除具有负债的共同特征外,与流动负债相比,还具有以下三个特点:①债务金额较大;②偿还期限较长,一般都在一年(或超过一年的一个营业周期)以上;③可以采用分期偿还方式等。

　　如前所述,非流动负债作为企业的一项现时义务,结算期较长,因而成为企业筹集资金的一种重要方式。企业为了满足生产经营的需要,尤其是在企业发展阶段,往往需要筹集长期资金。通常,企业可以通过举借债务和增发股票两种主要方式融通长期资金,两种方式各有利弊。与增发股票相比较,通过举借长期债务筹集资金有以下优越性。

　　(1) 举借长期债务不会影响企业原有的股权结构,也不会影响股票的价格;而增发股票会稀释每股收益,导致股票价格下跌。

　　(2) 债权人无权参与企业的生产经营决策;而股东在股东大会上有表决权,对企业的生产经营活动会产生影响。

(3) 债权人只按照事先约定收取利息,不参与企业的利润分配;而股东有权参与企业的利润分配。

(4) 举借债务的利息可从应纳税所得额中扣除;而股利只能从税后利润中支付,不能作为税前扣除项目。

当然,通过举借长期债务筹集资金也会产生一些不利影响,主要表现在以下三个方面。

(1) 长期债务的利息是企业必须定期支付的固定费用,如果举债经营的投资报酬率低于举债的利率,则会给企业带来较重的负担,且有减少股东权益的风险。

(2) 举借的债务都有明确的到期日,在偿还债务时会使企业产生大量的现金流出。

(3) 债权人对企业财产享有优先求偿权,如果企业因资金周转困难而无法按期支付利息或本金,债权人的求偿权可能迫使企业破产清算。

可见,企业通过举借债务方式筹集资金利弊参半,企业在进行筹资决策时应综合分析各方面因素,适度举债。既要保证举债经营的投资报酬率高于债务的利率,又要考虑举债的程度与企业的资本结构和偿债能力相适应。

二、非流动负债的内容

非流动负债主要包括长期借款、应付债券、长期应付款、专项应付款和预计负债等。其中,长期借款是指企业向银行或其他金融机构借入的期限在一年以上(不含一年)的各项借款。应付公司债券是指企业为筹集长期资金而发行的一种书面凭证。长期应付款是指企业除长期借款和应付公司债券以外的其他各种长期应付款,包括分期付款方式购进固定资产应付的款项、应付融资租入固定资产的租赁费等。专项应付款是指企业接受国家拨入的具有专门用途的拨款,如政府拨入的属于工程项目的款项,专项用于技术改造、技术研究的款项等。预计负债是指企业对或有事项所引发的义务在符合负债确认条件时所确认的负债项目,如产品质量保证等。

第二节 长 期 借 款

一、长期借款的种类

长期借款是指企业向银行或其他金融机构借入的期限在一年以上(不含一年)的各项借款。长期借款是目前我国企业获得长期资金的主要方式,其债权人主要是银行或其他非银行金融机构。

按照不同的分类标准,可以对长期借款进行如下分类。

（1）按照长期借款的偿还方式，可以将长期借款分为定期偿还和分期偿还两类。

（2）按照长期借款利息的支付方式，可以将长期借款分为到期一次付息和分期付息两类。

（3）按照长期借款的借款条件，可以将长期借款分为抵押借款、担保借款和信用借款等。

（4）按照借款的币种，可以将长期借款分为人民币借款和外币借款。

二、长期借款的确认和计量

企业应当设置"长期借款"科目，并按照贷款单位和贷款种类，分别"本金"、"利息调整"、"应计利息"等进行长期借款的明细核算。

长期借款的确认与计量问题主要体现在长期借款的取得、归还和利息的确认上。

与短期借款相比，长期借款除需要作为非流动负债反映外，其不同点还体现在对借款利息费用的处理上。根据我国会计准则，长期借款的利息费用等，应当按照权责发生制原则的要求按期预提，同时，按照借款费用的确认原则计入所购建资产的成本（即予以资本化）或直接计入当期损益（即予以费用化）。若是因生产经营举借的借款，借款费用直接计入当期损益；若是因购建固定资产等而举借的专门借款，则在符合资本化条件时，将借款费用计入固定资产等的购建成本，否则，计入当期损益。

长期借款的具体会计处理如下。

企业取得长期借款时，按实际收到的款项，借记"银行存款"科目，贷记"长期借款——本金"科目，按借贷双方之间的差额，借记"长期借款——利息调整"科目。

在资产负债表日，企业应按长期借款的摊余成本和实际利率计算确定的长期借款的利息费用，借记"在建工程"、"财务费用"等科目，按借款本金和合同利率计算确定的应付未付的利息（分期付息方式下），贷记"应付利息"科目，按其差额贷记"长期借款——利息调整"科目。

若长期借款的利息为到期一次支付，则应将应付未付的利息贷记"长期借款——应计利息"科目。

归还到期的长期借款时，按归还的长期借款本金，借记"长期借款——本金"科目，按转销的利息调整金额，贷记"长期借款——利息调整"科目，按实际归还的款项，贷记"银行存款"科目，按借贷双方之间的差额，借记"在建工程"、"财务费用"等科目。

【例9-1】 莲花公司因生产经营所需于2006年初从银行借入100万元，借款期限 3 年,年利率按市场利率确定为 10%,于每年年初付息一次,到期一次归还本金。则莲花公司的相关会计处理如下。

(1) 2006 年年初,取得借款

借:银行存款　　　　　　　　　　　　　　　　1 000 000
　　贷:长期借款——本金　　　　　　　　　　　　　　1 000 000

(2) 2006 年年末计提利息

应付利息 = 100 × 10% = 10(万元)

借:财务费用　　　　　　　　　　　　　　　　　100 000
　　贷:应付利息　　　　　　　　　　　　　　　　　　100 000

2007 年和 2008 年年末,计提利息的会计处理同理(略)。

(3) 2007 年年初支付利息

借:应付利息　　　　　　　　　　　　　　　　　100 000
　　贷:银行存款　　　　　　　　　　　　　　　　　　100 000

(4) 2009 年初,借款到期,还本付息

借:长期借款——本金　　　　　　　　　　　　　1 000 000
　　应付利息　　　　　　　　　　　　　　　　　　100 000
　　贷:银行存款　　　　　　　　　　　　　　　　　1 100 000

第三节　应付债券

一、公司债券的性质、分类和价格

公司债券是企业为筹措资金而按照法定程序发行的、承诺在规定期限内还本付息的一种有价证券。企业发行公司债券则形成企业的负债。通常,公司债券的票面上应记载公司名称、债券发行日、债券面值、债券利率、债券期限、还本方式、付息方式等主要内容。

按照不同的分类依据,可将公司债券分为以下四种类型。

(1) 按公司债券的发行方式,可分为记名债券和无记名债券。

(2) 按公司债券有无担保,可分为抵押债券和信用债券。

(3) 按公司债券利息的支付方式,可分为到期一次付息债券和分期付息债券。

(4) 按公司债券可否转换为股票,分为可转换债券和不可转换债券。

公司债券的面值,是企业在日后需要偿付的本金;票面利率,是企业根据资金市场情况、企业的信用地位、目前的获利能力和未来的发展前景等因素综合确定的。公司债券可以按面值发行,也可以溢价或折价发行,发行价格是债券的本金

和利息分别按市场利率折算的现值之和。公司债券的发行价格要受到债券面值大小、期限长短、付息方式、票面利率与市场利率等许多因素的影响,其中,最主要的因素是债券票面利率与发行时的市场利率的关系。如果市场利率等于债券票面利率,债券的发行价格即与面值相等,债券为面值发行;如果市场利率小于债券票面利率,债券的发行价格就会大于面值,债券为溢价发行;如果市场利率大于债券票面利率,债券的发行价格就小于面值,债券为折价发行。对于公司债券的发行者而言,债券溢价是其因以后多付利息而事先得到的补偿,债券折价则是其以后少付利息而事先付出的代价。债券的溢价或折价,实际上起着平衡债券发行者和投资者利息水平的作用,通过溢价或折价的调节,使双方最终都能按市场利率公平合理地支付和获得利息。公司债券的市场利率、票面利率与发行价格的关系如表9-1所示。

表9-1 公司债券的市场利率、票面利率与债券发行价格的关系

利率 \ 面值、现值和发行价	债券现值与面值	债券发行价格
市场利率 = 票面利率	现值 = 面值	按面值发行
市场利率 < 票面利率	现值 > 面值	按溢价发行(面值 + 溢价)
市场利率 > 票面利率	现值 < 面值	按折价发行(面值 − 折价)

这里须说明的是,市场利率是指债券发行时的市场利率,当债券发行后,不论市场利率如何变化,对债券发行价格均不会再产生影响,发行公司也无须为此调整账面记录。

二、应付债券的会计处理

企业发行的公司债券若期限超过一年则属于一项非流动负债。应付债券的会计处理问题贯穿于债券发行日、期末和到期日等环节。为了正确地反映和监督公司债券的发行、归还和付息情况,企业应设置和使用"应付债券"科目,并在此科目下设置"面值"、"利息调整"和"应计利息"三个明细科目。若债券利息为分期支付,则应付未付的利息通过"应付利息"科目核算。

(一)应付债券在发行日的会计处理

在债券发行日,无论企业是按面值发行还是溢价或折价发行,均应按债券的面值,贷记"应付债券——面值"科目,按实际收到的款项,借记"银行存款"科目,按两者之间的差额借记或贷记"应付债券——利息调整"科目。如果债券因故在起息日后才发行,则应预收起息日至实际发行日之间的利息,并将其单独确认在"应付债券——应计利息"明细账户中。

【例9-2】 为满足生产经营所需,莲花公司经批准于2006年初按面值发行了10 000 000元的3年期债券,债券年利率8%,到期一次还本付息(假定不考虑债券发行手续费)。莲花公司发行债券时的会计处理如下:

借:银行存款　　　　　　　　　　　　　　　　10 000 000
　　贷:应付债券——面值　　　　　　　　　　　　　　10 000 000

【例9-3】 春城公司因生产经营所需经批准于2006年初发行了面值总额为10 000 000元的3年期债券,此时的市场利率为8%,债券票面利率为10%,于每年年初付息一次,到期一次归还本金。

该债券的实际发行价格为(假定不考虑债券发行手续费):

10 000 000 × 0.7938 + 10 000 000 × 10% × 2.5771 = 10 515 100(元)

春城公司发行债券时的会计处理如下:

借:银行存款　　　　　　　　　　　　　　　　10 515 100
　　贷:应付债券——面值　　　　　　　　　　　　　　10 000 000
　　　　应付债券——利息调整　　　　　　　　　　　　　 515 100

【例9-4】 银都公司因生产经营所需经批准于2006年初发行了面值总额为10 000 000元的3年期债券,此时的市场利率为8%,债券票面利率7%,债券采用分期付息方式,于每年年初付息一次。则该债券的实际发行价格为(假定不考虑债券发行手续费):

10 000 000 × 0.7938 + 10 000 000 × 7% × 2.5771 = 9 741 970(元)

银都公司发行债券时的会计处理如下:

借:银行存款　　　　　　　　　　　　　　　　9 741 970
　　应付债券——利息调整　　　　　　　　　　　　258 030
　　贷:应付债券——面值　　　　　　　　　　　　　　10 000 000

(二)应付债券在期末的会计处理

债券发行企业每期按面值和票面利率计算的利息仅仅是应支付给投资人的债券利息(即票面利息)。在溢价或折价发行债券的情况下,票面利息并不能真实反映企业使用借贷资本的成本。在债券存续期间,企业实际负担的利息(即利息费用),除票面利息外,还应包括债券的溢价或折价摊销额,将债券溢价逐期在利息费用中扣除,将债券折价逐期转为利息费用,折价或溢价就是利息的调整。

根据权责发生制原则,企业应在债券存续期内按期计提利息,同时对于利息调整的金额按实际利率法进行摊销。实际利率法是按照应付债券的实际利率计算其摊余成本及各期利息费用的方法。而实际利率是指将应付债券在债券存续期间的未来现金流量折现为该债券当前账面价值所使用的利率。

在实际利率法下,每期应摊销的债券溢价或折价为债券实际利息(即利息费

用)与票面利息的差额,具体计算公式如下:

票面利息(应支付的利息)= 债券面值 × 票面利率 × 计息期间
实际利息(债券的利息费用)= 债券期初摊余成本 × 实际利率 × 计息期间
摊销的利息调整(溢价)金额 = 票面利息 − 实际利息

或　摊销的利息调整(折价)金额 = 实际利息 − 票面利息

应付债券利息的会计处理方法视债券的付息方式而定。如果债券是到期还本付息的,应付的债券利息记入"应付债券——应计利息"明细账户中;如果债券是分期付息、一次还本的,则将应付的债券利息记入"应付利息"账户。

【例 9-5】 承例 9-2 资料,2006 及以后各年年末,莲花公司计提利息并确认利息费用。由于该公司是按面值发行的债券,故,债券的票面利息与利息费用相等。莲花公司的相关会计处理如下:

借:财务费用　　　　　　　　　　　　　　　　　　800 000
　　贷:应付债券——应计利息　　　　　　　　　　　　　800 000

【例 9-6】 承例 9-3 资料,春城公司在资产负债表日采用实际利率法摊销债券利息调整的金额,则该债券各年的应付利息、利息费用和利息调整摊销额如表 9-2 所示。

表 9-2　春城公司债券利息调整摊销表(实际利率法)　　　　　　　单位:元

项目 日期	应付利息 ① = 面值 × 票面利率	利息费用 ② = 上期末⑤ × 实际利率	利息调整摊销额 ③ = ① − ②	尚未摊销利息调整 ④ = 上期末④ − ③	债券摊余成本 ⑤ = 上期末⑤ − ③
2006 年 1 月 1 日				515 100	10 515 100
2006 年 12 月 31 日	1 000 000	841 208	158 792	356 308	10 356 308
2007 年 12 月 31 日	1 000 000	828 504	171 496	184 812	10 184 812
2008 年 12 月 31 日	1 000 000	815 188*	184 812	0	10 000 000
合　计	3 000 000	2 484 900	515 100	—	—

*:尾数调整。

2006 年年末,春城公司计提利息并确认利息费用的会计处理如下:

借:财务费用　　　　　　　　　　　　　　　　　　841 208
　　应付债券——利息调整　　　　　　　　　　　　　158 792
　　　贷:应付利息　　　　　　　　　　　　　　　　　　1 000 000

2007 年年初,春城公司支付债券利息时的会计处理如下:

借:应付利息　　　　　　　　　　　　　　　　　　1 000 000

贷：银行存款　　　　　　　　　　　　　　　　　　　　　1 000 000
　其他年度会计处理同理。
　　在溢价发行债券的情况下，采用实际利率法摊销债券利息调整金额时，由于各期的摊销额是应付利息与利息费用之差，而利息费用随着债券摊余成本的递减而递减，所以，各期的摊销额呈递增趋势。表9-2 便可以清晰地反映出这一特点。
　　【例9-7】 承例9-4资料，银都公司在资产负债表日采用实际利率法摊销债券利息调整的金额，则各年的债券应付利息、利息费用和利息调整摊销额如表9-3所示。

表9-3　银都公司债券利息调整摊销表（实际利率法）　　　　　单位：元

项目 日期	应付利息 ① = 面值×票 面利率	利息费用 ② = 上期末⑤ ×实际利率	利息调整 摊销额 ③ = ② - ①	尚未摊销 利息调整 ④ = 上期末④ - ③	债券摊余成本 ⑤ = 上期末⑤ + ③
2006.1.1				258 030	9 741 970
2006.12.31	700 000	779 358	79 358	178 672	9 821 328
2007.12.31	700 000	785 706	85 706	92 966	9 907 034
2008.12.31	700 000	792 966*	92 966	0	10 000 000
合　计	2 100 000	2 358 030	258 030	—	—

＊：尾数调整。

　2006年年末，银都公司计提利息并确认利息费用的会计处理如下：
　借：财务费用　　　　　　　　　　　　　　　　　　　　　　779 358
　　贷：应付利息　　　　　　　　　　　　　　　　　　　　　　700 000
　　　　应付债券——利息调整　　　　　　　　　　　　　　　　 79 358
　2007年年初，银都公司支付利息时的会计处理如下：
　借：应付利息　　　　　　　　　　　　　　　　　　　　　　700 000
　　贷：银行存款　　　　　　　　　　　　　　　　　　　　　　700 000
　其他年度会计处理同理。
　　在折价发行债券的情况下，在采用实际利率法摊销债券利息调整金额时，由于各期的摊销额是利息费用与应付利息之差，而利息费用随着债券摊余成本递增而递增，所以，各期的摊销额呈递增趋势。表9-3 便可以清晰地反映出这一特点。
　　（三）应付公司债券在到期日的会计处理
　　债券到期时，债券的溢价或折价已摊销完毕，此时，应付债券的账面余额为债券的面值和应付未付的利息之和，企业在还本付息时作相关会计处理即可。
　　【例9-8】 承例9-3资料，2009年年初债券到期时，春城公司归还债券本金，

并支付债券最后一期利息。春城公司的相关会计处理如下:
借:应付债券——债券面值　　　　　　　　10 000 000
　　应付利息　　　　　　　　　　　　　　1 000 000
　　贷:银行存款　　　　　　　　　　　　11 000 000
综上所述,溢价或折价发行公司债券的核算过程如图 9-1 和图 9-2 所示。

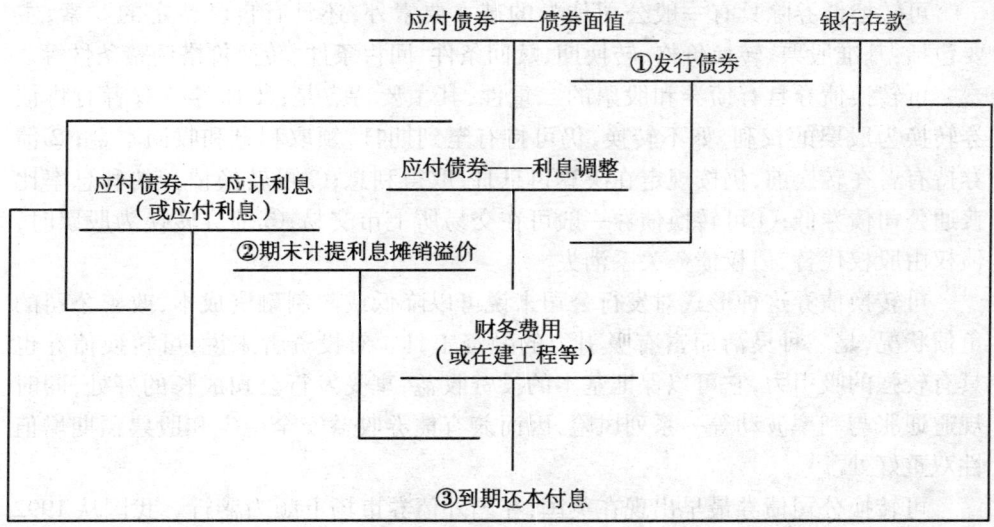

图 9-1　溢价发行债券核算过程示意图

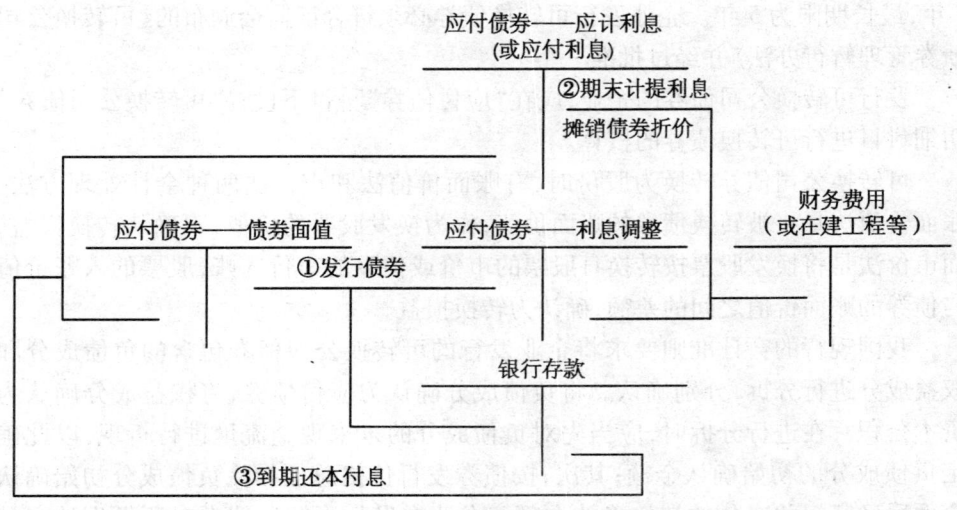

图 9-2　折价发行债券核算过程示意图

三、可转换债券的会计处理

可转换债券是一种混合性的债券形式，是一种被赋予了股票转换权的公司债券，是指发行人依据法定程序发行、在一定期间内依据约定的条件可以转换成股份的公司债券。

可转换债券除具有一般公司债券的基本要素外，还具有自己特定的要素，主要包括：基准股票、转换价格、转换期、赎回条件、回售条件、转换价格调整条件等。

可转换债券具有债券和股票的二重性，其主要特点是：①债券持有者有将债券转换为股票的权利，如不转换，仍可持有至到期日，领取利息和收回本金；②债券持有者在转换前，仍按规定在决算付息日，取得利息；③可转换债券的利息率比普通公司债券低；④可转换债券一般可在交易所上市交易；⑤债券转换为股票时，债权由股权代替，债权债务关系消失。

可转换债券这种形式对发行公司来说可以降低或限制融资成本，改善公司的负债状况，是一种灵活而富有吸引力的融资工具。对投资者来说，可转换债券也具有较强的吸引力，它可以保证基本的投资收益，享受发行公司成长的好处，同时规避通胀与利率波动等一系列风险，因而兼有债券收益安全稳定和股票预期增值性双重好处。

可转换公司债券最早出现在英国，在国外债券市场上颇为盛行。我国从1992年首次试点发行（宝安转券），目前，上市公司和重点国有企业经批准可发行可转换债券。我国发行可转换公司债券采取记名式无纸化发行方式，债券最短期限为3年，最长期限为5年。企业发行可转换债券必须符合证监会颁布的《可转换公司债券管理暂行办法》并经过批准。

发行可转换公司债券的企业，应在"应付债券"科目下设置"可转换公司债券"明细科目进行可转换债券的核算。

可转换公司债券转换为股份时，有账面价值法和市价法两种会计处理方法。账面价值法是将被转换债券的账面价值，作为换发股票的价值，不确认转换损益。而市价法是将换发股票按转换日股票的市价或债券的市价入账，股票的入账价值与债券的账面价值之间的差额，确认为转换损益。

我国现行的会计准则要求将企业发行的可转换公司债券包含的负债成分和权益成分进行分拆，分别确认。将负债成分确认为应付债券，将权益成分确认为资本公积。在进行分拆时，应当先对负债成分的未来现金流量进行折现，以此确定负债成分的初始确认金额；其次，按债券发行价格总额扣除负债成分初始确认金额后确定权益成分的初始确认金额。企业在发行可转换债券时所发生的交易费用，应当在负债成分和权益成分之间按照各自的相对公允价值进行分摊。

具体进行会计处理时,按照发行时实际收到的款项,借记"银行存款"科目,按可转换债券包含的负债成分面值,贷记"应付债券——可转换债券(面值)"科目,按可转换债券包含的权益成分的公允价值,贷记"资本公积——其他资本公积"科目,按借贷之间的差额,借记或贷记"应付债券——可转换债券(利息调整)"科目。

可转换债券发行后而其持有人行使转换权之前,债券发行人应将该债券比照普通债券处理,即按期确认债券应付利息,按债券摊余成本与实际利率计算债券实际利息,同时将两者之间的差额作为利息调整的摊销额。

可转换债券持有人行使转换权时,债券发行人应将转换的债券的账面余额(包括面值、利息调整和应计利息)冲减,同时冲减相应的资本公积;按照转换的股份的面值总额计入股本;差额作为股本溢价。

【例9-9】 金都公司为生产经营所需经批准于2007年年初发行可转换债券,债券面值总额为10 000 000元,债券期限5年,票面利率4%,到期一次还本付息。债券发行1年后可转换为股票,初始转股价为每股20元,股票面值为每股1元。假定不考虑债券发行和转换的手续费等,债券市场上类似但没有转换权的债券的利率为5%。金都公司的相关会计处理如下。

(1) 2007年年初,发行可转换债券时

对发行收入进行分拆,确定负债部分的公允价值,将其作为应付债券的入账价值;发行收入与负债部分公允价值的差额,作为权益部分的入账价值。

该可转换债券负债成分的公允价值为

10 000 000 × 0.7835 + 10 000 000 × 4% × 4.3295 = 9 566 800(元)

该可转换债券权益成分的公允价值为

10 000 000 − 9 566 800 = 433 200(元)

金都公司发行该可转换债券时的会计处理如下:

借:银行存款　　　　　　　　　　　　　　　　10 000 000
　　应付债券——可转换公司债券(利息调整)　　　433 200
　　贷:应付债券——可转换公司债券(面值)　　　　10 000 000
　　　　资本公积——其他资本公积　　　　　　　　433 200

(2) 2007年年末,确认债券利息费用时

借:财务费用(9 566 800 × 5%)　　　　　　　　478 340
　　贷:应付债券——应计利息　　　　　　　　　　400 000
　　　　——可转换公司债券(利息调整)　　　　　78 340

假定1年后,可转换债券持有人将所持可转换债券全部转换为股票,则转换的股数为:

(10 000 000 + 400 000) ÷ 20 = 520 000(股)

转换的股本总额 = 520 000 × 1 = 520 000（元）

借：应付债券——可转换债券（面值）	10 000 000	
——可转换债券（应计利息）	400 000	
资本公积——其他资本公积	433 200	
贷：股本		520 000
应付债券——可转换债券（利息调整）		354 860
资本公积——股本溢价		9 958 340

如果可转换债券的持有人未行使转换权，则债券发行公司仍应与普通债券一样，按期计提利息并摊销利息调整金额；债券到期时，归还本金并支付利息。

第四节 其他非流动负债

一、长期应付款

长期应付款是指企业除长期借款、应付债券和专项应付款以外的其他各种长期应付款项，包括采用补偿贸易方式下引进国外设备价款、应付融资租入固定资产的租赁费等。

（一）应付补偿贸易引进设备款

补偿贸易是技术贸易、商品贸易和信贷相结合的一种利用外资的形式。这是指外商直接提供或在信贷基础上提供机器设备给我国企业，我国企业以该设备、技术生产的产品，分期偿还进口设备、技术的价款和利息。主要形式包括直接补偿、间接补偿、综合补偿和劳务补偿。通常，用补偿贸易方式引进设备，在设备引进时和偿还设备价款时都没有现金的直接流入和流出，而体现为长期应付款项的形成和偿还。在我国，国家为了鼓励企业开展补偿贸易，规定开展补偿贸易的企业其补偿贸易所需机器设备及零部件的进口免征进口关税和增值税，且在补偿期内免交引进设备所生产的产品的流转税。

【例 9-10】 莲花公司采用补偿贸易方式从国外引进设备，价款折合人民币 1 000 000 元，设备不需要安装就可投产使用。莲花公司将用该设备生产的产品偿还引进设备款。该设备投产后，第一批生产产品 1 000 件，每件售价 800 元，成本 600 元，这批产品收入全部用于归还引进设备款。莲花公司的相关会计处理如下。

（1）引进设备时

借：固定资产	1 000 000	
贷：长期应付款——应付引进设备款		1 000 000

（2）销售第一批产品时

借：应收账款　　　　　　　　　　　　　　　　800 000

   贷：主营业务收入   800 000
  借：主营业务成本   600 000
   贷：库存商品   600 000
  （3）用第一批产品价款偿还设备款时
  借：长期应付款——应付引进设备款   800 000
   贷：应收账款   800 000
  （二）应付融资租赁固定资产租赁费

  融资租赁是指出租人根据承租人对租赁物件的特定要求和对供货人的选择，出资向供货人购买租赁物件，并租给承租人使用，承租人则分期向出租人支付租金，在租赁期内租赁物件的所有权属于出租人所有，承租人拥有租赁物件的使用权。租期届满，租金支付完毕并且承租人根据融资租赁合同的规定履行完全部义务后，租赁物件所有权即转归承租人所有。

  我国《企业会计准则第21号——租赁》将融资租赁定义为：实质上转移了与资产所有权有关的全部风险和报酬的租赁。融资租赁是企业在现有资金不足的情况下，取得固定资产的一种有效方式。融资租入固定资产在租金尚未偿付完毕的情况下，形成了企业的一项长期负债。

  企业融资租入固定资产，应在租赁期开始日，按租赁资产公允价值与最低租赁付款额的现值两者中较低者作为融资租入固定资产的入账价值，按最低租赁付款额作为长期应付款的入账价值，并将两者的差额，作为未确认融资费用。在租赁谈判和签订租赁合同过程中承租人发生的、可直接归属于租赁项目的初始直接费用，如印花税、佣金、律师费、差旅费等，应当确认为融资租入固定资产的入账价值。

  最低租赁付款额，是指在租赁期内，企业（即承租人）应支付或可能被要求支付的各种款项（不包括或有租金和履约成本），加上由企业（即承租人）或与其有关的第三方担保的资产余值。如果租赁期满时承租人有购买租赁资产的选择权，所订立的购买价预计将远低于行使选择权时租赁资产的公允价值，因而在租赁期开始日就可以合理确定企业（即承租人）将会行使这种选择权，则购买价格也应当包括在最低租赁付款额内。资产余值，是指在租赁期开始日估计的租赁期届满时租赁资产的公允价值。

  【例9-11】 伟业公司采用租赁方式租入一台设备，租期为8年，租赁合同规定的租金共计320 000元，每年年底分别支付40 000元，租赁合同规定的利率为6%，租赁期满后设备的所有权归属于承租方。该设备的公允价值为320 000元。

则,设备的最低租赁付款额现值为 248 400(= 40 000 × 6.21①)元。根据租赁合同判断该租赁为融资租赁。由于设备的最低租赁付款额的现值小于公允价值,伟业公司的相关会计处理如下。

(1) 租入设备时
借:固定资产——融资租入固定资产　　　　　　248 400
　　未确认融资费用　　　　　　　　　　　　　 71 600
　　　贷:长期应付款——应付融资租入固定资产租赁款　　320 000

(2) 每年支付租金时
借:长期应付款——应付融资租入固定资产租赁款　 40 000
　　　贷:银行存款　　　　　　　　　　　　　　　　　 40 000

(3) 对未确认融资费用,在租赁期内进行分摊

如果未确认融资费用按照实际利率法进行摊销,各期摊销额计算见表9-4。

表9-4　未确认融资费用摊销表(实际利率法)　　　　　　　　　　单位:元

日期＼项目	租金 ①	摊销融资费用 ② = 上期末④ × 实际利率	本金减少额 ③ = ① - ②	应付本金余额 ④ = 上期末④ - ③
租入时				248 400
第一年末	40 000	14 904	25 096	223 304
第二年末	40 000	13 398.24	26 601.76	196 702.24
第三年末	40 000	11 802.13	28 197.87	168 504.37
第四年末	40 000	10 110.26	29 889.74	138 614.63
第五年末	40 000	8 316.88	31 683.12	106 931.51
第六年末	40 000	6 415.89	33 584.11	73 347.40
第七年末	40 000	4 400.84	35 599.16	37 748.24
第八年末	40 000	2 251.76	37 748.24	0
合　计	3 20 000	71 600	248 400	—

第一年末摊销的会计分录:
借:财务费用　　　　　　　　　　　　　　　　14 904
　　　贷:未确认融资费用　　　　　　　　　　　　　 14 904

(4) 每期计提折旧时(假定按直线法计提,预计净残值为零)

---

① 6.21 为期数为 8、利率为 6% 的一元年金现值系数。

```
借:制造费用                                      31 050
    贷:累计折旧                                  31 050
(5) 租赁期满,资产产权归本企业时
借:固定资产——生产经营用固定资产             248 400
    贷:固定资产——融资租入固定资产           248 400
```

二、专项应付款

专项应付款,是指企业取得政府作为企业所有者投入的具有专项或特定用途的款项。企业可设置和使用"专项应付款"科目核算相关内容。企业取得专项应付款时,记入"专项应付款"科目贷方;因各种原因转销专项应付款时,记入"专项应付款"科目借方;期末贷方余额,反映企业尚未转销的专项应付款。企业可在"专项应付款"总账科目下按资本性投资项目设置明细科目进行明细核算。具体核算内容如下。

(1) 企业收到或应收的资本性拨款,借记"银行存款"等科目,贷记"专项应付款"科目。

(2) 企业将专项或特定用途的拨款用于工程项目,借记"在建工程"等科目,贷记"银行存款"、"应付职工薪酬"等科目。

(3) 企业在工程项目完工时,应分别不同情况进行处理:对于形成长期资产的部分,借记"专项应付款"科目,贷记"资本公积——资本溢价"科目;对于未形成长期资产需要核销的部分,借记"专项应付款"科目,贷记"在建工程"等科目;如果拨款结余需要返还,则借记"专项应付款"科目,贷记"银行存款"科目。

三、预计负债

预计负债是企业对不确定事项进行估计,当其符合负债的确认条件时所确认的负债,如对外提供担保、未决诉讼、产品质量保证、重组义务、亏损性合同等。

企业应设置"预计负债"科目,核算因或有事项而确认的负债,并在该科目下分别不同性质设置"产品质量保证"、"未决诉讼"、"债务担保"等明细科目。在对或有事项引发的义务确认负债的同时,应确认一项支出或费用。比如,因对其他单位提供债务担保,确认负债时所确认的费用计入营业外支出;因产品质量保证确认负债时所确认的费用计入销售费用;因未决诉讼确认负债时确认的诉讼费计入管理费用等。

【例9-12】 银都公司于2005年1月1日与A公司签订了债务担保协议。由于A公司财务状况严重恶化,有100万元银行贷款不能归还而被贷款银行提起诉讼。银都公司作为相关诉讼的第二被告因而承担了一项现时义务。截至2008年

12月31日,诉讼尚在审理当中。据专业人士估计,银都公司承担归还贷款责任的可能性为60%。对此,银都公司应于2008年12月31日确认一项负债100万元(最可能发生金额)。银都公司的相关会计处理如下:

  借:营业外支出   1 000 000
    贷:预计负债——未决诉讼   1 000 000

【例9-13】 莲花公司本期销售产品1 000 000元,该产品的质量保证条款规定,产品售出一年内如发生质量问题,企业将负责免费维修。根据以往相关资料,如果出现较小的质量问题,修理费一般为销售额的2%;而如果出现较大的质量问题,修理费一般为销售额的8%。据预测,莲花公司本期销售的产品中,有10%将发生较小质量问题,5%将发生较大质量问题。此外,莲花公司本期实际发生已销产品维修费用5 000元。莲花公司的相关会计处理如下。

（1）期末确认产品质量保证负债金额

预计负债的最佳估计数 = 1 000 000 × 10% × 2% + 1 000 000 × 5% × 8%
        = 6 000(元)

  借:销售费用——产品质量保证   6 000
    贷:预计负债——产品质量保证   6 000

（2）发生已销产品维修费用

  借:预计负债——产品质量保证   5 000
    贷:银行存款(或原材料等)   5 000

第五节 非流动负债在财务会计报告中的列报

一、非流动负债项目在财务会计报告中的列报

  在企业的财务会计报告中,有关非流动负债的会计信息分别反映在表内和表外。在资产负债表中,应分别披露"长期借款"、"应付债券"、"长期应付款"、"专项应付款"和"预计负债"等项目,此时还应注意,如果上述各长期负债项目中有一年内即将到期的部分,则应将该部分予以剔除,将剔除掉的部分作为"一年内到期的非流动负债"项目,在流动负债中单独列示。

二、非流动负债项目在会计报表附注中的披露

  在会计报表附注中,还应对相关的其他情况予以补充说明,比如各类长期借款的期初和期末数、借款明细信息等。

  此外,企业还应在资产负债表中披露因或有事项而确认的预计负债的信息,具体包括:

(1) 预计负债的种类、形成原因以及经济利益流出不确定性的说明；
(2) 各类预计负债的期初、期末余额和本期变动情况；
(3) 与预计负债有关的预期补偿金额和本期已确认的预期补偿金额。

此外，在涉及未决诉讼、未决仲裁的情况下，按照会计准则规定，如果企业披露全部或部分信息预期对企业造成重大不利影响的，企业无须披露这些信息，但应当披露该未决诉讼、未决仲裁的性质，以及没有披露这些信息的事实和原因。

【案例】 万科企业股份有限公司(000002)在其2007年12月31日的资产负债表中披露的非流动负债信息如下：

资产负债表（局部）

非流动负债：	注释	2007.12.31	2006.12.31
长期借款	25	16 362 079 840.21	9 452 876 950.91
长期应付款			57 003 863.92
其他非流动负债	26	9 913 830.68	17 391 619.87
预计负债	27	37 962 953.43	31 677 271.29
递延所得税负债	16	991 004 610.53	891 116 532.12
非流动负债合计		17 400 961 234.85	10 450 066 238.11

此外，万科企业股份有限公司在其2007年年度报告会计报表附注中对有关非流动负债的详细信息披露如下：

……

注释25．一年内到期的长期负债和长期借款

1）一年内到期的长期负债

种类	原币	汇率	折人民币	借款条件	年利率	期限
银行借款						
其中：人民币	5 030 000 000.00	1.0	5 030 000 000.00	信用	5.03%—7.20%	2006.2.15—2008.10.20
	230 000 000.00	1.0	230 000 000.00	担保	6.00%	2007.2.2—2008.7.15
……	……	……	……	……	……	……
港币	220 994 820.82	0.9364	206 939 550.22	抵押	HIBOR+2%	2006.12.1—2008.11.30
……	……	……	……	……	……	……
美元	76 550 013.75	7.3046	559 165 353.43	反担保	LIBOR+3.8%	2007.3.22—2008.10.4
小计			6 591 016 903.65			
……	……	……	……	……	……	……

2) 长期借款

种类	原币	汇率	折人民币	借款条件	年利率	期限
银行借款[*1]						
其中：人民币	5 250 030 200.65	1.0	5 250 030 200.65	信用	4.90%—7.47%	2006.7.21—2009.12.31
	443 000 000.00	1.0	443 000 000.00	担保	6%—7.47%	2007.5.16—2010.7.9
……	……		……	……	……	……
港币	253 000 000.00	0.9364	236 909 200.00	反担保	HIB+2.2%	2007.7.14—2009.7.26
……	……		……	……	……	……
美元	51 795 295.48	7.3046	378 343 915.36	抵押	7.37%—7.95%	2007.2.14—2009.12.18
小计			9 074 189 840.21			
其他借款[*2]						
人民币	7 287 890 000.00	1.0	7 287 890 000.00	反担保	4.90%—8%	2006.7.25—2009.9.28
小计			7 287 890 000.00			
合计			16 362 079 840.21			

*1：以上借款主要由本集团控股子公司的存货作为抵押（详见附注(10)存货）。

*2：其他借款系通过信托公司参照市场利率借入的款项，其中人民币3亿元借款是以在建开发产品与已完工产品抵押。

……

注释27. 预计负债

项目	2006年12月31日	本年提取	本年偿付	2007年12月31日
客户补偿准备[*1]	18 749 083.81	—	1 833 302.16	16 915 781.65
酬金制项目[*2]	12 928 187.48	8 118 984.30	—	21 047 171.78
合计	31 677 271.29	8 118 984.30	1 833 302.16	37 962 953.43

*1：客户补偿准备为系北京公司、天津公司为项目后期维护所预提的客户补偿准备。

*2：酬金制项目补偿款为物业管理公司实行酬金制管理所预提的补偿款。

【本章相关法规】

财政部《企业会计准则第13号——或有事项》（财会[2006]3号），2006年2月15日

财政部《企业会计准则第17号——借款费用》（财会[2006]3号），2006年2月15日

财政部《企业会计准则第21号——租赁》（财会[2006]3号），2006年2月15日

财政部《企业会计制度》(财会[2000]25号),2000年12月29日
国务院证券委员会《可转换公司债券管理暂行办法》,1997年3月25日
国际会计准则委员会《国际会计准则第23号——借款费用》,1993年修订
美国财务会计准则委员会《财务会计准则公告第34号——利息资本化》

【复习思考题】
1. 与流动负债相比较,非流动负债有何特点?
2. 什么是公司债券?公司债券的发行价格如何构成?会受哪些因素影响?
3. 什么是公司债券的溢价和折价?为什么债券会溢价或折价?
4. 为什么要对应付公司债券的溢价或折价进行摊销?
5. 应付公司债券的溢价或折价有何摊销方法?
6. 什么是预计负债?预计负债应如何确认和计量?
7. 什么是实际利率法?实际利率指什么?
8. 采用实际利率法摊销债券的利息调整金额时有何特点?
9. 在我国,上市公司对发行的可转换债券应如何确认与计量?
10. 上市公司应如何在财务报告中披露非流动负债的相关信息?

第四篇　收入、费用和利润

【本篇概要】

　　企业要持续不断地进行生产经营活动,并从中尽可能多地获取利润,以期为扩大再生产积聚更多的具有持续性的资金,也为企业的投资人带来更多的投资回报。要达到上述目标,在会计上,就需要正确确认与计量收入、费用和利润,对利润的形成过程、利润构成的各个方面以及对利润的分配去向进行全面完整的会计核算,并在此基础上向投资人、债权人等利益相关者提供客观、全面、完整的相关会计信息。

第四篇 妖人、妖物的判别

[本篇概要]

第十章 收入和费用

【学习目标】

通过本章学习,学生应当了解并掌握:
1. 收入的概念、特点及分类
2. 商品销售收入的确认与计量
3. 劳务收入的确认与计量
4. 让渡资产使用权收入的确认与计量
5. 建造合同收入的确认与计量
6. 生产成本、期间费用的确认与计量
7. 收入和费用的信息披露

第一节 收 入

一、收入概述

(一)收入的概念和特征

收入是利润的源泉,获取收入是企业从事生产经营活动的直接目的。收入有广义与狭义之分。广义的收入是指企业在会计期间内增加的除投资者投资以外的经济利益,经济利益最终表现为现金或现金等价物流入企业或负债的清偿。狭义的收入仅指企业在日常活动中形成的经济利益的总流入。我国《企业会计准则第14号——收入》中,将收入界定在狭义的概念上:收入,是指企业在日常活动中形成的、会导致所有者权益增加的、与所有者投入资本无关的经济利益的总流入。收入包括销售商品收入、劳务收入、利息收入、使用费收入、租金收入、股利收入等,但不包括为第三方或客户代收的款项。

从上述定义中,我们可以概括出收入的以下基本特征。

(1)收入是从企业的日常活动中产生的,而不是从偶发的交易或事项中产生的。上述日常活动,是指企业为完成其经营目标所从事的经常性活动以及与之相关的其他活动。不同行业的企业,从事的经常性活动的内容各不相同。一般工商企业的收入是从其销售商品、提供劳务等日常经营活动中产生的,而不是从非常活动中产生的。有些交易或事项也能给企业带来经济利益,但由于其不属于企业的日常活动,因而其流入企业的经济利益只能属于利得,而不属于收入,如处置固定资产、取得的罚款、税款返还等。

(2) 收入形成的经济利益流入最终能引起企业所有者权益的增加。经济利益是指直接或间接地给企业带来的现金或现金等价物。收入形成的经济利益总流入的形式多种多样:既可能表现为资产的增加,如银行存款或应收款项的增加;也可能表现为负债的减少,如预收账款的减少;还可能表现为两者的组合,如销售实现时,部分冲减预收的货款,部分增加银行存款。根据"资产=负债+所有者权益"这一会计恒等式,企业取得收入则能增加所有者权益[①]。

(3) 收入形成的经济利益总流入与所有者投入资本无关。所有者投入资本也会形成经济利益流入,但这种经济利益的流入并不构成收入,而应当确认为所有者权益的组成部分。此外,企业代第三方收取的款项,如代国家收取的增值税销项税额、代收的利息等,由此形成的经济利益总流入也不构成收入,而应当确认为负债。

企业要正确地确认和计量收入,就必须分清收益、收入和利得的界限。

企业在会计期间内增加的除所有者投资以外的经济利益通常称为收益,收益包括收入和利得。收入是指企业在日常活动中形成的经济利益的总流入,属于企业主要的、经常性的业务收入。利得是指收入以外的其他收益,通常从偶发的经济业务中取得,属于那种不经过经营过程就能取得或不曾期望获得的收益,如企业接受政府补助取得的资产、因其他企业违约收取的罚款、处置固定资产或无形资产的净收益、被债权人豁免的债务等。

收入与利得的主要区别在于以下两方面:①收入是企业日常活动的结果,利得是企业边缘性或偶发性等交易或事项的结果。②收入和相关成本在会计报表中应分别反映,利得在报表中通常以净额反映。

虽然收入和利得有着上述显而易见的区别,但就代表经济利益的增加而言,收入和利得并没有实质性的差别。

(二) 收入的分类

企业的经营活动丰富多彩,由此产生的收入也多种多样,为了便于对收入进行管理和核算,我们可以对收入按不同的标准予以分类。

(1) 按照日常活动的性质分类,可以将收入分为销售商品收入、提供劳务收入、让渡资产使用权收入和建造合同收入等。其中,销售商品收入是指企业通过

---

① 收入与相关成本费用相配比后,既可能增加所有者权益,也可能减少所有者权益。

销售商品实现的收入,如工业生产企业制造并销售产品实现的收入,商业企业销售商品实现的收入。提供劳务收入是指企业通过提供劳务实现的收入,如运输公司提供运输劳务实现的收入,会计公司提供代账、咨询等劳务实现的收入等。让渡资产使用权收入是指企业通过让渡资产使用权实现的收入,如商业银行对外贷款实现的收入,租赁公司出租资产实现的收入等。建造合同收入是指企业承担建造合同所实现的收入,如建筑公司承担的房屋建造合同实现的收入。

(2)按照企业从事的日常活动在企业的重要性,可以将收入分为主营业务收入和其他业务收入等。不同行业的主营业务收入所包括的内容有所不同。比如,工业性企业的主营业务收入主要包括销售商品、自制半成品、代制品、代修品、提供工业性劳务等取得的收入;商品流通企业的主营业务收入主要包括销售商品所取得的收入;咨询公司的主营业务收入是提供咨询服务获取的劳务收入;租赁公司的主营业务收入是对外提供资产出租而获取的租金收入等。

(三)收入确认和计量的一般原则

收入的确认,是指某个项目作为收入,记录该项目的取得或发生并将其反映在利润表中。要将各类收入予以确认,除必须符合收入要素的定义外,还必须符合以下基本条件:①与形成收入交易相关的经济利益很可能流入企业;②收入能够可靠地计量。在具体确认过程中,企业应遵循实质重于形式原则,注重交易的经济实质,针对不同交易的特点进行确定。

收入的计量,是指为了在利润表上确认和列报收入而确定其金额的过程。考虑到计量中的不确定性、我国目前会计信息使用者对信息的需求以及会计信息提供者的能力等因素,我国是按照交易或事项实际发生的金额来计量收入的。

二、销售商品收入的确认和计量

(一)销售商品收入的确认条件

"销售商品"中所指的"商品"是企业为销售而生产或购进的商品,比如工业企业生产的产品、商品流通企业购进的商品等。一项交易活动是否属于企业的销售商品行为?销售商品所产生的收入又应如何确认和计量?我国企业会计准则中规定,销售商品的收入只有同时符合以下五项条件时,才能加以确认。

1.企业已将商品所有权上的主要风险和报酬转移给购货方

商品所有权上的风险,主要是指商品所有者承担该商品价值发生损失的可能性。比如,商品发生减值、商品发生毁损的可能性等。商品所有权上的报酬,主要是指商品所有者预期可获得的商品中包括的未来经济利益。比如,商品价值的增加以及商品的使用所形成的经济利益等。商品所有权上的风险和报酬转移给了购货方,是指风险和报酬均转移给了购货方。当一项商品发生的任何损失均不需要销货方承担,带来的经济利益也不归销货方,则意味着该商品所有权上的风险和报酬已移出该销货方。

企业在判断一项商品所有权上的主要风险和报酬是否已经转移给了购买方时,应遵循实质重于形式原则。通常,所有权凭证的转移或实物的交付是需要考虑的重要因素。在大多数情况下,商品所有权凭证的转移或实物交付后,商品所有权上的主要风险和报酬也随之转移,比如大多数的零售交易。然而,有些时候,商品所有权凭证的转移或实物交付后,商品所有权上的主要风险和报酬却并未随之转移,企业仍然保留商品所有权上的主要风险和报酬,具体有以下四种情况:①企业销售的商品在质量、品种、规格等方面不符合合同规定的要求,又未根据正常的保证条款予以弥补,因而仍负有责任;②企业销售商品的收入是否能够取得取决于代销方或受托方销售商品的收入是否能够取得;③企业尚未完成售出商品的安装或检验工作,且此项安装或检验任务是销售合同的重要组成部分;④销售合同中规定了由于特定原因买方有权退货的条款,而企业又不能确定退货的可能性。

2. 企业既没有保留通常与所有权相联系的继续管理权,也没有对已售出的商品实施控制

如果商品售出后,企业仍保留有与该商品的所有权相联系的继续管理权或仍对售出的商品可以实施控制,则说明此项销售商品交易没有完成,销售不能成立,不能确认收入。比如,甲制造商将一批商品销售给乙中间商。合同规定,甲有权要求乙将售出的商品转移或退回。在这个例子中,甲虽然已将商品售出,但仍对商品拥有实际控制权,因而不能确认收入。

3. 与交易相关的经济利益能够流入企业

与交易相关的经济利益主要是指销售商品的价款。销售商品的价款能否有把握收回,是收入确认的一个重要条件。企业在销售商品时,如果根据以往与买方交往的直接经验,或从其他方面取得的信息,或政府的有关政策等进行判断,估计价款收回的可能性不大,则即使收入确认的其他条件均已满足,也不应当确认收入。

企业在判断价款收回的可能性时,应进行定性分析,当确定价款收回的可能性大于不能收回的可能性时,即认为价款能够收回。通常,企业售出的商品符合合同或协议规定的要求,并已将发票账单交付买方,买方也承诺付款,即表明销售商品的价款能够收回。如果企业判断价款不能收回,应提供可靠的证据。

4. 收入的金额能够可靠地计量

收入能否可靠地计量,是确认收入的基本前提,如果收入不能可靠计量,则无法确认收入。企业在销售商品时,商品销售价格通常已经确定。但是,由于销售

商品过程中某些不确定因素的影响,也有可能存在商品销售价格发生变动的情况。在这种情况下,新的商品销售价格未确定前通常不应确认销售商品收入。

5. 相关的已发生或将发生的成本能够可靠地计量

相关的已发生或将发生的成本能够可靠地计量,是指与销售商品相关的已发生或将要发生的成本能够合理地估计。根据配比原则,与同一项销售有关的收入和成本应在同一会计期间予以确认,因此,如果成本不能可靠计量,即使其他条件均已满足,相关的收入也不能确认,此时,如果已收到价款,则应将收到的价款作为一项负债确认。

(二)销售商品收入确认条件的具体应用

企业在进行销售商品收入确认时,必须仔细地分析每项交易的实质,只有当交易全部符合上述五项确认条件时,才能将其确认为收入。在销售商品收入确认条件的具体应用中,通常按规定的时点确认为收入,主要有以下四种情形。

(1)销售商品采用托收承付方式的,在办妥托收手续时确认收入。

(2)销售商品采用预收款方式的,在发出商品时确认收入,预收的货款应确认为负债。

(3)销售商品需要安装和检验的,在购买方接受商品以及安装和检验完毕前,不确认收入,待安装和检验完毕时确认收入。如果安装程序比较简单,可在发出商品时确认收入。

(4)销售商品采用支付手续费方式委托代销的,在收到代销清单时确认收入。

(三)销售商品收入的计量标准

商品销售收入的计量也是极为重要的一个问题。根据我国相关会计准则,企业应当按照从购货方已收或应收的合同或协议价款确定销售商品收入金额,但已收或应收的合同或协议价款不公允的除外。如果合同或协议价款的收取采用递延方式,则实质上具有融资性质,应当按照应收的合同或协议价款的公允价值确定销售商品收入金额。应收的合同或协议价款与其公允价值之间的差额,应当在合同或协议期间内采用实际利率法进行摊销,计入当期损益。

对于销售商品时发生的现金折扣、商业折扣和销售折让问题,应分别采用不同的办法予以处理。

(1)现金折扣应按总价法处理。现金折扣,是指债权人为鼓励债务人在规定的期限内付款而向债务人提供的债务扣除。前已述及,对现金折扣分别有总价法和净价法两种处理方法。根据我国现行的相关会计准则,企业在确定商品销售收入金额时,不应考虑各种预计可能发生的现金折扣。现金折扣在实际发生时,视作企业的理财费用,计入当期损益。

(2) 商业折扣按扣除后的金额确定。商业折扣,是指企业为促进商品销售而在商品标价上给予的价格扣除。企业销售商品涉及商业折扣的,应当按照扣除商业折扣后的金额确定销售商品收入金额。

(3) 销售折让在实际发生时确认。销售折让,是指企业因售出商品的质量不合格等原因而在售价上给予购买方的减让。通常,销售折让发生在销售收入已经确认之后,因此,企业应在销售折让发生时,直接冲减当期实现的销售收入。如果销售折让属于资产负债表日后事项的,则应按《企业会计准则第29号——资产负债表日后事项》的相关规定处理,即对报告年度的损益及相关项目进行调整。

(四) 商品销售的账务处理

1. 一般商品销售的账务处理

企业在进行商品销售的账务处理时,应当首先按照商品销售收入确认的条件进行衡量,若同时符合前述五项条件,应及时确认为收入,并结转相关的销售成本;否则,不能确认收入。

销售商品收入应通过设置和使用"主营业务收入"科目进行核算。该科目属于损益类科目,确认收入时记入贷方,冲减收入或期末结转时记入借方,期末结转后该科目没有余额。根据配比原则,企业在确认商品销售收入的当期,需要结转已销商品的成本,结转成本时,记入"主营业务成本"科目借方,同时记入"库存商品"账户的贷方,"主营业务成本"账户为损益类账户,期末结转后,账户无余额。

为了单独反映已经发出但由于未同时满足商品销售收入确认条件而尚未确认销售收入的商品成本,企业还应设置和使用"发出商品"科目。企业对于发出的商品,在确定不能确认收入时,应按发出商品的实际成本借记"发出商品"科目,贷记"库存商品"科目,待收入确认的五个条件都符合时再作收入确认。

若由于已售出商品的质量、品种、规格等不符合合同要求而发生退货,应分别不同情况进行会计处理:对于尚未确认收入的,只需将已记入"发出商品"科目的商品成本转回"库存商品"科目;对于已经确认收入的,应直接冲减退回当月的销售收入,若该商品的成本已经结转,则还应同时冲减退回当月的销售成本;对于在资产负债表日及之前售出的商品在资产负债表日至财务报告批准报出日之间发生的退回,则应作为资产负债表日后事项的调整事项处理。

【例10-1】 伟业公司于2008年9月29日向本地莲花公司销售一批商品,商品发票价200 000元,增值税34 000元。货款及增值税均以转账支票收讫。该批商品的成本总额为160 000元。伟业公司的相关会计处理如下:

(1) 发出产品并将转账支票送存银行

借:银行存款　　　　　　　　　　　　　　　　　234 000
　　贷:主营业务收入　　　　　　　　　　　　　　　200 000

应交税费——应交增值税(销项税额)　　　　　34 000
(2)结转销售成本
借:主营业务成本　　　　　　　　　　　　　　160 000
　　贷:库存商品　　　　　　　　　　　　　　　　160 000

前已述及,若销售是附带现金折扣条件的,则销售企业在确认和计量销售收入时有总价法和净价法两种处理方法。在总价法下,销售收入应按照未扣除现金折扣的总价计量,若企业在折扣期内收回货款,即提前收回货款,则将给予购买方的现金折扣视同理财费用,计入当期损益。在净价法下,销售收入应按扣除最大现金折扣后的净价计量,若企业在折扣期后才收回货款,即延迟收款,则将购买方丧失的现金折扣视同理财收入,计入当期损益。

【例10-2】　仍依例10-1资料,假定在此项购销活动中伟业公司与莲花公司约定的现金折扣条件为2/10;1/20;n/30。则伟业公司对该项业务在总价法和净价法下的会计处理分别如表10-1所示。

表10-1　销售收入总价法与净价法下的会计处理　　　　　单位:元

时间	总价法	净价法
销售	借:应收账款——莲花公司 　　　　　　　　　234 000 　贷:主营业务收入　200 000 　　应交税费——应交增值税(销项税额) 　　　　　　　　　　34 000	借:应收账款——莲花公司 　　　　　　　　　230 000 　贷:主营业务收入　196 000 　　应交税费——应交增值税(销项税额) 　　　　　　　　　　34 000
10天以内收回货款	借:银行存款　　　230 000 　　财务费用　　　　4 000 　贷:应收账款——莲花公司 　　　　　　　　　234 000	借:银行存款　　　230 000 　贷:应收账款——莲花公司 　　　　　　　　　230 000
10天以后20天以内收回货款	借:银行存款　　　232 000 　　财务费用　　　　2 000 　贷:应收账款——莲花公司 　　　　　　　　　234 000	借:银行存款　　　232 000 　贷:应收账款——莲花公司 　　　　　　　　　230 000 　　财务费用　　　　2 000
20天以后收回货款	借:银行存款　　　234 000 　贷:应收账款——莲花公司 　　　　　　　　　234 000	借:银行存款　　　234 000 　贷:应收账款——莲花公司 　　　　　　　　　230 000 　　财务费用　　　　4 000

【例10-3】　莲花公司于2008年8月1日根据合同向甲公司销售一批商品,以托收承付结算方式进行结算。该批商品的成本为168 000元,售价为220 000元,增值税税率为17%。莲花公司在发货时已知甲公司资金周转困难,难以及时

支付货款,但为了减少存货积压,同时也为了维持与甲公司长期以来建立的良好的商业关系,仍将商品销售给了甲公司。该批商品已经发出,并已向银行办妥托收手续。假定莲花公司销售该批商品的纳税义务已经发生。莲花公司的相关会计处理如下:

(1) 发出商品

借:发出商品　　　　　　　　　　　　　　　　　168 000
　　贷:库存商品　　　　　　　　　　　　　　　　168 000

(2) 确认增值税纳税义务

借:应收账款——甲公司(应收销项税额)　　　　 37 400
　　贷:应交税费——应交增值税(销项税额)　　　 37 400

(3) 假定12月6日莲花公司得知甲公司经营情况逐渐好转,且甲公司承诺近期付款

借:应收账款——甲公司　　　　　　　　　　　　220 000
　　贷:主营业务收入　　　　　　　　　　　　　　220 000
借:主营业务成本　　　　　　　　　　　　　　　168 000
　　贷:发出商品　　　　　　　　　　　　　　　　168 000

(4) 莲花公司收到甲公司支付的该笔货款及增值税

借:银行存款　　　　　　　　　　　　　　　　　257 400
　　贷:应收账款——甲公司　　　　　　　　　　　257 400

【例10-4】 伟业公司于2008年10月18日销售一批商品给乙公司,增值税发票上注明售价500 000元,增值税85 000元。乙公司在验货时发现商品质量不符合合同要求,于11月10日向伟业公司提出在价格上给予5%的折让。经伟业公司核查,乙公司所提要求符合合同约定,同意给予折让并办妥了相关手续。假定此前伟业公司已经确认该批商品的销售收入,货款尚未收到。伟业公司的相关会计处理如下:

(1) 确认销售收入

借:应收账款——乙公司　　　　　　　　　　　　585 000
　　贷:主营业务收入　　　　　　　　　　　　　　500 000
　　　　应交税费——应交增值税(销项税额)　　　 85 000

月末结转销售成本(略)。

(2) 发生销售折让

借:主营业务收入　　　　　　　　　　　　　　　 25 000
　　应交税费——应交增值税(销项税额)　　　　　 4 250
　　贷:应收账款——乙公司　　　　　　　　　　　 29 250

(3) 实际收到款项

借:银行存款 555 750
　　贷:应收账款——乙公司 555 750

若企业已经售出的商品发生销售退回,则应分别具体情况进行处理。销售退回是指企业售出的商品,由于质量、品种不符合要求等原因而发生的退货。销售退回可能发生在企业确认收入之前,也可能发生在企业确认收入后,也可能发生在资产负债表日至财务报告批准报出日之间。企业应分别销售退回的发生时间进行处理。

如果销售退回发生在企业确认收入之前,将已记入"发出商品"科目的商品成本转回"库存商品"科目即可。

如果销售退回发生在企业确认收入之后,则不论是当年销售的,还是以前年度销售的,均应冲减退回当月的销售收入;同时冲减退回当月的销售成本。若该项商品销售已经发生现金折扣,则应在退回当月一并调整。发生销售退回时,若按规定允许扣减当期销项税,则应同时冲减"应交税费——应交增值税"科目的"销项税额"专栏。

如果销售退回发生在企业资产负债表日至财务报告批准报出日之间,除应在退回当月作相关的账务处理外,还应作为资产负债表日后发生的调整事项,冲减报告年度的收入、成本和税费等。若该项销售在资产负债表日及之前已发生现金折扣,则还应同时冲减报告年度相关的现金折扣。

【例10-5】 莲花公司于2008年11月8日向丙公司销售甲商品一批,售价总额为30 000元,增值税额5 100元,成本总额为21 000元。合同规定的现金折扣条件为2/10,1/20,n/30。购买方已于11月26日付款,并享受现金折扣300元。2008年12月7日,该批商品因质量方面存在严重问题被退回。莲花公司的相关会计处理如下。

(1) 销售商品

借:应收账款——丙公司 35 100
　　贷:主营业务收入 30 000
　　　　应交税费——应交增值税(销项税额) 5 100
借:主营业务成本 21 000
　　贷:库存商品——甲商品 21 000

(2) 收回货款

借:银行存款 34 800
　　财务费用 300
　　贷:应收账款——丙公司 35 100

(3) 销售退回

借：主营业务收入	30 000
应交税费——应交增值税（销项税额）	5 100
贷：银行存款	34 800
财务费用	300
借：库存商品——甲商品	21 000
贷：主营业务成本	21 000

2. 特殊商品销售的账务处理

(1) 预收货款销售。

预收货款销售商品，是指购买方在尚未收到商品前，需按照合同或协议规定支付部分或全部货款，而销售方在收到相应的款项后才交货的销售方式。在这种销售方式下，销售方在收到货款后才将商品交付给购货方，这表明所售商品所有权上的主要风险和报酬只有在发出商品时才转移给购货方。销售企业应在发出商品时确认商品销售收入，而在此之前，销售企业应将预收的货款作为负债确认。

【例10-6】 2008年6月，P公司与K公司签订购销合同，合同约定P公司采用预收货款方式向K公司销售一批商品，K公司需在7月底之前预付货款150 000元；P公司应在收到款项的10日内将商品交付K公司；K公司应在收到商品15日内将其余货款及增值税补付给P公司。该批商品的销售价格为200 000元，实际成本为160 000元。双方均为增值税一般纳税人，适用税率为17%。购销双方的相关会计处理如表10-2所示。

表10-2 预收货款销售方式下购销双方的账务处理

销售过程	P公司（销货方）	K公司（购货方）
K公司将货款预付给P公司	借：银行存款　　　　150 000 　贷：预收账款——K公司 　　　　　　　　　　150 000	借：预付账款——P公司 　　　　　　　　　　150 000 　贷：银行存款　　　　150 000
P公司将货物交付给K公司	借：预收账款——K公司 　　　　　　　　　　234 000 　贷：主营业务收入　　200 000 　　　应交税费——增值税（销项税额） 　　　　　　　　　　34 000 借：主营业务成本　　160 000 　贷：库存商品　　　　160 000	借：材料采购等　　　　200 000 　　应交税费——增值税（进项税额） 　　　　　　　　　　34 000 　贷：预付账款——P公司 　　　　　　　　　　234 000
K公司向P公司补付货款及税金	借：银行存款　　　　84 000 　贷：预收账款——K公司 　　　　　　　　　　84 000	借：预付账款——P公司 　　　　　　　　　　84 000 　贷：银行存款　　　　84 000

（2）代销。

代销通常有两种方式，即视同买断以及收取手续费。

① 视同买断方式。

在视同买断方式下，委托方和受托方事先签订协议，委托方按协议价收取所代销的货款，实际售价可由受托方自定，实际售价与协议价之间的差额归受托方所有。如果委托方和受托方之间的协议明确标明，受托方在取得代销商品后，无论是否能够卖出、是否获利，均与委托方无关，那么委托方和受托方之间的代销商品交易，与委托方直接销售商品给受托方没有实质区别，在符合销售商品收入确认条件时，委托方应确认相关销售商品收入。如果委托方和受托方之间的协议明确标明，将来受托方没有将商品售出时可以将商品退回给委托方，或受托方因代销商品出现亏损时可以要求委托方补偿，那么委托方在交付商品时不确认收入，受托方也不作购进商品处理；受托方将商品销售后，按实际售价确认销售收入，并向委托方开具代销清单，委托方收到代销清单时，再确认本企业的销售收入。

【例10-7】 2008年8月，A公司委托B公司销售甲商品100件，协议价为100元/件，该商品成本为65元/件，A公司与B公司均属增值税一般纳税人，增值税税率为17%。代销协议中约定，B公司有权将未出售的甲商品退回给A公司。12月，A公司收到B公司开来的代销清单，所有商品均已售出，A公司遂即向B公司开具增值税发票，发票上注明：售价10 000元，增值税1 700元。B公司实际销售甲商品时开具的增值税发票上注明：售价12 000元，增值税为2 040元。A公司和B公司的相关会计处理如表10-3所示。

表10-3 视同买断方式下委托方与受托方的账务处理

销售过程	A公司（委托方）	B公司（受托方）
A公司将甲商品交付B公司	借：发出商品　　6 500 　　贷：库存商品　　6 500	借：受托代销商品　　10 000 　　贷：受托代销商品款　　10 000
B公司实际销售并向A公司发出代销清单；A公司收到B公司的代销清单	借：应收账款——B公司 　　　　　　　　11 700 　　贷：主营业务收入　10 000 　　　　应交税费——增值税（销项税额） 　　　　　　　　　1 700 借：主营业务成本　6 500 　　贷：发出商品　　6 500	借：银行存款　　14 040 　　贷：主营业务收入　　12 000 　　　　应交税费——增值税（销项税额） 　　　　　　　　　　2 040 借：主营业务成本　　10 000 　　贷：受托代销商品　　10 000 借：受托代销商品款　　10 000 　　应交税费——增值税（进项税额） 　　　　　　　　　　1 700 　　贷：应付账款——A公司　11 700

续表

销售过程	A公司（委托方）	B公司（受托方）
A公司收到B公司汇来的货款	借：银行存款　　　11 700 　　贷：应收账款——B公司 　　　　　　　　　　11 700	借：应付账款——A公司 　　　　　　　　　　11 700 　　贷：银行存款　　　11 700

② 收取手续费方式。

在收取手续费方式下，委托方在发出商品时，商品所有权上的主要风险和报酬并未转移给受托方，不符合商品销售收入的确认条件，不应确认销售收入；待收到受托方转来的代销清单时确认销售商品收入。而受托方在收到代销商品后，应按照委托方规定的价格销售，不得自行改变售价。在商品销售后，受托方根据所代销的商品数量和代销协议中的手续费标准向委托方收取手续费，确认代销收入。

【例10-8】　仍依例10-7资料，假定代销合同规定，B公司应按每件100元销售甲商品，A公司按售价的10%向B公司支付手续费。B公司实际销售时，即向买方开具一张增值税专用发票，发票上注明甲商品售价10 000元，增值税额1 700元。A公司在收到B公司开来的代销清单时，向B公司开具一张相同金额的增值税发票。A公司和B公司的相关会计处理如表10-4所示。

表10-4　收取手续费方式下委托方与受托方的账务处理

销售过程	A公司（委托方）	B公司（受托方）
A公司将甲商品交付B公司	借：发出商品　　　6 500 　　贷：库存商品　　　6 500	借：受托代销商品　　10 000 　　贷：受托代销商品款　10 000
B公司实际销售商品并向A公司发出代销清单；A公司收到B公司的代销清单并向B公司开具发票	借：应收账款——B公司　11 700 　　贷：主营业务收入　　10 000 　　　　应交税费——增值税（销项税额） 　　　　　　　　　　　1 700 借：主营业务成本　　6 500 　　贷：发出商品　　　6 500 借：销售费用——代销手续费 　　　　　　　　　　1 000 　　贷：应收账款——B公司 1 000	借：银行存款　　　11 700 　　贷：应付账款——A公司 　　　　　　　　　　10 000 　　　　应交税费——增值税（销项税额） 　　　　　　　　　　　1 700 借：应交税费——增值税（进项税额） 　　　　　　　　　　　1 700 　　贷：应付账款——A公司 1 700 借：受托代销商品款　10 000 　　贷：受托代销商品　　10 000

续表

销售过程	A公司(委托方)	B公司(受托方)
③ A公司收到B公司汇来的货款净额	借:银行存款　　　　10 700 　贷:应收账款——B公司 　　　　　　　　　　10 700	借:应付账款——A公司　11 700 　贷:银行存款　　　　10 700 　　　主营业务收入　　1 000

（3）分期收款销售。

分期收款销售,是指商品一次交付,但货款分期收回的一种销售方式。分期收款销售的特点是:①销售商品的价值较大,如房产、汽车、重型设备等;②收款期较长,有的是几年,有的长达几十年;③收取货款的风险较大。

我国相关会计准则规定,如果延期收取的货款具有融资性质,其实质是向购买方提供了免息的贷款,销售企业应在满足销售商品收入确认条件时,按照应收的合同或协议价款的公允价值确定收入金额。应收的合同或协议价款的公允价值,通常应当按照其未来现金流量现值或商品现销价格计算确定。具体进行会计处理时,按照应收的合同或协议价款借记"长期应收款"科目,按应收合同或协议价款的公允价值贷记"主营业务收入"科目,按两者之间的差额贷记"未实现融资收益"科目。对于应收的合同或协议价款与其公允价值之间的差额,应当在合同或协议期间内,按照应收款项的摊余成本和实际利率①计算确定的摊销金额进行摊销,冲减财务费用。

【例 10-9】　莲花公司于 20×1 年初采用分期收款方式向春申公司销售一套大型设备,合同约定销售价格为 1 000 万元,分 5 次于每年年末等额收取。该大型设备的成本为 750 万元。在现销方式下,该大型设备的销售价格为 800 万元。假定莲花公司于发出商品时开具增值税专用发票,并收取货款总额 17% 的增值税,其他因素暂不予考虑。

根据上述资料,莲花公司应当确认的销售商品收入金额为 800 万元;通过计算可知,现值为 800 万元、年金为 200 万元、期数为 5 年的折现率为 7.93%;每期应计入财务费用的金额如表 10-5 所示。

表 10-5　财务费用和本金收取情况计算表　　　　　　　　　　　　单位:元

	未收本金 ①＝上期①－上期④	财务费用 ②＝①×7.93%	收现总额 ③	已收本金 ④＝③－②
20×1.1.1	8 000 000			

---

①　实际利率是指具有类似信用等级的企业发行类似工具的现时利率,或者将应收的合同或协议价款折现为商品现销价格时的折现率等。

续表

	未收本金 ①＝上期①－上期④	财务费用 ②＝①×7.93%	收现总额 ③	已收本金 ④＝③－②
20×1.12.31	8 000 000	634 400	2 000 000	1 365 600
20×2.12.31	6 634 400	526 108	2 000 000	1 473 892
20×3.12.31	5 160 508	409 228	2 000 000	1 590 772
20×0.12.31	3 569 736	283 080	2 000 000	1 716 920
20×5.12.31	1 852 816	147 184*	2 000 000	1 852 816*
合　计		2 000 000	10 000 000	8 000 000

＊：尾数调整。

莲花公司的相关账务处理如下。

① 20×1年1月1日销售实现

借：长期应收款——春申公司　　　　　　　　10 000 000
　　银行存款　　　　　　　　　　　　　　　 1 700 000
　　贷：主营业务收入　　　　　　　　　　　　　　8 000 000
　　　　应交税费——应交增值税（销项税额）　　1 700 000
　　　　未实现融资收益　　　　　　　　　　　　2 000 000
借：主营业务成本　　　　　　　　　　　　　　7 500 000
　　贷：库存商品　　　　　　　　　　　　　　　　7 500 000

② 20×1年12月31日收取货款

借：银行存款　　　　　　　　　　　　　　　　2 000 000
　　贷：长期应收款——春申公司　　　　　　　　　2 000 000
借：未实现融资收益　　　　　　　　　　　　　　634 400
　　贷：财务费用　　　　　　　　　　　　　　　　　634 400

③ 20×2年至×5年，各年末账务处理同理。

（4）附有退货条件的商品销售。

附有退货条件的商品销售，是指购销合同中规定购买方有权利依照合同或协议退货的销售方式。在这种销售方式下，如果企业根据以往的经验，能够合理估计退货的可能性并确认与退货相关的负债，则应在发出商品时确认收入；如果企业不能合理估计退货的可能性，则应在所售出商品退货期满时确认收入。

【例10-10】　春申公司根据购销合同于2008年8月1日向莲花公司销售一批商品。合同约定，莲花公司应在10月31日之前支付货款，在12月31日之前有权无条件退货。春申公司共向莲花公司发出商品2 000件，单位售价为100元，单位成本为80元。春申公司在发货时开具了增值税专用发票。假定根据以往的经验，春申公司估计该批商品的退货率约为20%，在货物退回时，能同时取得莲花公司所在地税务机关开具的进货退出证明单,据以作为冲减增值税的依据。春申公司的相关会计处理如下。

(1) 8月1日发出商品

借:应收账款——莲花公司　　　　　　　　　　　　234 000
　　贷:主营业务收入　　　　　　　　　　　　　　　200 000
　　　　应交税费——应交增值税(销项税额)　　　　　34 000
借:主营业务成本　　　　　　　　　　　　　　　　160 000
　　贷:库存商品　　　　　　　　　　　　　　　　　160 000

(2) 8月31日确认估计的销售退回

借:主营业务收入　　　　　　　　　　　　　　　　 40 000
　　贷:主营业务成本　　　　　　　　　　　　　　　 32 000
　　　　预计负债　　　　　　　　　　　　　　　　　　8 000

(3) 10月31日之前收到货款

借:银行存款　　　　　　　　　　　　　　　　　　234 000
　　贷:应收账款——莲花公司　　　　　　　　　　　234 000

(4) 12月31日之前发生销售退回,春申公司即日向莲花公司支付退货款

若实际退货数量为400件:

借:库存商品　　　　　　　　　　　　　　　　　　 32 000
　　应交税费——应交增值税(销项税额)　　　　　　　6 800
　　预计负债　　　　　　　　　　　　　　　　　　　8 000
　　贷:银行存款　　　　　　　　　　　　　　　　　 46 800

若实际退货数量为500件:

借:库存商品　　　　　　　　　　　　　　　　　　 40 000
　　应交税费——应交增值税(销项税额)　　　　　　　8 500
　　预计负债　　　　　　　　　　　　　　　　　　　8 000
　　主营业务收入　　　　　　　　　　　　　　　　 10 000
　　贷:银行存款　　　　　　　　　　　　　　　　　 58 500
　　　　主营业务成本　　　　　　　　　　　　　　　　8 000

若实际退货数量为300件:

借:库存商品　　　　　　　　　　　　　　　　　　 24 000
　　应交税费——应交增值税(销项税额)　　　　　　　5 100
　　预计负债　　　　　　　　　　　　　　　　　　　8 000
　　主营业务成本　　　　　　　　　　　　　　　　　8 000
　　贷:银行存款　　　　　　　　　　　　　　　　　 35 100

主营业务收入	10 000

【例10-11】 若仍依例10-10资料,假定春申公司无法估计该批商品的退货率,而在发出商品时,相关的增值税纳税义务已经发生。春申公司的相关会计处理如下。

(1) 8月1日发出商品

借:应收账款——莲花公司	34 000
贷:应交税费——应交增值税(销项税额)	34 000
借:发出商品	160 000
贷:库存商品	160 000

(2) 10月31日之前收到货款

借:银行存款	234 000
贷:应收账款——莲花公司	34 000
预收账款——莲花公司	200 000

(3) 12月31日退货期满没有发生退货

借:预收账款——莲花公司	200 000
贷:主营业务收入	200 000
借:主营业务成本	160 000
贷:发出商品	160 000

若在退货期满前实际发生500件退货:

借:预收账款——莲花公司	200 000
应交税费——应交增值税(销项税额)	8 500
贷:主营业务收入	150 000
银行存款	58 500
借:主营业务成本	120 000
库存商品	40 000
贷:发出商品	160 000

三、提供劳务收入的确认和计量

(一)提供劳务收入的确认和计量原则

企业提供的劳务多种多样,如旅游、运输、饮食、广告、理发、照相、洗染、咨询、代理、培训、产品安装等。提供劳务的内容不同,完成劳务的时间也不同,有的劳务一次就能完成,有的劳务需要花较长一段时间才能完成。为便于进行会计核算,一般以提供的劳务是否跨年度作为划分标准,将提供的劳务分为不跨年度的劳务和跨年度的劳务两大类。不跨年度的劳务,是指提供劳务的交易的开始和完成均在同一个年度;跨年度劳务,是指提供劳务的交易的开始和完成分属于不同的年度。两类劳务采用不同的方法确认劳务收入。

(1) 对于不跨年度的劳务,提供劳务收入按完成合同法确认,确认的金额为合同或协议的总金额。

(2) 对于跨年度的劳务,提供劳务收入又按照资产负债表日劳务的结果是否能够可靠地予以估计来分别加以确认:若在资产负债表日,提供劳务的结果能够可靠地估计,则应采用完工百分比法确认劳务收入;若在资产负债表日,不能可靠地估计所提供劳务的结果,则不能按完工百分比法确认收入。

提供劳务收入的确认方法如表 10-6 所示。

表 10-6 提供劳务收入的确认方法

劳务是否跨年度	劳务结果能否可靠估计	劳务收入的确认
不跨年度劳务		按完成合同法
跨年度劳务	能可靠估计	按完工百分比法
	不能可靠估计	按能够获得的补偿程度

① 在资产负债表日,提供劳务的结果能够可靠地估计。

根据我国相关会计准则,企业应依据以下条件判断所提供劳务的交易结果能否可靠估计,如果所提供的劳务能同时满足以下条件,则交易的结果能够可靠地估计。

第一,劳务总收入和总成本能够可靠地计量。劳务总收入一般根据双方签订的合同或协议注明的总金额确定;劳务总成本包括至资产负债表日止已经发生的成本和完成劳务将要发生的成本。

第二,与交易相关的经济利益能够流入企业。企业可以从接受劳务方的信誉、以往的经验以及双方就结算方式和期限达成的协议等方面进行判断,只有当与交易相关的经济利益能够流入企业时,企业才确认收入。

第三,劳务的完成程度能够可靠地确定。劳务的完成程度可以采用对已完工作测量、按已经提供的劳务占应提供劳务总量的比例、按已经发生的成本占估计总成本的比例等方法加以确定。

完工百分比法,是指按照劳务的完成程度确认收入和费用的方法。采用完工百分比法确认劳务收入时,收入及相关的成本按照以下公式计算:

本年确认的收入 = 劳务总收入 × 本年末止劳务的完成程度 − 以前年度已经确认的收入
本年确认的费用 = 劳务总成本 × 本年末止劳务的完成程度 − 以前年度已经确认的成本

② 在资产负债表日,提供劳务的结果不能够可靠地估计。

期末,如果企业不能可靠地估计所提供劳务的交易结果,即不能同时满足以上三个条件,不能按完工百分比法确认收入时,应预计已经收回或将要收回的款项能够弥补多少已经发生的成本,分别按成本的补偿程度确认收入。具体可能出现以下三种情况。

a. 已经发生的劳务成本预计能够得到补偿时,按照已经发生的劳务成本金额确认收入,同时按照相同的金额结转成本。此时没有利润可言。

b. 已经发生的劳务成本预计只能部分地得到补偿时,按照能够得到补偿的劳务成本金额确认收入,并按照已经发生的劳务成本结转成本。此时,确认的收入金额小于已经发生的劳务成本的金额,差额确认为当期损失。

c. 已经发生的劳务成本预计完全无法补偿时,不确认收入,仅将已经发生的劳务成本确认为当期损失。

(二)提供劳务收入的账务处理

【例10-12】 银都公司于2008年7月1日开始为莲花公司实施一项设备安装工程,安装工期5个月,合同总收入100 000元,总成本75 000元。根据安装合同规定,莲花公司在工程开工之初预付工程款40 000元,其余款项在工程完工时支付。银都公司的相关会计处理如下。

(1) 7月,工程开工,预收工程款

借:银行存款　　　　　　　　　　　　　　　　40 000
　　贷:预收账款——莲花公司　　　　　　　　　　　　　40 000

(2) 实际发生成本

借:劳务成本　　　　　　　　　　　　　　　　75 000
　　贷:应付职工薪酬等　　　　　　　　　　　　　　　　75 000

(3) 11月末,工程完工,确认收入和费用

借:银行存款　　　　　　　　　　　　　　　　60 000
　　预收账款——莲花公司　　　　　　　　　　40 000
　　贷:主营业务收入　　　　　　　　　　　　　　　　100 000
借:主营业务成本　　　　　　　　　　　　　　75 000
　　贷:劳务成本　　　　　　　　　　　　　　　　　　　75 000

【例10-13】 银都公司于2008年12月1日接受伟业公司一项安装工程,安装工期4个月,合同总收入800 000元,年底前已预收款项500 000元,实际发生成本320 000元,估计还会发生200 000元。2008年年末,银都公司通过专业测量,确定劳务的完成程度为60%。

2008年确认的收入=800 000×60% -0=480 000(元)

2008年确认的费用=520 000×60% -0=312 000(元)

银都公司的相关会计处理如下。

(1) 预收款项
借:银行存款　　　　　　　　　　　　　　　500 000
　　贷:预收账款——伟业公司　　　　　　　　　　500 000
(2) 实际发生成本
借:劳务成本　　　　　　　　　　　　　　　320 000
　　贷:应付职工薪酬等　　　　　　　　　　　　　320 000
(3) 年末,确认收入和费用
借:预收账款——伟业公司　　　　　　　　　480 000
　　贷:主营业务收入　　　　　　　　　　　　　　480 000
借:主营业务成本　　　　　　　　　　　　　312 000
　　贷:劳务成本　　　　　　　　　　　　　　　　312 000

【例 10-14】 虹梅公司于 2008 年 10 月受托为伟业公司进行在职员工后续培训,培训期为 6 个月,10 月 6 日开学。双方签订的协议注明,伟业公司应支付培训费总额为 60 000 元,分别在培训班开学、培训期中间和培训结束时分三次平均支付。伟业公司已在 10 月 6 日预付第一期款项。年末,虹梅公司已经发生的培训成本为 35 000 元。而此时,虹梅公司得知伟业公司当年效益不好,经营发生困难,后两次的培训费是否能收回,没有把握。虹梅公司的相关会计处理如下。

(1) 2008 年 10 月 6 日,收到伟业公司预付的培训费
借:银行存款　　　　　　　　　　　　　　　20 000
　　贷:预收账款——伟业公司　　　　　　　　　　20 000
(2) 实际发生成本
借:劳务成本　　　　　　　　　　　　　　　35 000
　　贷:应付职工薪酬等　　　　　　　　　　　　　35 000
(3) 2008 年 12 月 31 日,确认收入和费用
借:预收账款——伟业公司　　　　　　　　　20 000
　　贷:主营业务收入　　　　　　　　　　　　　　20 000
借:主营业务成本　　　　　　　　　　　　　35 000
　　贷:劳务成本　　　　　　　　　　　　　　　　35 000

可见,虹梅公司此项劳务在 2008 年确认的损失为 15 000 (= 35 000 - 20 000) 元。

在上例中,若虹梅公司已经发生的培训成本为 18 000 元,则 2008 年年末应确认的收入为 18 000 元,此时,虹梅公司在 2008 会计年度对此项劳务所确认的收入和结转的成本均为 18 000 元。

四、让渡资产使用权收入的确认和计量

(一) 让渡资产使用权收入的确认和计量原则

企业让渡资产使用权取得的收入主要有以下两种形式。

(1) 让渡现金资产使用权而收取的利息收入。主要是指金融企业存、贷款形成的利息收入及同业之间发生往来形成的利息收入等。

(2) 让渡无形资产(如商标权、专利权、专营权、软件、版权)等资产的使用权而形成的使用费收入。

此外,让渡资产使用权取得的收入还包括出租固定资产取得的租金、因债权投资取得的利息收入以及进行股权投资取得的股利收入等。

企业让渡无形资产使用权,出租固定资产、包装物等问题已经在前面相关章节中作过介绍,此处不再赘述,而仅介绍让渡现金资产所取得利息收入的确认原则。

企业应在同时符合以下两个条件时,确认让渡资产使用权收入。

(1) 与交易相关的经济利益能够流入企业。企业应根据对方的信誉情况、当年的效益情况以及双方就结算方式、付款期限等达成的协议等方面进行判断。如果企业估计收入收回的可能性不大,就不应确认收入。

(2) 收入的金额能够可靠地计量。利息收入根据合同或协议规定的存、贷款利率确定;使用费收入按企业与其资产使用者签订的合同或协议确定。当收入的金额能够可靠地计量时,企业才能进行确认。

(二) 让渡资产使用权收入的账务处理

【例10-15】 莲花公司将一台闲置的生产设备出租给某公司使用,租期6个月,每月收取设备租金2 000元。莲花公司收取租金的相关会计处理如下:

借:银行存款　　　　　　　　　　　　　　　　　　2 000
　　贷:其他业务收入　　　　　　　　　　　　　　　　2 000

【例10-16】 某商业银行于2008年12月1日向某企业贷款5 000 000元,贷款期1年,年利率为6%,假定该贷款合同利率与其实际利率相同,在发放贷款时没有发生交易费用。该商业银行的相关会计处理如下。

① 2008年12月1日贷出款项

借:贷款——本金　　　　　　　　　　　　　　　5 000 000
　　贷:吸收存款　　　　　　　　　　　　　　　　　5 000 000

② 资产负债表日确认利息收入 = 5 000 000 × 6% ÷ 12 = 25 000(元)

借:应收利息　　　　　　　　　　　　　　　　　　25 000
　　贷:利息收入　　　　　　　　　　　　　　　　　　25 000

③ 2009年12月1日到期收回贷款(假定该商业银行按季度结算利息)
借:吸收存款　　　　　　　　　　　　　　　　5 050 000
　贷:贷款——本金　　　　　　　　　　　　　　5 000 000
　　　应收利息　　　　　　　　　　　　　　　　　 50 000

五、建造合同收入的确认和计量

(一) 建造合同的特点和类型

建造合同,是指为建造一项资产或者在设计、技术、功能、最终用途等方面密切相关的数项资产而订立的合同。建造合同不同于一般的材料采购合同或劳务合同,而有其自身的特征,主要表现在:①先有买主(即客户),后有标底(即资产),建造资产的造价在签订合同时已经确定;②资产的建设期长,一般都要跨越一个会计年度,有的长达数年;③所建造的资产体积大、造价高;④建造合同一般为不可取消的合同。

建造合同分为两类:固定造价合同和成本加成合同。固定造价合同是指按照固定的合同价或固定单价确定工程价款的建造合同。例如,某建造承包商与一客户签订一项建造合同,为客户建造一座办公大楼,合同规定建造办公大楼的总造价为3 000万元。该项合同即是固定造价合同。成本加成合同是指以合同允许或其他方式议定的成本为基础,加上该成本的一定比例或定额费用确定工程价款的建造合同。例如,某建造承包商与一客户签订一项建造合同,为客户建造一艘船舶,双方商定以建造该艘船舶的实际成本为基础,合同总价款以实际成本加上实际成本的2%计算确定。该项合同即是成本加成合同。

(二) 合同收入

建造合同的合同收入包括两部分内容:①合同中规定的初始收入,即建造承包商与客户在双方签订的合同中最初商订的合同总金额,它构成了合同收入的基本内容。②因合同变更、索赔、奖励等形成的收入,这部分收入并不构成合同双方在签订合同时已在合同中商订的合同总金额,而是在执行合同过程中由于合同变更、索赔、奖励等原因而形成的追加收入。建造承包商不能随意确认这部分收入,只有在符合规定条件时才能构成合同总收入。合同收入应按收到或应收的工程价款计量。

合同变更,是指客户为改变合同规定的作业内容而提出的调整。因合同变更而增加的收入,应在同时具备下列条件时予以确认:①客户能够认可因变更而增加的收入;②收入能够可靠地计量。

索赔款,是指因客户或第三方的原因造成的、由建造承包商向客户或第三方收取的、用于补偿不包括在合同造价中的成本的款项。因索赔款而形成的收入,应在同时具备下列条件时予以确认：①根据谈判情况，预计对方能够同意这项索赔；②对方同意接受的金额能够可靠地计量。

奖励款，是指工程达到或超过规定的标准时，客户同意支付给建造承包商的额外款项。因奖励而形成的收入应在同时具备下列条件时予以确认：①根据目前合同完成情况，足以判断工程进度和工程质量能够达到或超过既定的标准；②奖励金额能够可靠地计量。

（三）合同成本

合同成本应包括从合同签订开始至合同完成止所发生的、与执行合同有关的直接费用和间接费用。

合同的直接费用包括：①耗用的人工费用；②耗用的材料费用；③耗用的机械使用费；④其他直接费用，包括有关的设计和技术援助费用、施工现场材料的二次搬运费、生产工具和用具使用费、检验试验费、工程定位复测费、工程点交费用、场地清理费用等。

合同的间接费用主要包括临时设施摊销费用和企业下属的施工单位或生产单位为组织和管理施工生产活动所发生的费用，包括管理人员薪酬、劳动保护费、固定资产折旧费及修理费、物料消耗费、低值易耗品摊销、取暖费、水电费、办公费、差旅费、财产保险费、工程保修费、排污费等。

由于直接费用在发生时能够分清受益对象，因此，直接费用在发生时应直接计入合同成本。间接费用是在企业下属的直接组织和管理施工生产活动的单位发生的费用，这些单位如果同时组织实施几项合同，则其发生的费用应由这几项合同的成本共同负担，因此，间接费用应在期末按照系统、合理的方法分摊计入合同成本。间接费用的分配方法主要有人工费用比例法、直接费用比例法等。

合同成本不包括下列费用：①企业行政管理部门为组织和管理生产经营活动所发生的管理费用；②船舶等制造企业的销售费用；③企业筹集生产经营所需资金而发生的财务费用。企业因订立合同而发生的差旅费、投标费等有关费用，应直接确认为当期管理费用。

（四）合同收入与合同费用的确认

1. 结果能够可靠估计的建造合同

如果建造合同的结果能够可靠地估计，企业应根据完工百分比法在资产负债表日确认合同收入和费用。

固定造价合同的结果能够可靠估计是指同时具备下列条件：①合同总收入能够可靠地计量；②与合同相关的经济利益能够流入企业；③在资产负债表日合同完工进度和为完成合同尚需发生的成本能够可靠地确定；④为完成合同已经发生的合同成本能够清楚地区分和可靠地计量，以便实际合同成本能够与以前的预计成本相比较。

成本加成合同的结果能够可靠估计是指同时具备下列条件：①与合同相关的经济利益能够流入企业；②实际发生的合同成本，能够清楚地区分并且能够可靠地计量。

企业在确定合同完工进度时，可以选用累计实际发生的合同成本占合同预计总成本的比例、已经完成的合同工作量占合同预计总工作量的比例、已完合同工作的测量等方法。在采用累计实际发生的合同成本占合同预计总成本的比例确定合同完工进度时，累计实际发生的合同成本不包括与合同未来活动相关的合同成本以及在分包工程的工作量完成之前预付给分包单位的款项。

2. 结果不能可靠估计的建造合同

如果建造合同的结果不能可靠地估计，应区别以下情况处理：①合同成本能够收回的，合同收入根据能够收回的实际合同成本加以确认，合同成本在其发生的当期确认为费用；②合同成本不可能收回的，应在发生时立即确认为费用，不确认收入。如果合同预计总成本将超过合同预计总收入，应将预计损失立即确认为当期费用。

3. 合同收入与合同费用的账务处理

为了进行合同收入与合同费用的账务处理，企业应设置"工程施工"和"工程结算"等成本类科目。"工程施工"科目（建筑安装企业使用，若为船舶等制造企业则可使用"生产成本"科目），核算实际发生的合同成本和合同毛利。实际发生的合同成本和确认的合同毛利记入本科目的借方，确认的合同亏损记入本科目的贷方，合同完成后，本科目与"工程结算"科目对冲后结平。"工程结算"科目，核算根据合同完工进度已向客户开出工程价款结算账单办理结算的价款。本科目是"工程施工"或"生产成本"科目的备抵科目，已向客户开出工程价款结算账单办理结算的款项记入本科目的贷方，合同完成后，本科目与"工程施工"或"生产成本"科目对冲后结平。

【例10-17】 莲申建筑公司签订了一项总金额为1 000万元的建造合同，为客户承建厂房。工程于2006年8月1日开工，预计2008年12月竣工。工程原预计总成本为700万元，到2007年底，预计工程总成本调整为800万元。该建造工程的其他相关资料如表10-7所示。

表10-7 莲申建筑公司承建××厂房工程相关资料　　　　　单位：万元

	2006年	2007年	2008年
到目前为止已发生的成本	210	500	820
完成合同尚需发生的成本	490	300	—

续表

	2006 年	2007 年	2008 年
当年已结算工程价款	200	500	300
当年实际收到工程价款	160	520	320

假定莲申建筑公司根据累计实际发生的合同成本占合同总成本的比例确定完工百分比。根据上述资料,可确定各年的合同完工进度。具体计算结果如表 10-8 所示。

表 10-8　莲申建筑公司承建××厂房工程完工进度与收入确认情况一览表　　单位:万元

	2006 年	2007 年	2008 年
合同金额	1 000	1 000	1 000
减:合同预计总成本	700	800	820
其中:到目前为止已发生的成本	210	500	820
尚需发生的成本	490	300	—
预计总毛利	300	200	180
完工进度	210÷700×100% = 30%	500÷800×100% = 62.5%	100%
当年应确认的收入	1 000×30% = 300	1 000×62.5% − 300 = 325	375
当年实现的毛利	300×30% = 90	200×62.5% − 90 = 35	55

根据上述资料,莲申建筑公司的相关会计处理如表 10-9 所示。

表 10-9　莲申建筑公司承建××厂房工程相关会计分录　　单位:万元

	2006 年	2007 年	2008 年
实际发生成本	借:工程施工——合同成本　210 　贷:原材料等　210	借:工程施工——合同成本　290 　贷:原材料等　290	借:工程施工——合同成本　320 　贷:原材料等　320
结算工程价款	借:应收账款　200 　贷:工程结算　200	借:应收账款　500 　贷:工程结算　500	借:应收账款　300 　贷:工程结算　300
收到工程价款	借:银行存款　160 　贷:应收账款　160	借:银行存款　520 　贷:应收账款　520	借:银行存款　320 　贷:应收账款　320

续表

	2006 年	2007 年	2008 年
确认收入、费用和毛利	借：工程施工——合同毛利 90 主营业务成本 210 贷：主营业务收入 300	借：工程施工——合同毛利 35 主营业务成本 290 贷：主营业务收入 325	借：工程施工——合同毛利 55 主营业务成本 320 贷：主营业务收入 375
结平账户			借：工程结算 1 000 贷：工程施工——合同成本 820 工程施工——合同毛利 180

第二节 费 用

一、费用的概念与分类

（一）费用的概念和特征

费用是会计要素的构成内容之一，是和收入要素相对应而存在的。与收入相类似，费用也有广义与狭义之分：广义的费用指那些能导致企业经济利益流出的所有不利属性，而狭义的费用仅指企业在日常经营活动中所发生的经济利益流出。我国企业会计准则将费用界定在狭义的概念上：费用是指企业在日常活动中发生的、会导致所有者权益减少的、与向所有者分配利润无关的经济利益的总流出。根据费用的这一定义分析，其具有以下基本特征。

（1）费用是企业在日常活动中形成的。日常活动所产生的费用通常包括销售成本（营业成本）、职工薪酬、折旧费、无形资产摊销费等。将费用界定为日常活动所形成的，目的是为了将其与损失相区分，企业非日常活动所形成的经济利益的流出不能确认为费用，而应当计入损失。

（2）费用是与向所有者分配利润无关的经济利益的总流出。费用的发生会导致经济利益的流出，从而导致资产的减少或者负债的增加（最终也会导致所有者权益的减少）。其表现形式主要包括现金或者现金等价物的流出，存货、固定资产和无形资产等的流出或者消耗等。虽然企业向所有者分配利润也会导致经济利益的流出，但这种原因产生的经济利益流出属于所有者权益的抵减项目，不应确认为费用，应当将其排除在费用的定义之外。

(3) 费用最终会导致所有者权益的减少。与费用相关的经济利益的流出会导致所有者权益的减少，如果一项经济利益的流出不会导致所有者权益的减少，则不符合费用的定义，不应确认为费用。

(二) 费用的分类

为了便于合理、准确地确认和计量费用，正确地计算产品成本，我们可以按照不同的分类依据对费用进行分类。

1. 按照费用的经济内容（或性质）分类

按经济内容（或性质），可以将费用分为以下八个费用要素。

(1) 外购材料。企业为进行生产而耗用的从外部购入的原材料及主要材料、半成品、辅助材料、包装物、修理用备件和低值易耗品等。

(2) 外购燃料。企业为进行生产而耗用的从外部购入的各种燃料，包括固体燃料、液体燃料和气体燃料。

(3) 外购动力。企业为进行生产而耗用的从外部购入的各种动力，包括热力、电力和蒸汽等。

(4) 工资及职工福利费。企业所有应计入生产费用的职工工资以及按照工资总额的一定比例计提的职工福利费。

(5) 折旧费。企业所拥有或控制的固定资产按照使用情况计提的折旧费。

(6) 利息支出。企业为筹集生产经营资金而发生的利息净支出（即利息支出减利息收入后的余额）。

(7) 税金。计入企业成本费用的各种税金，如印花税、房产税、车船使用税和土地使用税等。

(8) 其他费用。不属于以上各费用要素的费用项目。

2. 按照费用的经济用途分类

按照费用的经济用途，可以将费用分为生产成本和期间费用两大类。

(1) 生产成本。

生产成本是指能够直接或间接计入产品成本的费用，包括直接费用和间接费用。其中，直接费用是指企业为生产产品而直接消耗的材料、人工费用等；间接费用是指与生产产品相关，但不能直接计入产品成本，而应分配计入的各项费用。计入成本的费用具体包括：①直接材料，是指在产品生产过程中所消耗的，直接用于产品生产，构成产品实体的原料及主要材料、外购半成品、修理用备件、包装物、辅助材料以及其他直接材料；②直接人工，是指企业在生产产品和提供劳务过程中，直接从事产品生产的工人工资及奖金等；③制造费用是指企业为生产产品和提供劳务而发生的各项间接费用，包括生产车间为组织管理生产所发生的管理人员工资、固定资产折旧费、修理费、办公费、水电费、机物料消耗、劳动保护费等。

上述直接材料和直接人工是指直接为取得营业收入而发生的费用,与各期的营业收入有明显的直接因果关系;制造费用指没有直接因果关系但有助于特定收入的实现而发生的费用,这类费用发生时通常先归集在某一特定账户中,然后再按特定的方法予以分配,与特定的收入间接配比。

(2) 期间费用。

在一定期间内,企业发生的不能直接归属于某个特定产品的生产成本的费用,则应归属于期间费用。由于这一类费用仅与当期实现的收入相关,必须计入当期损益,所以称其为期间费用。包括:①行政管理部门为组织和管理生产经营活动而发生的管理费用;②企业为筹集资金而发生的财务费用;③企业为销售商品而发生的销售费用。

二、费用的确认与计量

企业在日常经营活动中发生的各种耗费应如何确认和计量?这是一个非常重要的问题,它直接关系到企业在一定会计期间内损益的确定。要正确地确认和计量费用,就应当遵循权责发生制、配比原则和划分收益性支出与资本性支出原则等基本会计原则。

(一)费用的确认

企业获取收入的过程也是经济资源的消耗过程,在预计收入实现的同时,所投入的经济资源也转化为费用,应相应地加以确认。费用应按照权责发生制和配比原则确认,凡应属于本期发生的费用,不论其款项是否支付,均应确认为本期费用;反之,凡不属于本期发生的费用,即使其款项已经在本期支付,也不能确认为本期费用。通常,费用的确认标准有以下三种具体情形。

(1) 根据与收入的因果关系确认。有些费用与收入是有因果关系的,它们都源于同一交易或事项,应在确认收入的同时确认费用,如商品销售成本。

(2) 按照受益期分期分摊确认。企业的固定资产、无形资产等可以在多个会计期间内发挥作用,使多个会计期间受益,故应按照系统合理的分配程序和方法,计算各受益期的分摊额,分别确认在其受益的各个会计期间内。

(3) 在发生当期予以确认。有些费用不能予以对象化,无法归属于某个特定的产品,则应将其归属于会计期间,在发生当期直接计入损益。如广告费、行政管理部门人员工资、生产经营借款的利息等。

(二)费用的计量

企业资产种类及其周转性质多种多样,使得资金耗费形式也各有不同,要科学地核算费用,除了明确费用的确认原则和标准以外,还应进一步解决费用的计量问题。以使费用能够准确、合理地计入相关的会计期间。

根据历史成本原则,企业发生的各项费用应当以实际发生数额进行计量。实际成本代表了取得资产时的实际交易价格,企业按照实际成本计量费用,可以保证费用的真实可靠,也使费用具有可验证性。

三、生产成本的核算

进行生产成本核算,首先应正确划分各种费用支出的界限:产品制造成本与期间费用的界限;本期产品与下期产品应负担的费用界限;各种不同产品的费用界限;本期完工产品与期末在产品之间的费用界限等。在划分这些界限时,应遵循受益原则,即谁受益谁负担费用;负担费用的多少,应与受益程度大小成正比。这几个方面费用界限的划分过程,也就是产品成本的计算过程。

费用经过归集汇总后,就要计算产品成本。企业应根据各自生产特点和管理要求,选择适当的产品成本计算方法。成本计算的基本方法有品种法、分批法和分步法三种。

通常,对生产成本的核算应按照以下程序进行:

（1）对费用进行确认,确定产品成本的核算范围;

（2）将应计入本期产品成本的各种要素费用,在各种产品之间按照成本项目进行归集和分配,计算出各种产品成本;

（3）对既有完工产品又有在产品的产品,将月初在产品成本和本月生产费用之和,在完工产品与月末在产品之间进行分配和归集,计算出该种完工产品成本;

（4）结转已销售产品的成本。

为了核算生产所发生的各项生产费用,企业应当设置和使用"生产成本"科目。该科目的借方反映所发生的各项生产费用;贷方反映完工转出的各种产品的成本;期末借方余额,反映尚未加工完成的各项在产品的成本。在"生产成本"科目下,还应进一步设置"基本生产成本"和"辅助生产成本"两个明细科目,以分别核算基本生产成本和辅助生产成本。"基本生产成本"明细科目核算企业基本生产车间为完成企业主要生产目的而进行的产品生产所发生的生产费用;"辅助生产成本"明细科目核算企业辅助生产车间为基本生产服务而进行的产品生产和劳务供应所发生的生产费用。

企业发生的各项生产费用,应按成本核算对象和成本项目分别归集,对于直接材料、直接人工等直接费用,直接计入基本生产成本和辅助生产成本,对于辅助生产车间为生产产品提供的动力等直接费用,应当先在"辅助生产成本"明细科目中核算,然后再转入"基本生产成本"明细科目;对于其他间接费用,应当先在"制造费用"科目中归集,待月度终了时,再按一定的分配标准计入有关产品的成本。

企业应当根据本企业的生产经营特点和管理要求,确定适合本企业的成本核算对象、成本项目和成本计算方法。成本核算对象、成本项目以及成本计算方法一经确定,不得随意变更;如需变更,应当根据管理权限,经股东大会或董事会,或经理(厂长)会议或类似机构批准,并在会计报表附注中予以说明。

生产成本核算的过程如图 10-1 所示。

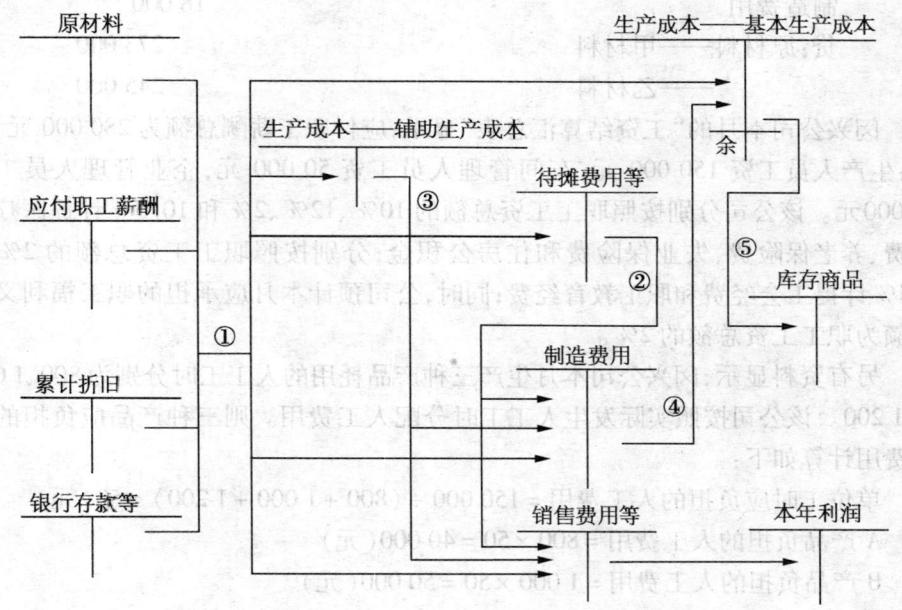

图 10-1 生产成本核算过程示意图

注:① 各项要素费用的分配;②摊销待摊费用、提取预提费用;③分配辅助生产费用;④分配制造费用;⑤结转完工产品成本。

【例 10-18】 闵兴公司仅有一个生产车间,生产 A、B、C 三种产品。月初"生产成本"账户余额为零。本月仓库发料汇总表如表 10-10 所示。

表 10-10 闵兴公司发料汇总表 单位:元

项目	甲材料			乙材料			合计
	数量	单价	金额	数量	单价	金额	
A 产品	1 000	60	60 000	900	100	90 000	150 000
B 产品	2 000	60	120 000	1 000	100	100 000	220 000
C 产品	1 500	60	90 000	400	100	40 000	130 000
车间一般耗用	50	60	3 000	150	100	15 000	18 000
合计	4 550	—	273 000	2 450	—	245 000	518 000

根据上述发料汇总表，闵兴公司作会计处理如下：

借：生产成本——A 产品　　　　　　　　　　　　　150 000
　　　　　　——B 产品　　　　　　　　　　　　　220 000
　　　　　　——C 产品　　　　　　　　　　　　　130 000
　　制造费用　　　　　　　　　　　　　　　　　　 18 000
　　贷：原材料——甲材料　　　　　　　　　　　　273 000
　　　　　　——乙材料　　　　　　　　　　　　　245 000

闵兴公司本月的"工资结算汇总表"显示，应付职工薪酬总额为 280 000 元，其中：生产人员工资 150 000 元，车间管理人员工资 50 000 元，企业管理人员工资 80 000元。该公司分别按照职工工资总额的 10%、12%、2% 和 10.5% 计提医疗保险费、养老保险费、失业保险费和住房公积金；分别按照职工工资总额的 2% 和 1.5% 计提工会经费和职工教育经费；同时，公司预计本月应承担的职工福利义务金额为职工工资总额的 2%。

另有资料显示，闵兴公司本月生产三种产品耗用的人工工时分别为 800、1 000 和 1 200。该公司按照实际发生人工工时分配人工费用。则三种产品应负担的人工费用计算如下：

单位工时应负担的人工费用 = 150 000 ÷ (800 + 1 000 + 1 200) = 50(元)
A 产品负担的人工费用 = 800 × 50 = 40 000(元)
B 产品负担的人工费用 = 1 000 × 50 = 50 000(元)
C 产品负担的人工费用 = 1 200 × 50 = 60 000(元)

闵兴公司作会计处理如下：

借：生产成本——A 产品　　　　　　　　　　　　　 56 000
　　　　　　——B 产品　　　　　　　　　　　　　 70 000
　　　　　　——C 产品　　　　　　　　　　　　　 84 000
　　制造费用　　　　　　　　　　　　　　　　　　 70 000
　　管理费用　　　　　　　　　　　　　　　　　　112 000
　　贷：应付职工薪酬——工资　　　　　　　　　　280 000
　　　　　　　　　　——社会保险费　　　　　　　 67 200
　　　　　　　　　　——住房公积金　　　　　　　 29 400
　　　　　　　　　　——工会经费　　　　　　　　 5 600
　　　　　　　　　　——职工教育经费　　　　　　 4 200
　　　　　　　　　　——职工福利　　　　　　　　 5 600

闵兴公司固定资产折旧计算表显示，本月固定资产折旧总额为 6 000 元，其中：生产用固定资产折旧 5 000 元，管理部门固定资产折旧 1 000 元。闵兴公司作会计处理如下：

　　借：制造费用　　　　　　　　　　　　　　　　　5 000
　　　　管理费用　　　　　　　　　　　　　　　　　1 000
　　　　　贷：累计折旧　　　　　　　　　　　　　　　　　6 000

　　月末，闵兴公司按照直接人工工时分配制造费用，则三种产品应负担的制造费用计算如下：

　　制造费用总额 = 18 000 + 70 000 + 5 000 = 93 000（元）
　　单位工时应负担的制造费用 = 93 000 ÷（800 + 1 000 + 1 200）= 31（元）
　　A 产品负担的制造费用 = 800 × 31 = 24 800（元）
　　B 产品负担的制造费用 = 1 000 × 31 = 31 000（元）
　　C 产品负担的制造费用 = 1 200 × 31 = 37 200（元）

　　闵兴公司作会计处理如下：

　　借：生产成本——A 产品　　　　　　　　　　　　24 800
　　　　　　　　——B 产品　　　　　　　　　　　　31 000
　　　　　　　　——C 产品　　　　　　　　　　　　37 200
　　　　贷：制造费用　　　　　　　　　　　　　　　　　93 000

　　月末，假定本月生产的三种产品全部生产完成并验收入库。闵兴公司作会计处理如下：

　　借：库存商品——A　　　　　　　　　　　　　　230 800
　　　　　　　　——B　　　　　　　　　　　　　　321 000
　　　　　　　　——C　　　　　　　　　　　　　　251 200
　　　　贷：生产成本——A 产品　　　　　　　　　　230 800
　　　　　　　　　　——B 产品　　　　　　　　　　321 000
　　　　　　　　　　——C 产品　　　　　　　　　　251 200

四、期间费用的核算

　　期间费用是指不能直接归属于某个特定产品成本的费用，它与当期产品的管理和产品销售直接相关，而与产品的产量、产品的制造过程没有直接关系，因而不能列入产品制造成本，而应在发生的当期直接从损益中扣除。期间费用的发生额仅仅与当期损益相关，而不会影响其他会计期间。期间费用包括销售费用、管理费用和财务费用。

　　销售费用是指企业在销售商品过程中发生的各种费用，包括企业销售商品过程中发生的运输费、装卸费、包装费、保险费、展览费、广告费、商品维修费、预计产品质量保证损失等，以及为销售本企业商品而专设的销售机构（含销售网点、售后服务网点等)的职工薪酬、业务费、折旧费、固定资产修理费等费用。

管理费用是指企业为组织和管理企业生产经营所发生的管理费用,包括企业在筹建期间发生的开办费、董事会和行政管理部门在企业的经营管理中发生的或者应当由企业统一负担的公司经费(包括行政管理部门职工薪酬、修理费、物料消耗、低值易耗品摊销、办公费和差旅费等)、工会经费、劳动保险费、董事会费、聘请中介机构费、咨询费(含顾问费)、诉讼费、业务招待费、房产税、车船使用税、土地使用税、印花税、技术转让费、矿产资源补偿费、研究费用、排污费以及企业生产车间和行政管理部门等发生的固定资产修理费用等。

财务费用是指企业为筹集生产经营所需资金等而发生的费用,包括费用化的利息支出(减利息收入)、汇兑损失(减汇兑收益)以及相关的手续费、企业销售商品发生的现金折扣或购买商品收到的现金折扣等。

为了核算发生的各项期间费用,企业应当分别设置和使用"销售费用"、"管理费用"和"财务费用"科目。借方分别反映企业发生的各项费用数额,贷方反映期末转入"本年利润"科目的数额,结转后期末应无余额。

【例10-19】 莲花公司用银行存款支付广告费用200 000元、业务招待费30 000元。莲花公司的相关会计处理如下:

借:销售费用——广告费　　　　　　　　　　200 000
　　管理费用——业务招待费　　　　　　　　 30 000
　贷:银行存款　　　　　　　　　　　　　　 230 000

【例10-20】 闵兴公司因购进原材料而向供货方开具一张商业汇票,并申请由开户银行予以承兑。开户银行受理了闵兴公司的此项申请,收取承兑手续费100元。闵兴公司根据开户银行手续费单据作会计处理如下:

借:财务费用——手续费　　　　　　　　　　　　100
　贷:银行存款　　　　　　　　　　　　　　　　 100

第三节　收入和费用在财务会计报告中的列报

企业的收入和费用信息首先应列示在利润表中。此外,在会计报表附注中,还应对以下内容予以披露。

一、收入确认所采用的会计政策

(1) 在各项重大的交易中,企业确认收入采用的确认原则。企业应在财务报告中披露收入确认的具体原则,以反映企业是如何具体运用《企业会计制度》以及相关会计准则规定的收入确认原则确认收入的。

(2) 是否有采用分期付款法确认收入的情况。
(3) 确定劳务的完成程度所采用的方法。

二、每一重大的收入项目的金额

每一重大的收入项目的金额,包括销售商品收入、劳务收入、利息收入、使用费收入等。不同的企业,其收入项目可能不同,如工业企业可能主要是商品销售收入、金融企业主要是利息收入等,企业应根据自身的营业范围,披露每一项重大收入的金额。

三、建造合同的相关信息披露

对于建筑施工单位,应披露下列与建造合同有关的事项:
(1) 在建合同工程累计已发生的成本和累计已确认的毛利(或亏损);
(2) 在建合同工程已办理结算的价款金额;
(3) 当期确认的合同收入和合同费用的金额;
(4) 确定合同完工进度的方法;
(5) 合同总金额;
(6) 当期已预计损失的原因和金额;
(7) 应收账款中尚未收到的工程进度款。

四、各项期间费用的相关信息披露

企业在会计报表附注中披露本期各项期间费用的发生情况,对于和以前期间有较大差异的,则需要说明其原因。

【案例】 东莞发展控股股份有限公司(股票代码000828)在其2007年年度报告的利润表中对收入和费用项目披露如下:

编制单位:东莞发展控股股份有限公司　　　　　　　　　　　　　　　　单位:元

项目	附注	2007年度	2006年度
一、营业收入	四-26	490 322 899.76	477 963 458.55
减:营业成本	四-26	174 848 040.27	185 348 461.53
营业税金及附加	四-27	14 663 410.06	14 305 681.88
销售费用			
管理费用		25 719 313.02	28 630 062.29
财务费用	四-28	25 017 159.07	16 436 748.43
资产减值损失	四-29	419 160.06	156 137.17

续表

项目	附注	2007年度	2006年度
加:公允价值变动收益(损失以"-"号填列)			
投资收益(损失以"-"号填列)			
其中:对联营企业和合营企业的投资收益			
二、营业利润(亏损以"-"号填列)		249 655 817.28	233 086 367.25

而东莞控股在其报表附注中对收入和费用的详细信息作了如下披露。

附注二、公司主要会计政策、会计估计

……

20. 收入确认方法

公司的业务收入包括车辆通行费收入、租金收入和其他劳务收入等。

车辆通行费收入按照劳务已提供、收到价款时确认收入实现。

让渡资产使用权而取得的收入的确认:他人使用本公司资金发生的利息收入,按使用资金的时间和适用利率计算确定;发生的使用费收入按合同或协议规定的收费时间和方法计算确定。

上述收入的确定应同时满足:

(1) 与交易相关的经济利益能够流入公司;

(2) 收入的金额能够可靠地计量。

……

附注四、会计报表主要项目注释

……

26. 业务收入和营业成本

项目	营业收入		营业成本		毛利	
	2007年度	2006年度	2007年度	2006年度	2007年度	2006年度
主营业务收入	488 781 788.00	476 854 999.16	174 834 327.12	185 120 354.80	313 749 460.88	291 729 644.36
其中:						
通行费收入	488 781 788.00	476 854 999.16	174 834 327.12	185 120 354.80	313 749 460.88	291 729 644.36
其他业务收入	1 541 111.76	1 108 459.39	13 713.15	228 106.73	1 527 298.61	885 352.66
其中:						
受托管理收入		230 194.27				230 194.27
广告费收入	1 272 226.76	681 932.86		205 194.00	1 272 226.76	476 738.86
租赁费收入	266 885.00	196 332.26	13 611.15	10 551.05	253 273.85	185 781.21
其他收入	2 000.00		102.00	12 361.68	1 898.00	
合 计	490 322 899.76	477 963 458.55	174 848 040.27	185 348 461.53	315 474 859.49	292 614 997.02

公司2007年度的营业成本较上年度下降10 500 421.26元,下降的主要原因是由于公司上年度开支了林村站改扩建、何黄江站拓宽增加车道、电缆补盗恢复、全线雨棚检测维修等大型费用,而本年度没有相应发生费用所致。

……

28. 财务费用

项 目	2007年度	2006年度
利息支出	23 974 250.28	3 483 900.00
其中:银行借款利息支出	9 213 155.50	3 483 900.00
发行短期融资券利息支出	14 761 094.78	
减:利息收入	7 451 370.88	656 617.06
其中:银行存款利息收入	2 954 774.03	656 617.06
债券利息收入	4 496 596.85	
短期融资券手续费摊销	2 028 889.35	
资产证券化融资价差	6 333 333.32	13 518 518.53
金融机构手续费及其他	132 057.00	90 946.96
合 计	25 017 159.07	16 436 748.43

公司2007年的财务费用较上年度增加8 580 410.64元,增加的比例为52.20%。增加的主要原因是由于公司本年度发行短期融资券计提的利息支出增加所致。

【本章相关法规】

财政部《企业会计制度》(财会[2000]25号),2000年12月29日

财政部《企业会计准则第14号——收入》(财会[2006]03号),2006年2月15日

财政部《企业会计准则第15号——建造合同》(财会[2006]03号),2006年2月15日

财政部《企业会计准则——应用指南》(财会[2006]18号),2006年10月30日

国际会计准则委员会《国际会计准则第18号——收入》,1993年修订

【复习思考题】

1. 什么是收入?收入的基本特征有哪些?
2. 收入与利得、费用与损失有哪些联系与区别?
3. 商品销售收入在符合哪些条件时才能加以确认?
4. 代销商品的会计处理方法是怎样的?
5. 对于跨年度的劳务,企业应采用何种方式确认收入?

6. 核算建造合同收入时应设置哪些主要科目?
7. 成本、费用、支出有哪些联系与区别?
8. 生产费用与产品成本、期间费用有何区别?
9. 产品成本的核算程序是怎样的?
10. 期间费用包括哪些主要内容?如何进行核算?

第十一章 利润和所得税

【学习目标】

通过本章学习,学生应当能了解并掌握:
1. 利润的含义及构成
2. 利润形成、分配以及年末结转的会计处理
3. 会计利润、应纳税所得额、所得税费用、应交所得税的基本概念
4. 资产、负债的计税基础
5. 暂时性差异、永久性差异的特征和类型
6. 所得税核算的应付税款法
7. 资产负债表债务法的特点
8. 利润、所得税的信息披露

第一节 利　　润

一、利润的含义

利润是企业在一定会计期间的经营成果,是企业在一定会计期间内实现的收入减去费用后的净额、直接计入当期利润的利得和损失等。企业将自己的经营收入抵补经营成本,确定出经营成果,可以及时反映企业在一定会计期间的经营业绩和获利能力,也能反映企业的投入产出效率和经济效益。利润信息有助于企业投资者和债权人据以进行盈利预测,评价企业经营绩效,并在此基础上作出正确的投资决策。

从利润的构成内容看,既有企业从各项生产、经营活动和投资活动所取得的,也包括企业所处的自然、经济法律环境对企业经济资源产生的影响。利润一定伴有净资产的增加或负债的减少(亏损则相反)。但是,并非在经营期间内的所有净资产的增加都是利润,企业所有者在经营期间内的增资或减资及因分配给所有者利润(或股利)而流出或流入的资产均与利润(或亏损)无关。

二、利润的构成

利润是企业在一定会计期间的经营成果,包括收入减去费用后的净额、直接计入当期利润的利得和损失等。其中,直接计入当期利润的利得和损失,是指应当计入当期损益、会导致所有者权益发生增减变动的、与所有者投入资本或者向所有者分配利润无关的利得或损失。

利润的相关计算公式如下:

(一) 营业利润

营业利润,是企业利润的主要来源,主要由营业收入减去营业成本、营业税金及附加、销售费用、管理费用、财务费用以及资产减值损失,再加公允价值变动收益以及投资收益形成。可用公式表示如下:

营业利润 = 营业收入 − 营业成本 − 营业税金及附加 − 销售费用 − 管理费用 − 财务费用 − 资产减值损失 + 公允价值变动收益(− 公允价值变动损失) + 投资收益(− 投资损失)

其中,营业收入,是指企业从经营业务中所获得的收入总额,包括主营业务收入和其他业务收入;营业成本,是指企业在经营业务中所发生的实际总成本,包括主营业务成本和其他业务成本;资产减值损失,是指企业计提各项资产减值准备所形成的损失;公允价值变动收益(或损失),是指企业在交易性金融资产等以公允价值计价的资产上所产生的应当计入当期损益的利得(或损失);投资收益(或损失),是指企业以各种方式对外投资所获得的收益(或发生的损失)。

(二) 利润总额

利润总额,是企业在营业利润的基础上加减营业外收支形成的,可用公式表示如下:

利润总额 = 营业利润 + 营业外收入 − 营业外支出

其中,营业外收入和营业外支出,即利得和损失,是指与企业生产经营活动没有直接关系的各项收入和支出。这些收入和支出往往是偶然发生的、彼此孤立的、没有前后联系的。营业外收入没有相应的成本、费用,而营业外支出也没有相应的收入。但从企业主体来看,营业外收入和营业外支出同样是增加或减少利润的因素,会对企业的利润总额及净利润产生较大的影响。

营业外收入主要包括非流动资产处置利得、非货币性资产交换利得、债务重组利得、政府补助、盘盈利得、接受捐赠利得等。

营业外支出包括非流动资产处置损失、非货币性资产交换损失、债务重组损失、公益性捐赠支出、非常损失、盘亏损失等。

(三) 净利润

企业的利润总额减去所得税费用后的余额即为净利润,可用公式表示如下:

$$净利润 = 利润总额 - 所得税费用$$

其中,所得税费用,是指企业确认的应从当期利润总额中扣除的所得税。

三、营业外收支的核算

前已述及,营业外收支是企业发生的与企业生产经营活动没有直接关系的各项收入和支出,但其同样会给企业带来经济利益的流入或流出,也是企业利润增减的因素之一,对企业的利润总额和净利润产生着一定的影响。

营业外收入和支出,偶发性很强,前后不发生联系,每项营业外收支都是彼此孤立发生的。营业外收入没有相应的成本、费用,营业外支出也没有相应的收入。作为营业外收支必须同时具备两个特征:一是意外发生,企业无力加以控制;二是偶然发生,不重复出现。

(一) 营业外收入

营业外收入主要包括非流动资产处置利得、非货币性资产交换利得、债务重组利得、政府补助、财产盘盈、接受捐赠利得等。

为了反映营业外收入的发生和结转情况,企业应设置和使用"营业外收入"科目,并按照营业外收入的项目设置明细科目,进行明细核算。期末,应将该科目的发生额转入"本年利润"科目,结转后该科目无余额。

【例11-1】 莲花公司因生产一种先进的模具产品,而享受到国家就该产品在增值税上的先征后返政策(即政府补助),即先按规定征收增值税,然后按实际缴纳增值税额返还70%。2008年7月,莲花公司实际缴纳增值税额100万元。2008年8月,该公司实际收到返还的增值税额70万元。莲花公司的相关会计处理如下。

2008年8月,莲花公司实际收到返还的增值税额:

借:银行存款　　　　　　　　　　　　　　700 000
　　贷:营业外收入　　　　　　　　　　　　　　700 000

(二) 营业外支出

营业外支出主要包括非流动资产处置损失、非货币性资产交换损失、债务重组损失、公益性捐赠支出、非常损失、盘亏损失等。

为了反映营业外支出的发生和结转情况,企业应设置和使用"营业外支出"科目,并按照营业外支出的项目设置明细科目,进行明细核算。期末,应将该科目的发生额转入"本年利润"科目,结转后该科目无余额。

【例11-2】 伟业公司在年末的财产清查中发现一台生产设备有账无实。该设备账面原始价值20 000元,累计折旧16 000元。经厂长办公会批准,对该设作转销处理。伟业公司的相关会计处理如下。

(1) 发现设备盘亏时

借:待处理财产损溢——待处理非流动资产损溢　　4 000
　　累计折旧　　　　　　　　　　　　　　　　　16 000
　　贷:固定资产　　　　　　　　　　　　　　　　　　　　20 000

(2) 经批准转销时

借:营业外支出——盘亏损失　　　　　　　　　　4 000
　　贷:待处理财产损溢——待处理非流动资产损溢　　　　4 000

这里需要特别强调的是,营业外收入与营业外支出是互不相关、彼此孤立发生的,因此,企业在会计核算时,应当对营业外收入和营业外支出分别核算,不能将两者互相冲抵。

四、利润形成的核算

企业对利润形成的核算方法有账结法和表结法两种。

账结法,是指在每月月末将所有损益类科目的余额转入"本年利润"科目。结转后,各损益类科目月末均没有余额,"本年利润"科目反映年度内累计实现的净利润(或发生的净亏损)。采用账结法,账面上能够直接反映各月末累计实现的净利润(或发生的净亏损),但每月末结转各损益类科目的工作量较大。

表结法,是指各月月末不结转各损益类科目,而是通过编制利润表的过程计算出当月的净利润(或净亏损),在年末才将所有损益类科目的余额转入"本年利润"科目。采用表结法,各损益类科目的月末余额表示累计的收入或费用,"本年利润"科目在1至11各月末不作任何记录,到12月末才结转本年利润。因此,各月末的累计净利润(或净亏损)不能在账面上直接得到反映,需要在编制利润表的过程中确定;但由于平时不必结转各损益类科目,能够简化核算工作。

不论是账结法还是表结法,在年末时都必须结转各损益科目。为了确定企业在一定期间内的利润,企业应设置和使用"本年利润"科目。该科目属于所有者权益类科目,核算企业在本会计年度实现的利润或发生的亏损总额。期末结转利润时,将"主营业务收入"、"其他业务收入"、"投资收益"、"公允价值变动损益"、"营业外收入"等科目的期末余额转入"本年利润"科目贷方;将"主营业务成本"、"其他业务成本"、"营业税金及附加"、"管理费用"、"销售费用"、"财务费用"、"资产减值损失"、"营业外支出"、"所得税费用"等科目的期末余额转入"本年利润"科目借方。年度终了,应将本年收入和支出相抵后结出的本年实现的净利润自本科目转入"利润分配——未分配利润"科目,结转后本科目无余额。年终结转损益的会计处理程序如图11-1所示。

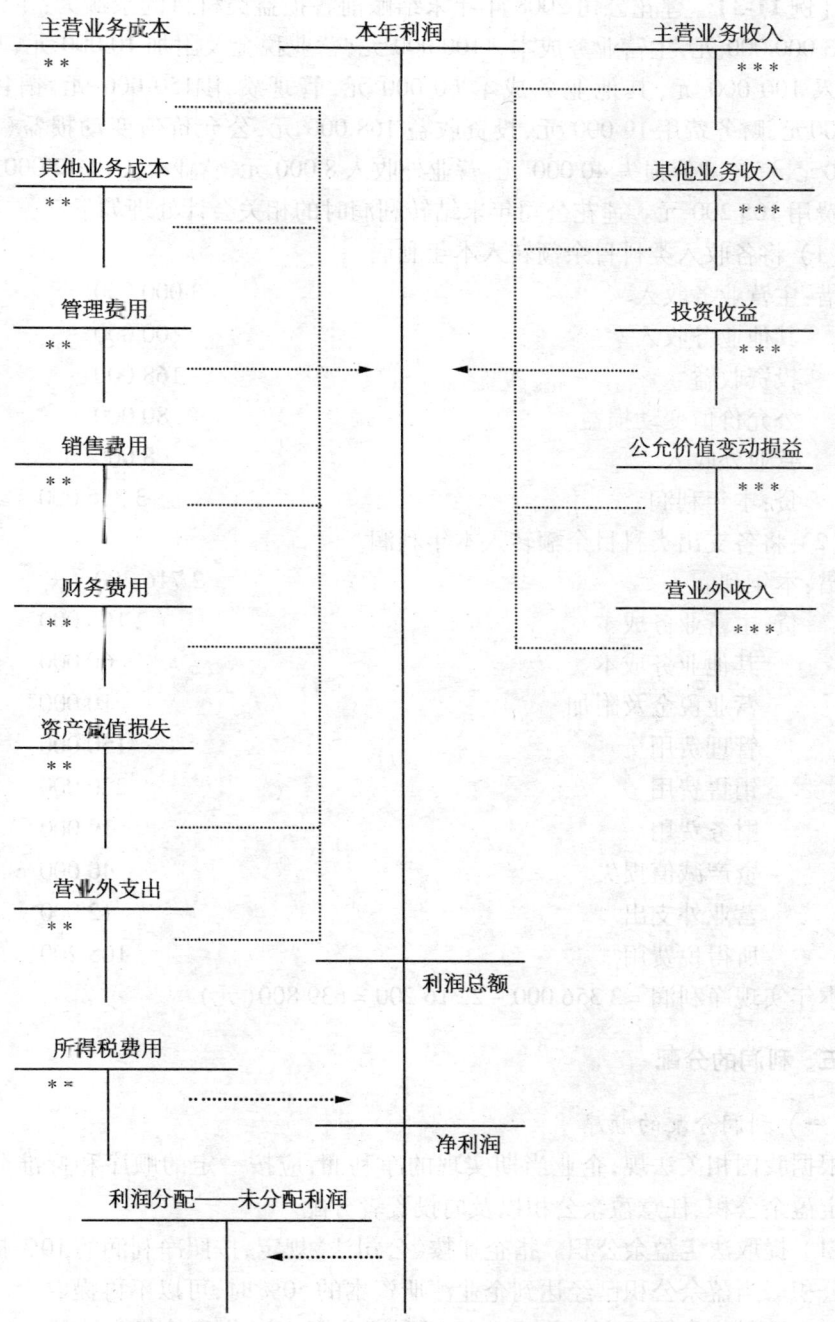

图 11-1 年终结转损益会计处理程序示意图

【例11-3】 莲花公司2008年年末结账前各损益类科目的余额为：主营业务收入3 000 000元，主营业务成本2 100 000元，营业税金及附加10 000元，其他业务收入100 000元，其他业务成本60 000元，管理费用150 000元，销售费用220 000元，财务费用19 000元，投资收益168 000元，公允价值变动损益（贷方）80 000元，资产减值损失40 000元，营业外收入8 000元，营业外支出12 000元，所得税费用105 200元。莲花公司年末结转利润时的相关会计处理如下。

(1) 将各收入类科目余额转入本年利润

借：主营业务收入	3 000 000
其他业务收入	100 000
投资收益	168 000
公允价值变动损益	80 000
营业外收入	8 000
贷：本年利润	3 356 000

(2) 将各支出类科目余额转入本年利润

借：本年利润	2 716 200
贷：主营业务成本	2 100 000
其他业务成本	60 000
营业税金及附加	10 000
管理费用	150 000
销售费用	220 000
财务费用	19 000
资产减值损失	40 000
营业外支出	12 000
所得税费用	105 200

本年实现净利润 = 3 356 000 − 2 716 200 = 639 800（元）

五、利润的分配

（一）利润分配的顺序

根据我国相关法规，企业当期实现的净利润，应按一定的顺序和标准分别提取法定盈余公积、任意盈余公积以及向投资者分配。

(1) 提取法定盈余公积。指企业按《公司法》规定，按照净利润的10%提取的盈余公积。当盈余公积已经达到企业注册资本的50%时，可以不再提取。

(2) 应付优先股股利。指企业按照利润分配方案分配给优先股股东的现金股利。

(3) 提取任意盈余公积。指企业按照股东大会决议提取的盈余公积。企业是否提取任意盈余公积以及任意盈余公积的提取比例均由企业股东大会决定。

(4) 应付普通股股利。指企业按照利润分配方案分配给普通股股东的现金股利。

(5) 转作股本的普通股股利。指企业按照利润分配方案以分派股票股利的形式转作的股本。

企业当期实现的净利润经过上述分配后,加上年初未分配利润(或减去年初未弥补亏损)以及盈余公积补亏的数额后,为年末未分配利润(或未弥补亏损),未分配利润可留待以后年度进行分配。

（二）利润分配的核算

企业实现的利润和利润分配应当分别核算。为此,企业除了设置和使用"本年利润"科目核算利润的形成外,还应设置"利润分配"科目,核算企业利润的分配(或亏损的弥补)以及历年分配利润(或弥补亏损)后的积存余额。为了完整、准确地核算企业利润分配情况,还应在"利润分配"账户下设置以下明细科目：

(1) 提取法定盈余公积；

(2) 提取任意盈余公积；

(3) 应付现金股利或利润；

(4) 转作股本的股利；

(5) 盈余公积补亏；

(6) 未分配利润。

利润分配及其年终结转的会计处理程序如图11-2所示。

【例11-4】 承例11-3资料,莲花公司2008年实现净利润639 800元,董事会决定分别按10%、5%提取法定盈余公积和任意盈余公积,向投资者分配利润300 000元。莲花公司的相关会计处理如下。

(1) 提取法定盈余公积和任意盈余公积

借：利润分配——提取法定盈余公积　　　　　　　　63 980
　　　　　　——提取任意盈余公积　　　　　　　　31 990
　贷：盈余公积——法定盈余公积　　　　　　　　　　63 980
　　　　　　——任意盈余公积　　　　　　　　　　　31 990

(2) 向投资者分配利润

借：利润分配——应付现金股利　　　　　　　　　　300 000
　贷：应付股利　　　　　　　　　　　　　　　　　　300 000

若企业发生亏损,则不需计提法定盈余公积。对于所发生的亏损可通过三种途径弥补。分别是：①税前利润弥补亏损；②税后利润弥补亏损；③用盈余公积弥

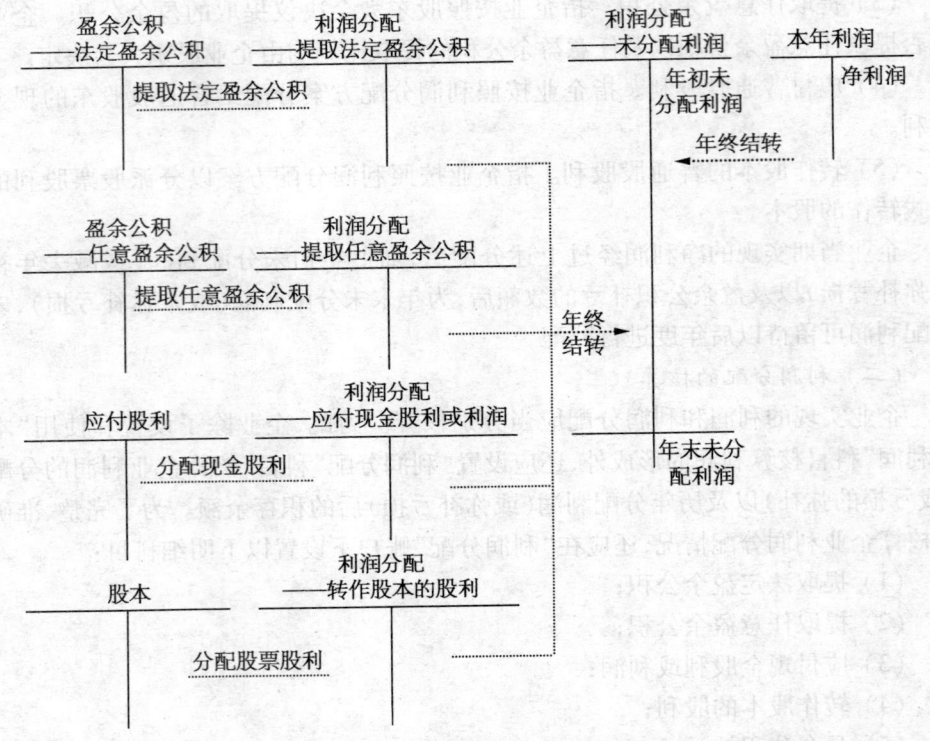

图 11-2 利润分配及其年终结转会计处理程序示意图

补亏损。当企业按照国家政策分别以税前利润或税后利润弥补亏损时,无需作会计处理;当企业用盈余公积弥补亏损时,应作如下会计处理:

借:盈余公积——法定盈余公积
　　贷:利润分配——盈余公积补亏

年度终了,企业应结转"利润分配"科目。将本年实现的净利润由"本年利润"科目转入"利润分配——未分配利润"科目的贷方,若为亏损则作相反处理;同时,将"利润分配"科目下其他明细科目的余额转入"利润分配——未分配利润"科目。结转后,除"未分配利润"外,"利润分配"科目下的其他明细科目均无余额。

【例 11-5】 承例 11-3 和例 11-4 资料,假定莲花公司 2008 年年初"利润分配——未分配利润"科目的贷方余额为 265 000 元。2008 年年末结账时的会计处理如下。

(1) 结转本年利润

借:本年利润　　　　　　　　　　　　　　　　639 800
　　贷:利润分配——未分配利润　　　　　　　　　　　639 800

(2) 结转利润分配明细科目
借:利润分配——未分配利润　　　　　　　　　　395 970
　　贷:利润分配——提取法定盈余公积　　　　　　63 980
　　　　　　——提取任意盈余公积　　　　　　　31 990
　　　　　　——应付现金股利　　　　　　　　300 000

莲花公司2008年年末"利润分配——未分配利润"科目的余额为508 830元，如图11-3所示。

利润分配——未分配利润	
	年初余额　　265 000
利润分配转入　395 970	本年利润转入　639 800
	年末余额　　508 830

图11-3　莲花公司"利润分配——未分配利润"T形账户示意图

第二节　所　得　税

一、所得税的相关概念

会计核算和税收处理分别服务于不同的目的，因而遵循不同的原则。会计的确认、计量和报告遵循的是会计准则，目的是真实完整地反映企业的财务状况、经营成果和现金流量情况；而税法是以课税为目的，就所得税而言，主要是确定企业的应纳税所得额，以对企业的经营所得征税。所得税法规和会计准则的分离，必然导致了所得税会计的形成和发展。要正确掌握所得税的确认和计量方法，首先需要明确区别会计利润、应纳税所得额、所得税费用和应纳所得税额等概念。

（一）会计利润

会计利润，也称利润总额、税前会计利润，是一个会计概念，反映企业一定时期内生产经营的财务成果。它关系到企业的经营成果、投资者的权益以及企业与职工的利益。

会计利润是企业在权责发生制的会计确认基础上，运用一定的会计方法对企业发生的交易和事项进行确认和计量而形成的一定期间内的经营成果。会计利润的构成可用公式描述如下：

$$会计利润 = 收入总额 - 费用总额$$

上述公式中的收入与费用均为广义上的收入与费用。

会计利润是确定应纳税所得额的基础,但是不能等同于应纳税所得额。企业按照会计准则的规定进行核算得出的会计利润,根据税法规定作出相应的调整后,才能作为企业的应纳税所得额。

(二) 应纳税所得额

应纳税所得额是个税收概念,是所得税纳税对象的具体化,是根据企业所得税法按照一定的标准确定的、纳税人在一个时期内的计税所得,即企业所得税的计税依据。我国于2007年3月16日颁布自2008年1月1日起实施的《中华人民共和国企业所得税法》,将应纳税所得额定义为:纳税人每一纳税年度的收入总额,减除不征税收入、免税收入、各项扣除以及允许弥补的以前年度亏损后的余额。应纳税所得额可用公式表示如下:

$$应纳税所得额 = 收入总额 - 不征税收入 - 免税收入 - 各项扣除 - 允许弥补的以前年度亏损$$

上述公式中,收入总额,是指企业以货币形式和非货币形式从各种来源取得的收入。其中,收入的货币形式,包括现金、存款、应收账款、应收票据、准备持有至到期的债券投资以及债务的豁免等;收入的非货币形式,包括固定资产、生物资产、无形资产、股权投资、存货、不准备持有至到期的债券投资、劳务以及有关权益等。企业以非货币形式取得的收入,应当按照公允价值确定收入额。收入总额包括以下具体内容:①销售货物收入;②提供劳务收入;③转让财产收入;④股息、红利等权益性投资收益;⑤利息收入;⑥租金收入;⑦特许权使用费收入;⑧接受捐赠收入;⑨其他收入。

不征税收入,是指包含在收入总额中但无需计缴所得税的收入。不征税收入包括:①财政拨款;②依法收取并纳入财政管理的行政事业性收费、政府性基金;③国务院规定的其他不征税收入。

免税收入,是指包含在收入总额中但根据国家所得税相关法规免交所得税的收入。如:①企业持有国务院财政部门发行的国债取得的利息收入;②企业从事林产品的采集所得;③企业从事林木的培育和种植所得;④企业从事远洋捕捞所得;⑤企业从事蔬菜、谷物、薯类、油料、豆类、棉花、麻类、糖料、水果、坚果的种植所得等。

各项扣除,是指企业实际发生的准予在计算应纳税所得额时扣除的与取得收入有关的、合理的支出,即符合生产经营活动常规,应当计入当期损益或者有关资产成本的必要和正常的支出,包括成本、费用、税金、损失和其他支出。如:①企业在生产经营活动中发生的销售成本;②销售费用、管理费用和财务费用;③除企业所得税和允许抵扣的增值税以外的各项税金及其附加;④固定资产和存货的盘亏、毁损、报废损失,转让财产损失,呆账损失,坏账损失,自然灾害等不可抗力因素造成的损失以及其他损失;⑤除成本、费用、税金、损失外,其他与生产经营活动有关的、合理的支出。

允许弥补的以前年度亏损,是指企业依照企业所得税法及其实施条例的规定,将每一纳税年度的收入总额减除不征税收入、免税收入和各项扣除后小于零的数额。根据我国企业所得税法,企业纳税年度发生的亏损,准予向以后年度结转,用以后年度的所得弥补,但结转年限最长不得超过5年。

(三) 所得税费用

所得税费用是财务会计中的概念,它是根据权责发生制原则确认的、与当期收入相配比的所得税金额,是按照会计标准计算的、企业当期所创造的收益所应当负担的所得税。在资产负债表债务法下,利润表中的所得税费用由两部分内容构成:一是按照税法规定计算的当期所得税(当期应交所得税),二是按照规定计算的递延所得税。

(四) 应纳所得税额

应纳所得税额,是指企业的应纳税所得额乘以适用税率,减除依照所得税法关于税收优惠的规定减免和抵免的税额后的余额。可用公式表示如下:

$$应纳所得税额 = 应纳税所得额 \times 适用税率 - 减免税额 - 抵免税额$$

上述公式中的减免税额和抵免税额,是指依照企业所得税法和国务院的税收优惠规定减征、免征和抵免的应纳所得税额。

二、会计利润与应纳税所得额的永久性差异

从上述所得税的相关概念中可见,会计利润和应纳税所得额之间存在着差异,这种差异源于会计标准和税法的不同,使得会计利润和应纳税所得额之间产生了差异,这些差异有两种类型:永久性差异和暂时性差异。

永久性差异是由于会计标准和税法在计算收益、费用或损失时的口径不同而产生的会计利润和应纳税所得额之间的差异。具体包括以下四种类型:①计入会计收益但不计入应税所得,如国库券利息;②不计入会计收益但计入应税所得,如自用产品;③计入费用损失但纳税时不予扣减,如赞助费;④不计入费用损失但纳税时可扣减,如可加计扣除的内部研究开发支出。

我国目前存在的永久性差异的具体内容可归纳如下。

1. 收益确认方面的差异

收益确认方面的差异,是会计准则和税法在确认收入时的不同,根据会计准则应计入收入,而根据税法却不计入应税收入;或相反,会计上不计入收入,而税法上计入应税收入。例如:

(1) 会计上,企业因购买国务院财政部门发行的国债而取得的利息收入计入会计利润。税法上,此部分利息收入不计入应税所得,可按其调减应纳税所得额。

(2) 会计上,按权益法核算的投资企业,以被投资方当年实现的净利润和投资比例确认投资收益。税法上,则按照被投资方作出利润分配决定的日期作为投资企业确认收入实现的日期。相应的,投资企业确认的投资损失在被投资方清算前也不得在税前扣除,在申报纳税时均应调整应纳税所得额。

(3) 企业的售后回购业务,在没有确凿证据表明交易满足销售商品收入确认条件时,会计上不确认收入,将商品的售价、回购价与售价之间的差额均作为负债确认。税法上,则要求企业将售价与成本的差额计入应纳税所得额。

(4) 会计上,将技术转让收益计入营业外收入项目,并相应增加税前会计利润。税法上,对于企业符合条件的技术转让所得,免征、减征所得税,具体的:对于企业技术转让所得不超过 500 万元的部分,免征企业所得税;超过 500 万元的部分,减半征收企业所得税。

(5) 会计上,企业治理"三废"收益计入当期利润。税法上,则对企业从事符合条件的环境保护、节能节水项目(包括公共污水处理、公共垃圾处理、沼气综合开发利用、节能减排技术改造、海水淡化等)的所得免征、减征企业所得税。

(6) 会计上,企业获得的政府补助,直接或间接地计入会计利润。税法上,则不作为应纳税所得额。

2. 确认费用、损失方面的差异

(1) 会计上,企业违法经营的罚款、被没收的财物损失、各项税收的滞纳金和罚金,均计入营业外支出。税法上,则在计算应纳税所得额时不允许扣除。

(2) 会计上,将职工薪酬全部直接或间接地计入损益。税法上,对于超过计税工资标准的工资支出以及超过计提标准(职工福利费支出,不超过工资薪金总额的 14%;工会经费,不超过工资薪金总额的 2%;职工教育经费支出,不超过工资薪金总额的 2.5%)提取的社会保险费、职工福利费、工会经费、职工教育经费等,不得在税前扣除;对于超过部分,应在以后纳税年度结转扣除。

(3) 会计上,将发生的业务招待费、捐赠支出、广告费、赞助支出等,计入当期损益。税法上,业务招待费支出,按照发生额的 60% 扣除,但最高不得超过当年销售(营业)收入的 5‰;符合条件的广告费和业务宣传费支出,对于不超过当年销售(营业)收入 15% 的部分,可在税前扣除;超过部分,应在以后纳税年度结转扣除。对于赞助支出、非公益性捐赠支出,以及公益性捐赠支出,在年度利润总额 12% 以上的部分,不得在计算应纳税所得额时扣除。

(4) 会计上,将发生的借款利息计入当期损益。税法上,对于企业因自非金融机构借款而发生的超过金融企业同期贷款利率计算的利息,不得在计算应纳税所得额时扣除。

(5) 在会计上,将企业发生的因担保、涉及诉讼等事项而导致的损失计入当期损益。税法上,则不得在税前扣除。

（6）会计上,企业研究阶段的研发支出以及虽已进入开发阶段但尚未达到资本化确认条件的研发支出,计入当期损益。税法上,企业发生的研发支出,可按其实际发生额的 50% 加计扣除,直接抵扣当年应纳税所得额。

（7）会计上,企业根据各项资产期末的账面价值大于其可收回金额的数额,提取资产减值准备,同时计入当期损益。税法上,对于企业未经核定的各项资产减值准备、风险准备等准备金支出,不得在计算应纳税所得额时扣除。

（8）会计上,子公司或分支机构支付给母公司或总机构的管理费用列入管理费用,计入当期损益。税法上,企业之间支付的管理费、企业内营业机构之间支付的租金和特许权使用费等均不得在计算应纳税所得额时扣除。

三、资产、负债的计税基础与暂时性差异

暂时性差异是通过资产或负债的账面价值与其计税基础的比较而确定的。

（一）资产的计税基础与暂时性差异

资产的计税基础是指企业收回资产账面价值过程中,计算应纳税所得额时按照税法规定可以自应税经济利益中抵扣的金额。也就是说,该项资产在未来使用或最终处置时,可以作为成本或费用在税前扣除的金额,即

资产的计税基础 = 未来期间可税前扣除的金额

某一资产在资产负债表日的计税基础 = 该资产的计税成本 − 以前期间已税前扣除的金额

通常,资产在初始确认时,其计税基础为取得成本,即企业为取得某项资产支付的成本在未来期间准予税前扣除。在资产持续持有的过程中,其计税基础是指资产的取得成本减去以前期间按照税法规定已经税前扣除的金额后的余额,该余额代表的是按照税法规定,就涉及的资产在未来期间计税时仍然可以税前扣除的金额。如固定资产、无形资产等资产项目在某一资产负债表日的计税基础,是指其成本扣除按照税法规定已在以前期间税前扣除的累计折旧额或累计摊销额后的金额。

【例 11-6】 莲花公司于 2006 年末购入一项生产用设备,该设备取得成本为 200 万元,预计使用年限为 10 年,假定该设备的预计净残值为 0。会计核算时按双倍余额递减法计提折旧,税法要求按照直线法计提折旧。2008 年年末,莲花公司对该项设备计提了 10 万元的固定资产减值准备。

分析依据:企业以各种方式取得的固定资产,初始确认时按照会计准则规定确定的入账价值基本上是被税法认可的,即取得时资产账面价值一般等于计税基础。

固定资产在持有期间进行后续计量时,会计计量模式是"历史成本 - 累计折旧 - 固定资产减值准备",税务处理模式是"成本 - 按照税法规定已在以前期间税前扣除的折旧额"。由于会计准则与税法在固定资产的折旧方法、折旧年限以及减值准备的提取等方面的规定不同,会导致固定资产的账面价值与计税基础的差异。

故,2008年12月31日,莲花公司该生产设备的账面价值和计税基础分别为

账面价值 = 200 - 40 - 32 - 10 = 118(万元)

计税基础 = 200 - 20 - 20 = 160(万元)

可见,由于会计标准与税法要求的该固定资产折旧方法不一致,引起计算会计利润时的费用与计算应纳税所得额时允许扣除的费用不一致。假如没有其他因素影响,2006年末至2008年末,莲花公司税前会计利润小于应纳税所得额的差额共计42万元(= 20万元 + 12万元 + 10万元);在2008年12月31日,该资产的账面价值(118万元)小于其计税基础(160万元)之间的42万元,将会随着时间的推移得到转回,减少企业未来期间的应纳税所得额。该差异属于暂时性差异。

【例11-7】 春城公司于2008年年初购入一项非专利技术,该技术的取得成本为100万元,春城公司取得该技术后,根据各方面情况判断,无法合理预计其为企业带来未来经济利益的期限,故将其作为使用寿命不确定的无形资产。2008年12月31日,对该项无形资产进行减值测试表明其未发生减值。企业在计税时,对该项无形资产按照10年的期限摊销,摊销金额允许税前扣除。

分析依据:根据现行会计准则,春城公司应将该技术作为使用寿命不确定的无形资产,故,不需计提摊销额。在未发生减值的情况下,其在2008年12月31日的账面价值为100万元。

根据税法规定,对于使用期限难以确定的无形资产,应按不低于10年的期限摊销。故该项无形资产在2008年12月31日的计税基础为90万元(= 成本100万元 - 按照税法规定可予税前扣除的摊销额10万元)。

该项无形资产的账面价值100万元与其计税基础90万元之间的差额10万元,将计入未来期间春城公司的应纳税所得额。

【例11-8】 伟业公司2008年8月18日从二级市场上购入一项权益性投资,由此确认的交易性金融资产初始成本80万元。2008年12月31日,该项权益性投资的市价为88万元。

分析依据:根据现行会计准则,伟业公司应对该项交易性金融资产按照期末公允价值计价,故2008年12月31日的账面价值为88万元。

根据税法规定,对于交易性金融资产,持有期间公允价值的变动不计入应纳税所得额,待处理时才一并计算应计入应纳税所得额的金额。故该项交易性金融

资产在2008年12月31日的计税基础仍为原取得成本80万元。

该交易性金融资产的账面价值88万元与其计税基础80万元之间产生了8万元的暂时性差异,该暂时性差异在未来期间转回时,会增加未来期间的应纳税所得额。

【例11-9】 闵兴公司2008年12月31日应收账款余额为500万元,该公司期末应收账款的坏账准备为25万元。

分析依据:根据现行会计准则,闵兴公司对应收账款按照摊余成本进行期末计价,故应收账款在2008年12月31日的账面价值为475万元(=500万元 - 25万元)。

按照税法规定,不符合国务院财政、税务部门规定的各项资产减值准备不允许税前扣除。所以,该项应收账款在2008年12月31日的计税基础为500万元。

闵兴公司应收账款的账面价值475万元与计税基础500万元之间产生25万元暂时性差异,在应收账款发生实质性损失时,会减少未来期间的应纳税所得额。

(二) 负债的计税基础与暂时性差异

负债的计税基础,是指负债的账面价值减去该负债在未来期间计算应纳税所得额时按照税法规定可予以抵扣的金额,即

$$负债的计税基础 = 负债账面价值 - 未来期间可税前扣除的金额$$

负债的确认与偿还一般不会影响企业的损益,也不会影响其应纳税所得额,未来期间计算应纳税所得额时按照税法规定可予抵扣的金额为零,则计税基础即为账面价值。但是,在某些情况下,负债的确认可能会影响企业的损益,进而影响不同期间的应纳税所得额,使得其计税基础与账面价值之间产生差额,如按照会计规定确认的产品售后质量保证、因违反国家相关法规支付的罚款和滞纳金等。

【例11-10】 莲花公司2008年因销售产品承诺提供3年的保修服务,在当年确认了20万元的销售费用,同时确认为预计负债,假定当年未发生任何保修支出。

分析依据:按照或有事项准则规定,企业对于预计提供售后服务将发生的支出在满足有关负债确认条件时,应确认为预计负债。所以,莲花公司2008年12月31日预计负债的账面价值为20万元。

按照税法规定,与销售产品相关的支出应于实际发生时在税前扣除。因该类事项产生的预计负债在期末的计税基础为其账面价值与未来期间可在税前扣除的金额之间的差额,即为零(=20万元 - 20万元),因有关保修支出在实际发生时可全部税前扣除,故其计税基础为零。

该项预计负债在账面价值20万元与计税基础零之间产生了20万元的暂时性差异。该差异会随着时间的推移得到转回,减少莲花公司未来期间的应纳税所

得额。

【例11-11】 杭浦公司2008年10月因违反当地有关环保法规的规定,接到环保部门的处罚通知,要求其支付罚款10万元。至2008年12月31日,该项罚款尚未支付。

分析依据:按照会计准则,2008年末,杭浦公司应将该项尚未支付的罚款作为营业外支出处理,同时确认为负债。所以,2008年12月31日,该项负债的账面价值为10万元。

按照税法规定,企业因违反国家有关法律法规支付的罚款和滞纳金,计算应纳税所得额时不允许税前扣除。与该项负债相关的支出在未来期间计税时按照税法规定准予税前扣除的金额为零,故其计税基础为10万元(=账面价值10万−未来期间计算应纳税所得额时按照税法规定可予抵扣的金额0)。

该项负债的账面价值10万元与其计税基础10万元相同,不形成暂时性差异。

【例11-12】 伟业公司2008年12月计入成本费用的职工工资总额为100万元,至2008年12月31日尚未支付,体现为资产负债表中的应付职工薪酬。假定按照适用税法规定,当期计入成本费用的100万元工资支出中,可予税前扣除的金额为95万元。

分析依据:按照会计准则规定,伟业公司为获得职工提供的服务给予的各种形式的报酬以及其他相关支出均应作为企业的成本费用,在未支付之前确认为负债。故,该项应付职工薪酬负债在2008年12月31日的账面价值为100万元。

按照税法规定,企业支付给职工的工资薪金性质的支出按照计税工资标准计算的金额可在税前列支。故,该项负债的计税基础为100万元(=账面价值100万元−未来期间计算应纳税所得额时按照税法规定可予抵扣的金额0)。

伟业公司实际发生的工资支出100万元与按照税法规定允许税前扣除的金额95万元之间所产生的5万元差额(永久性差异)在发生当期即应进行纳税调整,并且在以后期间不能够再在税前扣除。故,该项负债的账面价值100万元与其计税基础100万元相同,不形成暂时性差异。

(三) 暂时性差异的类别

暂时性差异是指资产、负债的账面价值与其计税基础不同产生的差额。由于资产、负债的账面价值与其计税基础不同,产生了在未来收回资产或清偿负债的期间内,应纳税所得额增加或减少并导致未来期间应交所得税增加或减少的情况,形成企业的资产和负债,在这些暂时性差异发生的当期,应当确认相应的递延所得税负债或递延所得税资产。

按照暂时性差异对未来期间应税所得额的影响,分为应纳税暂时性差异和可抵扣暂时性差异。

除因资产、负债的账面价值与其计税基础不同产生的暂时性差异以外,按照税法规定可以结转以后年度的未弥补亏损和税款抵减,也可视同可抵扣暂时性差异处理。

1. 应纳税暂时性差异

应纳税暂时性差异,是指在确定未来收回资产或清偿负债期间的应纳税所得额时,将导致产生应税金额的暂时性差异。该差异在未来期间转回时,会增加转回期间的应纳税所得额,即在未来期间不考虑该事项影响的应纳税所得额的基础上,由于该暂时性差异的转回,会进一步增加转回期间的应纳税所得额和应交所得税金额。在应纳税暂时性差异产生当期,应当确认相关的递延所得税负债。

通常,应纳税暂时性差异产生于以下两种情形。

(1)资产负债表日,资产账面价值大于其计税基础从而形成期末应纳税暂时性差异。例如,对长期股权投资采用权益法核算的企业,在会计期末按照被投资企业净利润以及投资比例确认投资收益,则期末长期股权投资的账面价值大于其计税基础。

(2)资产负债表日,负债账面价值小于其计税基础从而形成期末应纳税暂时性差异。一项负债的账面价值为企业预计在未来期间清偿该项负债时的经济利益流出,而其计税基础代表的是账面价值在扣除税法规定未来期间允许税前扣除的金额之后的差额。因负债的账面价值与其计税基础不同产生的暂时性差异,本质上是税法规定就该项负债在未来期间可以税前扣除的金额(即与该项负债相关的费用支出在未来期间可予税前扣除的金额)。负债的账面价值小于其计税基础,则意味着就该项负债在未来期间可以税前抵扣的金额为负数,即应在未来期间应纳税所得额的基础上调增,增加应纳税所得额和应交所得税金额,产生应纳税暂时性差异,应确认相关的递延所得税负债。

2. 可抵扣暂时性差异

资产的账面价值小于其计税基础或者负债的账面价值大于其计税基础的,将产生可抵扣暂时性差异。按照税法规定允许抵减以后年度利润的可抵扣亏损,视同可抵扣暂时性差异。

通常,可抵扣税暂时性差异产生于以下两种情形。

(1)资产负债表日,负债账面价值大于计税基础从而形成期末可抵扣暂时性差异。例如,产品保修费,按照权责发生制原则可于产品销售的当期计提,形成预计负债;但按税法规定于产品维修费用实际发生时从应税所得额中扣减,当期期末预计负债账面价值大于计税基础,从而形成可抵扣暂时性差异。又如,逾期未退回的包装物押金8万元,会计在以后某期才确认为收入;但按税法规定应于当期确认为应纳税所得额,因此,其他应付款的账面价值为8万元,而其他应付款的计税基础是 0(=8万元-8万元),账面价值大于计税基础从而形成期末可抵扣暂时性差异。

(2)资产负债表日,资产账面价值小于计税基础产生期末可抵扣暂时性差异。例如,在建工程的试运转收入。会计规定,在建工程的试运转收入冲减在建工程的成本。但是,税法规定应收入当期并入总收入征收所得税。在建工程的试运转收入冲减在建工程成本,将相应减少在建工程的账面价值,从而造成在建工程账面价值小于计税基础,产生可抵扣暂时性差异。又如,开办费和计提减值准备的资产等。

应该注意的是：

①资产负债表日资产或负债账面价值与计税基础的差额是期末应纳税或可抵扣暂时性差异,而非本期发生的应纳税或可抵扣暂时性差异,期末应纳税或可抵扣暂时性差异与期初应纳税或可抵扣暂时性差异的差额,才是本期应纳税或可抵扣暂时性差异。

②应纳税暂时性差异与可抵扣暂时性差异两者不可互相抵销。

③计算应纳税暂时性差异或可抵扣暂时性差异时,可以按照资产负债表中的资产、负债项目或类别逐项计算。如可按照固定资产的账面价值与其计税基础计算暂时性差异,也可按固定资产不同类别如房屋、机器设备等分别计算。

④其他暂时性差异如企业合并中取得资产负债的入账价值与其计税基础不同形成的差额,在购买日确认递延所得税资产或负债、商誉,不影响应纳税所得额。

以会计利润为基础,调整会计与税收之间的差异,应纳税所得额的确定可用以下公式表示：

> 应纳税所得额 = 会计利润 + 按照会计准则规定计入利润表但计税时不允许税前扣除的费用 ± 计入利润表的费用与按照税法规定可予税前抵扣的金额之间的差额 ± 计入利润表的收入与按照税法规定应计入应纳税所得额的收入之间的差额 - 税法规定的不征税收入 ± 其他需要调整的因素

四、所得税的会计核算方法

由于会计标准与税法在收益、费用或损失的确认和计量原则上的不同,导致了按照会计标准计算的税前会计利润与按照税法规定计算的应纳税所得额之间存在着差异,对这些差异,在会计核算中可以采用应付税款法和纳税影响会计法两种不同的方法核算。这两种方法的区别在于对时间性差异的纳税影响确认与否。在应付税款法下,所得税费用按照应纳所得税额计算确定,即不确认时间性差异的纳税影响;而在纳税影响会计法下,所得税费用的计量则与应纳所得税额不同。

应付税款法是将本期税前会计利润与应纳税所得额之间的差异所造成的纳税影响金额直接计入当期损益,而不递延到以后各期的一种所得税会计处理方法。

纳税影响会计法是将本期由于时间性的暂时性差异产生的纳税影响递延和分配到以后各期,当期的所得税费用与当期的应交所得税的差异作为递延项目处理的方法。纳税影响会计法又可分为递延法和债务法。在债务法中,又有损益表债务法与资产负债表债务法之分:前者以利润表为基础分析时间性差异及其对所得税的影响金额;后者则是从暂时性差异产生的本质出发,分析暂时性差异产生的原因及其对企业期末资产负债的影响。我国现行的企业会计准则规定,上市公司所得税会计处理采用资产负债表债务法。

不论是应付税款法还是纳税影响会计法,对于永久性差异的处理是相同的,都是在会计利润的基础上按照税法的规定予以调整。

下面主要介绍应付税款法和资产负债表债务法。

(一)应付税款法

应付税款法是将本期税前会计利润与应纳税所得额之间的差异所造成的纳税影响金额直接计入当期损益,而不递延到以后各期的一种所得税会计处理方法。企业采用应付税款法核算时,当期的所得税费用等于当期的应交所得税,即按照应交所得税额记入"所得税费用"和"应交税费"账户即可。

【例11-13】 东川公司采用应付税款法进行所得税会计核算,所得税税率为25%。该公司核定的全年计税工资总额为110 000元,2008年实际发放工资120 000元。该公司上年末购置的一项固定资产,原始价值350 000元,对其折旧采用直线法,会计上按照7年计提折旧,本年折旧额为50 000元;税法规定按照5年计提折旧,本年折旧额为70 000元。该公司2008年利润表上反映的税前会计利润150 000元(含15 000元国库券利息收入)。

根据上述资料,2008年末固定资产账面价值300 000元,计税基础280 000元,年末应纳税暂时性差异20 000元,由于年初应纳税暂时性差异0元,所以本年发生应纳税暂时性差异20 000元。

东川公司2008年所得税费用和应交所得税的计算过程如下:

税前会计利润	150 000
加:永久性差异	10 000
减:永久性差异	15 000
减:应纳税暂时性差异	20 000
应纳税所得额	125 000

所得税税率	25%
应交所得税额	31 250
所得税费用	31 250

根据上述计算结果,东川公司作会计处理如下:

借:所得税费用　　　　　　　　　　　　　31 250
　　贷:应交税费——应交所得税　　　　　　　　31 250

从上述会计处理中我们看到,在应付税款法下,对本期发生的时间性的暂时性差异与本期发生的永久性差异作相同处理。在计算缴纳所得税时,按照税法规定,将税前会计利润调整为应纳税所得额,再按应纳税所得额进一步计算出应纳所得税额。按应纳所得税额作为本期的所得税费用,即本期的所得税费用在量上等于本期的应交所得税,不单独计算时间性的暂时性差异对所得税的影响,时间性的暂时性差异对所得税的影响金额也不作为一项资产或一项负债在资产负债表中反映。

(二)资产负债表债务法

1. 资产负债表债务法的含义

资产负债表债务法是从资产负债表出发,通过比较资产负债表上列示的资产、负债的账面价值与按照税法规定确定的计税基础,对于两者之间的差额分别应纳税暂时性差异与可抵扣暂时性差异,确认相关的递延所得税负债与递延所得税资产。

资产负债表债务法较为完全地体现了资产负债观,在所得税的会计核算方面贯彻了资产、负债的界定。从资产负债表角度考虑,资产的账面价值代表的是企业在持续持有及最终处置某项资产的一定期间内,该项资产为企业带来未来经济利益的总额,而其计税基础代表的是在这一期间内,就该项资产按照税法规定可予税前扣除的总额。一项资产的账面价值小于其计税基础的,表明该项资产于未来期间产生的经济利益流入低于按照税法规定允许税前扣除的金额,产生可抵减未来期间应纳税所得额的因素,减少未来期间以应交所得税的方式流出企业的经济利益,从差额产生时点来看,应确认为资产。反之,一项资产的账面价值大于其计税基础的,两者之间的差额将会于未来期间产生应税金额,增加未来期间的应纳税所得额及应交所得税,对企业形成经济利益流出的义务,从差额产生时点来看,应确认为负债。

2. 资产负债表债务法的一般程序

在采用资产负债表债务法核算所得税的情况下,企业一般应于每一资产负债表日进行所得税的核算。发生特殊交易或事项时,如企业合并,在确认因交易或事项取得的资产、负债时即应确认相关的所得税影响。企业进行所得税核算一般应遵循以下程序。

（1）按照相关会计准则规定确定资产负债表中除递延所得税资产和递延所得税负债以外的其他资产和负债项目的账面价值。其中,资产、负债的账面价值是指企业按照相关会计准则的规定进行核算后在资产负债表中列示的金额。

（2）按照相关会计准则中对于资产和负债计税基础的确定方法,以适用的税收法规为基础,确定资产负债表中有关资产、负债项目的计税基础。

（3）比较资产、负债的账面价值与其计税基础,对于两者之间存在差异的,分析其性质,除准则中规定的特殊情况外,分别应纳税暂时性差异与可抵扣暂时性差异,确定资产负债表日递延所得税资产和递延所得税负债的应有金额,并分别与期初递延所得税资产和递延所得税负债的余额相比,确定当期应予进一步确认的递延所得税资产和递延所得税负债金额或应予转销的金额,作为递延所得税。

（4）按照适用的税法规定计算确定当期应纳税所得额,将应纳税所得额与适用的所得税税率计算的结果确认为当期应交所得税,作为当期所得税。

（5）确定利润表中的所得税费用。利润表中的所得税费用包括当期所得税和递延所得税两个组成部分,企业在计算确定了当期所得税和递延所得税后,两者之和(或之差),即为利润表中的所得税费用。

3. 递延所得税资产和递延所得税负债的确认

企业在计算确定了应纳税暂时性差异与可抵扣暂时性差异后,应当按照所得税会计准则规定的原则确认与应纳税暂时性差异相关的递延所得税负债以及与可抵扣暂时性差异相关的递延所得税资产。

递延所得税负债产生于应纳税暂时性差异。因应纳税暂时性差异在转回期间将增加企业的应纳税所得额和应交所得税,导致企业经济利益的流出,在其发生当期,构成企业应支付税金的义务,应作为负债确认。

递延所得税资产产生于可抵扣暂时性差异。对于可抵扣暂时性差异,在估计未来期间能够取得足够的应纳税所得额用以利用该可抵扣暂时性差异时,应当以很可能取得用来抵扣可抵扣暂时性差异的应纳税所得额为限,确认相关的递延所得税资产。

与递延所得税负债的确认相同,有关交易或事项发生时,对税前会计利润或应纳税所得额产生影响的,所确认的递延所得税资产应作为利润表中所得税费用的调整;有关的可抵扣暂时性差异产生于直接计入所有者权益的交易或事项,则确认的递延所得税资产也应计入所有者权益;企业合并中取得的有关资产、负债产生的可抵扣暂时性差异,其所得税影响应相应调整合并中确认的商誉或是应计入当期损益的金额。

须强调的是,企业在确认递延所得税资产时,还须注意以下情况。

（1）递延所得税资产的确认应以未来期间可能取得的应纳税所得额为限。在可抵扣暂时性差异转回的未来期间内，企业无法产生足够的应纳税所得额用以利用可抵扣暂时性差异的影响，使得与可抵扣暂时性差异相关的经济利益无法实现的，则不应确认递延所得税资产；企业有明确的证据表明其于可抵扣暂时性差异转回的未来期间能够产生足够的应纳税所得额，进而利用可抵扣暂时性差异的，则应以可能取得的应纳税所得额为限，确认相关的递延所得税资产。

（2）对与子公司、联营企业、合营企业的投资相关的可抵扣暂时性差异，同时满足下列条件的，应当确认相应的递延所得税资产：一是暂时性差异在可预见的未来很可能转回；二是未来很可能获得用来抵扣可抵扣暂时性差异的应纳税所得额。

（3）对于按照税法规定可以结转以后年度的未弥补亏损和税款抵减，应视同可抵扣暂时性差异处理。在预计可利用可弥补亏损或税款抵减的未来期间内能够取得足够的应纳税所得额时，应当以很可能取得的应纳税所得额为限，确认相应的递延所得税资产，同时减少确认当期的所得税费用。

4. 资产负债表债务法的会计处理

在资产负债表债务法下，企业需要设置和使用"所得税费用"、"应交税费"、"递延所得税资产"以及"递延所得税负债"等科目。其中，"递延所得税资产"和"递延所得税负债"科目核算采用资产负债表债务法进行所得税会计核算的企业由于暂时性差异产生的所得税的影响金额，以及以后各期转回的金额。

"递延所得税资产"科目，借方发生额反映企业本期增加的可抵扣暂时性差异影响纳税的金额，贷方发生额反映本期减少（或转回）的可抵扣暂时性差异影响纳税的金额。在所得税税率变动的情况下，本科目还要反映因税率变动对递延所得税资产的调整数。期末借方余额反映将在以后转回的可抵扣暂时性差异影响纳税的金额。需要注意的是，除了不属于企业合并，且交易发生时既不影响会计利润也不影响应纳税所得额时，因资产或负债的初始确认所产生的递延所得税资产不予确认外，确认可抵扣暂时性差异的递延所得税资产，应该以很可能取得用来抵扣可抵扣暂时性差异的应税所得为限。估计未来期间是否能够产生足够的应税所得时：一是考虑未来期间的正常生产经营所得，二是考虑应纳税暂时性差异转回。

"递延所得税负债"科目，贷方发生额反映企业本期产生的应纳税暂时性差异影响纳税的金额，借方发生额反映企业本期减少（或转回）的应纳税暂时性差异影响纳税的金额。在所得税税率变动的情况下，本账户还要反映因税率变动对递延所得税负债的调整数。期末贷方余额反映尚未转销的应纳税暂时性差异影响纳税的金额。

在资产负债表债务法下，一定时期的所得税费用包括：①本期应交所得税；②本期发生或转回的暂时性差异所产生的递延所得税负债或递延所得税资产；

③由于税率变更或开征新税,对以前各期确认的递延所得税负债或递延所得税资产账面余额的调整数。可用公式描述如下:

本期所得税费用 = 本期应交所得税 + 本期发生的应纳税暂时性差异所产生的递延所得税负债 - 本期发生的可抵扣暂时性差异所产生的递延所得税资产 + 本期转回的前期确认的递延所得税资产 - 本期转回的前期确认的递延所得税负债 + 本期由于税率变动或开征新税调减的递延所得税资产或调增的递延所得税负债 - 本期由于税率变动或开征新税调增的递延所得税资产或调减的递延所得税负债

或

本期所得税费用 = 本期应交所得税 + (递延所得税负债期末余额 - 递延所得税负债期初余额) - (递延所得税资产期末余额 - 递延所得税资产期初余额)

递延所得税资产期末余额 = 可抵扣暂时性差异期末余额 × 适用的所得税税率

递延所得税负债期末余额 = 应纳税暂时性差异期末余额 × 适用的所得税税率

本期由于税率变动或开征新税调增或调减的递延所得税资产或递延所得税负债
= 累计应纳税暂时性差异或累计可抵扣暂时性差异
× (现行所得税税率 - 前期确认应纳税暂时性差异或可抵扣暂时性差异时适用的所得税税率)

【例 11-14】 仍依例 11-13 资料,假设莲花公司所得税采用资产负债表债务法进行核算,则莲花公司 2008 年所得税费用和应交所得税的计算过程如下:

固定资产期末账面价值	300 000
固定资产期末计税基础	280 000
期末应纳税暂时性差异	20 000
期初应纳税暂时性差异	0
本期应纳税暂时性差异	20 000
税前会计利润	150 000
加:永久性差异	10 000
减:永久性差异	15 000
减:应纳税暂时性差异	20 000
应纳税所得额	125 000
所得税税率	25%
应交所得税额	31 250

本期应纳税暂时性差异的纳税影响(本期递延所得税负债)

$$20\,000 \times 25\% = 5\,000$$

所得税费用		36 250

根据上述计算结果,莲花公司作会计处理如下:

借:所得税费用　　　　　　　　　　　　　　　　36 250
　　贷:递延所得税负债　　　　　　　　　　　　　　　5 000
　　　　应交税费——应交所得税　　　　　　　　　　31 250

【例 11-15】　伟业公司于 2006 年 12 月购入一台设备,设备初始成本为 48 000 元。按税法规定,该设备应按双倍余额递减法计提折旧,折旧年限为 5 年;企业在进行会计核算时则采用直线法计提折旧,折旧年限为 5 年。假定该设备预计净残值为零。伟业公司各年该设备的会计折旧与税法折旧情况如表 11-1 所示。自 2007 年起,每年实现的税前会计利润都保持在 30 000 元。2007 年所得税税率为 20%,2008 年起调整为 25%。根据资料,假定伟业公司采用资产负债表债务法进行所得税的会计处理,其他条件不变,则各年所得税费用及应交所得税情况如表 11-2 所示。

表 11-1　各年设备会计折旧与税法折旧一览表　　　　　　　单位:元

项目	2007	2008	2009	2010	2011	合计
会计折旧	9 600	9 600	9 600	9 600	9 600	48 000
税法折旧	19 200	11 520	6 912	5 184	5 184	48 000
差异	9 600	1 920	(2 688)	(4 416)	(4 416)	0

表 11-2　资产负债表债务法下所得税费用及应交所得税计算表　　单位:元

	2006 年	2007 年	2008 年	2009 年	2010 年	2011 年	合计
税前会计利润		30 000	30 000	30 000	30 000	30 000	150 000
期末固定资产账面价值	48 000	38 400	28 800	19 200	9 600	0	48 000
期末固定资产计税基础	48 000	28 800	17 280	10 368	5 184	0	48 000
应纳税暂时性差异期末余额	0	9 600	11 520	8 832	4 416	0	
本期应纳税暂时性差异变动		9 600	1 920	(2 688)	(4 416)	(4 416)	0
应纳税所得额		20 400	28 080	32 688	34 416	34 416	150 000
所得税率		20%	25%	25%	25%	25%	
应交所得税		4 080	7 020	8 172	8 604	8 604	36 480
递延所得税负债期末余额	0	1 920	2 880	2 208	1 104	0	
递延所得税负债变动		1 920	960	(672)	(1 104)	(1 104)	0
所得税费用	6 000	7 980	7 500	7 500	7 500	36 480	

表 11-2 中,应纳税暂时性差异期末余额是期末固定资产账面价值与期末固定资产计税基础的差额。本期应纳税暂时性差异变动是指本期产生的应纳税暂时性差异,是应纳税暂时性差异期末余额与应纳税暂时性差异期初余额的差额。递延所得税负债变动是递延所得税负债期末余额与递延所得税负债期初余额的差额。2008 年所得税税率变动时,递延所得税负债发生额 960 元,是递延所得税负债期末余额 2 880 元与递延所得税负债期初余额 1 920 元的差额。这包括了当期发生的应纳税暂时性差异 1 920 元对所得税的影响金额 480(=1 920×25%)元,还包括由于税率变动对递延所得税负债期初余额的调整数 480[=9 600×(25% −20%)]元。截至 2008 年年末,累计产生的应纳税暂时性差异为 11 520 元,递延所得税负债的贷方余额为 2 880[=(9 600+1 920)×25%]元,表示企业未来应补交的所得税。

根据表 11-2 所列资料,伟业公司各年所得税的会计处理如下。

2007 年

（1）本期应交所得税 = 20 400 × 20% = 4 080(元)
（2）本期发生的递延所得税负债 = 1 920 − 0 = 1 920(元)
（3）本期所得税费用 = 4 080 + 1 920 = 6 000(元)

借:所得税费用　　　　　　　　　　　　　　　　　6 000
　贷:递延所得税负债　　　　　　　　　　　　　　　1 920
　　　应交税费——应交所得税　　　　　　　　　　　4 080

2008 年

（1）本期应交所得税 = 28 080 × 25% = 7 020(元)
（2）本期发生的递延所得税负债 = 2 880 − 1 920 = 960(元)
（3）本期所得税费用 = 7 020 + 960 = 7 980(元)

借:所得税费用　　　　　　　　　　　　　　　　　7 980
　贷:递延所得税负债　　　　　　　　　　　　　　　　960
　　　应交税费——应交所得税　　　　　　　　　　　7 020

2009 年

（1）本期应交所得税 = 32 688 × 25% = 8 172(元)
（2）本期发生的递延所得税负债 = 2 208 − 2 880 = −672(元)
（3）本期所得税费用 = 8 172 − 672 = 7 500(元)

借:所得税费用　　　　　　　　　　　　　　　　　7 500
　　递延所得税负债　　　　　　　　　　　　　　　　672
　贷:应交税费——应交所得税　　　　　　　　　　　8 172

2010 年

(1) 本期应交所得税 = 34 416 × 25% = 8 604(元)

(2) 本期发生的递延所得税负债 = 1 104 - 2 208 = - 1 104(元)

(3) 本期所得税费用 = 8 604 - 1 104 = 7 500(元)

借:所得税费用　　　　　　　　　　　　　　　　7 500
　　递延所得税负债　　　　　　　　　　　　　　1 104
　　　贷:应交税费——应交所得税　　　　　　　　　　8 604

2011 年

(1) 本期应交所得税 = 34 416 × 25% = 8 604(元)

(2) 本期发生的递延所得税负债 = 0 - 1 104 = - 1 104(元)

(3) 本期所得税费用 = 8 604 - 1 104 = 7 500(元)

借:所得税费用　　　　　　　　　　　　　　　　7 500
　　递延所得税负债　　　　　　　　　　　　　　1 104
　　　贷:应交税费——应交所得税　　　　　　　　　　8 604

从上述内容可以看出,资产负债表债务法有以下主要特点。

(1) 在采用资产负债表债务法核算时,本期的暂时性差异预计对未来所得税的影响金额,在资产负债表上作为未来应付税款的债务,或者作为代表预付未来税款的资产。递延所得税负债和递延所得税资产的账面余额是按照现行税率计算的,而不是按照产生暂时性差异时所适用的所得税税率计算。因此,在税率变动或开征新税种时,递延所得税负债和递延所得税资产的账面余额需要进行相应的调整,而资产负债表债务法下的这种调整变得非常简单。

(2) 在采用资产负债表债务法核算时,本期发生的递延所得税负债根据递延所得税负债期末余额和递延所得税负债期初余额之差确定,本期发生的递延所得税资产根据递延所得税资产期末余额和递延所得税资产期初余额之差确定。递延所得税负债和递延所得税资产的期末余额是根据暂时性差异的期末余额与现行税率计算确定的。

资产负债表日,企业应当对递延所得税资产的账面价值进行复核,如果未来期间很可能无法获得足够的应纳税所得额用以抵扣递延所得税资产利益,应当减记递延所得税资产的账面价值。

【例 11-16】　剑川公司 2007 年 12 月 31 日、2008 年 12 月 31 日的资产负债表中部分项目情况分别如表 11-3、表 11-4 所示。

表11-3 2007年12月31日资产负债表中部分项目情况　　　　　　　　　单位:元

项　目	账面价值	计税基础	暂时性差异	
			应纳税	可抵扣
交易性金融资产	250 000	200 000	50 000	
存货	1 800 000	2 000 000		200 000
预计负债	1 000 000	0		1 000 000
总计			50 000	1 200 000

表11-4 2008年12月31日资产负债表中部分项目情况　　　　　　　　　单位:元

项　目	账面价值	计税基础	暂时性差异	
			应纳税	可抵扣
交易性金融资产	280 000	390 000		110 000
存货	3 400 000	3 200 000	200 000	
固定资产	5 000 000	6 000 000		1 000 000
无形资产	200 000	0	200 000	
预计负债	600 000	0		600 000
总计			400 000	1 710 000

假定该企业适用的所得税税率为25%,2007年按照税法规定确定的应纳税所得额为500万元。该企业预计未来盈利会不断增长,能够获得足够的应纳税所得额。2008年按照税法规定确定的应纳税所得额为200万元。年末,该企业预计来年盈利会下滑,预计应纳税所得额为20万元。

2007年
应确认递延所得税资产 = 120 × 25% = 30(万元)
应确认递延所得税负债 = 5 × 25% = 1.25(万元)
应交所得税 = 500 × 25% = 125(万元)
确认所得税费用的会计处理:
借:所得税费用　　　　　　　　　　　　　　　962 500
　　递延所得税资产　　　　　　　　　　　　　300 000
　贷:应交税费——应交所得税　　　　　　　　1 250 000
　　　递延所得税负债　　　　　　　　　　　　12 500
2008年
(1)期末应纳税暂时性差异40万元
期末递延所得税负债(40 × 25%)　　　　　　　　10

期初递延所得税负债 1.25
递延所得税负债变动 +8.75
（2）期末可抵扣暂时性差异 171 万元
期末递延所得税资产（171×25%） 42.75
期初递延所得税资产 30
递延所得税资产变动 +12.75
（3）应交所得税 = 200×25% = 50（万元）
（4）确认所得税费用时
借：所得税费用 460 000
  递延所得税资产 127 500
  贷：应交税费——应交所得税 500 000
    递延所得税负债 87 500
（5）年末复核递延所得税资产的账面价值，来年很可能无法获得足够的应纳税所得额用以抵扣递延所得税资产，减记递延所得税资产的账面价值
20×25% − 42.75 = −37.75（万元）
借：所得税费用 377 500
  贷：递延所得税资产 377 500
如果以后年度很可能获得足够的应纳税所得额时，原来减记的递延所得税资产金额应当转回。转回分录：
借：递延所得税资产 377 500
  贷：所得税费用 377 500

5. 采用资产负债表债务法须注意的问题

企业在采用负债表债务法时，须注意以下问题。

（1）暂时性差异的所得税影响金额是按照现行所得税税率计算确认的，但如果企业已知本期发生的暂时性差异在今后转回时的税率，则暂时性差异也可以按照预计今后的税率计算其对所得税的影响金额。

（2）在产生可抵扣暂时性差异并需确认递延所得税资产借方金额时，应当遵循谨慎性原则，合理预计在可抵扣暂时性差异转回期间内（一般为3年）是否有足够的应纳税所得额予以抵减。如果在转回可抵扣暂时性差异的期间内有足够的应纳税所得额予以抵减的，则可确认递延所得税资产借方金额，否则，应于产生可抵扣暂时性差异的当期确认为当期所得税费用。

（3）当企业发生经营亏损时，按照税法规定可以用以后年度的税前利润弥补，这便产生了未来可抵扣暂时性差异，企业对于能够结转以后年度的可抵扣亏损和税款抵减，应当以很可能获得用来抵扣亏损和税款抵减的未来应纳税所得额

为限,确认相应的递延所得税资产。

(4) 从利润表角度看,只有影响当期利润总额的暂时性差异才会影响应纳税所得额,在这种情况下,可抵减或应纳税暂时性差异对所得税的影响才能确认到递延所得税资产或负债的贷方或借方;若某暂时性差异不是企业合并中产生的,且产生暂时性差异的交易在发生时既不影响当期的会计利润也不影响应纳税所得额(或可抵扣亏损),则不能确认递延所得税。如一项交易使企业获取资产,按会计规定确定的入账价值为200万元,但按税法规定,其计税基础为180万元,暂时性差异20万元,该交易不是在企业合并时发生,且该交易在发生时既不影响当期的会计利润也不影响应纳税所得额(或可抵扣亏损),所以不能确认递延所得税负债。

(5) 应设置"备查登记簿",详细记录每项暂时性差异发生的原因、金额、预计转回期限、已转回金额等。

6. 特殊的所得税会计问题

(1) 企业合并中产生的递延所得税问题。

由于企业会计准则规定与税法规定对企业合并的处理不同,可能会造成企业合并中资产、负债的入账价值与其计税基础的差异。比如,非同一控制下企业合并产生的应纳税暂时性差异或可抵扣暂时性,在确认递延所得税资产或递延所得税负债的同时,应确认"商誉"。

(2) 直接计入所有者权益的交易或事项产生的递延所得税。

直接计入所有者权益的交易或事项,如可供出售金融资产公允价值的变动,相关资产、负债的账面价值与计税基础之间形成暂时性差异的,应当在确认递延所得税资产或递延所得税负债的同时,确认"资本公积——其他资本公积"。

【例11-17】 春城公司2007年末,可供出售金融资产公允价值561万元,计税基础500万元,期末应纳税暂时性差异61万元,如果企业适用的所得税税率为20%,期初应纳税暂时性差异51万元,则本期递延所得税负债为:

(61 - 51) × 20% = 2(万元)

借:资本公积——其他资本公积　　　　　　　　20 000
　　贷:递延所得税负债　　　　　　　　　　　　　20 000

如果"资本公积——其他资本公积"不够抵减时,不足部分抵减"盈余公积"。

第三节　利润和所得税在财务会计报告中的列报

一、利润相关信息的列报

企业应定期编制利润表,以反映在一定期间内利润的形成情况。此外,企业还应在会计报表附注中分别就当期构成利润的各个组成部分的情况进行较为详细的说明,具体包括:主营业务收入、主营业务成本、营业税金及附加、其他业务利润、管理费用、销售费用、财务费用、投资收益、补贴收入、营业外收入和营业外支出等。有关利润信息的披露问题将在本教材第十四章中详细介绍。

二、所得税相关信息的列报

在企业的财务会计报告中,有关所得税的信息分别反映在表内和表外。在我国现行的会计报表体系中,资产负债表、利润表和现金流量表中均包含有与所得税相关的信息;而在会计报表附注中对于所得税的核算方法、暂时性差异的主要内容、递延所得税的余额等也应作出较为详细的披露。

(一)表内列示

在我国现行的会计报表体系中,有关所得税的会计信息分别在以下五个方面反映。

(1)期末应交所得税的信息包含在资产负债表"应交税费"项目中。

(2)期末暂时性差异对所得税的影响金额反映在资产负债表的"递延所得税"项目中。其中,"递延所得税资产"账户余额反映在"递延所得税资产"项目中,反映企业预付的所得税;而期末"递延所得税负债"账户余额反映在"递延所得税负债"项目中,反映企业现在承担的将于未来多缴纳所得税的义务。

(3)本期损益中的所得税费用,反映在利润表的"所得税费用"项目中。

(4)本期收到的所得税返还金额包含在现金流量表的"收到的税费返还"项目中。

(5)本期递延所得税的净增加额或净减少额反映在现金流量表补充资料的"递延所得税负债(减:递延所得税资产)"项目中。

(二)表外披露

企业除按照上述方法在会计报表中披露有关所得税的会计信息之外,还应在会计报表附注中披露有关所得税的更为详尽的信息,具体包括以下几方面。

(1)对所得税的会计处理方法作补充说明。比如所得税的会计处理方法是采用应付税款法,还是采用纳税影响会计法;如果采用纳税影响会计法,应具体说明是采用递延法还是债务法等。我国会计准则要求上市公司运用资产负债表债务法进行所得税会计处理。

(2)对应交所得税的缴纳情况作补充说明。

企业会计准则规定上市公司还应该进一步披露以下内容。

(3)所得税费用(收益)的主要组成部分。所得税费用实际上由两部分构成,一是按照税法规定计算的当期所得税费用,二是按照上述规定计算的递延所得税费用,但不包括直接计入所有者权益项目的交易和事项以及企业合并的所得税影响。

(4) 对所得税费用(收益)与会计利润之间的关系的解释。

(5) 披露未确认递延所得税资产的可抵扣暂时性差异、可抵扣亏损的金额；未确认递延所得税负债的，与对子公司、联营公司及合营企业投资相关的暂时性差异金额。

(6) 披露会计期间每一类暂时性差异确认的递延所得税资产或递延所得税负债的金额及确认递延所得税资产的依据。

【**案例**】 宝山钢铁股份有限公司(600018)在其 2007 年年度报告中披露了利润、所得税等相关会计信息，具体情况如下：

宝山钢铁股份有限公司合并资产负债表(局部)
2007 年 12 月 31 日

人民币元

	附注六	2007 年 12 月 31 日	2006 年 12 月 31 日
资产			
……			
递延所得税资产	(21)	878 126 575.62	735 667 391.91
……			
负债及股东权益			
递延所得税负债	(21)	495 343 584.26	214 427 226.18

宝山钢铁股份有限公司合并利润表(局部)
2007 年度

人民币元

	附注六	2007 年度	2006 年度
……			
四、利润总额		19 307 687 400.38	19 204 288 486.33
所得税费用	(48)	5 885 057 652.19	5 603 631 246.44
五、净利润		13 422 629 748.19	13 600 657 239.89
……			

(21) 递延所得税资产/负债

已确认递延所得税资产：

	2007年1月1日	同一控制下企业合并对期初数的影响	计入损益	处置子公司转出	计入外币报表折算差额	2007年12月31日
资产减值准备	237 753 780.81	9 499 529.90	118 862 076.21	(651 140.08)	—	365 464 246.84
内部购销之未实现利润抵销	321 569 832.98	—	(66 443 029.13)	—	—	255 126 794.85
固定资产残值率差异	47 246 408.19	—	6 943 774.81	(180.22)	(66 217.56)	54 123 785.22
公允价值变动损失	3 026 416.42	—	45 374 888.08	—	—	48 401 304.50
辞退福利	85 706 908.48	4 758 812.88	27 657 932.35	—	—	118 123 653.71
其他	40 364 054.03	24 389 446.79	(25 454 122.17)	(2 315 076.89)	(97 511.26)	36 886 790.50
合计	735 667 391.91	38 647 789.57	106 941 520.15	(2 966 397.19)	(163 728.82)	878 126 575.62

已确认递延所得税负债：

	2007年1月1日	计入损益	计入权益	处置子公司转出	计入外币报表折算差额	2007年12月31日
投资收益补税	144 037 093.71	(22 194 144.69)	—	—	—	121 842 949.02
可供出售金融资产	36 939 102.94	—	258 257 517.44	—	—	295 196 620.38
交易性金融资产	29 979 877.81	48 721 288.99	—	(3 652 049.95)	—	75 049 116.85
其他	3 471 151.72	(218 478.54)	—	(12 657.13)	14 881.96	3 254 898.01
合计	214 427 226.18	26 308 665.76	258 257 517.44	(3 664 707.08)	14 881.96	495 343 584.26

(48) 所得税费用

	2007年度	2006年度
当期所得税费用	5 965 690 506.58	5 643 862 598.80
递延所得税费用	(80 632 854.39)	(40 231 352.36)
	5 885 057 652.19	5 603 631 246.44

所得税费用与利润总额的关系列示如下：

	2007年度	2006年度
利润总额	19 307 687 400.38	19 204 288 486.33
按法定税率计算的税项（注1）	6 371 536 842.13	6 337 415 200.49
对以前期间当期税项的调整	(68 996 552.97)	(220 054 600.37)
无须纳税的收入	(324 413 603.41)	(282 357 268.41)

不可抵扣的税项费用	119 727 328.34	134 800 047.41
税率变动的影响(注2)	156 554 693.39	—
利用以前期间的税务亏损	(6 882 161.78)	(20 396 208.49)
未确认的税务亏损	27 470 599.28	1 189 462.52
附加税收优惠	(295 405 408.41)	(202 974 455.29)
其他	(94 534 084.38)	(143 990 931.42)
按本集团实际税率计算的税项费用	5 885 057 652.19	5 603 631 246.44

注1：本集团所得税按在中国境内取得的估计应纳税所得额及适用税率计提。源于其他地区应纳税所得的税项根据本集团经营所在国家的现行法律、解释公告和惯例，按照适用税率计算。

注2：于2007年3月16日闭幕的第十届全国人民代表大会第五次会议通过了《中华人民共和国企业所得税法》("新企业所得税法")，并将于2008年1月1日起施行。新企业所得税法引入了包括将内、外资企业所得税税率统一为25%等的一系列变化。本集团对预计于2008年1月1日起实施新企业所得税法后将转回的暂时性差异根据新的税率对2007年12月31日的递延所得税资产及负债余额进行了相应调整。

【本章相关法规】

财政部《企业会计准则第18号——所得税》，2006年2月15日

财政部《企业会计制度》，2000年12月29日

财政部、国家税务总局《关于执行〈企业会计制度〉和相关会计准则有关问题解答(三)》(财会[2003]29号)，2003年8月22日

国家税务总局《企业债务重组业务所得税处理办法》(2003年第6号令)，2003年1月

国际会计准则委员会《IAS12——所得税》，2001年

《美国财务会计准则公告109号——所得税会计》，1992年

人大常委会《中华人民共和国企业所得税法》(主席令[2007]第063号)，2007年3月16日

国务院《中华人民共和国企业所得税法实施条例》(国务院令第512号)，2007年12月6日

财政部、国家税务总局《关于企业资产损失税前扣除政策的通知》(财税[2009]57号)，2009年4月16日

【复习思考题】

1. 企业利润的构成包括哪些具体内容？
2. 什么是账结法？什么是表结法？两者有何异同？
3. 收入与利得、费用与损失分别有何本质区别？
4. 利润及利润分配的年终结转是怎样进行的？

5. 会计利润和应纳税所得额有何不同？
6. 所得税费用与应交所得税有何不同？
7. 如何认识所得税会计中的两种差异？
8. 资产或负债的账面价值与计税基础在计算上有何区别？
9. 利润表中的所得税费用包括哪些内容？
10. 我国企业会计准则为何规定企业只有在确定未来可抵扣暂时性差异转回且有足够的应税所得时才能确认可抵扣暂时性差异的纳税影响？

第五篇 所有者权益

【本篇概要】

　　所有者权益是企业资产扣除负债后由所有者享有的剩余权益。所有者权益按其形成来源，可分为所有者投入的资本、直接计入所有者权益的利得和损失、留存收益。所有者投入的资本，是指所有者投入企业的资本部分，包括实收资本(或股本)和资本公积。直接计入所有者权益的利得和损失，是指不应计入当期损益、会导致所有者权益发生增减变动的、与所有者投入资本或者向所有者分配利润无关的利得或者损失。留存收益是企业历年实现的净利润留存于企业的部分，主要包括计提的盈余公积和未分配利润。对所有者权益的核算，不仅可以反映企业资本来源，揭示企业法定资本，还可以对企业利润分配、公积金的使用等构成限制，因此，所有者权益的核算有助于向投资者、债权人等提供有关资本来源、净资产的增减变动、分配能力等对其决策有用的信息。本篇首先分析所有者权益的性质和分类，其次分别介绍所有者权益各个组成部分的会计核算，最后说明所有者权益在财务会计报告中的列报。

第十二章 所有者权益

【学习目标】

通过本章学习,学生应当能了解并掌握:
1. 所有者权益的性质和分类
2. 实收资本(股本)的核算
3. 资本公积的性质和内容
4. 资本公积的核算
5. 实收资本与资本公积、资本公积与盈余公积的区别
6. 盈余公积的形成和用途
7. 盈余公积的核算
8. 未分配利润的确定
9. 所有者权益的信息披露

第一节 所有者权益概述

一、企业组织形式和所有者权益的关系

按照企业的组织形式,可将企业分为独资企业、合伙企业和公司三种。不同的企业组织形式具有不同的特征。

(一)独资企业

独资企业,是指企业的所有者权益归业主一个人独有的企业。在独资企业里,由于业主对企业债务负无限清偿责任,故,所有者权益也称为业主权益。虽然从法律上看,独资企业拥有的财产和对外承担的债务与业主个人另外所拥有的财产和所负的债务没有什么区别,但在会计上,仍把独资企业视为一个独立的会计主体,单独予以处理。

独资企业有以下主要特征:
(1)独资企业是法律上的自然人企业,而不是法人企业;
(2)独资企业只有一个业主,他既是企业的经营者,又是企业的所有者;

（3）独资企业的业主独享企业的经营利润,对企业承担无限责任。

（二）合伙企业

合伙企业,是指由两个或两个以上的投资者订立合伙协议、共同出资兴办、联合经营、共负盈亏的企业。在合伙企业中,所有者权益属合伙人共有,合伙人的出资额可以大小不等,利润按出资多寡或合伙协议规定分配。通常,合伙人对企业的债务负连带无限责任,而不受出资额的限制。合伙企业的所有者权益按照合伙人分设科目,分别反映每个合伙人的投资、提款及其权益余额情况。

合伙企业有以下主要特征：
（1）合伙企业是一个会计主体,但不是法人企业；
（2）合伙人共同拥有企业的财产；
（3）合伙人均有相互代理权；
（4）合伙人对合伙企业债务负有全部清偿的责任,而不受其投资额的限制。

（三）公司

公司是由多数人投资、按法律成立的、以营利为目的的法人。采用公司组织形式,可以筹集大量社会闲散资金,扩大生产经营规模,增强市场竞争力。在公司组织中,由于所有者权益属于一定数目的股东,故所有者权益也称为股东权益。

按照股东对公司承担的责任,可以把公司分为有限责任公司和股份有限公司两种形式。有限责任公司的全部资本额由股东确定并如数缴足,股东按认购资本或权利证书的比例份额分享收益、分担风险。股份有限公司的全部资本均等划分为若干股份,通过发行股票方式筹集资本,股东以其所持股份为限对公司承担有限责任,公司以其全部资产对公司债务承担责任。

不同的组织形式,对资产和负债的会计处理并无重大影响,但涉及所有者权益方面的会计处理却大不相同。公司组织是当今世界上最广泛采用的企业组织形式,具有独资企业和合伙企业所不具备的生命力和优越性,在资本结构和筹资方式上更具灵活性,因此,本章主要以公司组织形式为例对所有者权益的具体内容进行介绍。

二、所有者权益的性质

所有者权益,是指企业资产扣除负债后由所有者享有的剩余权益。对于公司制企业而言,所有者权益也称为股东权益。从量上看,所有者权益为资产减去负债后的余额。从性质上看,所有者权益实质上是所有者在某个企业中所享有的一种财产权利,包括所有权、使用权、处置权和收益分配权等,但是,所有者权益只是一种剩余权益,也就是说,当企业因故进行清算时,变现后的资产首先必须用于偿还企业的债务,剩余的资产才能按出资比例或股份比例在所有者之间进行分配。

所有者权益具有以下基本特征。

（1）所有者权益是一种剩余索取权。从广义上讲，企业的债权人和所有者都是企业资产的提供者，他们对企业的资产都有相应的索偿权，但是从法律角度来看，债权人对企业资产的索偿权是优先于所有者对资产的索偿权的，因此，所有者权益是资产总额减去负债总额后的余额，代表的是一种剩余权益。

（2）所有者权益表明了企业可以长期使用资源的数量。任何企业的设立都必须以一定的由所有者投入的资本为基础，按照公司法规定，这部分资本在企业终止经营前不得抽回，这样，企业经营就拥有了可供长期使用的资金来源。

前已述及，所有者和企业的债权人都是企业资产的提供者，都在企业资产中享有经济利益，但所有者权益与债权人权益（即负债）又有着本质的区别，主要体现在以下四个方面。

（1）性质不同。负债是债权人对企业资产的求偿权，是债权人的权益，债权人与企业只有债权债务关系，到期可以收回本息；而所有者权益则是企业所有者对企业净资产的求偿权，包括所有者对投入企业的资本以及投入资本运作所产生的盈余的要求权，没有明确的偿还期限。

（2）偿还责任不同。企业的负债要求企业按规定的时间和利率支付利息，到期偿还本金；而所有者权益则在企业经营期限内无须偿还。

（3）计量特性不同。负债通常可以单独直接地进行计量；而所有者权益除了投资者投资时可以单独计量以外，一般不能单独计量，而是通过资产和负债的计量来进行间接计量的。

（4）风险和收益大小不同。由于负债具有明确的偿还期限和约定的收益率，而且一旦到期就可以收回本金与相应的利息，因而风险较小，所以，债权人所获得的收益一般也要相对较小；而所有者的投入资本一旦投入企业，一般情况下，无论企业未来经营的状况如何，在协议期内都不能抽回投资，所以，所有者在可能获得较大收益的同时，也要承担更大的风险。

三、所有者权益的来源

所有者权益的来源主要包括所有者投入的资本、直接计入所有者权益的利得和损失、留存收益等。

所有者投入的资本，是指所有者投入企业的资本部分，它既包括构成企业注册资本或者股本部分的金额，也包括投入资本超过注册资本或者股本的部分金额，即资本溢价或股本溢价。

直接计入所有者权益的利得和损失，是指不应计入当期损益、会导致所有者权益发生增减变动的、与所有者投入资本或者向所有者分配利润无关的利得或者损失。利得包括计入当期利润的利得和直接计入所有者权益的利得。其中，直接计入所有者权益的利得，是指由企业非日常活动形成的、会导致所有者权益增加的、与所有者投入资本无关的经济利益的流入。损失包括计入当期利润的损失和直接计入所有者权益的损失。其中，直接计入所有者权益的损失，是指由非日常活动所发生的、会导致所有者权益减少的、与向所有者分配利润无关的经济利益的流出。直接计入所有者权益的利得和损失主要包括可供出售金融资产的公允价值变动；长期股权投资权益法下，被投资人因实现利润（或发生亏损）、分配现金股利以外原因导致所有者权益变动时，投资人应相应确认的长期股权投资的增加（或减少）额。

留存收益，是指企业历年实现的净利润留存于企业的部分，主要包括计提的盈余公积和未分配利润。

四、所有者权益的确认的和计量

与其他会计要素不同的是，所有者权益没有专门的确认条件和计量方法。由于所有者权益体现的是所有者在企业中的剩余权益，因而，所有者权益的确认主要依赖于其他会计要素，尤其是资产和负债的确认。所有者权益的计量也主要取决于资产和负债的计量。例如，企业在接受投资人投入的资产时，如果该项资产符合资产的确认条件，则也相应地符合了所有者权益的确认条件；该项资产计量的金额，就是所有者权益的入账金额。又如，企业发行的可转换债券，当债券持有人将所持债券转换成股票时，负债变动的确认条件就是所有者权益的确认条件；而负债减少的金额，就是所有者权益增加的金额。

第二节 实收资本（股本）

一、实收资本的概念和核算要求

实收资本是指投资者按照企业章程或合同、协议的约定，实际投入企业的资本。它是企业的外部资金来源，构成企业的法定注册资本。这部分资本是企业取得法人地位的物质保证，也是企业经营的原动力。由于企业组织形式不同，所有者投入资本的会计核算方法也有所不同。除股份有限公司对股东投入资本应设置"股本"科目核算外，其余公司制企业均应设置"实收资本"科目核算企业收到的投资人投入的资本。

投资人可以用现金投资，也可以用非现金资产投资。企业收到投资时，应根据投资人所投资产的类型分别按照以下原则计价核算。

（1）投资者以现金投入的资本，应当以实际收到或者存入企业开户银行的金额作为实收资本入账。借记"库存现金"、"银行存款"科目,贷记"实收资本"科目。对于实际收到或者存入企业开户银行的金额超过投资者在企业注册资本中所占份额的部分,计入资本公积。

(2) 投资者以实物资产投入的资本,企业应在办理完有关产权转移手续后,借记"固定资产"、"原材料"、"库存商品"等科目,贷记"实收资本"科目。对于投资各方确认的资产价值超过投资人在注册资本中所占份额的部分,应计入资本公积。

(3) 投资人以无形资产投入的资本,应按投资各方确认的价值作为实收资本入账,但是,为首次发行股票而接受投资者投入的无形资产,应按该项无形资产在投资方的账面价值入账。

(4) 投资者以外币资产投入资本的,按收到出资额当日的汇率折合。

二、一般企业实收资本的核算

通常,我们将非股份有限公司称为一般企业,一般企业应设置"实收资本"科目,核算企业实际收到投资者投入的资本或从资本公积、盈余公积转增的资本。企业实际收到投资者投入的资本或将资本公积、盈余公积转增资本时,记入该科目贷方;投资者按规定减少投资时,记入该科目的借方;期末贷方余额,反映企业实际拥有的资本数额。

【例 12-1】 甲、乙、丙共同出资设立有限责任公司东川公司,公司注册资本为 1 000 000 元,甲、乙、丙持股比例分别为 50%、30% 和 20%。2008 年 8 月 8 日,东川公司如期收到各投资者一次性缴足的投资款。东川公司会计处理如下:

借:银行存款   1 000 000
    贷:实收资本——甲   500 000
        ——乙   300 000
        ——丙   200 000

【例 12-2】 卡米拉公司创立时,收到的投资人投资如下:莲花公司投入 2 000 000 元,款项已收妥存入银行;春申公司投入生产设备一套,账面原值为 1 500 000 元,累计折旧 220 000 元。投资各方确认价值为 1 200 000 元,双方已办理资产移交手续;伟业公司投入一项新获得的专利权,投资各方确认的价值为 800 000 元。卡米拉公司的相关会计处理如下:

借:银行存款   2 000 000
    固定资产——生产设备   1 200 000
    无形资产——专利权   800 000
    贷:实收资本——莲花公司   2 000 000

——春申公司	1 200 000
——伟业公司	800 000

通常,初建有限责任公司时,各投资者按照合同、协议或公司章程投入企业的资本,应全部记入"实收资本"科目,注册资本为在公司登记机关登记的全体股东认缴的出资额。在企业增资时,如有新投资者加入,新加入的投资者缴纳的出资额大于按约定比例计算的其在注册资本中所占的份额部分,不记入"实收资本"科目,而作为资本公积,记入"资本公积"科目。具体会计处理将在下一节介绍。

三、股份有限公司股本的核算

(一)股份、股本和股票

股份是股份有限公司股东的出资份额,是股东法律地位的法定计量单位。在公司的重大决定中,往往按表决人所持有或所代表的公司股份的数量及比例来决定是否通过一项议案。因此,股份代表了股东对公司净资产的剩余索取权。股份有限公司的全部资本均等划分为若干股份,股份的拥有者即股东依法享有相应的权利,并同时承担相应的责任和风险。股份的价值以股票的票面价值表示,在我国,股票的面值通常为1元人民币(2008年4月,国内最大的矿产金生产企业紫金矿业公开发行了约15亿A股,每股面值0.1元,是迄今为止国内上市公司中唯一一家股票面值非1元的公司)。

股本是股份有限公司通过股份募集而形成的资本。股份公司经公司登记机关登记注册,形成注册资本,即法定股本,股份公司应在核定股本总额及核定的股份总额的范围内发行股票。在公司核定股本范围内实际发行的股本,称为已发行股本;尚未发行,但公司认为必要时仍可继续发行的股本,称为未发行股本。在公司已发行股本中,仍在外流通、没有被收回的部分,称为流通在外股本;由于特殊原因,被公司收回,但并未注销的股本,称为库存股本。在未发行股本中,已由认股人认购的股本,称为已认购股本;其余为未认购股本。上述各种股本概念及其相互关系,如图12-1所示。

按照股东权利不同,可以将股本分为普通股和优先股。普通股是公司的基本股份,是不享受任何优先权利的股份。普通股股东主要有以下权利。

(1) 参与管理权。公司组织以股东大会为最高权力机构,由普通股股东或股东代表组成。股东按其持股比例享有投票表决权,从而享有直接或间接参与公司经营管理的权利。

(2) 股利分享权。股利是按股分派支付的,普通股股东有权在董事会宣告股利分派方案后,按其持股比例获得股利。

(3) 优先认股权。当公司因增加股本而需要增发普通股时,普通股股东有权

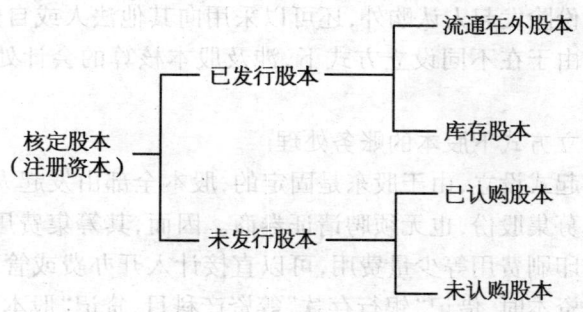

图 12-1　股本概念及其相互关系示意图

按持股比例优先认购新股,以保障自己的权益。

(4) 剩余财产分派权。当公司解散清算时,普通股股东有权按比例分享剩余财产。剩余财产是指当公司终止经营时,全部资产在清偿了所有债务后的余额。

优先股是公司在筹集资本时,对股票的认购人给予某些优惠条件的允诺。优先股股东的优先权利,最主要的是优先于普通股分得股利。优先股具有以下特点。

(1) 无表决权。优先股股东一般不能参加股东大会,或虽可参加,但无表决权。

(2) 股息固定且先于普通股股东分得。公司分派股利时,应先按事先规定的股息率向优先股股东分派,然后才能向普通股股东分派。

(3) 分配剩余财产优先。在公司清算时,优先股股东有权先于普通股股东分配剩余财产。

(4) 承担风险小。优先股股东承担的风险小于普通股股东。

股票是股份有限公司签发的证明股东按其所持股份享有权利和承担义务的书面凭证。股票是股份的外在形式,股份是股票的实质内容。股票的价值在于它能够为其持有者带来利益,它代表的是公司的物质资源,也就是说,股票是公司的产权证明书。股票可以采取纸介形式的,也可以采取无纸化形式,目前,我国上市公司的股票均为无纸化形式。

(二) 股本的账务处理

在会计核算上,股份有限公司应设置"股本"科目,核算按照公司章程和投资协议的规定,由股东投入企业的股本。企业应将核定的股本总额、股份总数、每股面值等,在股本科目中作备查记录。同时,为提供企业股份的构成情况,企业应在"股本"科目下,按普通股和优先股及股东单位或姓名设置明细科目,进行明细核算。

股份有限公司设立可以采取发起式和募集式两种方式。所谓发起式设立,是指公司的股份全部由发起人认购,不向发起人之外的任何人募集股份;而募集式设立是指公司股份除发起人认购外,还可以采用向其他法人或自然人发行股票的方式进行募集。由于在不同设立方式下,涉及股本核算的会计处理方法不同,下面分别予以阐述。

1. 发起式设立方式下股本的账务处理

企业采用发起式设立,由于股东是固定的,股本全部由发起人认购,不向发起人之外的任何人募集股份,也无须聘请证券商。因而,其筹集费用很少,如发生一些诸如股权证的印刷费用等少量费用,可以直接计入开办费或管理费用。当企业收到股东投入的资本时,借记"银行存款"等资产科目,贷记"股本"科目。

【例12-3】 逸飞股份有限公司采用发起式设立,按照每股面值1元的价格共发行普通股2 000万股,当收到各股东认购款时,逸飞公司相关会计处理如下:

借:银行存款   20 000 000
    贷:股本   20 000 000

2. 募集式设立方式下股本的账务处理

若企业采用向社会发行股票的方式来募集资本,需要由企业发起人聘请证券商(如证券公司)发行股票,由于社会募集式设立的公司,发起人认购的股份不得少于公司法规定的最低标准(即公司发行股份总数的35%),其余部分可向社会公开募集,因而发行的股票数量大,印刷费用高。另外,从广大投资者认购到实际收到资金,需要进行大量工作,所以支付给证券商的费用较高,在会计上应进行特别处理。同时,由于我国不允许企业折价发行股票,企业只能采取面值发行或溢价发行两种方式。我国现行会计制度规定,股份有限公司发行股票支付的手续费或佣金等发行费用,减去发行股票冻结期间产生的利息收入后的余额,如股票溢价发行的,从发行股票的溢价中抵扣;股票发行没有溢价或溢价金额不足以支付发行费用的部分,应将不足以支付的发行费用直接计入当期财务费用。

在采用溢价发行股票的情况下,企业应将相当于股票面值的部分记入"股本"科目,其余部分在扣除发行手续费、佣金等发行费用后,记入"资本公积"科目。

【例12-4】 剑川股份有限公司委托国泰证券公司代理发行普通股10 000万股,每股面值1元,发行价格为每股2.9元,双方约定手续费按照发行收入的1%支付,假定股款已存入银行。剑川股份有限公司的相关会计处理如下。

剑川公司收到国泰证券公司交来发行所得为:100 000 000×2.9×(1−1%)=287 100 000(元)

应记入"资本公积"科目的金额为:287 100 000−100 000 000×1=187 100 000(元)

借:银行存款   287 100 000
    贷:股本   100 000 000
        资本公积——股本溢价   187 100 000

四、实收资本的变动

我国《公司登记管理条例》规定,除国家另有规定以外,企业的注册资本应当与实收资本相一致。企业的法人实有资金比原注册资金数额增加或减少超过20%时,应持资金使用证明或验资证明,向原登记主管机关申请变更登记。这表明,在一般情况下,企业的实收资本不得随意变动,如有必要增加或减少,首先应具备一定的条件。

《公司登记管理条例》还规定,公司增加注册资本的,有限责任公司股东认缴新增资本的出资和股份有限公司的股东认购新股,应当分别依照《公司法》设立有限责任公司缴纳出资和设立股份有限公司缴纳股款的有关规定执行。公司法定公积金转增为注册资本的,验资证明应当载明留存的该项公积金不少于转增前公司注册资本的25%。公司减少注册资本的,应当自公告之日起45日后申请变更登记,并应当提交公司在报纸上登载公司减少注册资本公告的有关证明和公司债务清偿或者债务担保情况的说明。公司减资后的注册资本不得低于法定的最低限额。公司变更实收资本的,应当提交依法设立的验资机构出具的验资证明,并应当按照公司章程载明的出资时间、出资方式缴纳出资。公司应当自足额缴纳出资或者股款之日起30日内申请变更登记。

(一) 实收资本的增加

企业只有在符合增资条件,并经有关部门批准的情况下,才能增加资本。企业增加资本有以下途径:资本公积或盈余公积转增资本;所有者投入资本;发放股票股利;可转换债券持有人行使转换权;债务转为资本;以权益结算的股份支付的行权等。

(1) 资本公积或盈余公积转增资本。企业用资本公积或盈余公积转增资本时,应借记"资本公积"、"盈余公积"科目,贷记"实收资本"或"股本"科目。

(2) 所有者投入资本。当原来的投资者或新的投资者投入资本时,企业接受投资者投入的资本,借记"银行存款"、"固定资产"、"无形资产"、"长期股权投资"等科目,贷记"实收资本"或"股本"等科目。

【例 12-5】 闵兴有限责任公司由甲、乙两人共同投资设立,原注册资本为2 000 000元。甲、乙出资分别为1 500 000元和500 000元,为了扩大经营规模,经批准,闵兴公司决定按照原出资比例由投资人追加投资800 000元,增资后,甲、乙两人在闵兴公司的投资比例不变。闵兴公司已收到相关款项。相关会计处理如下:

借:银行存款　　　　　　　　　　　　　8 000 000
　　贷:实收资本——甲　　　　　　　　　　6 000 000
　　　　　　——乙　　　　　　　　　　　2 000 000

(3) 发放股票股利。在股份有限公司,经股东大会或类似机构批准,采用发放股票股利的方式增资时,公司应在实施该方案并办理完增资手续后,根据实际发放的股票股利数,借记"利润分配——转作股本的股利"科目,贷记"股本"科目。

【例 12-6】 皓天股份有限公司经股东大会批准,以当年实现的净利润 30 000 000 元向股东按所持股票面额的 3% 比例发放股票股利。在办理过相关增资手续之后,皓天公司作如下会计处理:

借:利润分配——转作股本的股利　　　　　　　30 000 000
　　贷:股本　　　　　　　　　　　　　　　　　　　　30 000 000

这里须说明的是:股份有限公司采用发放股票股利实现增资的,在发放股票股利时,按照股东原来持有的股数分配,如股东所持股份按比例分配的股利不足一股时,应采用恰当的方法处理。例如,股东会决议按股票面额的 10% 发放股票股利时(假定新股发行价格及面额与原股相同),对于所持股票不足 10 股的股东,将会发生不能领取一股的情况。在这种情况下,有两种方法可供选择:一是将不足一股的股票股利改为现金股利,用现金支付;二是由股东相互转让,凑为整股。股东大会批准的利润分配方案中分配的股票股利,应在办理增资手续后,借记"利润分配"科目,贷记"股本"科目。

(4) 可转换公司债券持有人行使转换权。企业的可转换债券持有人行使转换权利,将其持有的债券转换为股票时,可转换债券发行企业应按可转换债券的余额,借记"应付债券——可转换公司债券(面值、利息调整)"科目,按其权益成分的金额,借记"资本公积——其他资本公积"科目,按股票面值和转换的股数计算的股票面值总额,贷记"股本"科目,按其差额,贷记"资本公积——股本溢价"科目。

(5) 将重组债务转为资本。企业将重组债务转为资本时,应按重组债务的账面余额,借记"应付账款"等负债类科目,按债权人因放弃债权而享有本企业股份的面值总额,贷记"实收资本"或"股本"科目,按股份的公允价值总额与相应的实收资本或股本之间的差额,贷记或借记"资本公积——资本溢价(或股本溢价)"科目,按其差额,贷记"营业外收入——债务重组利得"科目。

【例 12-7】 2008 年 12 月 1 日,甲公司应付乙公司货款的账面余额为 3 000 000 元,由于甲公司发生财务困难,无法偿付应付账款。经与乙公司协商,决定采用债务转为资本的方式进行债务重组,甲公司以 1 000 000 股普通股抵偿该项债务。甲公司普通股的面值为 1 元,重组日的每股市价为 2.8 元。在办理完相关手续后,甲公司作如下会计处理:

应计入资本公积的金额为:$2.8 \times 1\,000\,000 - 1 \times 1\,000\,000 = 1\,800\,000$(元)

应确认的债务重组利得为:3 000 000 − 2 800 000 = 200 000(元)

借:应付账款——乙公司　　　　　　　　　　　3 000 000
　　贷:股本　　　　　　　　　　　　　　　　　　1 000 000
　　　　资本公积——股本溢价　　　　　　　　　1 800 000
　　　　营业外收入——债务重组利得　　　　　　 200 000

(6) 以权益结算的股份支付的行权。企业以权益结算的股份支付换取职工或其他方提供服务的,应在行权日,按根据实际行权情况确定的金额,借记"银行存款"、"资本公积——其他资本公积"等科目,按应计入实收资本或股本的金额,贷记"实收资本"或"股本"科目,按其差额贷记"资本公积——资本溢价(或股本溢价)"科目。

(二) 实收资本的减少

企业在符合规定条件,并按规定程序办理减资手续后可减少资本。企业减少资本的原因主要有两种:资本过剩而减资;企业发生严重亏损而减资。

(1) 因资本过剩减资。企业因资本过剩而减资时,一般要发还实收资本。企业在发还实收资本时,按发还资本的数额借记"实收资本"科目,贷记"银行存款"等科目。

【例 12-8】　达利股份有限公司由于经营规模缩小,资本过剩,经批准采用收购本企业股票方式减少注册资本 500 万元。企业原发行股票每股面值 1 元,发行价格 5 元(不考虑发行费用因素),原发行股票 1 500 万股。该企业提取的盈余公积为 250 万元,未分配利润为 1 000 万元。假定达利公司以每股 15 元的价格收购本公司股票,公司收购股票价格高出面值 14 元,共计 0.7 亿元(500 万股×14 元/股),因为该企业原溢价发行了 1 500 万股该种股票,溢价收入为 60 000 000 元[1 500 万股×(5−1)元/股],0.7 亿元则依次冲减资本公积、盈余公积和未分配利润。达利股份有限公司相关会计处理如下:

借:股本　　　　　　　　　　　　　　　　　　5 000 000
　　资本公积——股本溢价　　　　　　　　　　60 000 000
　　盈余公积　　　　　　　　　　　　　　　　 2 500 000
　　利润分配——未分配利润　　　　　　　　　 7 500 000
　　贷:银行存款　　　　　　　　　　　　　　 75 000 000

对于股份有限公司而言,由于采用的是发行股票的方式筹集股本,故,在发还股款时,则要回购发行的股票,发行股票的价格与股票面值可能不同,回购股票的价格也可能与发行价格不同,会计处理较为复杂。股份有限公司因减少注册资本而回购本公司股份的,应按实际支付的金额,借记"库存股"科目,贷记"银行存款"等科目。注销库存股时,应按股票面值和注销股数计算的股票面值总额,借记"股本"科目,按注销库存股的账面余额,贷记"库存股"科目,按其差额,冲减股票发行时原计入资本公积的溢价部分,借记"资本公积——股本溢价"科目,回购价格超过上述冲减"股本"及"资本公积——股本溢价"科目的部分,应依次借记"盈余公积"、"利润分配——未分配利润"等科目;如回购价格低于回购股份所对应的股本,所注销库存股的账面余额与所冲减股本的差额作为增加股本溢价处理,按回购股份所对应的股本面值,借记"股本"科目,按注销库存股的账面余额,贷记"库存股"科目,按其差额,贷记"资本公积——股本溢价"科目。

【例 12-9】 S 股份有限公司截至 2008 年 12 月 31 日共发行股票 50 000 000 股,每股面值为 1 元,资本公积(股本溢价)6 500 000 元,盈余公积 12 000 000 元。经股东大会批准,S 公司以现金回购本公司股票 3 000 000 股并注销。假定 S 公司按照每股 5 元回购股票,不考虑其他因素,S 公司的会计处理如下:

库存股的成本 = 3 000 000 × 5 = 15 000 000(元)

借:库存股	15 000 000
贷:银行存款	15 000 000
借:股本	3 000 000
资本公积——股本溢价	6 500 000
盈余公积	5 500 000
贷:库存股	15 000 000

若 S 公司以每股 0.8 元回购其股票,其他条件不变。则 S 公司的会计处理如下:

库存股的成本 = 3 000 000 × 0.8 = 2 400 000(元)

借:库存股	2 400 000
贷:银行存款	2 400 000
借:股本	3 000 000
贷:库存股	2 400 000
资本公积——股本溢价	600 000

由于 S 公司以低于面值的价格回购股票,股本与库存股成本的差额 600 000 元应作增加资本公积处理。

(2)因严重亏损减资。企业因严重亏损而减资,实际上就是用资本弥补亏损。因为企业发生了重大亏损后,在短期内如果用利润、公积金弥补有困难,可以采取减少实收资本(股本)的方法来弥补亏损。这是因为,按规定企业如有未弥补亏损,不能向投资者分配利润。一个企业如果长期不能分配利润,将会动摇股东信念,影响其投资信誉,在这种情况下,企业必须先弥补亏损。所以,经企业股东会(国有独资公司应经国家授权机构)决议并履行减资手续后,可用企业资本弥补亏损，使企业转入正常经营。企业注销资本时应借记"实收资本"科目，贷记"利润分配——未分配利润"科目。

【例 12-10】 汉川公司注册资本为 500 万元，因经营发生严重亏损，经批准采用注销资本的办法弥补亏损 100 万元。汉川公司的相关会计处理如下：
借：实收资本　　　　　　　　　　　　　　　　1 000 000
　　贷：利润分配——未分配利润　　　　　　　　　　　1 000 000

第三节　资 本 公 积

一、资本公积的性质和内容

资本公积是投资者或者他人投入到企业的那部分资本或者资产。这是企业收到投资者的超出其在企业注册资本（或股本）中所占份额的投资，以及直接计入所有者权益的利得和损失等。资本公积包括资本溢价（或股本溢价）和直接计入所有者权益的利得和损失等。

资本溢价（或股本溢价）是企业收到投资者的超出其在企业注册资本（或股本）中所占份额的投资。形成资本溢价（或股本溢价）的原因有投资者超额缴入资本以及溢价发行股票等。资本公积的所有权归属于所有投资者，但不构成实收资本。

直接计入所有者权益的利得和损失是指不应计入当期损益、会导致所有者权益发生增减变动的、与所有者投入资本或者向所有者分配利润无关的利得或者损失。通常，企业发生的利得或损失有两种处理方法：①计入当期损益。如企业持有的交易性金融资产期末公允价值发生的变动，又如，企业以公允价值计价的投资性房地产期末发生的公允价值变动等。②计入所有者权益。如企业持有的可供出售的金融资产期末发生的公允价值变动。

资本公积与实收资本一样，都具有资本的属性，但两者又有区别。实收资本是投资者对企业的投入，并为谋求一定经济利益的原始投资，属于法定资本，其来源和金额都有比较严格的限制；而资本公积可能由投资者投入，也可能是因利得或损失而形成，在金额上并没有严格的限制，并且这部分资本不一定需要谋求投资回报。

根据我国《公司法》等法律的规定，资本公积的用途主要是转增资本（或股本）。由于我国采用注册资本制度等原因导致了资本公积的产生，所以，将资本公积转增资本可以更好地反映投资者的权益。资本公积转增资本既没有改变企业的投入资本总额，也没有改变企业的所有者权益总额。但对于股份有限公司而言，它会增加投资者持有的股份，从而增加公司股票的流通量，进而可以激活股价，提高股票的交易量和资本的流动性。

二、资本公积的核算

企业应设置和使用"资本公积"科目核算企业收到投资者出资额超过其在注册资本或股本中所占份额的部分以及应直接计入所有者权益的利得和损失。在本科目下,还应分别设置"资本溢价(股本溢价)"和"其他资本公积"明细科目进行明细核算。

（一）资本（或股本）溢价

对一般企业而言,资本溢价是指投资者实际缴付的出资额超出接受投资企业确认为实收资本的差额。在企业创立之初,投资者所认缴的出资额应全部作为实收资本,记入"实收资本"科目。在企业创立之后,如有新的投资者加入,其出资额未必全部作为实收资本处理。这是因为,一方面,在企业正常经营过程中因盈利而形成的留存收益是企业的所有者权益,但未转入实收资本,新加入的投资者如要分享这部分留存收益,应该付出大于按一定投资比例计算的实收资本额。而多付出的部分,就是补偿原投资者在企业资本公积和留存收益中享有的权益。另一方面,企业在经营过程中,同样数额的资本,因出资时间不同,对企业的影响程度也会不同,出资时间越早,对企业的影响越大,投资者享有的权益也会相应大些,那么新加入的投资者为了取得一定的投资比例,也需要付出大于按这一投资比例计算的出资额。

当企业收到投资者投入的资金时,按实际收到的金额或确定的价值,借记"银行存款"、"固定资产"等科目,按其在注册资本中所占的份额,贷记"实收资本"科目,按其差额,贷记"资本公积——资本溢价"科目。

【例 12-11】 黎明有限责任公司由甲、乙、丙三位股东各自出资 200 万元设立。设立时的实收资本为 600 万元。经过三年的经营,该企业留存收益为 300 万元。这时又有丁投资者有意加入该公司,并表示愿意出资 300 万元而享有该企业的 25% 股份。三位股东同意丁投资者加入,丁随即支付了出资款。黎明公司的相关会计处理如下：

借：银行存款　　　　　　　　　　　　　　　　　3 000 000
　　贷：实收资本——丁　　　　　　　　　　　　　　2 000 000
　　　　资本公积——资本溢价　　　　　　　　　　　1 000 000

对股份有限公司而言,资本溢价表现为股本溢价。股份有限公司是以发行股票的方式筹集股本的,股票则是企业签发的证明股东按其所持有股份享有的权利和承担的义务的书面证明。在我国采用注册资本制的情况下,根据国家有关规定,股份有限公司的股本总额应该与注册资本相等,而且应当等于股票的面值和股份总数的乘积。

由于股票面值是确定的,股票发行规模在我国一般也是事先确定的,在这种情况下,如果投资者看好股份公司的发展前景,积极踊跃地认购股票,就会导致股票的发行价格高于股票面值,即出现股票溢价发行的情况。股票溢价发行的原因是多方面的,其中有资金供求关系的原因,有不同投资者对股票价值的评估不同的原因,也有补偿原投资者在企业资本公积和留存收益中享有的权益以及补偿未确认的自创商誉的原因等。当股票溢价发行时,企业取得的超出股票面值的溢价收入应计入资本公积,由新老股东共享。其中对于委托证券商代理发行股票而支付的手续费、佣金等,由于直接导致了股东权益的减少,所以应首先从溢价收入中予以扣除,企业应按扣除手续费、佣金后的净额,作为资本公积予以确认。

【例 12-12】 甲公司委托某证券公司代理发行普通股 20 000 000 股,每股面值 1 元,按每股 3.6 元的价格发行。甲公司与受托证券公司约定,按发行收入的 2% 收取手续费,从发行收入中扣除。假定甲公司收到的股款已存入银行。甲公司的相关会计处理如下:

股票发行价总额为:20 000 000 × 3.6 = 72 000 000(元)
证券公司扣收的手续费为:72 000 000 × 2% = 1 440 000(元)
甲公司收到的发行所得为:72 000 000 − 1 440 000 = 70 560 000(元)
应记入"资本公积"科目的金额为:20 000 000 × 2.6 − 1 440 000 = 50 560 000(元)
借:银行存款　　　　　　　　　　　　　70 560 000
　　贷:股本　　　　　　　　　　　　　　20 000 000
　　　　资本公积——股本溢价　　　　　　50 560 000

我国《公司法》规定,资本公积可以转为资本。在上交所上市的股份公司之一荣华实业(股票代码 600311)就曾在 2007 年用资本公积转增股本,而其 10 增 10 的转增比例使得其股价在短期内有了大幅度的飙升。

企业经股东大会或类似机构决议,用资本公积转增资本时,应冲减资本公积,同时按照转增前的实收资本(或股本)的结构或比例,将转增的金额记入"实收资本"(或"股本")科目下各所有者的明细科目。

【例 12-13】 秦岭公司经股东大会通过,决定用资本公积 8 000 000 元转增股本。假定秦岭公司已经办理了相关的转增手续。秦岭公司的相关会计处理如下:
借:资本公积——股本溢价　　　　　　　8 000 000
　　贷:股本　　　　　　　　　　　　　　8 000 000

(二) 其他资本公积

其他资本公积,是指除资本溢价(或股本溢价)以外,其他原因所形成的资本公积,如直接计入所有者权益的利得和损失等。具体可能由以下四类交易或事项引起。

（1）可供出售金融资产公允价值的变动。对于企业持有的可供出售金融资产公允价值变动形成的利得，除减值损失和外币货币性金融资产形成的汇兑差额外，借记"可供出售金融资产——公允价值变动"科目，贷记"资本公积——其他资本公积"科目，公允价值变动形成的损失，作相反的会计分录。

【例12-14】 2008年12月8日，卡米拉公司从二级市场上购入某上市公司的普通股20 000股，每股市价为21元，另支付交易费用3 900元。卡米拉公司在初始确认时，将该股票划分为可供出售金融资产。2008年12月31日，卡米拉公司仍持有该股票，此时该股票的市价为26元。卡米拉公司的相关会计处理如下：

2008年12月8日，购买该股票

借：可供出售金融资产——成本　　　　　　　　　　423 900
　　贷：银行存款　　　　　　　　　　　　　　　　　　　423 900

2008年12月31日，确认该股票公允价值变动

借：可供出售金融资产——公允价值变动　　　　　　96 100
　　贷：资本公积——其他资本公积　　　　　　　　　　　96 100

（2）采用权益法核算的长期股权投资。在企业长期股权投资采用权益法核算时，长期股权投资账面余额应随着被投资单位所有者权益的变动而变动。在持股比例不变的情况下，被投资单位发生除净损益以外所有者权益的其他变动，投资企业应按持股比例计算应享有的份额，借记或贷记"长期股权投资——其他权益变动"科目，贷记或借记"资本公积——其他资本公积"科目。

【例12-15】 仍依例12-14资料，假定伟业公司是卡米拉公司的投资人，其对卡米拉公司的投资占卡米拉公司注册资本的30%并采用权益法核算该项长期股权投资。2008年12月31日，伟业公司的相关会计处理如下：

借：长期股权投资——卡米拉公司（其他权益变动）　28 830
　　贷：资本公积——其他资本公积　　　　　　　　　　　28 830

（3）存货或自用房地产转换为投资性房地产。企业将作为存货的房地产转换为采用公允价值模式计量的投资性房地产时，应当按该项房地产在转换日的公允价值，借记"投资性房地产——成本"科目，原已计提跌价准备的，借记"存货跌价准备"科目，按其账面余额，贷记"开发产品"等科目；同时，转换日的公允价值小于账面价值的，按其差额，借记"公允价值变动损益"科目，转换日的公允价值大于账面价值的，按其差额，贷记"资本公积——其他资本公积"科目。

企业将自用的建筑物等转换为采用公允价值模式计量的投资性房地产时，应当按该项房地产在转换日的公允价值，借记"投资性房地产——成本"科目，原已计提减值准备的，借记"固定资产减值准备"科目，按已计提的累计折旧等，借记"累计折旧"等科目，按其账面余额，贷记"固定资产"等科目；同时，转换日的公允

价值大于账面价值的,按其差额,贷记"资本公积——其他资本公积"科目。

待该项投资性房地产处置时,因转换计入资本公积的部分应转入当期的其他业务收入,借记"资本公积——其他资本公积"科目,贷记"其他业务收入"科目。

【例12-16】 2008年8月10日,闵兴房地产开发公司与甲公司签订了租赁协议,将其开发的一栋写字楼出租给甲公司。租赁期开始日为2008年8月18日。2008年8月18日,该写字楼的账面余额2 800万元,公允价值为3 600万元。闵兴房地产开发公司在租赁开始日的会计处理如下:

借:投资性房地产——成本　　　　　　　　36 000 000
　贷:开发产品　　　　　　　　　　　　　　28 000 000
　　　资本公积——其他资本公积　　　　　　 8 000 000

(4) 以权益结算的股份支付。以权益结算的股份支付换取职工或其他方提供服务的,应按照确定的金额,记入"管理费用"等科目,同时增加资本公积(其他资本公积)。在行权日,应按实际行权的权益工具数量计算确定的金额,借记"资本公积——其他资本公积"科目,按计入实收资本或股本的金额,贷记"实收资本"或"股本"科目,并将其差额记入"资本公积——资本溢价(或股本溢价)"。

第四节　盈余公积

留存收益是从历年实现的利润中提取或形成的留于企业的内部积累,是企业所有者权益的重要组成部分。留存收益的目的是保证企业实现的净利润有一部分留存在企业,不全部分配给投资者,这样,一方面可以满足企业维持或扩大再生产经营活动的资金需要,保持或提高企业的获利能力;另一方面可以保证企业有足够的资金用于偿还债务,保护债权人的权益。因此,对于留存收益的提取和使用,除了企业的自主行为外,往往也有法律上的诸多规定和限制,例如,我国规定企业必须根据净利润提取法定盈余公积。留存收益主要包括盈余公积和未分配利润。留存收益的具体构成如图12-2所示。

一、盈余公积的构成和用途

盈余公积是指企业按照国家有关规定从净利润中提取的公积金。由于企业性质不同,盈余公积的提取内容也有所差别。如在外商投资企业,盈余公积包括储备基金、企业发展基金和利润归还投资等。而一般企业和股份有限公司的盈余公积则包括法定盈余公积和任意盈余公积。

我国《公司法》规定,公司制企业必须根据净利润10%(非公司制企业也可超过10%)的比例提取法定盈余公积,法定盈余公积累计额为公司注册资本的50%

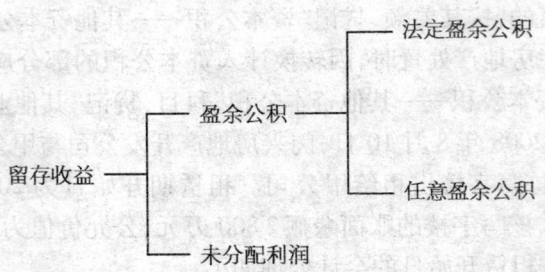

图 12-2　留存收益具体构成示意图

以上时,可以不再提取。而任意盈余公积则是按照企业章程规定或股东会决议提取的盈余公积金。不论是法定盈余公积金,还是任意盈余公积金,其提取均以企业盈利为前提。如企业当年亏损,则当年不提取盈余公积金。公司的法定盈余公积不足以弥补以前年度亏损的,在提取法定盈余公积金之前,应当先用当年利润弥补亏损。

公司从税后利润中提取法定盈余公积后,经董事会或者股东大会决议,还可以从税后利润中提取任意盈余公积。非公司制企业经类似权力机构批准也可提取任意盈余公积。

企业提取盈余公积主要可以用于以下两个方面。

第一,转增资本(或股本)。企业将盈余公积转增资本时,必须经股东大会决议批准。在实际将盈余公积转增资本时,要按股东原有持股比例结转。盈余公积转增资本时,转增后留存的盈余公积的数额不得少于原注册资本的25%。

第二,弥补亏损。企业发生亏损时,应由企业自行弥补。通常,企业弥补亏损的渠道主要有三条。

① 用以后年度税前利润弥补。根据现行税法规定,企业发生亏损时,可以用以后 5 年内实现的税前利润弥补,即税前利润弥补亏损的期间为 5 年。

② 用以后年度税后利润弥补。企业发生的亏损经过 5 年期间未弥补足额的,未弥补亏损应用所得税后的利润弥补。

③ 用盈余公积金弥补亏损。企业以提取的盈余公积弥补亏损时,应当由公司董事会提议,并经股东大会批准。

此外,符合规定条件的企业,也可以用盈余公积分派现金股利。

须说明的是,盈余公积无论是用于弥补亏损,还是用于转增资本,只不过是在企业所有者权益内部作结构上的调整。比如,企业以盈余公积弥补亏损时,实际是减少盈余公积留存的数额,以此抵补未弥补亏损的数额,并未引起企业所有者权益总额的变动;又如,企业以盈余公积转增资本时,也只是减少盈余公积结存的数额,同时增加企业实收资本或股本的数额,也并不引起所有者权益总额的变动。

盈余公积与资本公积既有相同点又有不同之处。盈余公积是从净利润中提取的,是净利润的转化形式;而资本公积可能来源于投资人,也可能来源于利得或损失。盈余公积与资本公积均由全体所有者享有。无论是盈余公积还是资本公积,在转增资本时,均应按各个股东在实收资本(或股本)中所占的投资比例计算的金额,分别转增为各个股东的投资金额。

二、盈余公积的核算

企业应设置"盈余公积"科目,核算盈余公积的形成及使用情况,并在其下按照盈余公积的不同类别设置明细科目,进行明细核算。对于外商投资企业,还应分别设置"储备基金"、"企业发展基金"明细科目。对于高危行业企业按照国家规定提取安全生产费的,还应设置和使用"专项储备"明细科目。

企业从净利润中提取盈余公积金,实质是参与企业的利润分配。企业在按规定提取各项盈余公积时,应当按照提取的各项盈余公积金额,借记"利润分配——提取法定盈余公积"、"利润分配——提取任意盈余公积"科目,贷记"盈余公积——法定盈余公积"、"盈余公积——任意盈余公积"科目。

【例12-17】 闵兴公司本年实现税后净利润为 20 000 000 元,假设以前年度没有亏损,本年度企业分别按照10%和5%的比例提取法定盈余公积和任意盈余公积。闵兴公司的相关会计处理如下:

借:利润分配——提取法定盈余公积　　　　　　2 000 000
　　　　　　——提取任意盈余公积　　　　　　1 000 000
　　贷:盈余公积——法定盈余公积　　　　　　　2 000 000
　　　　　　　——任意盈余公积　　　　　　　1 000 000

企业用盈余公积弥补亏损,实际是减少盈余公积留存数额,以此抵补未弥补亏损的数额,并不引起企业所有者权益总额的变动。企业经股东大会或类似机构决议,用盈余公积弥补亏损时,应当借记"盈余公积"科目,贷记"利润分配——盈余公积补亏"科目。外商投资企业在特殊情况下经批准将储备基金与亏损对冲时,应当借记"盈余公积——储备基金"科目,贷记"利润分配——盈余公积补亏"科目。

【例12-18】 渭河公司经营出现亏损,经股东会决议,用法定盈余公积500 000元弥补以前年度亏损。渭河公司的相关会计处理如下:

借:盈余公积——法定盈余公积　　　　　　　　500 000
　　贷:利润分配——盈余公积补亏　　　　　　　500 000

企业以盈余公积转增资本,只是减少盈余公积的结存数,同时增加企业的实收资本(或股本)的数额,也并不引起所有者权益总额的变动。企业经批准用盈余公积转增资本时,应按照实际转增的盈余公积金额,借记"盈余公积"科目,贷记

"实收资本"或"股本"等科目。

【例12-19】 卡米拉公司经股东大会决议,将 1 000 000 元盈余公积转作资本,已办妥相关手续。卡米拉公司的相关会计处理如下:

借:盈余公积——法定盈余公积　　　　　　　　　　1 000 000
　　贷:实收资本(或股本)　　　　　　　　　　　　　1 000 000

此外,对于符合法定条件的企业,还可以用盈余公积分配股利。当企业经股东大会决议后,用盈余公积分配现金股利时,借记"盈余公积"科目,贷记"应付股利"科目,用盈余公积分配股票股利时,应当于实际分配股票股利时,借记"盈余公积"科目,贷记"股本"科目。

须说明的是:

(1)外商投资企业按净利润的一定比例提取的储备基金、企业发展基金,以及中外合作经营企业按照规定在合作期间以利润归还投资者的投资,也作为盈余公积,在"盈余公积"科目下设置明细科目核算。外商投资企业提取的储备基金、企业发展基金,借记"利润分配——提取储备基金、提取企业发展基金"科目,贷记"盈余公积"(储备基金、企业发展基金)科目。

(2)中外合作经营企业以利润归还投资时,按实际归还投资的金额,借记"已归还投资"科目,贷记"银行存款"科目,同时,借记"利润分配——利润归还投资"科目,贷记"盈余公积"(利润归还投资)科目。

(3)高危行业企业按照国家规定提取安全生产费时,应当按实际提取金额计入相关资产的成本或当期损益,同时记入"盈余公积——专项储备"科目。企业使用提取的安全生产费时,属于费用性支出的,直接冲减"盈余公积——专项储备"科目。企业使用提取的安全生产费形成资产的,应当通过"在建工程"归集所发生的支出,待安全项目完工达到预定可使用状态时确认为固定资产;同时,按照形成资产的成本冲减"盈余公积——专项储备"科目,并确认相同金额的累计折旧。该固定资产在以后期间不再计提折旧。预计安全生产费的期末余额,应当在资产负债表"盈余公积——专项储备"项列示。

第五节　未分配利润

一、未分配利润的含义

未分配利润是企业留于以后年度进行分配的结存利润,是企业所有者权益的组成部分。企业实现利润后,在按规定缴纳所得税、提取盈余公积和向投资者分配投资报酬后的余额即为未分配利润。若该余额为负数,即为未弥补亏损。相对于企业所有者权益的其他部分而言,企业对未分配利润有较大的自主权。

从数量上来说,未分配利润是期初未分配利润,加上本期实现的税后利润,减去提取的各种盈余公积和分出利润后的余额。

未分配利润有两层含义:一是留待以后年度处理的利润;二是未指定特定用途的利润。

二、未分配利润的核算

在会计核算上,未分配利润是通过"利润分配"科目进行核算的,具体来说是通过"利润分配"科目之下"未分配利润"明细科目进行核算的。企业的净利润经过分配,分别记入了"利润分配——提取法定盈余公积"、"利润分配——提取任意盈余公积"、"利润分配——应付现金股利或利润"、"利润分配——转作股本的股利"等科目的借方,在年末时,再将这些利润分配的各个明细科目的借方余额自其贷方转入"利润分配——未分配利润"科目的借方。如果要用盈余公积补亏,那么,这部分用于弥补亏损的盈余公积也在记入了"利润分配——盈余公积补亏"科目的贷方之后,在年末自其借方转入"利润分配——未分配利润"科目的贷方。在此基础上,再将当年实现的净利润经由"本年利润"科目的借方转至"利润分配——未分配利润"科目的贷方。此时,未分配利润明细科目的贷方期初余额(借方余额用负数计算)加上其贷方发生额减去其借方发生额之后,余额如果在贷方,是期末的未分配利润;如果在借方,则是期末的未弥补亏损。

【**例 12-20**】 莲花公司本年末有关资料如下:当年实现净利润为 2 000 000 元,提取法定盈余公积 200 000 元,提取任意盈余公积 120 000 元,分配现金股利 800 000 元。假定年初未分配利润为贷方余额 180 000 元。莲花公司的相关会计处理如下:

(1) 分配当年实现净利润

借:利润分配——提取法定盈余公积　　　　　　　200 000
　　　　　——提取任意盈余公积　　　　　　　　　120 000
　　　　　——应付现金股利或利润　　　　　　　　800 000
　　贷:盈余公积——法定盈余公积　　　　　　　　200 000
　　　　　　　——任意盈余公积　　　　　　　　　120 000
　　　　应付股利　　　　　　　　　　　　　　　　800 000

(2) 结转本年实现利润

借:本年利润　　　　　　　　　　　　　　　　2 000 000
　　贷:利润分配——未分配利润　　　　　　　　2 000 000

(3) 结转本年利润分配

借:利润分配——未分配利润　　　　　　　　　　　1 120 000
　　贷:利润分配——提取法定盈余公积　　　　　　　　 200 000
　　　　　　　——提取任意盈余公积　　　　　　　　　 120 000
　　　　　　　——应付现金股利或利润　　　　　　　　 800 000

莲花公司"利润分配——未分配利润"科目的发生额及期末余额情况如图12-3所示。

利润分配——未分配利润			
		年初余额	180 000
利润分配转入	1 120 000	本年利润转入	2 000 000
		年末余额	1 060 000

图12-3　莲花公司"利润分配——未分配利润"T形账户示意图

三、未弥补亏损的核算

企业在生产经营过程中既有可能发生盈利,也有可能出现亏损。在当年发生亏损的情况下,与实现利润的情况相同,也需要进行年终结转。企业应当将本年发生的亏损自"本年利润"科目转入"利润分配——未分配利润"科目,借记"利润分配——未分配利润"科目,贷记"本年利润"科目,结转后"利润分配"科目的借方余额,即为未弥补亏损的数额。之后,再通过"利润分配"科目核算有关亏损的弥补情况。

由于未弥补亏损形成的时间长短不同等原因,以前年度未弥补亏损有的可以以当年实现的税前利润弥补(5年以内发生的亏损),有的则须用税后利润弥补(5年以前发生的亏损)。以当年实现的利润弥补以前年度结转的未弥补亏损时,不需要进行专门的账务处理,而在年终结转时自动体现。企业应将当年实现的利润自"本年利润"科目转入"利润分配——未分配利润"科目的贷方,其贷方发生额与"利润分配——未分配利润"的借方余额自然抵补。无论是以税前利润还是以税后利润弥补亏损,其会计处理方法均相同。但是,两者在计算缴纳所得税时的处理是不同的。在以税前利润弥补亏损的情况下,其弥补的数额可以在计算当期应纳税所得额时扣除;而以税后利润弥补亏损的情况下,弥补亏损的数额,则不能作为应纳税所得额的扣除数。

【例12-21】　集心公司2008年年初未分配利润为借方余额600 000元,2008年实现净利润520 000元。假定集心公司2008年度未进行利润分配。则在年末结转时的会计处理如下:

借:本年利润　　　　　　　　　　　　　　　　　　　 520 000

贷：利润分配——未分配利润　　　　　　　　　　　　520 000

至此，集心公司 2008 年年末的"利润分配——未分配利润"科目余额为借方 80 000 元，即年末尚未弥补的亏损为 80 000 元，其将由以后年度逐渐弥补。

第六节　所有者权益在财务会计报告中的列报

一、表内列示

（一）在资产负债表中的列示

企业应在资产负债表中列示的所有者权益信息包括以下具体项目。

（1）"实收资本（或股本）"项目，反映企业各投资者实际投入的资本（或股本）总额。企业应根据"实收资本"（或"股本"）科目的期末余额填列。

（2）"资本公积"项目，反映企业资本公积的期末余额。企业应根据"资本公积"科目的期末余额填列。

（3）"库存股"项目，反映企业持有尚未转让或注销的本公司股份金额。

（4）"盈余公积"项目，反映企业盈余公积的期末余额。企业应根据"盈余公积"科目的期末余额填列。其中，法定公益金期末余额，应根据"盈余公积"科目所属的"法定公益金"明细科目的期末余额填列。

（5）"未分配利润"项目，反映企业尚未分配的利润。企业应根据"本年利润"科目和"利润分配"科目的余额计算填列。未弥补的亏损，在本项目内以"－"号填列。

（二）在所有者权益（股东权益）变动表中的列示

除在资产负债表中披露所有者权益信息外，企业还应在所有者权益（股东权益）变动表中，详细披露构成所有者权益的各组成部分当期的增减变动情况。

二、表外披露

企业应在会计报表附注中按照企业会计制度和相关准则的规定，对所有者权益的各个组成部分的期初期末余额、本期增减变动数以及增减变动的原因等作详细披露。

【案例】　万科企业股份有限公司（股票代码000002）在其 2007 年年度报告中披露的股东权益信息如下：

万科企业股份有限公司
资产负债表
2007年12月31日

金额单位：人民币元

负债及所有者权益	注释	2007年12月31日 合并	2007年12月31日 公司	2006年12月31日 合并	2006年12月31日 公司
股东权益：					
股本	28	6 872 006 387.00	6 872 006 387.00	4 369 898 751.00	4 369 898 751.00
资本公积	29	12 830 465 899.13	12 885 360 235.32	5 315 012 258.19	5 315 012 258.19
盈余公积	30	5 395 470 156.38	5 395 470 156.38	4 402 087 926.99	4 402 087 926.99
未分配利润	31	4 032 906 217.68	916 291 991.98	831 480 143.76	831 480 143.76
外币报表折算差额		147 798 941.01	—	10 068 656.36	—
归属于母公司股东权益合计		29 278 647 601.20	26 069 128 770.68	14 928 547 736.30	14 918 479 079.94
少数股东权益	33	4 640 875 427.84	—	2 524 955 810.69	—
所有者权益合计		**33 919 523 029.04**	**26 069 128 770.68**	**17 453 503 546.99**	**14 918 479 079.94**
负债及所有者权益总计		**100 094 467 908.29**	**48 693 577 392.12**	**49 919 840 381.13**	**24 787 511 568.64**

在会计报表附注中披露的所有者权益详细信息如下：

28. 股本

	2006年12月31日	新发	本年增/减少 资本公积转增资股本	其他	2007年12月31日
一、有限售条件股份					
1. 国家及国有法人持股	275 330 444.00		137 657 245.00	-247 987 689.00	165 000 000.00
2. 境内法人持股	290 000 000.00		145 000 000.00	-435 000 000.00	—
3. 境内自然人持股	2 415 578.00	81 554.00	1 207 789.00	-1 971 643.00	1 733 278.00
有限售条件股份合计	567 746 022.00	81 554.00	283 865 034.00	-684 959 332.00	166 733 278.00
二、无限售条件股份					
1. 境内上市人民币普通股	3 254 254 617.00	317 076 707.00	1 627 135 285.00	684 959 332.00	5 883 425 941.00
2. 境内上市的外资股	547 898 112.00	—	273 949 056.00	—	821 847 168.00
无限售条件股份合计	3 802 152 729.00	317 076 707.00	1 901 084 341.00	684 959 332.00	6 705 273 109.00
三、股份总数	4 369 898 751.00	317 158 261.00	2 184 949 375.00	—	6 872 006 387.00

以上股份每股面值人民币1.00元

* 报告期内，公司实施资本公积金转增股本方案，向全体股东每10股股份转增5股，公司股份总数相应增加2 184 949 375股。

* 自2007年12月6日起，华润股份有限公司持有的股权分置改革有限售条件流通股2 502 107 636股（华润原持有的165 314 491股，资本公积金转增股本后增加至2 502 107 636股）可上市流通。

* 报告期内，本公司增发A股317 158 261股，本次采取原A股股东全额优先认购，原A股股东优先认购后剩余部分采用网上、网下定价发行相结合的方式，每股面值为人民币1.00元，发行价格为31.53元/股。

* 自2007年12月27日，公司2006年非公开发行的A股股票，除华润股份有限公司持有的1.65亿股外，其他9家发行对象持有的4.35亿股（资本公积金转增股本后）本次将全部解除限售。

* 报告期内，中国证券登记结算有限责任公司深圳分公司调整高管人员持有的有限售条件股份政策，公司境内自然人持股减少，境内上市人民币普通股对应增加。

29. 资本公积

	2006年12月31日 (已重述)	本年增加	本年减少	2007年12月31日
股本溢价	5 478 385 744.42	9 619 443 440.22	2 184 949 375.00	12 912 879 809.64
股权激励公积金*2	80 569 999.99	373 120 000.00	-	453 689 999.99
股权激励信托基金*1	(145 444 011.21)	-	321 097 534.28	(466 541 545.49)
其他资本公积*3	(98 499 475.01)	28 937 110.00	-	(69 562 365.01)
合计	5 315 012 258.19	10 021 500 550.22	2 506 046 909.28	12 830 465 899.13

　　*1　2006年度股东大会审议通过了公司首期(2006—2008年)限制性股票激励计划(以下简称《计划》),计划共分三期进行。依据《计划》,公司于2006年已预提2006年度奖励基金141 706 968.51元,公司2006年度最终奖励基金应计提额为215 463 931.52元,因此公司本年补充计提奖励基金73 756 963.01元。此外,公司还根据《计划》相关规定,预提了2007年度奖励基金241 282 949.52元。公司实施2006年度派息方案,首期限制性股票激励计划2006年度和2007年度奖励基金共获得6 057 621.75元派息款。上述三项金额合计人民币321 097 534.28元。

　　*2　本公司对激励计划的评估报告显示2006年度奖励基金的公允价值为人民币218 690 000.00元,本年度本公司按其公允价值在该激励计划的预计等待期(即2006年5月30日至2007年12月31日),按直线法进行摊销,该摊销额计人民币138 120 000.00元计入本年管理费用,并在股权激励公积金列示。

　　本公司对激励计划的评估报告显示2007年度奖励基金的公允价值为人民币470 000 000.00元,本年度本公司按其公允价值在该激励计划的预计等待期(即2007年1月1日至2008年12月31日),按直线法进行摊销,该摊销额计人民币235 000 000.00元计入本年管理费用,并在股权激励公积金列示。

　　*3　其他资本公积主要包括可供出售金融资产公允价值变动及本集团分次收购子公司产生的资本公积。

30. 盈余公积

	2006年12月31日 (已重述)	本年增加	本年减少	2007年12月31日
法定盈余公积	1 011 234 149.03	172 762 126.85	-	1 183 996 275.88
任意盈余公积	3 390 853 777.96	820 620 102.54	-	4 211 473 880.50
合计	4 402 087 926.99	993 382 229.39	-	5 395 470 156.38

31. 未分配利润

	本集团(已重述)	本公司(已重述)
年初未分配利润	831 480 143.76	831 480 143.76
本年净利润	4 844 235 494.21	1 727 621 268.51
可分配利润	5 675 715 637.97	2 559 101 412.27
减:支付普通股股利	649 427 190.90	649 427 190.90
提取盈余公积	172 762 126.85	172 762 126.85
提取任意公积	820 620 102.54	820 620 102.54
年末未分配利润	4 032 906 217.68	916 291 991.98

【本章相关法规】

　　《中华人民共和国公司法》(主席令第42号),2005年10月27日修订通过

国务院《中华人民共和国公司登记管理条例》(国务院令第 451 号),2005 年 12 月 18 日修订通过

财政部《企业会计准则——基本准则》(财会[2006]3 号),2006 年 2 月 15 日

财政部《企业会计准则——应用指南》(财会[2006]18 号),2006 年 10 月 30 日

财政部《企业会计准则第 22 号——金融工具确认和计量》(财会[2006]3 号),2006 年 2 月 15 日

财政部会计司《企业会计准则解释第 3 号》(财务[2009]35 号),2009 年 5 月 14 日

【复习思考题】

1. 企业组织形式有哪几种？在不同的企业组织形式下,其所有者权益有何特点？
2. 什么是所有者权益？所有者权益包括哪些内容？
3. 企业如何进行实收资本(股本)的核算？
4. 资本公积是如何形成的？
5. 企业为何提取盈余公积？盈余公积包括哪些种类？
6. 如何进行盈余公积提取和使用的核算？
7. 资本公积与实收资本有何联系与区别？
8. 资本公积与盈余公积有何异同？
9. 未分配利润的含义是什么？如何进行未分配利润的年终结转？
10. 所有者权益在财务会计报告中应如何列示？

第六篇　财务会计报告

【本篇概要】

　　财务会计的主要目标是向信息使用者提供财务会计报告。财务会计报告是企业财务会计活动的最终产品,是指企业对外提供的反映企业某一特定日期财务状况和某一会计期间的经营成果、现金流量等会计信息的文件。财务会计报告的目标是向财务报告使用者提供与企业财务状况、经营成果和现金流量等有关的会计信息,反映企业管理层受托责任的履行情况,以有助于财务会计报告使用者作出经济决策。财务会计报告包括会计报表、报表附注以及其他应当在财务会计报告中披露的相关信息和资料。会计信息使用者如果想更进一步了解企业的营业状况,还必须结合财务报表中的数字进行进一步的分析,这就形成了财务报表分析。财务报表分析是以财务报表为基本依据,运用一系列财务指标,对企业财务状况、经营业绩和现金流量情况加以分析和比较,来评价和判断企业总体的运营情况,并以此为依据预测企业未来的财务状况和发展前景。

第十三章 财务会计报告

【学习目标】

通过本章学习,学生应当能了解并掌握:
1. 财务会计报告的概念、构成和编报要求
2. 资产负债表的概念、作用、内容和格式
3. 资产负债表的编制
4. 利润表的概念、内容和结构
5. 利润表的编制方法
6. 现金流量表的编制基础
7. 现金流量表的内容和结构
8. 现金流量表的编制方法
9. 股东权益变动表的内容和编制
10. 会计报表附注的概念和披露要求

第一节 财务会计报告概述

一、财务会计报告的概念

财务会计报告,是指企业对外提供的反映企业某一特定日期财务状况和某一会计期间的经营成果、现金流量等会计信息的文件,包括会计报表及其附注和其他应当在财务会计报告中披露的相关信息和资料。财务会计报告是企业财务会计活动的最终产品,是企业财务状况、经营成果和现金流量信息的高度概括,是企业与利益相关各方进行沟通的一种手段。通过对财务会计报告的分析和评价,可以使信息使用者对企业的偿债能力、获利能力和发展能力等有较为全面的了解,以帮助信息使用者作出正确的判断和决策。

按编报时间的不同,可以将企业的财务会计报告分为年度报告、半年度报告、季度报告和月度报告。其中,月度、季度财务会计报告是指月度和季度终了对外提供的财务会计报告;半年度财务会计报告是指在每个会计年度的前6个月结束

后对外提供的财务会计报告;年度财务会计报告是指年度终了对外提供的财务会计报告。我国《企业会计制度》和《企业会计准则》将以半年度、季度和月度这些中期为基础编制的财务会计报告统称为中期财务会计报告。

此外,按照会计报表所包括会计主体的范围,还可以将其分为个别会计报表和合并会计报表。在企业对外单位进行股权投资的情况下,个别会计报表是指只反映投资企业或被投资企业本身的财务状况、经营成果和现金流量信息的报表。合并会计报表是指在投资企业拥有对被投资单位控制权的情况下,将被投资单位与本企业视为一个整体而编制的会计报表,它反映投资企业与被投资单位整体的财务状况、经营成果和现金流量信息。本书仅介绍个别会计报表。合并会计报表将在高级财务会计中介绍。

二、财务会计报告的构成

财务会计报告主要由会计报表和会计报表附注组成。在我国,企业对外提供的财务会计报告的内容、会计报表种类和格式、会计报表附注的主要内容等,由《企业会计准则》及其应用指南规定。

会计报表是财务会计报告的核心部分,是企业对外界传输会计信息的主要手段。通过编制会计报表,能够全面、系统、集中地向企业管理部门和企业外部的信息需求者反映企业在一定日期的财务状况以及在一段时间内的经济活动情况及结果,能够提供必要的供决策者使用的有用的财务会计信息。企业对外提供的会计报表具体包括:资产负债表、利润表、现金流量表、所有者权益变动表。各种报表之间的关系及编报期如表 13-1 所示。

表 13-1 企业编报的主要会计报表一览表

报表编号	报表名称	编报期
会企 01 表	资产负债表	中期、年度
会企 02 表	利润表	中期、年度
会企 03 表	现金流量表	中期、年度
会企 04 表	所有者权益(或股东权益)变动表	年度

会计报表附注是为便于会计报表使用者理解会计报表的内容而对会计报表的编制基础、编制依据、编制原则和方法及主要项目等所作的解释。中期财务会计报告与年度财务会计报告都应该编制会计报表附注。

三、财务会计报告列报的总体要求

列报,是指在会计报表中的列示和在会计报表附注中的披露。在财务报表的列报中,"列示"通常反映在资产负债表、利润表、现金流量表和所有者权益(或股东权益,下同)变动表等报表中的信息,"披露"通常反映附注中的信息。

企业在财务会计报告列报的过程中,应遵循以下总体要求。

1. 遵循国家统一的会计制度或会计准则

企业应当按照会计制度或会计准则的规定,编制并对外提供财务会计报告。对于会计制度或企业会计准则没有规定统一核算方法的交易或事项,企业按照会计核算的一般原则进行确认和计量,应当在会计报表附注中对所采用的会计处理方法予以说明。

对于会计制度或会计准则未规定的会计报表项目,企业应当根据该项目的重要性,单独列示或合并列示,并在会计报表附注中对此予以披露。

2. 以持续经营为基础

企业应当以持续经营为基础编制会计报表。如果已决定进行清算或停止营业,或者已确定在下一个会计期间将被迫进行清算或停止营业,则不应再以持续经营为基础编制会计报表。如果会计报表不是以持续经营为基础编制的,则企业在会计报表附注中对此应当首先予以披露,并进一步披露会计报表的编制基础,以及企业未能以持续经营为基础编制会计报表的原因。如果某些不确定的因素导致对企业能否持续经营产生重大怀疑时,则应当在会计报表附注中披露这些不确定因素。

3. 会计报表列示应符合一致性

会计报表项目的列示和分类,应当在各会计期间保持一致。只有在符合以下条件之一时,企业才可以变更会计报表项目的列示和分类:

(1)国家统一的会计制度或会计准则要求改变财务会计报表项目的列报;

(2)企业经营业务的性质发生重大变化,或者企业发现原有的列示和分类不能够真实、完整地反映企业的财务状况、经营成果和现金流量,并且变更后的会计报表项目列报能够提供更可靠、更相关的会计信息。

当会计报表项目的列示和分类发生重大变化时,企业应当在会计报表附注中披露变化的项目和原因,以及假设未发生变化该项目原来的列示方法、分类和金额。

4. 会计报表项目单独列示,不能相互抵销

对于性质或功能不同的项目,企业应当在会计报表中单独列报,既使性质或功能类似的项目,其所属类别具有重要性的,也应当按其类别在会计报表中单独列报。重要项目的判断应当综合考虑企业所处环境及项目的性质、金额,以及不单独列示该项目是否影响真实、完整地反映企业的财务状况、经营成果和现金流量。会计制度或会计准则规定了会计报表中至少应列示的项目。

中期财务报表中项目重要性程度的判断,应当以中期财务数据为基础,不应以年度财务数据为基础。

除会计制度或会计准则要求允许抵销外,会计报表中的资产项目和负债项目、收入项目和费用项目不应相互抵销。资产项目按扣除减值准备后的净额列示的、非日常活动产生的损益以收入扣除费用后的净额列示的不属于抵销。

5. 提供比较信息

除国家统一的会计制度另有规定,或无法取得前期比较数据外,在列报当期会计报表及其附注的数据时,企业至少应当同时列报前一会计期间相同项目的比较数据。如果有助于真实、完整地反映当期的会计信息及其从前期至当期的变化过程,企业还应当提供与当期会计报表附注中叙述性信息相关的前期资料。

当会计报表项目的列示和分类发生变化时,企业应当对一同提供的比较数据按照当期的要求进行重新分类,并在会计报表附注中披露重新分类的性质、金额和原因。如果无法对比较数据进行重新分类,企业应当披露不能重新分类的原因。

企业发生了会计政策变更的,会计政策变更的累积影响数能够合理确定,且涉及本会计年度以前中期财务报表相关项目数字的,应当予以追溯调整,视同该会计政策在整个会计年度一贯采用;同时,上年度可比财务报表也应当作相应调整。

四、财务会计报告编报的具体要求

从总体上来说,财务会计报告的编制要达到可理解性、可靠性、相关性、全面性和及时性等质量要求。企业编报财务会计报告应遵循的基本要求如下。

(1) 企业编制财务会计报告,应当根据真实的交易、事项以及完整、准确的账簿记录等资料,企业不得随意改变财务会计报告的编制基础、编制依据、编制原则和方法。任何组织或者个人不得授意、指使、强令企业违反会计制度或会计准则。

(2) 企业在编制年度财务会计报告之前,应当按照规定,全面清查资产、核实债务。通过清查、核实,查明财产物资的实存数量与账面数量是否一致、各项结算款项的拖欠情况及其原因、材料物资的实际储备情况、各项投资是否达到预期目的、固定资产的使用情况及其完好程度等。企业清查、核实后,应当将清查、核实的结果及其处理办法向企业的董事会或者相应机构报告,并根据会计制度或会计准则的规定进行相应的会计处理。

(3) 企业在编制财务会计报告之前,还应当核对并检查账目,具体包括以下五个方面:

① 检查相关的会计核算是否按照会计制度或会计准则的规定进行;

② 对于会计制度或会计准则没有规定统一核算方法的交易、事项,检查其是否按照会计核算的一般原则进行确认和计量以及相关账务处理是否合理;

③ 核对各会计账簿记录与会计凭证的内容、金额等是否一致,记账方向是否相符;

④ 检查是否存在因会计差错、会计政策变更等原因需要调整前期或者本期相关项目;

⑤ 按照规定的结账日进行结账,结出有关会计账簿的余额和发生额,并核对各会计账簿之间的余额。

(4) 企业应当按照会计制度或企业会计准则规定的会计报表格式和内容,根据登记完整、核对无误的会计账簿记录和其他有关资料编制会计报表,做到内容完整、数字真实、计算准确,不得漏报或者任意取舍。会计报表之间、会计报表各项目之间,凡有对应关系的数字,应当相互一致;会计报表中本期与上期的有关数字应当相互衔接。

企业至少应当按年编制和列示会计制度或会计准则所要求的全部会计报表,并在规定的期间内对外提供。如果年度会计报表涵盖的期间短于1年,则企业应当披露:①会计报表涵盖的期间;②年度会计报表涵盖期间短于1年的原因;③由此引起的对利润表、现金流量表、所有者权益增减变动表和会计报表附注有关项目与前期数据或信息不可比的事实。

企业中期资产负债表、利润表和现金流量表应当是完整报表,其格式和内容应当与上年度财务报表相一致。

(5) 企业应当按照规定,在会计报表附注中对会计报表中需要说明的事项作出真实、完整、清楚的说明。

(6) 企业应当在国家规定的时限内,及时编制出财务会计报告,并及时将财务会计报告传递给其使用者。我国对上市公司对外编报财务会计报告的时限规定为:季度中期财务会计报告应当于季度终了后30天内对外提供;半年度中期财务会计报告应当于年度中期结束后60天内(相当于两个连续的月份)对外提供;年度财务会计报告应当于年度终了后4个月内对外提供。

第二节 资产负债表

一、资产负债表的概念和作用

资产负债表是反映企业在某一特定日期财务状况的报表,属于静态报表。它是根据企业的资产、负债和所有者权益(或股东权益)之间的相互关系,按照一定的分类标准和一定的顺序，把企业在某一特定日期的资产、负债和所有者权益各项目进行归类整理和适当排列，并对在日常核算中形成的大量数据进行高度浓缩整理后编制而成的。它表明企业在某一特定日期所拥有或控制的经济资源、所承担的现时义务和所有者在企业资产中享有的经济利益。

资产负债表的作用主要体现在以下五个方面。

（1）通过资产负债表可以反映企业在某一特定日期的资产总额及其构成，表明企业拥有或控制的经济资源及其分布情况，如有多少资源是流动资产、有多少资源是长期股权投资、有多少资源是固定资产等。

（2）通过资产负债表可以反映企业在某一特定日期的负债总额及其构成情况，表明企业未来需要用多少资产或劳务清偿债务以及清偿时间，如流动负债有多少、非流动负债有多少、非流动负债中有多少需要用近期流动资金进行偿还等。

（3）通过资产负债表可以反映企业在某一特定日期的所有者权益及其构成情况，表明投资者在企业资产中所占的份额，据以判断投入资本保值增值的情况以及对负债的保障程度。

（4）通过资产负债表还可以提供企业财务分析的基本资料，比如通过资产负债表可以计算流动比率、速动比率等，表明企业的变现能力、偿债能力和资金周转能力等。

（5）通过比较资产负债表还可以反映出企业财务状况的发展趋势，从而有助于会计报表使用者作出正确的经济预测与决策。

二、资产负债表的格式和内容

资产负债表有表首、正表两部分。其中，表首概括地说明报表名称、编制单位、编制日期、报表编号、货币名称、计量单位等。正表是资产负债表的主体，列示了用以说明企业财务状况的各个项目。

资产负债表的正表有报告式和账户式两种格式。报告式（也叫垂直式）资产负债表，是上下结构，上半部列示资产，下半部列示负债和所有者权益。账户式资产负债表是左右结构，即参照"T"形账户的基本结构，将报表分为左右两方，左边列示资产，反映全部资产的分布及存在形态；右边列示负债和所有者权益，反映全部负债和所有者权益的内容及构成情况。不论资产负债表采取什么格式，资产各项目的合计等于负债和所有者权益各项目的合计这一等式不变。我国的资产负债表采用的是账户式结构，根据"资产＝负债＋所有者权益"这一会计恒等式，按照一定的分类标准和顺序，把企业在某一特定日期的资产、负债和所有者权益各项目予以适当排列，以反映企业资产、负债和所有者权益的总体规模和结构。

资产负债表项目的排列方法有按流动性排列和按货币性排列两种。

我国对资产负债表项目采用的是流动性排列。在资产负债表中,将资产和负债各项目按流动性大小依次排列,分为流动资产和非流动资产、流动负债和非流动负债。非流动资产应当按照其性质列报,具体可分为长期股权投资、投资性房地产、固定资产、无形资产及其他资产等分类列示;非流动负债按照其性质分类列报。将所有者权益项目按其永久性程度由高到低的顺序排列,并分别列示。

资产满足下列条件之一的,应当归类为流动资产,否则,应归为非流动资产。

(1) 预计在一个正常营业周期中变现、出售或耗用。这主要包括存货、应收账款等资产。需要指出的是,变现一般针对应收账款而言,指将资产变为现金;出售一般针对产品等存货而言;耗用一般指将存货(如原材料)转变成另一种形态(如产成品)。

(2) 主要为交易目的而持有。这主要是指根据《企业会计准则第22号——金融工具确认和计量》划分的交易性金融资产。

(3) 预计在资产负债表日起一年内(含一年)变现。

(4) 自资产负债表日起一年内,交换其他资产或清偿负债的能力不受限制的现金或现金等价物。在实务中存在用途受到限制的现金或现金等价物,比如用途受到限制的信用证存款、汇票存款、职工集资建房售房存款、技改资金存款等,这类现金或现金等价物如果作为流动资产列报,则可能高估了流动资产金额,从而高估流动比率等财务指标,影响到使用者的决策。

负债满足下列条件之一的,应当归类为流动负债,否则,应归为非流动负债。

(1) 预计在一个正常营业周期中清偿。

(2) 主要为交易目的而持有。

(3) 自资产负债表日起一年内到期应予以清偿。

(4) 企业无权自主地将清偿推迟至资产负债表日后一年以上。

须特别说明的是:对于在资产负债表日起一年内到期的负债,企业预计能够自主地将清偿义务展期至资产负债表日后一年以上的,应当归类为非流动负债;不能自主地将清偿义务展期的,即使在资产负债表日后、财务报告批准报出日前签订了重新安排清偿计划协议,该项负债仍应归类为流动负债。企业的长期借款在资产负债表日或之前违反了借款合同或协议,导致贷款人可随时要求清偿的负债,应当归类为流动负债。贷款人在资产负债表日或之前同意提供在资产负债表日后一年以上的宽限期,企业能够在此期限内改正违约行为,且贷款人不能要求随时清偿的,该项负债应当归类为非流动负债。

当没有可靠证据表明企业的营业周期超过一年,或者同行业大多数企业的营业周期均不超过一年时,企业应当以一年作为划分流动资产与非流动资产、流动负债与非流动负债的标准。

所有者权益项目则按其永久性程度由高到低的顺序排列,具体分为实收资本(或股本)、资本公积、盈余公积、未分配利润等。

我国企业资产负债表的基本格式和内容如表13-4所示。

三、资产负债表的编制

（一）资产负债表各项目的填列说明

1. 资产项目的填列说明

"货币资金"项目,反映企业库存现金、银行结算户存款、外埠存款、银行汇票存款、银行本票存款、信用卡存款、信用证保证金存款等的合计数。本项目应根据"库存现金"、"银行存款"、"其他货币资金"科目期末余额的合计数填列。

"交易性金融资产"项目,反映企业持有的以公允价值计量且其变动计入当期损益的为交易目的所持有的债券投资、股票投资、基金投资、权证投资等金融资产。本项目应当根据"交易性金融资产"科目的期末余额填列。

"应收票据"项目,反映企业因销售商品、提供劳务等而收到的商业汇票,包括银行承兑汇票和商业承兑汇票。本项目应根据"应收票据"科目的期末余额,减去"坏账准备"科目中有关应收票据计提的坏账准备期末余额后的金额填列。

"应收账款"项目,反映企业因销售商品、提供劳务等经营活动应收取的款项。本项目应根据"应收账款"和"预收账款"科目所属各明细科目的期末借方余额合计减去"坏账准备"科目中有关应收账款计提的坏账准备期末余额后的金额填列。如"应收账款"科目所属明细科目期末有贷方余额的,应在"预收款项"项目内填列。

"预付款项"项目,反映企业按照购货合同规定预付给供应单位的款项等。本项目应根据"预付账款"和"应付账款"科目所属各明细科目的期末借方余额合计数,减去"坏账准备"科目中有关预付款项计提的坏账准备期末余额后的金额填列。如"预付账款"科目所属各明细科目期末有贷方余额的,应在资产负债表"应付账款"项目内填列。

"应收利息"项目,反映企业应收取的债券投资等的利息。本项目应根据"应收利息"科目的期末余额,减去"坏账准备"科目中有关应收利息计提的坏账准备期末余额后的金额填列。

"应收股利"项目,反映企业应收取的现金股利和应收取其他单位分配的利润。本项目应根据"应收股利"科目的期末余额,减去"坏账准备"科目中有关应收股利计提的坏账准备期末余额后的金额填列。

"其他应收款"项目,反映企业除应收票据、应收账款、预付账款、应收股利、应收利息等经营活动以外的其他各种应收、暂付的款项。本项目应根据"其他应收款"科目的期末余额,减去"坏账准备"科目中有关其他应收款计提的坏账准备期末余额后的金额填列。

"存货"项目,反映企业期末在库、在途和在加工中的各种存货的可变现净值。本项目应根据"材料采购"、"原材料"、"低值易耗品"、"库存商品"、"周转材料"、"委托加工物资"、"受托代销商品"、"生产成本"等科目的期末余额合计,减去"受托代销商品款"、"存货跌价准备"科目期末余额后的金额填列。材料采用计划成本核算,以及库存商品采用计划成本核算或售价核算的企业,还应按加或减材料成本差异、商品进销差价后的金额填列。

"一年内到期的非流动资产"项目,反映企业将于一年内到期的非流动资产项目金额。本项目应根据有关科目的期末余额填列。

"长期股权投资"项目,反映企业持有的对子公司、联营企业和合营企业的长期股权投资。本项目应根据"长期股权投资"科目的期末余额,减去"长期股权投资减值准备"科目的期末余额后的金额填列。

"固定资产"项目,反映企业各种固定资产原价减去累计折旧和累计减值准备后的净额。本项目应根据"固定资产"科目的期末余额,减去"累计折旧"和"固定资产减值准备"科目期末余额后的金额填列。

"在建工程"项目,反映企业期末各项未完工程的实际支出,包括交付安装的设备价值、未完建筑安装工程已经耗用的材料、工资和费用支出、预付出包工程的价款等的可收回金额。本项目应根据"在建工程"科目的期末余额,减去"在建工程减值准备"科目期末余额后的金额填列。

"工程物资"项目,反映企业尚未使用的各项工程物资的实际成本。本项目应根据"工程物资"科目的期末余额填列。

"固定资产清理"项目,反映企业因出售、毁损、报废等原因转入清理但尚未清理完毕的固定资产的净值,以及固定资产清理过程中所发生的清理费用和变价收入等各项金额的差额。本项目应根据"固定资产清理"科目的期末借方余额填列,如"固定资产清理"科目期末为贷方余额,以"-"号填列。

"无形资产"项目,反映企业持有的无形资产,包括专利权、非专利技术、商标权、著作权、土地使用权等。本项目应根据"无形资产"的期末余额,减去"累计摊销"和"无形资产减值准备"科目期末余额后的金额填列。

"开发支出"项目,反映企业开发无形资产过程中能够资本化形成无形资产成本的支出部分。本项目应当根据"研发支出"科目中所属的"资本化支出"明细科目期末余额填列。

"长期待摊费用"项目,反映企业已经发生但应由本期和以后各期负担的分摊期限在1年以上的各项费用。长期待摊费用中在一年内(含一年)摊销的部分,在资产负债表"一年内到期的非流动资产"项目填列。本项目应根据"长期待摊费用"科目的期末余额减去将于一年内(含一年)摊销的数额后的金额填列。

"其他非流动资产"项目,反映企业除长期股权投资、固定资产、在建工程、工程物资、无形资产等以外的其他非流动资产。本项目应根据有关科目的期末余额填列。

2. 负债项目的填列说明

"短期借款"项目,反映企业向银行或其他金融机构等借入的期限在一年以下(含一年)的各种借款。本项目应根据"短期借款"科目的期末余额填列。

"应付票据"项目,反映企业购买材料、商品和接受劳务供应等而开出、承兑的商业汇票,包括银行承兑汇票和商业承兑汇票。本项目应根据"应付票据"科目的期末余额填列。

"应付账款"项目,反映企业因购买材料、商品和接受劳务供应等经营活动应支付的款项。本项目应根据"应付账款"和"预付账款"科目所属各明细科目的期末贷方余额合计数填列。如"应付账款"科目所属明细科目期末有借方余额的,应在资产负债表"预付款项"项目内填列。

"预收款项"项目,反映企业按照购货合同规定预付给供应单位的款项。本项目应根据"预收账款"和"应收账款"科目所属各明细科目的期末贷方余额合计数填列。如"预收账款"科目所属各明细科目期末有借方余额,应在资产负债表"应收账款"项目内填列。

"应付职工薪酬"项目,反映企业根据有关规定应付给职工的工资、职工福利、社会保险费、住房公积金、工会经费、职工教育经费、非货币性福利、辞退福利等各种薪酬。外商投资企业按规定从净利润中提取的职工奖励及福利基金,也在本项目列示。

"应交税费"项目,反映企业按照税法规定计算应交纳的各种税费,包括增值税、消费税、营业税、所得税、资源税、土地增值税、城市维护建设税、房产税、土地使用税、车船使用税、教育费附加、矿产资源补偿费等。企业代扣代交的个人所得税,也通过本项目列示。企业所交纳的税金不需要预计应交数的,如印花税、耕地占用税等,不在本项目列示。本项目应根据"应交税费"科目的期末贷方余额填列。如"应交税费"科目期末为借方余额,应以"-"号填列。

"应付利息"项目,反映企业按照规定应当支付的利息,包括分期付息到期还本的长期借款应支付的利息、企业发行的分期付息企业债券应支付的利息等。本项目应当根据"应付利息"科目的期末余额填列。

"应付股利"项目,反映企业分配的现金股利或利润。企业分配的股票股利,不通过本项目列示。本项目应根据"应付股利"科目的期末余额填列。

"其他应付款"项目,反映企业除应付票据、应付账款、预收款项、应付职工薪酬、应付股利、应付利息、应交税费等经营活动以外的其他各项应付、暂收的款项。本项目应根据"其他应付款"科目的期末余额填列。

"一年内到期的非流动负债"项目,反映企业非流动负债中将于资产负债表日后一年内到期部分的金额,如将于一年内偿还的长期借款。本项目应根据有关科目的期末余额填列。

"长期借款"项目,反映企业向银行或其他金融机构借入的期限在一年以上(不含一年)的各项借款。本项目应根据"长期借款"科目的期末余额减去将于一年内到期偿还数后的金额填列。

"应付债券"项目,反映企业为筹集长期资金而发行的债券本金和利息。本项目应根据"应付债券"科目的期末余额减去将于一年内到期偿还数后的金额填列。

"其他非流动负债"项目,反映企业除长期借款、应付债券等项目以外的其他非流动负债。其他非流动负债项目应根据有关科目期末余额减去将于一年内(含一年)到期偿还数后的余额填列。非流动负债各项目中将于一年内(含一年)到期的非流动负债,应在"一年内到期的非流动负债"项目内单独反映。

3. 所有者权益项目的填列说明

"实收资本(或股本)"项目,反映企业各投资者实际投入的资本(或股本)总额。本项目应根据"实收资本"(或"股本")科目的期末余额填列。

"资本公积"项目,反映企业资本公积的期末余额。本项目应根据"资本公积"科目的期末余额填列。

"盈余公积"项目,反映企业盈余公积的期末余额。本项目应根据"盈余公积"科目的期末余额填列。

"未分配利润"项目,反映企业尚未分配的利润。本项目应根据"本年利润"科目和"利润分配"科目的余额计算填列。未弥补的亏损在本项目内以"-"号填列。

(二)资产负债表列报方法

资产负债表的编制是以日常会计核算记录的数据为基础进行归类、整理和汇总,进而加工成报表项目并予以填列的过程。资产负债表是静态会计报表,其编制依据是各有关科目即资产、负债和所有者权益各科目的期末余额。资产负债表提供的是企业同一时期财务数据的期初数和期末数的比较资料,即报表主体部分的各项目都有"年初数"和"期末数"两栏,是一种比较资产负债表。

1. 年初余额栏的列报方法

资产负债表的"年初数"栏内各项数字,应根据上年末资产负债表"期末数"栏内所列数字填列。如果本年度资产负债表规定的各个项目的名称和内容同上年度不一致,应对上年年末资产负债表各项目的名称和数字按照本年度的规定进行调整,将调整后的数字填入本年度报表的"年初数"栏内。

2. 期末余额栏的列报方法

资产负债表的"期末数"是指某一会计期末即月末、季末、半年末或年末的数字。其数据来源和填列方法具体有以下几种情况。

(1) 根据各相关总账科目的期末余额直接填列。

在资产负债表中,大多数项目都可以根据有关总账科目的期末余额直接填列,而无须对科目数据进行加工。比如,资产类项目中的"交易性金融资产"、"应收股利"、"应收利息"、"可供出售金融资产"、按公允价值模式计量的"投资性房地产"、"固定资产清理"、"递延所得税资产"等;负债类项目中的"短期借款"、"应付票据"、"应付职工薪酬"、"应交税费"、"应付利息"、"应付股利"、"其他应付款"、"递延所得税负债"等项目等;所有者权益类项目中的"实收资本"(股本)、"资本公积"、"盈余公积",以及年末资产负债表中的"未分配利润"项目等。

(2) 根据几个相关总账科目的期末余额计算填列。

在资产负债表中,有些项目需要根据几个相关总账科目的余额计算填列,比如"货币资金"项目的金额是"库存现金"、"银行存款"、"其他货币资金"总账科目余额的合计;"存货"项目的金额是"材料采购"或"在途物资"、"原材料"、"包装物及低值易耗品"、"材料成本差异"、"库存商品"、"发出商品"、"委托加工物资"、"消耗性生物资产"、"生产成本"等总账科目余额的合计。

【例13-1】 莲花公司对存货采用计划成本核算。2008年年末有关科目的余额为:材料采购96 000元,原材料800 900元,材料成本差异(贷方)15 900元,包装物及低值易耗品50 000元,库存商品680 000元,生产成本220 600元,委托加工物资78 000元。则,莲花公司在2008年12月31日的资产负债表中"存货"项目应填列的金额为:

96 000 + 800 900 + 50 000 + 680 000 + 220 600 + 78 000 − 15 900 = 1 909 600(元)

未分配利润是指企业截至期末尚未分配的利润。企业1—11月份的资产负债表中的"未分配利润"项目"期末数"栏的数据,应根据"本年利润"账户的月末余额(或者借方余额或者贷方余额)和"利润分配——未分配利润"明细分类账户月末余额计算填列,"本年利润"账户月末余额方向与"利润分配——未分配利润"明细分类账户月末余额方向不一致时,"未分配利润"项目"期末数"栏的数据应是"本年利润"账户月末余额与"利润分配——未分配利润"明细分类账户月末余额的差额,贷方差额以正数列示,借方差额以负数列示。

"本年利润"账户月末余额方向与"利润分配——未分配利润"明细分类账户月末余额方向一致时,"未分配利润"项目"期末数"栏的数据应是"本年利润"账户月末余额与"利润分配——未分配利润"明细分类账户月末余额的合计,贷方合计以正数列示,借方合计以负数列示。

【例 13-2】 莲花公司对损益核算采用表结法,2008 年进行了中期分配。9 月 30 日,"本年利润"科目为贷方余额 9 880 000 元,"利润分配——应付现金股利或利润"科目为借方余额 1 000 000 元,"利润分配——转作股本的股利"为借方余额的 5 800 000 元,"利润分配——未分配利润"科目的年初贷方余额 2 800 000 元。则,莲花公司 2008 年 9 月 30 日资产负债表中"未分配利润"项目的金额为:

2 800 000 + 9 880 000 – 1 000 000 – 5 800 000 = 5 880 000(元)

在年末资产负债表中,"未分配利润"项目"期末数"栏的数据,应根据"利润分配——未分配利润"明细分类账户年末余额填列,贷方余额以正数列示,借方余额以负数列示。

(3) 根据相关总账科目余额与其备抵科目余额抵销后的净额填列。

在资产负债表中,大多数资产项目都是按净额列示的,填列这些项目时应根据相关总账科目的余额减去其备抵科目余额。比如"其他应收款"、"存货"、"长期股权投资"、"持有至到期投资"、按成本模式计量的"投资性房地产"、"工程物资"、"在建工程"、"无形资产"、"固定资产"、"生产性生物资产"等。如"固定资产"项目根据"固定资产"科目余额减"累计折旧"及"固定资产减值准备"科目余额后的净额填列。

【例 13-3】 莲花公司在 2008 年 12 月 31 日结账后,"固定资产"科目余额为 1 000 000元,"累计折旧"科目余额为 350 000 元,"固定资产减值准备"科目余额为 120 000 元。则,莲花公司 2008 年 12 月 31 日资产负债表中的"固定资产"项目金额为:

1 000 000 – 350 000 – 120 000 = 530 000(元)

(4) 根据几个相关明细科目的期末余额分析计算填列。

在资产负债表中,有些项目的数据资料不能从有关总账科目或明细科目的期末余额中直接取得,而必须对相关明细科目的期末余额进行分析,并在分析的基础上进一步计算填列。这些项目主要有"应收账款"、"应付账款"、"预付款项"、"预收款项"等。

① "应收账款"项目。应根据"应收账款"账户所属各明细账户的借方期末余额与"预收账款"账户所属有关明细账户的借方期末余额合计数填列。在应收账款计提了坏账准备的情况下,还应再减去"坏账准备——应收账款坏账准备"账户贷方期末余额后的数额填列。

② "预付款项"项目。应根据"预付账款"账户所属各有关明细账户的借方期末余额和"应付账款"账户所属各有关明细账户借方期末余额合计后填列。

③ "应付账款"项目。应根据"应付账款"账户所属各有关明细账户期末贷方

余额与"预付账款"所属各有关明细账户期末贷方余额合计后填列。

④"预收款项"项目。应根据"预收账款"账户所属各有关明细账户期末贷方余额与"应收账款"所属各有关明细账户的贷方期末余额合计后填列。

对于性质不同的内容不能相互抵销,虽属于同一总分类账户,资产与负债应分别反映。

【例13-4】 莲花公司2008年12月31日结账后有关科目余额如表13-2所示。

表13-2 科目余额表(部分)　　　　　　　　　　　　单位:元

科目名称	总账科目余额		明细科目余额	
	借方余额	贷方余额	借方余额	贷方余额
应收账款	1 600 000		1 700 000	100 000
预付账款	750 000		800 000	50 000
应付账款		1 500 000	400 000	1 900 000
预收账款		900 000	300 000	1 200 000

莲花公司2008年12月31日资产负债表中相关项目的金额为:
① "应收账款"项目金额为:1 700 000 + 300 000 = 2 000 000(元)
② "预付款项"项目金额为:800 000 + 400 000 = 1 200 000(元)
③ "应付账款"项目金额为:1 900 000 + 50 000 = 1 950 000(元)
④ "预收款项"项目金额为:1 200 000 + 100 000 = 1 300 000(元)

仍依上述资料,假定莲花公司2008年12月31日"坏账准备——应收账款坏账准备"贷方余额为90 000元,则其资产负债表"应收账款"项目应填列的金额为1 910 000(= 2 000 000 - 90 000)元。

(5)根据有关总账科目与明细科目的余额分析计算填列。

在资产负债表中,有些项目的填列方法比较复杂,既要利用相关总账科目的资料,还要利用相关明细科目的资料,对这些资料进行分析,才能计算出报表中的相应项目。比如,资产类项目中的"一年内到期的非流动资产"、"长期应收款"、"持有至到期投资"、"长期待摊费用"等。一年内到期的非流动资产反映长期应收款、持有至到期投资、长期待摊费用等资产中将于一年内到期或摊销完毕的部分。负债类项目中的"一年内到期的非流动负债"、"长期借款"、"应付债券"、"长期应付款"等。一年内到期的非流动负债项目反映长期应付款、长期借款、应付债券、预计负债等负债中将于一年内到期的部分。

【例13-5】 莲花公司2008年12月31日长期借款情况如表13-3所示。

表13-3 莲花公司长期借款情况一览表

借款起始日期	借款期限(年)	金额(元)
2008年8月18日	3	1 000 000
2007年6月1日	2	1 800 000
2006年12月8日	3	2 000 000
2005年6月16日	5	5 000 000

莲花公司2008年12月31日资产负债表中"长期借款"项目金额为：
1 000 000 + 5 000 000 = 6 000 000（元）

而莲花公司于2007年6月和2006年12月分别举借的两笔借款，由于在2008年年末已属于在一年内即将到期，故应将"长期借款"科目年末余额中的3 800 000（=1 800 000+2 000 000）元填列入资产负债表流动负债部分的"一年内到期的长期负债"项目中。

(6) 根据报表中各相关项目的数字计算填列。

在资产负债表中，有些项目的数据来源既非总账科目，也非明细科目，而是根据报表中的有关项目数据计算得来。比如报表左方的流动资产合计、非流动资产合计、资产总计；报表右方的流动负债合计、非流动负债合计、负债合计、股东权益合计、负债和股东权益总计等。

与年度财务会计报表相比，中期财务会计报表中的财务数据，在更大程度上可以依赖估计确定，前提是企业确保所提供的中期财务报告包括了相关的重要信息。

(三) 资产负债表编制实例

【例13-6】

1. 资料

1) 卡米拉公司为增值税一般纳税人，适用的增值税税率为17%，对所得税采用资产负债表债务法进行核算，销售成本月末一次结转，适用所得税税率为25%。其2007年12月31日的资产负债表(年初数略)如表13-4所示。

表13-4 资产负债表

编制单位：卡米拉公司　　　　2007年12月31日

会企01表　单位：元

资　产	期末余额	年初余额	负债和所有者权益（或股东权益）	期末余额	年初余额
流动资产：			流动负债：		
货币资金	1 641 800		短期借款	600 000	
交易性金融资产	120 000		交易性金融负债		
应收票据	468 000		应付票据	234 000	
应收账款	1 000 000		应付账款	1 560 000	
预付款项	400 000		预收款项		
应收利息			应付职工薪酬	202 000	
应收股利			应交税费	38 000	
其他应收款	420 000		应付利息	2 000	
存货	1 960 000		应付股利		
一年内到期的非流动资产			其他应付款	40 000	
其他流动资产			一年内到期的非流动负债	600 000	
流动资产合计	6 009 800		其他流动负债		
非流动资产：			流动负债合计	3 276 000	
可供出售金融资产			非流动负债：		
持有至到期投资			长期借款	1 400 000	
长期应收款			应付债券		
长期股权投资	500 000		长期应付款		
投资性房地产			专项应付款		
固定资产	2 500 000		预计负债		
在建工程	1 320 000		递延所得税负债		
工程物资			其他非流动负债		
固定资产清理			非流动负债合计	1 400 000	
生产性生物资产			负债合计	4 676 000	
油气资产			所有者权益（或股东权益）：		
无形资产	600 000		实收资本（或股本）	6 000 000	
开发支出			资本公积	13 800	
商誉			减：库存股		
长期待摊费用	160 000		盈余公积	220 000	
递延所得税资产			未分配利润	180 000	
其他非流动资产			所有者权益（或股东权益）合计	6 413 800	
非流动资产合计	5 080 000				
资产总计	11 089 800		负债和所有者权益（或股东权益）总计	11 089 800	

公司法定代表人：盛夏　　　主管会计工作负责人：逸飞　　　会计机构负责人：昊天

2）卡米拉公司 2007 年年末部分科目余额。

卡米拉公司 2007 年年末部分科目余额为：银行存款 1 600 000 元，库存现金 41 800 元；存货构成为：在途物资 200 000 元，原材料 1 100 000 元，库存商品 560 000 元，包装物及低值易耗品 100 000 元。应收账款 1 002 000 元，坏账准备 2 000 元。固定资产 3 000 000 元，累计折旧 500 000 元。无形资产 720 000 元，累计摊销 120 000 元。长期待摊费用 160 000 元，为尚未摊销的固定资产修理费。应交税费 38 000 元，均为以前期间欠交的增值税。长期借款为到期一次还本付息。发行在外的普通股为 600 万股，每股面值 1 元。

3）卡米拉公司 2008 年发生的经济业务。

（1）收到银行通知，支付到期的商业汇票 234 000 元。

（2）购入原材料一批，收到的增值税专用发票上注明材料价款 300 000 元，增值税 51 000 元，款项已支付，材料尚未入库。

（3）收到原材料一批，实际成本 200 000 元，货款已于上期支付。

（4）销售产品一批，开出的增值税专用发票上注明销售价款 800 000 元，增值税 136 000 元，货款尚未收到。该批产品的成本为 480 000 元。

（5）将账面余额为 120 000 元的交易性金融资产处置，收到款项 140 720 元。

（6）购入一台不需要安装的设备，收到的增值税专用发票上列明设备价款 160 000 元，增值税 27 200 元，包装费、运费等 2 000 元。款项均已支付。设备已交付使用。

（7）基本生产车间报废 1 台车床，原价 44 000 元，已提折旧 41 800 元，支付清理费用 1 000 元，残料变价收入 4 000 元。该项清理工作已完结。

（8）销售产品一批，开出的增值税专用发票上注明销售价款 1 200 000 元，增值税 204 000 元，款项已存入银行。该批产品的成本为 720 000 元。

（9）企业持有的一张面值为 468 000 元的不带息银行承兑汇票到期，通过银行办理转账。现收到银行通知，款项已收妥入账。

（10）支付以前期间欠交的增值税 38 000 元。

（11）从银行取得 1 年期借款 800 000 元，用于生产经营，借款已存入开户银行。

（12）提取本期应计利息 80 000 元，其中，短期借款利息 30 000 元，长期借款利息 50 000 元，全部列入当期损益。

（13）归还到期的短期借款本金 600 000 元，利息 30 000 元（已预提）。

（14）提取现金 800 000 元，发放职工工资。

（15）分配应支付的职工工资总额 800 000 元，其中，生产人员工资 520 000 元，车间管理人员工资 32 000 元，行政管理人员工资 48 000 元，在建工程人员工资

200 000元。

（16）按工资总额的15%提取职工养老保险120 000元，其中生产人员养老保险78 000元，车间管理人员养老保险4 800元，行政管理人员养老保险7 200元，工程人员养老保险30 000元。

（17）基本生产领用原材料1 200 000元。生产车间领用低值易耗品60 000元，采用一次摊销法。

（18）摊销无形资产60 000元。

（19）摊销固定资产修理费160 000元，其中生产车间140 000元，企业管理部门20 000元。

（20）计提固定资产折旧180 000元，其中，计入制造费用的150 000元，计入管理费用的30 000元；首次计提固定资产减值准备40 000元。

（21）收到应收账款468 000元。

（22）对应收账款提取坏账准备4 000元。

（23）用银行存款支付广告费40 000元。

（24）销售产品一批，开出的增值税专用发票上注明的销售价款为1 000 000元，增值税170 000元，收到同等面额的无息商业汇票1张，产品成本为600 000元。

（25）收到被投资单位当年宣告并发放的现金股利50 000元（该项投资用成本法核算，对方单位所得税税率为25%）。

（26）归还长期借款本息600 000元。

（27）结转本期制造费用和完工产品成本（假设没有期初在产品，本期生产的产品全部完工）。

（28）结转本期产品销售成本1 800 000元。

（29）本期销售应缴纳的教育费附加为10 000元，用银行存款缴纳；同时缴纳本期增值税400 000元。进行增值税的期末结转。

（30）年末应收账款账面价值小于其计税基础，差额为4 000元，固定资产账面价值小于其计税基础，差额为40 000元，除此之外不存在其他纳税差异。计算应纳税所得额及应交所得税，进行所得税费用核算（假定未来期间将有足够的应税所得）。

（31）结转本期损益，计算净利润。

（32）分别按净利润的10%和5%提取法定盈余公积和任意盈余公积，分配现金股利200 000元。

（33）将利润分配各明细科目余额转入"未分配利润"科目；同时，结转"本年利润"科目。

2. 要求

根据上述资料对卡米拉公司2008年发生的经济活动进行日常会计处理，并编制年末的资产负债表。

卡米拉公司 2008 年经济业务的日常会计处理

(1) 借：应付票据　　　　　　　　　　　　　　234 000
　　　贷：银行存款　　　　　　　　　　　　　　　　234 000
(2) 借：在途物资　　　　　　　　　　　　　　300 000
　　　　应交税费——应交增值税（进项税额）　51 000
　　　贷：银行存款　　　　　　　　　　　　　　　　351 000
(3) 借：原材料　　　　　　　　　　　　　　　200 000
　　　贷：在途物资　　　　　　　　　　　　　　　　200 000
(4) 借：应收账款　　　　　　　　　　　　　　936 000
　　　贷：主营业务收入　　　　　　　　　　　　　　800 000
　　　　　应交税费——应交增值税（销项税额）　　　136 000
(5) 借：银行存款　　　　　　　　　　　　　　140 720
　　　贷：交易性金融资产——股票投资　　　　　　　120 000
　　　　　投资收益　　　　　　　　　　　　　　　　 20 720
(6) 借：固定资产　　　　　　　　　　　　　　189 200
　　　贷：银行存款　　　　　　　　　　　　　　　　189 200
(7) ①借：固定资产清理　　　　　　　　　　　　2 200
　　　　　累计折旧　　　　　　　　　　　　　　41 800
　　　　贷：固定资产　　　　　　　　　　　　　　　 44 000
　　②借：固定资产清理　　　　　　　　　　　　1 000
　　　　贷：银行存款　　　　　　　　　　　　　　　 1 000
　　③借：银行存款　　　　　　　　　　　　　　4 000
　　　　贷：固定资产清理　　　　　　　　　　　　　 4 000
　　④借：固定资产清理　　　　　　　　　　　　　800
　　　　贷：营业外收入　　　　　　　　　　　　　　　 800
(8) 借：银行存款　　　　　　　　　　　　　1 404 000
　　　贷：主营业务收入　　　　　　　　　　　　　1 200 000
　　　　　应交税费——应交增值税（销项税额）　　　204 000
(9) 借：银行存款　　　　　　　　　　　　　　468 000
　　　贷：应收票据　　　　　　　　　　　　　　　　468 000
(10) 借：应交税费——未交增值税　　　　　　 38 000
　　　贷：银行存款　　　　　　　　　　　　　　　　 38 000
(11) 借：银行存款　　　　　　　　　　　　　800 000

	贷:短期借款	800 000
(12)	借:财务费用	80 000
	贷:应付利息	30 000
	长期借款	50 000
(13)	借:短期借款	600 000
	应付利息	30 000
	贷:银行存款	630 000
(14)	①借:库存现金	800 000
	贷:银行存款	800 000
	②借:应付职工薪酬——工资	800 000
	贷:库存现金	800 000
(15)	借:生产成本	520 000
	制造费用	32 000
	管理费用	48 000
	在建工程	200 000
	贷:应付职工薪酬——工资	800 000
(16)	借:生产成本	78 000
	制造费用	4 800
	管理费用	7 200
	在建工程	30 000
	贷:应付职工薪酬——社会保险	120 000
(17)	①借:生产成本	1 200 000
	贷:原材料	1 200 000
	②借:制造费用	60 000
	贷:包装物及低值易耗品	60 000
(18)	借:管理费用——无形资产摊销	60 000
	贷:累计摊销	60 000
(19)	借:制造费用	140 000
	管理费用	20 000
	贷:长期待摊费用	160 000
(20)	①借:制造费用	150 000
	管理费用	30 000
	贷:累计折旧	180 000
	②借:资产减值损失——计提的固定资产减值准备	
		40 000

　　　　　　贷：固定资产减值准备　　　　　　　　　　40 000
（21）借：银行存款　　　　　　　　　　　　　　468 000
　　　　　　贷：应收账款　　　　　　　　　　　　　　468 000
（22）借：资产减值损失——计提的坏账准备　　　4 000
　　　　　　贷：坏账准备　　　　　　　　　　　　　　4 000
（23）借：销售费用　　　　　　　　　　　　　　40 000
　　　　　　贷：银行存款　　　　　　　　　　　　　　40 000
（24）借：应收票据　　　　　　　　　　　　　1 170 000
　　　　　　贷：主营业务收入　　　　　　　　　　　1 000 000
　　　　　　　　应交税费——应交增值税（销项税额）　170 000
（25）借：银行存款　　　　　　　　　　　　　　50 000
　　　　　　贷：投资收益　　　　　　　　　　　　　　50 000
（26）借：长期借款　　　　　　　　　　　　　　600 000
　　　　　　贷：银行存款　　　　　　　　　　　　　　600 000
（27）①借：生产成本　　　　　　　　　　　　386 800
　　　　　　贷：制造费用　　　　　　　　　　　　　　386 800
　　　②借：库存商品　　　　　　　　　　　　2 184 800
　　　　　　贷：生产成本　　　　　　　　　　　　　2 184 800
（28）借：主营业务成本　　　　　　　　　　　1 800 000
　　　　　　贷：库存商品　　　　　　　　　　　　　1 800 000
（29）①借：营业税金及附加　　　　　　　　　　10 000
　　　　　　贷：应交税费——应交教育费附加　　　　10 000
　　　②借：应交税费——应交增值税（已交税金）　400 000
　　　　　　应交税费——应交教育费附加　　　　　10 000
　　　　　　贷：银行存款　　　　　　　　　　　　　410 000
　　　③月末应交增值税 =（136 000 + 204 000 + 170 000）− 51 000 − 400 000
　　　　　　　　　　 = 59 000（元）
　　　　借：应交税费——应交增值税（转出未交增值税）
　　　　　　　　　　　　　　　　　　　　　　　59 000
　　　　　　贷：应交税费——未交增值税　　　　　　59 000
（30）利润总额 = 3 000 000 + 70 720 + 800 − 1 800 000 − 10 000 − 40 000 −
　　　　　165 200 − 80 000 − 44 000 = 932 320（元）
　　　应纳税所得额 = 3 000 000 + 70 720 + 800 − 1 800 000 − 10 000 − 40 000 −
　　　　　165 200 − 80 000 = 976 320（元）

或：应纳税所得额 = 利润总额 + 本期可抵扣暂时性差异 - 本期应纳税暂时性差异 = 932 320 + 44 000 = 976 320(元)

期末可抵扣暂时性差异 = 4 000 + 40 000 = 44 000(元)

期初可抵扣暂时性差异 = 0(元)

应交所得税 = 976 320 × 25% = 244 080(元)

期末递延所得税资产 = 44 000 × 25% = 11 000(元)

期初递延所得税资产 = 0(元)

本期所得税费用 = 244 080 - 11 000 = 233 080(元)

借：所得税费用　　　　　　　　　　　　　　233 080
　　递延所得税资产　　　　　　　　　　　　 11 000
　贷：应交税费——应交所得税　　　　　　　 244 080

(31) ①借：主营业务收入　　　　　　　　　3 000 000
　　　　　营业外收入　　　　　　　　　　　　　 800
　　　　　投资收益　　　　　　　　　　　　 70 720
　　　贷：本年利润　　　　　　　　　　　　3 071 520
　　②借：本年利润　　　　　　　　　　　　2 372 280
　　　贷：主营业务成本　　　　　　　　　　1 800 000
　　　　　营业税金及附加　　　　　　　　　 10 000
　　　　　销售费用　　　　　　　　　　　　 40 000
　　　　　管理费用　　　　　　　　　　　　165 200
　　　　　财务费用　　　　　　　　　　　　 80 000
　　　　　资产减值损失　　　　　　　　　　 44 000
　　　　　所得税费用　　　　　　　　　　　233 080

净利润 = 932 320 - 233 080 = 699 240(元)

或　　 = 3 071 520 - 2 372 280 = 699 240(元)

(32) 借：利润分配——提取法定盈余公积　　　69 924
　　　　　　　——提取任意盈余公积　　　　34 962
　　　　　　　——应付现金股利或利润　　　200 000
　　　贷：盈余公积——法定盈余公积　　　　 69 924
　　　　　　　　　——法定任意盈余公积　　 34 962
　　　　　应付股利　　　　　　　　　　　　200 000

(33) ①借：利润分配——未分配利润　　　　　304 886
　　　贷：利润分配——提取法定盈余公积　　 69 924
　　　　　利润分配——提取任意盈余公积　　 34 962

利润分配——应付现金股利或利润　　　　　　200 000
②借：本年利润　　　　　　　　　　　　　　　699 240
　　贷：利润分配——未分配利润　　　　　　　　　　699 240
年末未分配利润 = 180 000 + 699 240 - 304 886 = 574 354(元)

卡米拉公司2008年12月31日总账科目余额表

根据上述会计处理结果,可编制出卡米拉公司2008年12月31日的总账科目余额表,如表13-5所示。

表13-5　总账科目余额表　　　　　　　　　单位：元

科目名称	借方余额	科目名称	贷方余额
库存现金	41 800	短期借款	800 000
银行存款	1 641 520	应付票据	0
交易性金融资产	0	应付账款	1 560 000
应收票据	1 170 000	应付职工薪酬	322 000
应收账款	1 470 000	应交税费	303 080
坏账准备	-6 000	应付股利	200 000
其他应收款	420 000	其他应付款	40 000
预付账款	400 000	应付利息	2 000
在途物资	300 000	长期借款	1 450 000
原材料	100 000	实收资本	6 000 000
包装物及低值易耗品	40 000	资本公积	13 800
库存商品	944 800	盈余公积	324 886
长期待摊费用	0	利润分配	574 354
长期股权投资	500 000		
固定资产	3 145 200		
累计折旧	-638 200		
固定资产减值准备	-40 000		
在建工程	1 550 000		
无形资产	720 000		
累计摊销	-180 000		
递延所得税资产	11 000		
合计	11 590 120	合计	11 590 120

卡米拉公司2008年12月31日资产负债表

根据总账科目余额表和相关明细账资料,即可编制出卡米拉公司2008年12

月 31 日的资产负债表，如表 13-6 所示。

表 13-6 资产负债表

编制单位：卡米拉公司　　　　　2008 年12 月31 日　　　　　　会企01 表
　　　　　　　　　　　　　　　　　　　　　　　　　　　　　　单位：元

资产	期末余额	年初余额	负债和所有者权益（或股东权益）	期末余额	年初余额
流动资产：			流动负债：		
货币资金	1 683 320	1 641 800	短期借款	800 000	600 000
交易性金融资产	0	120 000	交易性金融负债		
应收票据	1 170 000	468 000	应付票据	0	234 000
应收账款	1 464 000	1 000 000	应付账款	1 560 000	1 560 000
预付款项	400 000	400 000	预收款项		
应收利息			应付职工薪酬	322 000	202 000
应收股利			应交税费	303 080	38 000
其他应收款	420 000	420 000	应付利息	2 000	2 000
存货	1 384 800	1 960 000	应付股利	200 000	
一年内到期的非流动资产			其他应付款	40 000	40 000
其他流动资产			一年内到期的非流动负债	0	600 000
流动资产合计	6 522 120	6 009 800	其他流动负债		
非流动资产：			流动负债合计	3 227 080	3 276 000
可供出售金融资产			非流动负债：		
持有至到期投资			长期借款	1 450 000	1 400 000
长期应收款			应付债券		
长期股权投资	500 000	500 000	长期应付款		
投资性房地产			专项应付款		
固定资产	2 467 000	2 500 000	预计负债		
在建工程	1 550 000	1 320 000	递延所得税负债		
工程物资			其他非流动负债		
固定资产清理			非流动负债合计	1 450 000	1 400 000
生产性生物资产			负债合计	4 677 080	4 676 000
油气资产			所有者权益（或股东权益）：		
无形资产	540 000	600 000	实收资本（或股本）	6 000 000	6 000 000
开发支出			资本公积	13 800	13 800
商誉			减：库存股		
长期待摊费用	0	160 000	盈余公积	324 886	220 000
递延所得税资产	11 000		未分配利润	574 354	180 000
其他非流动资产			所有者权益（或股东权益）合计	6 913 040	6 413 800
非流动资产合计	5 068 000	5 080 000			
资产总计	11 590 120	11 089 800	负债和所有者权益（或股东权益）总计	11 590 120	11 089 800

公司法定代表人：盛夏　　　主管会计工作负责人：逸飞　　　会计机构负责人：昊天

第三节 利 润 表

一、利润表的概念和作用

利润表也叫损益表、收益表,是反映企业在一定会计期间经营成果的报表,属于动态报表。利润表是企业财务会计报告中的一张主要会计报表。

利润表的作用主要体现在以下四个方面：

(1) 通过利润表可以反映企业一定会计期间的收入实现情况；

(2) 通过利润表可以反映一定会计期间的费用耗费情况；

(3) 通过利润表可以反映企业生产经营活动的成果,即净利润的实现情况；

(4) 将利润表中的信息与资产负债表中的信息相结合,还可以提供进行财务分析的基本资料,便于会计报表使用者判断企业未来的发展趋势,作出相关的经济决策。

二、利润表依恃的基本概念

(一) 经济利润和会计利润

经济利润,是指企业期末净资产与期初净资产之间的差额。经济利润是建立在资本维持观念的基础上的,即利润在资本得到维持或成本得到回收以后才予以确认。

会计利润,是指本期已实现的收入与其相关的成本之间的差额。会计利润是建立在实际发生的经济业务基础上的,依据收入实现原则确认利润,按照历史成本计列费用。会计利润是会计界普遍采用的概念。

(二) 当期经营利润观和总括利润观

在肯定了利润表要揭示企业会计利润的前提下,究竟如何通过利润表全面反映企业净利润的形成情况,有当期经营利润观和总括利润观两种不同的观点。

当期经营利润观认为,利润表只反映企业当期正常的经营活动中所形成的利润,从而满足报表使用者分析当期正常经营结果的需要。因此,本期营业外收支及前期损益调整均不列入利润表。

总括利润观认为,利润表既反映本期经营利润,还反映营业外损益及前期损益调整金额等。按此观点编制利润表避免了区分营业项目与营业外项目的困难。

对于上述两种编制利润表的观点,各国会计实务大多采取折中的态度,将营业外项目和非常损益项目列入利润表,前期损益调整项目列入利润分配表或留存收益表之中。我国则倾向于总括利润观,即将营业外项目列入利润表,非常项目作为利润表的附注,以前年度损益调整项目除需要调整本年度实际数外,还需列入所有者权益变动表。

三、利润表的结构和内容

利润表有单步式和多步式两种结构。

单步式利润表(见表13-7)是将所有收入及所有费用、损失分别汇总,再将收入类总金额扣减费用支出类总金额,一步计算出本期净利润。由于这种方法只有一个抵减的步骤,所以称为单步式。单步式结构的利润表,表式简单,项目直观清晰,避免了因为主观假设、层次划分等原因对损益确定过程的影响。但是,单步式结构的利润表无法揭示各类收入、费用之间的联系,不便于对利润总额构成部分的分析,以及同行业间的比较评价。

表13-7 利润表(单步式)

编制单位:卡米拉公司　　　　2008年度　　　　　　　　　　　　　单位:元

项　目	本期金额	上期金额
一、主营业务收入	3 000 000	(略)
其他业务收入		
投资收益(亏损以"-"号)	70 720	
营业外收入	800	
收入合计	3 071 520	
二、主营业务成本	1 800 000	
营业税金及附加	10 000	
其他业务成本		
销售费用	40 000	
管理费用	165 200	
财务费用	80 000	
营业外支出		
所得税费用	233 080	
费用合计	2 372 280	
三、净利润(亏损以"-"号)	699 240	

多步式利润表是依据净利润的组成情况,将利润表的内容作多项分类,逐步计算,并产生一些中间性收益信息,最终得出净利润,由于这种方法从营业收入到净利润,要经过若干个计算步骤,所以称为多步式。多步式结构的利润表可以克服单步式利润表的缺陷,便于分析企业经营成果的构成层次,有利于同行业之间的比较评价。但是,由于层次划分的客观性与科学性是多步式结构利润表的基本前提条件,因此,层次划分中的人为假设因素,影响了收入与费用配比原则的正确贯彻。目前,我国的利润表采用的是多步式结构。

在利润表中,企业应当分别列示从事经营业务取得的收入、对外投资取得的收入与非经营业务取得的收入,并按照费用的功能分类,将费用划分为从事经营业务发生的成本、销售费用、管理费用和财务费用等,遵循配比原则,确定出当期的净利润,为进一步考核企业的经营效益和效果提供数据。

多步式利润表反映的主要内容包括以下四个方面。

(1)构成营业利润的各项要素。从营业收入出发,减去为取得营业收入而发生的相关成本、税金及附加和销售费用、管理费用、财务费用,以及企业经营活动中发生的资产减值损失,加(或减)公允价值变动收益(或损失)和投资损益后得出营业利润。

(2)构成利润(或亏损)总额的各项要素。在营业利润的基础上,加营业外收入,减营业外支出后得出利润(或亏损)总额。

(3)构成净利润(或净亏损)的各项要素。在利润总额(或亏损总额)的基础上,减去本期计入损益的所得税费用后得出净利润(或净亏损)。

(4)每股收益。按照普通股可享受的净利润与发行在外普通股加权平均数计算的、用于评价企业获利能力的指标。

多步式利润表的具体格式如表13-8所示。

四、利润表的编制

中期利润表正表中每个项目通常分为"本期金额"、"本年累计金额"和"上年同期金额"三栏,"本期金额"栏反映各项目的本月实际发生数,"本年累计金额"栏反映各项目的自本年度初起至本中期末止累计发生额,"上年同期金额"栏反映各项目上年度可比期间的实际发生额。

年度利润表(如表13-8)正表中每个项目通常分为"本期金额"和"上期金额"两栏。"上期金额"栏的数字应根据上期利润表"本期金额"栏内所列数字填列。如果上年度利润表与本年度利润表的项目名称和内容不相一致,则按编报当年的口径对上年度利润表项目的名称和数字进行调整,填入本表"上期金额"栏。本表"本期金额"栏反映各项目全年累计实际发生额。

利润表中"本期金额"栏内各项数字的填列如下。

"营业收入"项目,反映企业经营主要业务和其他业务所确认的收入总额,根据"主营业务收入"和"其他业务收入"账户本期发生额填列。

"营业成本"项目,反映企业经营主要业务和其他业务发生的实际成本总额,根据"主营业务成本"和"其他业务成本"账户本期发生额填列。

"营业税金及附加"项目,反映企业经营业务应负担的营业税、消费税、城市维护建设税、资源税、土地增值税和教育费附加等,根据"营业税金及附加"账户本期发生额填列。

"销售费用"项目,反映企业在销售商品过程中发生的包装费、广告费等费用,和为销售本企业商品而专设的销售机构的职工薪酬、业务费等,根据"销售费用"账户本期发生额填列。

"管理费用"项目,反映企业为组织和管理生产经营发生的管理费用,根据"管理费用"账户本期发生额填列。

"财务费用"项目,反映企业筹集生产经营所需资金等而发生的筹资费用,根据"财务费用"账户本期发生额填列。

"资产减值损失"项目,反映企业各项资产发生的减值损失,根据"资产减值损失"账户本期发生额填列。

"公允价值变动收益"项目,反映企业交易性金融资产、交易性金融负债,以及采用公允价值模式计量的投资性房地产等公允价值变动形成的应计入当期损益的利得或损失,根据"公允价值变动损益"账户本期发生额填列。

"投资收益"项目,反映企业以各种方式对外投资所取得的收益;其中"对联营企业和合营企业的投资收益"项目,反映采用权益法核算的对联营企业和合营企业投资在被投资单位实现的净损益中应享有的份额(不包括处置投资形成的收益),根据"投资收益"总账户及其所属相关明细账户本期发生额填列。

"营业外收入"、"营业外支出"项目,反映企业发生的与其经营活动无直接关系的各项收入和支出,根据"营业外收入"、"营业外支出"账户本期发生额填列。

"所得税费用"项目,反映企业根据所得税准则确认的应从当期利润总额中扣除的所得税费用,根据"所得税费用"账户本期发生额填列。

"基本每股收益"指归属于普通股股东的当期净利润除以发行在外普通股的加权平均数。如企业当期存在可转换为普通股的潜在普通股时,按照调整后的归属于普通股股东的当期净利润,除以发行在外普通股的加权平均数计算"稀释每股收益"。

$$基本每股收益 = \frac{归属于普通股股东的当期净利润}{当期发行在外普通股的加权平均数}$$

【例 13-7】 承前例 13-6 资料,卡米拉公司 2008 年年度利润表如表 13-8 所示。

表13-8　利润表(多步式)

会企02表

编制单位：卡米拉公司　　　　　　　　2008年度　　　　　　　　　　　　单位：元

项目	本期金额	上期金额
一、营业收入	3 000 000	略
减：营业成本	1 800 000	
营业税金及附加	10 000	
销售费用	40 000	
管理费用	165 200	
财务费用	80 000	
资产减值损失	44 000	
加：公允价值变动收益(损失以"－"号填列)		
投资收益(损失以"－"号填列)	70 720	
其中：对联营企业和合营企业的投资收益		
二、营业利润(亏损以"－"号填列)	931 520	
加：营业外收入	800	
减：营业外支出		
其中：非流动资产处置损失		
三、利润总额(亏损总额以"－"号填列)	932 320	
减：所得税费用	233 080	
四、净利润(净亏损以"－"号填列)	699 240	
五、每股收益		
(一)基本每股收益	0.155	
(二)稀释每股收益		

公司法定代表人：盛夏　　　　主管会计工作负责人：逸飞　　　　会计机构负责人：昊天

第四节　现金流量表

一、现金流量表的概念、作用和编制基础

(一)现金流量表的概念

现金流量表是反映企业一定会计期间内现金和现金等价物流入和流出信息的会计报表，它是一张动态报表。现金流量表既属于中期报告，也属于年度报告。

通过前述内容，我们了解到了资产负债表和利润表的作用，那么，企业在编制了前两张会计报表后，为什么还要编制现金流量表呢？资产负债表虽然提供了一定日期企业资产、负债和所有者权益的信息，但没有说明企业的资产、负债和所有

者权益为什么发生了变化。利润表中有关营业收入和营业成本等信息说明了经营活动对财务状况的影响，一定程度上说明了财务状况变动的原因，但由于利润表是按照权责发生制原则确认和计量收入和费用的，它无法提供企业经营活动引起的现金流入和现金流出的信息，也无法反映投资和筹资本身的情况，即对外投资的规模和投向，以及筹集资金的规模和具体来源。也就是说，资产负债表和利润表只能提供企业某一方面的信息，而无法提供所有的信息。为了全面反映一个企业经营活动和财务活动对财务状况变动的影响，以及财务状况变动的原因，还需要编制现金流量表，以反映经营活动、投资活动以及筹资活动引起的现金流量的变化。现金流量表就是在资产负债表和利润表已经反映了企业财务状况和经营成果信息的基础上，进一步提供企业现金流量信息，即财务状况变动信息的。

（二）现金流量表的作用

在市场经济条件下，企业的现金流转情况在很大程度上影响着企业的生存和发展，而现金管理已经成为当今企业财务管理的一个重要方面，受到企业管理人员、投资者、债权人以及政府监管部门的广泛关注。

现金流量表主要提供有关企业现金流量方面的信息，在评价企业经营业绩、衡量企业财务资源和财务风险以及预测企业未来前景方面，有着十分重要的作用。具体来说，现金流量表的作用主要表现为三个方面。

（1）现金流量表有助于评价企业支付能力、偿债能力和周转能力，便于投资者作出投资决策、债权人作出信贷决策。

（2）现金流量表有助于预测企业未来现金流量，从而为企业编制现金流量计划、组织现金调度、合理节约地使用现金创造条件，为投资者和债权人评价企业的未来现金流量、作出投资和信贷决策提供必要信息。

（3）现金流量表有助于分析企业收益质量及影响现金净流量的因素，比如将经营活动产生的现金流量与净利润相比较，就可以从现金流量的角度了解净利润的质量，并进一步判断是哪些因素影响现金流入，从而为分析和判断企业的前景提供信息。

（三）现金流量表的编制基础

现金流量表是以现金为基础编制的，这里的现金包括库存现金、可以随时用于支付的存款以及现金等价物。具体包括以下内容。

（1）库存现金。库存现金是指企业持有的、可随时用于支付的现金限额，也就是"库存现金"科目核算的现金。

（2）银行存款。银行存款是指企业存放在金融企业、随时可以用于支付的存款，它与"银行存款"科目核算的银行存款基本一致，主要的区别是编制现金流量表所指的银行存款是可以随时用于支付的银行存款，如结算户存款、通知存款等。

（3）其他货币资金。其他货币资金是指企业存在金融企业有特定用途的资金，也就是"其他货币资金"科目核算的银行存款，如外埠存款、银行汇票存款、银行本票存款、信用证保证金存款、信用卡存款等。

（4）现金等价物。现金等价物是指企业持有的期限短、流动性强、易于转换为已知金额的现金、价值变动风险很小的投资。我国的相关会计准则将"期限短"定义为从购买之日起，三个月内到期。典型的现金等价物是自购买之日起三个月内到期的债券投资。权益性投资变现的金额通常不确定，因而不属于现金等价物。企业应当根据具体情况，确定现金等价物的范围，一经确定不得随意变更。

二、现金流量表的内容和结构

（一）现金流量表的内容

现金流量是现金流量表的基础概念，指现金和现金等价物的流入和流出。现金净流量是现金流量表所要反映的一个重要指标，指现金流入与流出的差额，它反映了企业各类活动形成的现金流量的最终结果。如果在一定期间内企业现金净流量是正数，则为现金的净流入；否则为现金的净流出。我国的相关会计准则将现金流量分为三类：经营活动产生的现金流量、投资活动产生的现金流量和筹资活动产生的现金流量。这三类也就是我国现金流量表反映的主要内容，除此之外，还有汇率变动的影响数等项目。

1. 经营活动产生的现金流量

经营活动是指企业投资活动和筹资活动以外的所有交易和事项。对于工商企业而言，经营活动主要包括：销售商品、提供劳务、购买商品、接受劳务、支付税费等等。一般来说，经营活动产生的现金流入项目主要有：销售商品、提供劳务收到的现金；收到的税费返还；收到的其他与经营活动有关的现金。经营活动产生的现金流出项目主要有：购买商品、接受劳务支付的现金；支付给职工以及为职工支付的现金；支付的各项税费；支付的其他与经营活动有关的现金。

2. 投资活动产生的现金流量

投资活动是指企业长期资产的购建和不包括在现金等价物范围内的投资及其处置活动，这里所说的投资是一个广义概念，既包括实物资产的投资，也包括金融资产的投资。一般来说，投资活动产生的现金流入项目主要有：收回投资所收到的现金；取得投资收益所收到的现金；处置固定资产、无形资产和其他长期资产所收回的现金净额；收到的其他与投资活动有关的现金。投资活动产生的现金流出项目主要有：购建固定资产、无形资产和其他长期资产所支付的现金；投资所支付的现金；支付的其他与投资活动有关的现金。

3. 筹资活动产生的现金流量

筹资活动是指导致企业资本及债务规模和构成发生变化的活动。这里所说的资本,包括实收资本(股本),也包括资本溢价(股本溢价);这里所说的债务,是指对外举债,包括向银行借款、发行债券。应付账款、应付票据等商业应付款等属于经营活动,不属于筹资活动。一般来说,筹资活动产生的现金流入项目主要有:吸收投资所收到的现金;取得借款所收到的现金;收到的其他与筹资活动有关的现金。筹资活动产生的现金流出项目主要有:偿还债务所支付的现金;分配股利、利润或偿付利息所支付的现金;支付的其他与筹资活动有关的现金。

4. 特殊项目现金流量的分类

特殊项目,是指企业日常活动之外特殊的、不经常发生的项目,如自然灾害损失、保险赔款、捐赠等。现金流量表通过揭示企业现金流量的来源和用途,为分析现金流量前景提供信息,对于那些日常活动之外特殊的、不经常发生的项目,应当归并到相关类别中,并单独反映,也就是在现金流量相应类别下单设一项。比如,对于自然灾害损失和保险赔款,如果能够确指,属于流动资产损失,应当列入经营产生的现金流量;属于固定资产损失,应当列入投资活动产生的现金流量。如果不能确指,则可以列入经营活动产生的现金流量。捐赠收入和支出,可以列入经营活动。当然,如果特殊项目的现金流量金额不大,则可以列入现金流量类别下的"其他"项目,不单列项目。

(二)现金流量表的结构

现金流量表基本部分分为经营活动产生的现金流量、投资活动产生的现金流量、筹资活动产生的现金流量、汇率变动对现金的影响数、现金及现金等价物净增加额及期末现金及现金等价物余额六大项,其中前三部分是现金流量表的核心,又分别从现金流入和现金流出反映企业的现金流动情况。

中期现金流量表各项目由"本年累计"和"上年可比同期累计"两栏构成。"本年累计"是年初至本中期末累计发生的现金流量,"上年可比同期累计"是上年度年初至可比本中期末累计发生的现金流量。

我国年度现金流量表的格式如表13-9所示。

三、现金流量表的编制

(一)现金流量表的编制方法

现金流量表的编制方法有工作底稿法、"T"形账户法和分析填列法三种。本书以工作底稿法为例介绍现金流量表的编制。

工作底稿法的编制程序分为以下五步。

第一步,开设工作底稿(工作底稿的具体格式如表13-7所示),并将与资产负债表相关的项目的期初、期末数过入工作底稿。

第二步,对当期业务进行分析,编制调整分录。

调整分录有三类：①涉及利润表中的收入、成本和费用项目以及与资产负债表相关的项目，通过调整，将权责发生制下的收入费用转换为现金基础；②涉及资产负债表和现金流量表的投资、筹资项目，反映投资和筹资活动的现金流量；③涉及利润表和现金流量表中的投资和筹资项目，将利润表中有关投资和筹资方面的收入和费用列入现金流量表。

此外，还有些调整分录并不涉及现金收支，只是为了核对资产负债表项目的期末数变动。调整分录中凡涉及现金及现金等价物的，不直接借或贷现金及现金等价物，而是记入现金流量表中"经营活动产生的现金流量"、"投资活动产生的现金流量"、"筹资活动产生的现金流量"相关项目，即体现资产负债表、利润表的变动对现金流量的影响。应该注意的是：这里的调整分录仅仅只是为了编制现金流量表，不能依此登记会计账簿。

第三步，将调整分录过入工作底稿。

第四步，核对调整分录。

借方合计应当等于贷方合计，资产负债表相关项目的期初数加减调整分录中的借贷金额，应该等于期末数。资产项目期初数加调整分录中的借方金额，减调整分录中的贷方金额，应该等于期末数；负债及所有者权益、资产减值准备、累计折旧项目期初数加调整分录中的贷方金额，减调整分录中的借方金额，应该等于期末数。利润表项目调整分录中的借贷金额加减后，应该等于本期数。

第五步，根据工作底稿第三部分内容编制现金流量表。

（二）经营活动现金流量的列报

年度现金流量表中"上期金额"根据上年度年末现金流量表"本期金额"栏数字抄列。年度现金流量表中"本期金额"指本年度发生的现金流入流出，其中经营活动产生的现金流量是极为重要的一部分，其列报方法有两种：直接法和间接法。投资活动产生的现金流量、筹资活动产生的现金流量列报的直接法和间接法没有差别。

1. 直接法

直接法是指按现金收入和现金支出的主要类别直接反映企业经营活动产生的现金流量，如销售商品、提供劳务收到的现金，购买商品、接受劳务支付的现金等就是按现金收入和支出的来源直接反映的。直接法下，比较详细地展现了企业经营活动现金流入、流出的全貌。如果用工作底稿法编制直接法下的经营活动产生的现金流量，一般是以利润表中的营业收入为起算点，编制调整会计分录，调整与经营活动有关的项目的增减变动，然后计算出经营活动产生的现金流量。

2. 间接法

间接法是指以净利润为起算点，调整不涉及现金的收入、费用、营业外收支等有关项目,据此计算出经营活动产生的现金流量。现金流量表补充资料中的经营活动产生的现金流量按照此方法编制。具体编制方法见本章第六节相关内容。

3. 直接法和间接法的作用

采用直接法编报的现金流量表,便于分析企业经营活动产生的现金流量的来源和用途,预测企业现金流量的未来前景;采用间接法编报的现金流量表,便于将净利润与经营活动产生的现金流量净额进行比较,了解净利润与经营活动产生的现金流量差异的原因,从现金流量的角度分析净利润的质量。所以,我国现金流量表会计准则规定企业应当采用直接法编报现金流量表,同时要求提供在净利润基础上调节取得的经营活动产生的现金流量的信息。也就是说,同时采用直接法和间接法两种方法编报现金流量表。

(三)现金流量表编制示例

【例 13-8】 承前例 13-6 及例 13-7 资料,编制的卡米拉公司 2008 年年度现金流量表如表 13-9 所示。

表 13-9 现金流量表　　　　　　　　　　　　　　　　会企 03 表

编制单位:卡米拉公司　　　　　2008 年度　　　　　　　　　　单位:元

项　目	本期金额	上期金额
一、经营活动产生的现金流量		(略)
销售商品、提供劳务收到的现金	2 340 000	
收到的税费返还		
收到的其他与经营活动有关的现金		
经营活动现金流入小计	2 340 000	
购买商品、接受劳务支付的现金	585 000	
支付给职工以及为职工支付的现金	600 000	
支付的各项税费	448 000	
支付的其他与经营活动有关的现金	40 000	
经营活动现金流出小计	1 673 000	
经营活动产生的现金流量净额	667 000	
二、投资活动产生的现金流量		
收回投资所收到的现金	140 720	
取得投资收益所收到的现金	50 000	
处置固定资产、无形资产和其他长期资产所收回的现金净额	3 000	
处置子公司及其他营业单位收到的现金净额		
收到的其他与投资活动有关的现金		

续表

项　　目	本期金额	上期金额
投资活动现金流入小计	193 720	
购建固定资产、无形资产和其他长期资产所支付的现金	389 200	
投资所支付的现金		
取得子公司及其他营业单位支付的现金净额		
支付的其他与投资活动有关的现金		
投资活动现金流出小计	389 200	
投资活动产生的现金流量净额	-195 480	
三、筹资活动产生的现金流量		
吸收投资所收到的现金		
借款所收到的现金	800 000	
收到的其他与筹资活动有关的现金		
筹资活动现金流入小计	800 000	
偿还债务所支付的现金	1 200 000	
分配股利、利润或偿付利息所支付的现金	30 000	
支付的其他与筹资活动有关的现金		
筹资活动现金流出小计	1 230 000	
筹资活动产生的现金流量净额	-430 000	
四、汇率变动对现金的影响		
五、现金及现金等价物净增加额	41 520	
加:期初现金及现金等价物余额	1 641 800	
六、期末现金及现金等价物余额	1 683 320	

公司法定代表人:盛夏　　　　主管会计工作负责人:逸飞　　　　会计机构负责人:昊天

第五节　所有者权益变动表

一、所有者权益变动表概述

　　所有者权益(或股东权益)变动表,是反映企业在某一特定时期所有者权益或股东权益增减变动情况的报表,属于年度会计报表。
　　所有者权益(或股东权益)变动表反映构成所有者权益的各组成部分当期的增减变动情况。企业应将由与所有者有关的交易或事项引起的所有者权益(或股东权益)的变化、由企业当期经营活动产生的损益,以及国家统一的会计制度规定直接计入所有者权益（或股东权益）的项目等分别列示、全面反映，以便于会计信息使用者深入分析，对企业的资本保值增值情况作出正确判断，为进一步的决策提供依据。

所有者权益变动表列报遵循的基本公式是：

本期期初所有者权益＋本期增加的所有者权益－本期减少的所有者权益＝本期期末所有者权益

所有者权益变动表在一定程度上体现了企业综合收益的特点。综合收益，是指企业在某一期间与所有者之外的其他方面进行交易或发生其他事项所引起的净资产变动，全面反映了企业的经营业绩和财务业绩。具体而言，综合收益的构成包括两部分：净利润和直接计入所有者权益的利得和损失。其中，前者是企业已实现并已确认的收益，后者是企业未实现但根据会计准则的规定已确认的收益。用公式表示如下：

综合收益＝净利润＋直接计入所有者权益的利得和损失

其中：<center>净利润＝收入－费用＋计入当期损益的利得和损失</center>

在所有者权益变动表中，净利润和直接计入所有者权益的利得和损失均单列项目反映，反映了企业综合收益的构成。

二、所有者权益变动表的格式

所有者权益（或股东权益）变动表包括表首、正表两部分。正表是所有者权益（或股东权益）变动表的主体，具体说明所有者权益增减变动的各项内容，包括实收资本（或股本）、资本公积、盈余公积、未分配利润等。每个项目中，又分为上年年末余额、本年年初余额、本年增减变动额、年末余额四项，每项中又分别具体情况列示其不同内容。所有者权益变动表的具体格式如表13-10所示。

为了清楚地表明构成所有者权益的各组成部分当期的增减变动情况，所有者权益变动表应当以矩阵的形式列示：一方面，列示导致所有者权益变动的交易或事项，改变了以往仅仅按照所有者权益的各组成部分反映所有者权益变动情况，而是从所有者权益变动的来源对一定时期所有者权益变动情况进行全面反映；另一方面，按照所有者权益各组成部分（包括实收资本、资本公积、盈余公积、未分配利润和库存股）及其总额列示交易或事项对所有者权益的影响。

三、所有者权益变动表的编制

（一）上年金额栏的列报方法

所有者权益变动表"上年金额"栏内各项数字，应根据上年度所有者权益变动表"本年金额"栏内所列数字填列。如果上年度所有者权益变动表规定的各个项目的名称和内容同本年度不相一致，应对上年度所有者权益变动表各项目的名称和数字按本年度的规定进行调整，填入所有者权益变动表"上年金额"栏内。

（二）本年金额栏的列报方法

所有者权益变动表"本年金额"栏内各项数字一般应根据"实收资本"（或股本）、"资本公积"、"盈余公积"、"利润分配"、"以前年度损益调整"等科目的发生额和余额分析填列。

（1）"上年年末余额"项目，反映企业上年资产负债表中实收资本（或股本）、资本公积、盈余公积、未分配利润的年末余额。

（2）"会计政策变更"和"前期差错更正"项目，分别反映企业采用追溯调整法处理的会计政策变更的累积影响金额和采用追溯重述法处理的会计差错更正的累积影响金额。

为了体现会计政策变更和前期差错更正的影响，企业应当在上期期末所有者权益余额的基础上进行调整得出本期期初所有者权益，根据"盈余公积"、"利润分配"、"以前年度损益调整"等科目的发生额分析填列。可用公式表示为：

上期期末所有者权益余额＋会计政策变更影响数＋前期差错更正影响数＝本期期初所有者权益

（3）"本年增减变动额"项目分别反映如下内容。

①"净利润"项目，反映企业当年实现的净利润（或净亏损）金额，并对应列在"未分配利润"栏。

②"直接计入所有者权益的利得和损失"项目，反映企业当年直接计入所有者权益的利得和损失金额。

"可供出售金融资产公允价值变动净额"项目，反映企业持有的可供出售金融资产当年公允价值变动的金额，并对应列在"资本公积"栏。

"权益法下被投资单位其他所有者权益变动的影响"项目，反映企业对按照权益法核算的长期股权投资，在被投资单位除当年实现的净损益以外其他所有者权益当年变动中应享有的份额，并对应列在"资本公积"栏。

"与计入所有者权益项目相关的所得税影响"项目，反映企业根据《企业会计准则第18号——所得税》规定应计入所有者权益项目的当年所得税影响金额，并对应列在"资本公积"栏。

③"净利润"项目和"直接计入所有者权益的利得和损失"项目小计,反映企业当年实现的净利润(或净亏损)金额和当年直接计入所有者权益的利得和损失金额的合计额。

④"所有者投入和减少资本"项目,反映企业当年所有者投入的资本和减少的资本。

"所有者投入资本"项目,反映企业接受投资者投入形成的实收资本(或股本)和资本溢价或股本溢价,并对应列在"实收资本"和"资本公积"栏。

"股份支付计入所有者权益的金额"项目,反映企业处于等待期中的权益结算的股份支付当年计入资本公积的金额,并对应列在"资本公积"栏。

⑤"利润分配"下各项目,反映当年对所有者(或股东)分配的利润(或股利)金额和按照规定提取的盈余公积金额,并对应列在"未分配利润"和"盈余公积"栏。

"提取盈余公积"项目,反映企业按照规定提取的盈余公积。

"对所有者(或股东)的分配"项目,反映对所有者(或股东)分配的利润(或股利)金额。

⑥"所有者权益内部结转"下各项目,反映不影响当年所有者权益总额的所有者权益各组成部分之间当年的增减变动,包括资本公积转增资本(或股本)、盈余公积转增资本(或股本)、盈余公积弥补亏损等项金额。为了全面反映所有者权益各组成部分的增减变动情况,所有者权益内部结转也是所有者权益变动表的重要组成部分,主要指不影响所有者权益总额、所有者权益的各组成部分当期的增减变动。

"资本公积转增资本(或股本)"项目,反映企业以资本公积转增资本或股本的金额。

"盈余公积转增资本(或股本)"项目,反映企业以盈余公积转增资本或股本的金额。

"盈余公积弥补亏损"项目,反映企业以盈余公积弥补亏损的金额。

【例 13-9】 承前例 13-6 资料,卡米拉公司 2008 年年度报告中的所有者权益变动表如表 13-10 所示。

表 13-10 所有者权益变动表

编制单位：卡米拉公司　　　　2008 年度　　　　　　　　　　　　　　　　　　　会企04表　单位:元

项目	本年金额								上年金额（略）							
	实收资本（或股本）	资本公积	减：库存股	盈余公积	一般风险准备	未分配利润	所有者权益合计		实收资本（或股本）	资本公积	减：库存股	盈余公积	一般风险准备	未分配利润	所有者权益合计	
一、上年年末余额	6 000 000	13 800		220 000		180 000	6 413 800									
加：会计政策变更																
前期差错更正																
二、本年年初余额	6 000 000	13 800		220 000		180 000	6 413 800									
三、本年增减变动金额（减少以"-"号填列）				104 886		394 354	499 240									
（一）净利润						699 240	699 240									
（二）直接计入所有者权益的利得和损失																
1. 可供出售金融资产公允价值变动净额																
(1) 计入所有者权益的金额																
(2) 转入当期损益的金额																
2. 现金流量套期工具公允价值变动净额																
(1) 计入所有者权益的金额																
(2) 转入当期损益的金额																
(3) 计入被套期项目初始确认金额中的金额																
3. 权益法下被投资单位其他所有者权益变动的影响																
4. 与计入所有者权益项目相关的所得税影响																

续表

项　目	本年金额							上年金额（略）						
	实收资本（或股本）	资本公积	减：库存股	盈余公积	一般风险准备	未分配利润	所有者权益合计	实收资本（或股本）	资本公积	减：库存股	盈余公积	一般风险准备	未分配利润	所有者权益合计
5. 其他														
上述（一）和（二）小计						699 240	699 240							
（三）所有者投入和减少资本														
1. 所有者投入资本														
2. 股份支付计入所有者权益的金额														
3. 其他														
（四）利润分配														
1. 提取盈余公积				104 886		-104 886	0							
2. 提取一般风险准备														
3. 对所有者（或股东）的分配						-200 000	-200 000							
4. 其他														
（五）所有者权益内部结转														
1. 资本公积转增资本（或股本）														
2. 盈余公积转增资本（或股本）														
3. 盈余公积弥补亏损														
4. 一般风险准备弥补亏损														
5. 其他														
四、本年末余额	6 000 000	13 800		324 886		574 354	6 913 040							

公司法定代表人：盛夏　　主管会计工作负责人：逸飞　　会计机构负责人：吴天

第六节 会计报表附注

一、会计报表附注的概念

会计报表附注是为便于会计报表使用者理解会计报表的内容而对会计报表的编制基础、编制依据、编制原则和编制方法及主要项目等所作的解释。由于企业对外提供的会计报表是按国家规定的内容和格式编制的,具有一定的固定性和规定性,因而只能提供定量的会计信息,其所能反映的会计信息受到一定的限制。会计报表附注作为会计报表的有效补充,对会计报表中不能包括的内容,或者披露不详尽的内容,或者对会计报表中重要项目作进一步的解释说明,以达到充分披露会计信息,帮助会计信息使用者准确、完整地理解和使用会计信息的目的。

二、会计报表附注的披露要求

(1) 附注披露的信息应是定量、定性信息的结合,从而能从量和质两个角度对企业经济事项完整地进行反映,也才能满足信息使用者的决策需求。

(2) 附注应当按照一定的结构进行系统合理的排列和分类,有顺序地披露信息。由于附注的内容繁多,因此更应按逻辑顺序排列,分类披露,条理清晰,具有一定的组织结构,以便于使用者理解和掌握,也更好地实现财务报表的可比性。

(3) 附注相关信息应当与资产负债表、利润表、现金流量表和所有者权益变动表等报表中列示的项目相互参照,以有助于使用者联系相互关联的信息,并因此从整体上更好地理解财务报表。

三、会计报表附注披露的内容

会计报表附注应当按照一定的方式披露,会计报表中的项目应当与会计报表附注中的相关信息相互参照。会计报表附注应当按顺序至少披露以下信息。

(1) 企业的基本情况。企业注册地、组织形式和总部地址;企业的业务性质和主要经营活动;母公司以及集团最终母公司的名称;财务报告的批准报出者和财务报告批准报出日;按照有关法律、行政法规等规定,企业所有者或其他方面有权对报出的财务报告进行修改的事实。

(2) 财务报表的编制基础。说明企业的持续经营情况。

(3) 遵循企业会计准则的声明。企业应当明确说明编制的财务报表符合企业会计准则体系的要求,真实、完整地反映了企业的财务状况、经营成果和现金流量。

（4）重要会计政策和会计估计。企业至少应当披露的重要会计政策包括存货、长期股权投资、投资性房地产、固定资产、生物资产、无形资产、非货币性资产交换、资产减值、职工薪酬、企业年金基金、股份支付、债务重组、或有事项、收入、建造合同、政府补助、借款费用、所得税、外币折算、企业合并、租赁、金融工具确认和计量、金融资产转移、套期保值、石油天然气开采、合并财务报表、每股收益、分部报告、金融工具列报等。

（5）会计政策和会计估计变更以及差错更正的说明。

（6）重要报表项目的说明。应当尽可能以列表形式披露重要报表项目的构成或当期增减变动情况。对重要报表项目的明细说明，应当按照资产负债表、利润表、现金流量表、所有者权益变动表的顺序以及报表项目列示的顺序进行披露，采用文字和数字描述相结合进行披露，并与报表项目相互参照。如交易性金融资产、应收账款、存货、存货跌价准备、可供出售金融资产、持有至到期投资、长期股权投资、投资性房地产、无形资产、固定资产、应付职工薪酬、应付债券、长期应付款、营业收入、投资收益、资产减值损失、营业外收入、营业外支出、所得税费用等项目都应以列表形式披露其构成或当期增减变动情况，进行明细说明。限于篇幅原因，下面仅举例列示部分内容。

（7）有助于理解企业财务状况和经营成果的其他信息，如对或有事项和承诺事项、资产负债表日后非调整事项、关联方关系及其交易的说明等。

会计报表附注应当以"年初至本期期末"为基础编制，重点披露自上年度资产负债表日之后发生的，有助于理解企业财务状况、经营成果和现金流量变化情况的重要事项或者交易。同时，对于理解本期财务状况、经营成果和现金流量有关的重要事项或者交易，也应当在会计报表附注中予以披露。

四、部分重要报表项目的说明

1. 资产减值准备明细披露

资产减值准备明细表是反映企业一定会计期间各项资产减值准备的增减变动情况的报表，是资产负债表的详细说明。

根据我国《企业会计准则第 8 号——资产减值》及其他具体会计准则，企业应当定期或者至少于每年年度终了，对各项资产进行全面检查，并根据谨慎原则的要求，合理地预计各项资产可能发生的损失，对可能发生的各项资产损失计提减值准备。根据《企业会计准则第 30 号——财务报表的列报》，在资产负债表中，企业的各项资产是以其账面价值列示的，即以资产的账面余额为基础扣除了相应的减值部分（按照《企业会计制度》固定资产除外），而对资产减值的会计信息可以在会计报表附注中专门编制资产减值准备明细表列示。资产减值准备明细表可以全面反映企业一定期间各项资产减值准备的计提、结转及其余额情况，为信息使用者提供较为详细的会计信息，便于其深入分析企业资产减值准备变动的原因，并进一步对未来的变动趋势作出预测。

资产减值准备明细表包括表首、正表两部分。正表是资产减值准备明细表的主体，分别从以下几个项目具体说明资产减值准备的内容，包括坏账准备、存货跌价准备、长期股权投资减值准备、固定资产减值准备、无形资产减值准备、在建工程减值准备等内容。在每类项目中，又分为年初余额、本年增加数、本年转回数、年末余额四栏，分别列示其年度变化过程和结果。资产减值准备明细表的具体格式如表 13-11 所示。

资产减值准备明细表各项目应根据"坏账准备"、"存货跌价准备"、"长期股权投资减值准备"、"持有至到期投资减值准备"、"固定资产减值准备"、"在建工程减值准备"、"工程物资减值准备"、"无形资产减值准备"和"可供出售金融资产减值准备"等科目的记录分析填列。

【例 13-10】 承前例 13-6 资料，卡米拉公司 2008 年年度报告附注中的资产减值准备明细表如表 13-11 所示。

表 13-11 资产减值准备明细表

单位：元

项　　目	期初余额	本期增加数	本期减少数	期末余额
一、坏账准备合计	2 000	4 000	—	6 000
其中：应收账款	—	—	—	—
其他应收款	—	—	—	—
二、存货跌价准备合计				
其中：库存商品				
原材料				
三、可供出售金融资产减值准备	—	—	—	—
四、持有至到期投资减值准备				
五、长期股权投资减值准备				
六、投资性房地产减值准备				
七、固定资产减值准备合计	—	40 000	—	40 000
其中：房屋、建筑物	—	—	—	—
机器设备		40 000		40 000
八、工程物资减值准备				
九、在建工程减值准备				
十、生产性生物资产减值准备				
十一、油气资产减值准备				
十二、无形资产减值准备				
十三、商誉减值准备				

2. 应交增值税明细表

应交增值税明细表是反映企业应交增值税计缴及欠缴具体情况的报表,是对资产负债表的详细说明。

应交增值税明细表具体包括"应交增值税"和"未交增值税"两大部分。"在应交增值税"项目下设有"年初未抵扣数"、"销项税额"、"进项税额"和"期末未抵扣数"等;在"未交增值税"项目下设有"年初未交数"、"本期转入数"、"本期已交数"和"期末未交数"等。每个项目又分为"本月数"和"本年累计数"两栏分别列示,在年度报表中,应将"本月数"栏调整为"上年数"。应交增值税明细表的具体格式如表13-12 所示。

【例13-11】 承前例13-6 资料,卡米拉公司2008 年年度报告会计报表附注中的应交增值税明细表如表13-12 所示。

表13-12 应交增值税明细表   单位:元

项 目	行 次	上年数(略)	本年累计数
一、应交增值税			
1. 年初未抵扣数(以"-"号填列)			
2. 销项税额			510 000
出口退税			
进项税额转出			
转出多交增值税			
3. 进项税额			51 000
已交税金			400 000
减免税款			
出口抵减内销产品应纳税额			
转出未交增值税			59 000
4. 期末未抵扣数(以"-"号填列)			
二、未交增值税			
1. 年初未交数(多交数以"-"号填列)			38 000
2. 本期转入数(多交数以"-"号填列)			59 000
3. 本期已交数			38 000
4. 期末未交数(多交数以"-"号填列)			59 000

3. 分部报表

所谓分部,是指企业内部可区分的、专门用于向外部提供信息的一部分。分部包括业务分部和地区分部两类。分部报告,是指企业对外提供的财务会计报告中,按照确定的企业内部组成部分(业务分部或地区分部)提供的各组成部分有关收入、资产和负债等有关信息的报告。分部报告是利润表的附注说明表。

分部报告的作用主要表现在以下几方面:首先,通过分部报告提供的不同业务部门或不同地区的经营业绩信息,分析各业务部门或地区的资产占用情况、销售情况等,可以准确地把握企业的整体生产经营业绩;其次,通过分部报告提供的不同业务部门或不同地区的收入、费用、经营成果以及资产占用等较为详细的信息,可以了解企业各种产品或业务所处的发展阶段、风险大小以及回报率高低等,以帮助信息使用者更好地评估企业的整体风险和回报,作出正确的决策。

报告分部,是指按确定的业务分部或地区分部,对其相关信息予以披露的业务分部或地区分部。业务分部是指企业内可区分的、能够提供单项或一组相关产品或劳务的组成部分。该组成部分承担了不同于其他组成部分的风险和报酬。地区分部指企业内可区分的、能够在一个特定的经济环境内提供产品或劳务的组成部分。该组成部分承担了不同于在其他经济环境内提供产品或劳务的组成部分的风险和报酬。

业务分部或地区分部的大部分收入是对外交易收入,且满足下列条件之一的,应当将其确定为报告分部。

(1)该分部的分部收入占所有分部收入合计的10%或者以上。

(2)该分部的分部利润(亏损)的绝对额,占所有盈利分部利润合计额或者所有亏损分部亏损合计额的绝对额两者中较大者的10%或者以上。

(3)该分部的分部资产占所有分部资产合计额的10%或者以上。

须注意的是,如果企业按上述条件纳入报告分部范围的各个分部对外营业收入总额低于企业全部营业收入总额75%的,应将更多的分部纳入报告分部范围(即使未满足上述条件),以至少达到编制的分部报表各个分部对外营业收入总额占企业全部营业收入总额的75%及以上。纳入分部报表的各个分部最多为10个,如果超过,应将相关的分部予以合并反映;如果某一分部的对外营业收入总额占企业全部营业收入总额90%及以上的,则不须编制分部报表。

如果前期某一分部未满足上述三个条件之一而未纳入分部报表编制范围,本期因经营状况改变等原因达到上述条件而应纳入分部报表编制范围的,为可比起见,应对上年度的数字进行调整后填入"上年数"栏。

分部报告的具体格式如表13-13所示。

表13-13　分部报告(业务分部)　　　　　　　　　　　　　　　　单位:元

项目	××业务		××业务		××业务		……		其他业务		抵　销		未分配项目		合　计	
	本期	上期	本期	上期	本期	上期	本期	上期	本期	上期	本期	上期	本期	上期	本期	上期
一、营业收入合计																
其中:对外交易收入																
分部间交易收入																
二、营业费用																
其中:对外销售成本																
分部间销售成本																
期间费用																
三、营业利润(亏损)合计																
五、所得税																
六、净利润																
七、资产总额																
八、负债总额																
九、补充信息																
1.折旧和摊销费用																
2.资本性支出																
3.折旧和摊销以外的非现金费用																

4. 现金流量表补充资料

现金流量表补充资料是按照间接法反映经营活动现金流量的。这是以净利润为起算点,调整不涉及现金的收入、费用、营业外收支等有关项目,据此计算出经营活动产生的现金流量。现金流量表补充资料具体项目内容如下。

(1)"净利润"项目金额应与利润表中"净利润"项目金额对应相等。

(2)"资产减值准备"项目,反映企业本期计提的坏账准备、存货跌价准备、长期股权投资减值准备、持有至到期投资减值准备、投资性房地产减值准备、固定资产减值准备、在建工程减值准备、无形资产减值准备、商誉减值准备、生产性生物资产减值准备、油气资产减值准备等资产减值准备。可根据"资产减值损失"科目发生额分析填列。

(3)"固定资产折旧"、"油气资产折耗"、"生产性生物资产折旧"项目,分别反映企业本期计提的固定资产折旧、油气资产折耗、生产性生物资产折旧。这是属于导致净利润减少、却不涉及现金流入或流出的费用。

（4）"无形资产摊销"、"长期待摊费用摊销"项目，分别反映企业本期计提的无形资产摊销、长期待摊费用摊销数额。属于导致净利润减少（或增加）、却不涉及现金流入或流出的费用。

（5）"处置固定资产、无形资产和其他长期资产的损失"项目，反映企业本期处置固定资产、无形资产和其他长期资产发生的损失。

（6）"固定资产报废损失"项目，反映企业本期固定资产报废、盘亏发生的损失。

（7）"公允价值变动损失"项目，反映企业持有的采用公允价值计量，且其变动计入当期损益的金融资产、金融负债等的公允价值变动损益。

（8）"财务费用"项目，反映企业本期发生的财务费用中，应归属于投资活动或筹资活动的财务费用。根据"财务费用"账户发生额分析填列。

（9）"投资损失"项目，反映企业本期投资所发生的损失减去收益后的净损失。

（10）"递延所得税资产减少"项目，反映企业资产负债表"递延所得税资产"项目的期初余额与期末余额的差额。"递延所得税负债增加"项目，反映企业资产负债表"递延所得税负债"项目的期末余额与期初余额的差额。这是属于本期所得税费用与应交所得税之间的差额。

（11）"存货的减少"项目，反映企业资产负债表"存货"项目的期初余额与期末余额的差额。

（12）"经营性应收项目的减少"项目，反映企业本期经营性应收项目（包括应收票据、应收账款、预付款项、长期应收款和其他应收款中与经营活动有关的部分及应收的增值税销项税额等）的期初余额与期末余额的差额。

（13）"经营性应付项目的增加"项目，反映企业本期经营性应付项目（包括应付票据、应付账款、预收款项、应付职工薪酬、应交税费、应付利息、应付股利、长期应付款、其他应付款中与经营活动有关的部分及应付的增值税进项税额等）的期末余额与期初余额的差额。

【例 13-12】 承前例 13-6、例 13-7、例 13-8 资料，卡米拉公司 2008 年年度报告附注中的现金流量表补充资料如表 13-14 所示。

表 13-14 现金流量表补充资料　　　　　　　　　　　　　　单位:元

补充资料	本期金额	上期金额
1. 将净利润调节为经营活动现金流量:		
净利润	699 240	（略）
加:计提的资产减值准备	44 000	
固定资产折旧、油气资产折耗、生产性生物资产折旧	180 000	
无形资产摊销	60 000	
长期待摊费用摊销	160 000	
处置固定资产、无形资产和其他长期资产的损失(减:收益)		
固定资产报废损失(减:收益)	−800	
公允价值变动损失(减:收益)		
财务费用(减:收益)	80 000	
投资损失(减:收益)	−70 720	
递延所得税资产减少(减:增加)	−11 000	
递延所得税负债增加(减:减少)		
存货的减少(减:增加)	575 200	
经营性应收项目的减少(减:增加)	−1 170 000	
经营性应付项目的增加(减:减少)	121 080	
其他		
经营活动产生的现金流量净额	667 000	
2. 不涉及现金收支的重大投资和筹资活动		
债务转为资本		
一年内到期的可转换公司债券		
融资租入固定资产		
3. 现金及现金等价物净增加情况		
现金的期末余额	1 683 320	
减:现金的期初余额	1 641 800	
加:现金等价物的期末余额		
减:现金等价物的期初余额		
现金及现金等价物净增加额	41 520	

5. 现金和现金等价物

【例13-13】　承前例13-6、例13-7、例13-8资料,卡米拉公司2008年年度报告附注中的现金和现金等价物信息如表13-15所示。

表 13-15　现金和现金等价物　　　　　　　　　　　　　　　单位:元

项　目	本期金额	上期金额
一、现金	1 683 320	（略）
其中:库存现金	41 800	
可随时用于支付的银行存款	1 641 520	
可随时用于支付的其他货币资金		
可用于支付的存放中央银行款项		
存放同业款项		
拆放同业款项		
二、现金等价物		
其中:三个月内到期的债券投资		
三、期末现金及现金等价物余额	1 683 320	
其中:母公司或集团内子公司使用受限制的现金和现金等价物		

【本章相关法规】

国务院《企业财务会计报告条例》(国务院令第 287 号),2000 年 6 月 21 日

财政部《企业会计准则第 31 号——现金流量表》(财会[2006]3 号),2006 年 2 月 15 日

财政部《企业会计准则第 32 号——中期财务报告》(财会[2006]3 号),2006 年 2 月 15 日

财政部《企业会计准则第 30 号——财务报表的列报》(财会[2006]3 号),2006 年 2 月 15 日

财政部《企业会计准则第 35 号——分部报告》(财会[2006]3 号),2006 年 2 月 15 日

财政部《企业会计制度》(财会[2000]25 号),2000 年 12 月 29 日

【复习思考题】

1. 什么是资产负债表?资产负债表的编制方法有哪些?
2. 我国资产负债表项目的分类方法是什么?具体如何分类?
3. 什么是利润表?我国现行利润表反映的主要内容是什么?
4. 单步式结构利润表和多步式结构利润表各有哪些优缺点?
5. 什么是现金流量表?现金流量表的编制基础是什么?
6. 现金流量表中,现金等价物与企业日常核算中的交易性金融资产有何区别?

7. 现金流量表中的投资活动与企业日常核算中的投资有何区别？

8. 现金流量表中，经营活动的现金流量有哪两种列示方法？其基本原理是什么？

9. 什么是所有者权益变动表？所有者权益变动表与资产负债表、利润表有什么联系？

10. 什么是会计报表附注？会计报表附注包括哪些主要内容？

第十四章 财务报表分析

【学习目标】

通过本章学习,学生应当能了解并掌握:
1. 财务报表分析的概念和作用
2. 财务报表分析的比率分析法
3. 财务报表分析的趋势分析法
4. 财务比率的综合分析法
5. 现金流量分析方法

第一节 财务报表分析的基本概念和方法

一、财务报表分析的基本概念

财务报表是反映企业某一特定日期财务收支状况和一定时期内经营成果和现金流量情况的具有固定格式的对外报告。该报告中的一些数据,已经解释了企业的基本财务状况和经营状况,但是,如果想更进一步了解企业的营业状况,还必须结合财务报表中的数字进行进一步的分析,这就形成了财务报表分析。

财务报表分析就是以财务报表为基本依据,运用一系列财务指标,对企业财务状况、经营业绩和现金流量情况加以分析和比较,来评价和判断企业总体的运营情况,并以此为根据预测企业未来的财务状况和发展前景。

通过对财务报表分析,我们可以达到以下的目的。

1. 评价企业过去的经营业绩

一个企业的经营,由于历史的延续性,其资产的增长,未来发展都受过去盈利的影响。盈利高低可以通过产业与行业的特点差异、资金周转快慢、企业管理当局经营能力等因素综合作用而形成。要获得超额利润,从历史上看,必然和与其他企业的差异或自身的经营特点有关。财务报表数据,尤其是连续数期的报表,将给分析者提供一个清楚的企业经营发展脉络和变化发展的具体资料。

2. 评价企业目前的财务状况

一个企业的财务报表,可看作是企业经营状况的真实写照。根据报表可以从其中看到企业的资本结构和资产分布情况。同时,报表还具体反映了本年度资金运用情况和盈利水平,这为详细分析提供了第一手资料。财务分析者根据这些资料可以大致评价当前企业的下列情况:偿债能力和经营水平,财务优势或困境,存货及周转效率,应收账款或应收票据反映的信用规模,以及本年度投资状况,流动资金增加了还是减少了,股利分配规模和留利水平,等等。总之,通过报表分析,对企业目前财务状况将有一个系统、全面的了解。

3. 预测企业未来发展趋势

从更积极的意义上看,报表分析是以前车之鉴当后事之师,借助科学的数学模型,可以大致预测企业今后的发展速度和趋势,为今后的财务计划安排和理财工作作出事先的筹划。评价企业未来的发展趋势主要可以通过分析利润表、资产负债表和现金流量表并结合其他辅助数据和辅助工具来完成。

二、财务报表分析的基本技术方法

(一) 比较分析法

比较分析法,也简称对比分析法,是通过两个或多个有关的、可比的绝对数或相对数的数据资料对比确定指标和标准间的数量差异,以暴露矛盾、发现问题的一种最基本的分析方法。比较分析法最主要的特点是区分财务、经营指标和现象的差异,包括差异方向、差异性质与差异大小。没有比较就没有鉴别,也就没有分析。绝对数字或比率如果不与其他数字或比率进行比较,将毫无意义,对比分析法是财务报表分析中最基本、最普遍应用的分析方法。

通常,我们可以采取以下几种方式进行比较:

(1) 实际与计划指标或目标指标对比分析;

(2) 本期与前期指标对比分析;

(3) 本企业指标与同类企业同类指标对比分析。

在实际使用中,对比指标可以用绝对数、增减数、增减程度、指数、比重等进行表示。

然而,运用比较法对财务报表的分析主要是绝对数和相对数两种形式。绝对数一般是指本期实际数与上期实际数两者指标之间的差额。在实际中,应用比较广泛的是比较资产负债表和比较利润表。现金流量表也可运用绝对数对比法来揭示经营活动、投资活动、筹资活动的现金流量增减变动情况。相对数是指本期实际数在上期实际数的基础上相对增长的完成百分比。资产负债表和利润表也可用相对数的形式进行比较。

（二）比率分析法

比率分析法，是计算两个指标间的相对数来说明其间的相互关系的一种分析方法。它不仅可以把分析对比的数值变成相对数进行比较，而且可以将某些不同条件下的不可比指标变为可比指标。投资者对某一公司在某一经营期间的经营效益和财务状况分析评价，或同一行业规模不同的两个企业分析时，使用最多的是比率分析指标。

比率分析法从形态上来看，主要有相关比率、构成比率、动态比率等。

（三）趋势分析法

趋势分析，也称趋势百分率分析或指数分析，是指将公司一定时期内（连续两期或多期）的报表合并在一起，编制比较财务报表，对某些指标在不同时期的增减变化方向、数额及幅度作出分析，以揭示该指标的发展变化趋势，借此判断企业的财务状况、经营成果变动情况及发展趋势的一种财务分析方法。因此，该种方法也是对比较分析法的进一步的延伸。

采用趋势分析法时，至少需要三期或三期以上的资料。时期越长，提供可比资料越多，投资者对企业在较长时期内的财务状况和财务能力的发展趋向的了解会更多。趋势分析法，一般有定基比率和发展比率两种计算方式。定基比率是确定某一年为基准数值，其他各年数值分别占基准数值的比率。发展比率是某一年数值与前期数值的相除，以此循环计算的比率，有时也称其为环比发展比率。其计算公式可如下表示：

定基比率＝报告期某指标数值／基期同指标数值
发展比率＝报告期某指标数值／上期同指标数值

（四）结构分析法

结构分析，也称财务报表的纵向比较分析，它是用来反映企业的某项经济指标的局部与总体之间的关系，即基本项目占总量的百分比，如某项资产占总资产的比重。

结构分析法是建立在比较分析法基础之上的，它是指通过计算财务报表中某项指标各个组成部分占总体的比重，依次揭示部分与整体的关系，并通过分析构成内容的变化，从而掌握该项经济活动的特点与变化趋势。

简单的比较分析法仅显示了企业的表象，尤其是同一行业不同公司之间的绝对数比较限定了对比的范围。因此，投资者应在比较法基础之上，扩大对比范围，运用结构分析进一步比较。结构比率有助于揭示企业资源结构分布是否合理、生产布局的状况如何等问题，便于经营者进行调整，便于投资者长期决策。其计算公式如下：

构成百分率=某个组成部分数额/总体数额

(五) 因素分析法

因素分析法,是在某一复杂经济现象(综合性指标)受多因素影响的前提下,利用数值来测定各因素变动对复杂经济现象所产生的影响及影响程度的一种分析方法。简单地说,就是把由多种因素构成的复杂经济现象(综合性指标),分解为各个原始因素,并确定各因素变动对复杂经济现象(综合性指标)的影响程度的方法。

(1) 对构成复杂经济现象(综合性指标)的有关因素的分解。

(2) 对各因素与复杂经济现象(综合性指标)的关系、影响方向、影响程度的分析。

(3) 对各个因素之间相互关系、相互影响、影响方向、影响程度的分析。

(4) 对各个因素综合影响复杂经济现象的程度、变动、发展结果或趋势的分析。

凡为解决上述问题的可行的、科学的技术方法,均应视为因素分析。目前应用的因素分析法有连锁替代法、差额分析法、因素直接测算法和并进式因素分析法等。因受篇幅的限制,本书不对此展开讲述。

(六) 综合分析法

公司财务状况和经营业绩的衡量,可以采用前述多种方法判断。无论采用何种分析方法,每一项财务分析指标都从某一特定的角度就公司某一方面的经营活动进行分析,都不足以全面评价公司的总体财务状况和经营成果,有时甚至互相矛盾,无法合理地解释。为了弥补这一不足,我们可将所有有关指标按其内在联系结合起来,以全面反映公司整体财务状况以及经营成果,对公司进行总体评价,这种方法称为综合分析法。

财务状况综合分析方法有很多,其中主要有杜邦财务分析体系等。

第二节 比率分析法

一、财务比率的分类

财务比率的分类,是对同一财务报表中的相关项目之间,或不同财务报表中的相关项目之间的数据进行比较,用比率数值来反映它们之间的相互关系,以便据以评价企业的财务状况和经营业绩。

(一) 按照财务比率的形式分类

按照财务比率指标的形式可以有以下分类。

1. 相关比率

相关比率,是根据经济活动中客观存在的相互联系、相互依存的关系,将两个性质不同而又相关的指标加以对比计算的比率。如资本金利润率、销售利润率、成本费用利润率、流动比率等指标,就是以与利润相关的资本金总额、销货净额、成本费用总额、与流动资产相关的流动负债等为基数与利润、流动资产相比计算的比率。了解这些指标,有助于深化对企业经营效果及债务偿还能力等的认识。

2. 构成比率

构成比率,是对那些由多部分组成的经济指标,计算其各自组成部分占总体的比重,分析其间的变化,以求深入研究此类指标的特征和变化规律。如企业利润总额由营业利润和营业外收支组成;又如企业全部存货由供应阶段存货、生产阶段存货和销售存货三大类组成等,均可计算构成比率加以分析。

3. 动态比率

动态比率,是将不同时期的同类经济指标进行对比计算比率,用以反映该项经济活动变化趋势,以便从发展变化的动向上研究其特征和变化规律。

(二) 按照财务比率的内容分类

上市公司的财务比率形式多种多样,它们分别从不同的角度揭示了公司的财务状况、资本运营能力及经营绩效等的好坏。由于不同的报表使用者会从各自的利益角度出发,对财务报表提供的信息作出所需的分析,其侧重点各不相同。如对投资者来说,须了解企业盈利能力方面的信息;对于债权人来说,须了解企业债务偿还能力方面的信息;对于企业管理当局来说,侧重于掌握企业营运能力、经济效益及发展前景方面的信息,同时还要全面了解相关的信息。按照财务比率指标的内容可以有以下分类。

1. 反映企业盈利能力比率指标

该类比率用来反映公司经营获取收益的能力以及公司对股东的股利支付能力,主要有:资产投资报酬率、销售利润率、净资产收益率、每股盈余、市盈率、股利收益率、股利支付比率等。

2. 反映企业营运能力比率指标

营运能力是衡量企业有效运用各项经济资源及资产管理水平高低的重要指标。因为在很大程度上,企业偿债能力和盈利能力都取决于企业资产的运用效率,资产利用效率高,会提高企业的盈利能力,从而有足够的债务偿还能力,还可凭借企业的实力筹集更多的资金。营运能力分析指标主要有:总资产周转率、存货周转率、应收账款周转率、固定资产周转率、净资产周转率等。

3. 反映企业偿债能力的比率指标

偿债能力比率是衡量企业财务实力的一个重要指标。侧重于分析资金的流动性。此类指标常用的主要有：流动比率、速动比率、现金比率、资产负债率、所有者权益比率、产权比率、利息保障倍数等。

二、财务比率的计算

下面结合实际情况分别对企业营运能力比率指标、企业盈利能力比率指标和企业偿债能力比率指标等财务比率的计算进行分析。

表14-1和表14-2分别为宝山钢铁股份有限公司（简称：宝钢股份，股票代码600019）2007年12月31日的资产负债表和2007年度的利润表，以下的财务比率计算和分析将在此基础上进行。

（一）盈利能力分析

盈利能力是各相关利益主体关心的核心，也是企业成败的关键。只有长期和持续的盈利，企业才能真正做到持续经营。因此，无论是投资者还是债权人，都对反映企业盈利能力的指标非常关注。

1. 营业毛利率

营业毛利率，是企业的营业毛利与营业收入的百分比，表示营业收入扣除营业成本后，有多少钱可以用于支付各项期间费用及形成盈利。它实际上是在不考虑税收因素条件下企业的盈利。营业毛利率计算公式为

$$营业毛利率 = 营业毛利/营业收入净额 \times 100\%$$

$$= \frac{营业收入净额 - 营业成本}{营业收入净额} \times 100\%$$

根据宝钢股份2007年度利润表（表14-2）的数据：

销售毛利率 = [191 558 985 997.61 − (162 925 588 046.09 + 426 164 477.85
+ 143 141.78)] ÷ 191 558 985 997.61 × 100%
= 14.73%

销售毛利率表示每1元营业收入净额扣除营业成本和税金后，有多少钱可以用于各项期间费用和形成盈利。它反映了产品或商品销售的初始获利能力，该指标越高，表示取得同样营业收入的营业成本越低，营业利润越高。

表 14-1 宝山钢铁股份有限公司合并资产负债表

2007年12月31日

单位：人民币元

资产	期末余额	年初余额	负债和所有者权益（或股东权益）	期末余额	年初余额
流动资产：			流动负债：		
货币资金	11 240 041 072.36	18 173 601 056.00	短期借款	20 481 128 544.17	18 945 139 541.24
拆出资金	42 366 680.00		吸收存款及同业存款	18 012 366 892.70	20 204 990 896.58
交易性金融资产	1 637 805 977.77	1 977 013 192.82	交易性金融负债	174 951 938.47	9 170 958.85
应收票据	5 656 985 157.79	5 195 257 188.12	应付票据	3 341 058 247.89	1 846 992 658.85
应收账款	6 311 642 149.53	5 549 254 983.12	应付账款	17 175 498 091.38	11 932 174 604.43
预付款项	6 003 758 547.07	4 328 925 121.63	预收款项	9 337 924 203.53	7 207 058 563.81
应收利息	18 236 632.06		应付职工薪酬	1 691 758 498.54	1 795 750 163.30
应收股利	22 045 889.41		应交税费	1 064 638 899.65	1 193 402 546.80
其他应收款	866 340 183.83	785 729 955.06	应付利息	510 345 030.65	436 749 944.01
买入返售金融资产	5 755 900 000.00		应付股利	4 553 376.33	518 764 956.41
存货	39 068 728 055.51	31 236 424 727.90	其他应付款	1 051 898 821.40	900 840 204.29
一年内到期的非流动资产			应付控股公司款		125 010 000.00
其他流动资产			一年内到期的非流动负债	2 209 045 617.00	316 065 254.89
流动资产合计	76 623 850 345.51	67 246 206 235.19	一年内到期的长期应付控股公司款	800 000 000.00	1 400 000 000.00
			流动负债合计	75 885 168 161.71	66 832 110 293.46
非流动资产：			非流动负债：		
发放贷款及垫款	816 552 762.97	672 920 533.71	长期借款	16 431 946 896.94	9 590 122 709.63
可供出售金融资产	1 598 061 926.01	470 311 903.30	长期应付款	1 172 767.14	
持有至到期投资	1 000 000.00		专项应付款	25 434 461.51	46 826 903.75

续表

资　产	期末余额	年初余额	负债和所有者权益（或股东权益）	期末余额	年初余额
长期应收款	3 754 348 861.50	3 104 365 492.94	递延所得税负债	495 343 584.26	214 427 226.18
长期股权投资	135 688 714.39	180 526 516.54	长期应付控股公司款	800 000 000.00	1 611 218 602.02
投资性房地产	81 551 754 350.99	76 540 899 353.10	其他非流动负债	96 907 084.32	16 878 246.10
固定资产	16 373 360 851.23	11 196 350 954.37	非流动负债合计	17 849 632 027.03	11 480 646 454.82
在建工程	754 629 512.45	568 800 785.71	负债合计	93 734 800 188.74	78 312 756 748.28
工程物资			股东权益：		
固定资产清理	5 626 751 807.39	3 960 088 918.78	股本	17 512 000 000.00	17 512 000 000.00
无形资产			资本公积	33 645 805 604.77	32 989 191 577.29
开发支出			盈余公积	15 796 900 214.28	13 807 364 486.20
油气资产	95 353 256.42	40 997 308.54	未分配利润	21 620 790 256.82	17 021 191 463.86
长期待摊费用	878 126 575.62	735 667 391.91	外币报表折算差额	(71 485 650.92)	(43 553 885.72)
递延所得税资产	127 316 292.44	128 522 009.84	归属于母公司股东权益	88 504 010 424.95	81 286 193 641.63
其他非流动资产	111 711 944 911.41	97 600 451 168.74	少数股东权益	6 096 984 643.23	5 247 707 014.02
非流动资产合计			股东权益合计	94 600 995 068.18	86 533 900 655.65
资产总计	188 335 795 256.92	164 846 657 403.93	负债和所有者权益（或股东权益）总计	188 335 795 256.92	164 846 657 403.93

表14-2　宝山钢铁股份有限公司
合并利润表
2007年度　　　　　　　　　　　　　　　　　　　　　　单位：人民币元

项　目	本期金额	上期金额
一、营业收入	191 558 985 997.61	162 325 565 563.77
其中：营业收入	191 273 493 516.61	162 142 168 837.78
利息收入	272 216 481.14	168 844 758.19
手续费及佣金收入	13 275 999.86	14 551 967.80
减：营业总成本	173 607 686 315.52	143 657 379 514.54
其中：营业成本	162 925 588 046.09	134 598 152 820.35
利息支出	426 164 477.85	294 027 242.48
手续费及佣金支出	143 141.78	17 511.97
营业税金及附加	1 252 360 572.93	695 719 936.08
销售费用	2 018 370 031.33	2 217 894 688.92
管理费用	5 219 556 715.76	5 378 422 477.32
财务费用	95 551 610.43	1 017 818 706.36
资产减值损失（转回）	810 451 719.35	544 673 868.94
加：公允价值变动收益（损失以"-"号填列）	27 806 423.93	83 579 542.01
投资收益（损失以"-"号填列）	1 498 622 922.28	783 940 248.69
其中：对联营企业和合营企业的投资收益	722 759 370.10	572 873 837.06
二、营业利润（亏损以"-"号填列）	19 477 729 028.30	19 535 705 839.93
加：营业外收入	256 576 766.74	93 478 606.26
减：营业外支出	426 618 394.66	424 895 959.86
其中：非流动资产处置损失	275 771 644.00	73 100 745.70
三、利润总额（亏损总额以"-"号填列）	19 307 687 400.38	19 204 288 486.33
减：所得税费用	5 885 057 652.19	5 603 631 246.44
四、净利润（净亏损以"-"号填列）	13 422 629 748.19	13 600 657 239.89
其中：同一控制下企业合并被合并方合并前净利润	18 002 514.10	
少数股东损益	704 295 227.15	523 515 676.37
归属于母公司股东的净利润	12 718 334 521.04	13 077 141 563.52
五、每股收益		
（一）基本每股收益	0.73	0.75
（二）稀释每股收益		

2. 销售净利润率

销售净利润率,是指企业实现的净利润与营业收入净额的对比关系,表示企业净营业收入在经过非日常经营活动调整后,为企业实现了多少净利润。其计算公式为

$$销售净利润率 = (净利润/营业收入净额) \times 100\%$$

根据宝钢股份公司表 14-2 的数据,则销售净利润率为

销售净利润率 = (13 422 629 748.19 ÷ 191 558 985 997.61) × 100% ≈ 7.01%

该指标反映每 1 元营业收入净额带来的净利润的多少,表示营业收入净额的收益水平,该指标考虑了税收因素。该指标数值越高,说明企业经营活动的获利水平越高。

3. 资产净利率

资产净利率,也称投资报酬率。反映每 1 元资产所取得的收益。计算公式为

$$资产净利率 = 净利润/平均资产总额 \times 100\%$$

其中: 平均资产总额 = (期初总资产余额 + 期末总资产余额)/2

根据表 14-1 和表 14-2 的数据,则宝钢股份的资产净利率为:

资产净利率 = 13 422 629 748.19 ÷ (164 846 657 403.93 + 188 335 795 256.92)/2 × 100%
= 13 422 629 748.19 ÷ 176 591 226 330.425 × 100% ≈ 7.60%

资产净利率越高,表明企业资产的利用效率越高,获利能力越强。它是一个综合指标,受众多因素(如产品价格、单位成本的高低、产品的产量和销售的数量、资金占有量的大小等)的影响。因而该指标又是企业综合分析的起点。

4. 净资产收益率

净资产收益率是净利润与平均净资产的比率,也称净值报酬率或权益报酬率。其计算公式为

$$净资产收益率 = (净利润/平均净资产) \times 100\%$$

根据表 14-1 和表 14-2 的数据,则宝钢股份的净资产收益率为

净资产收益率 = 13 422 629 748.19 ÷ (86 533 900 655.65 + 94 600 995 068.18)/2 × 100%
= 13 422 629 748.19 ÷ 90 567 447 861.915 × 100%
≈ 14.82%

该指标是从所有者角度分析企业获利水平大小。其数值越高,说明所有者投资带来的收益越高,是具有很强的综合性的指标。

5. 总资产收益率

总资产收益率又称总资产报酬率,是企业息税前利润与总资产平均余额的比

率,它反映了企业全部资产的获利能力。总资产收益率越高,企业的获利能力就越强。其计算公式如下:

$$总资产收益率 = 息税前利润/平均资产总额 \times 100\%$$
$$= \frac{息税前利润}{(年初资产总额 + 年末资产总额)/2} \times 100\%$$

通过宝钢股份 2007 年年报附注可知,2007 年度财务费用中的利息支出为 1 878 363 285.21元。则其息税前利润计算如下:

息税前利润 = 利润总额 + 利息费用
= 19 307 687 400.38 + 1 878 363 285.21
= 21 186 050 685.59(元)

总资产收益率 = 21 186 050 685.59/(164 846 657 403.93 + 188 335 795 256.92)/2 × 100%
= 21 186 050 685.59/176 591 226 330.425 × 100%
≈ 12%

6. 每股收益(基本每股收益)

每股收益是指本年的净利润与发行在外普通股加权平均数的比值。每股收益主要是用来衡量股份公司普通股股票的价值,每股收益越高,获利能力越强。

通过宝钢公司 2007 年报数据:

每股收益 = 12 718 334 521.04/17 512 000 000 = 0.73(元)

每股收益指本年可用于普通股分配的利润与年末普通股份总数的比值,其计算公式如下:

$$每股收益 = 归属于普通股股东的利润/发行在外普通股加权平均数$$

须说明的是,根据我国现行会计准则,如果以合并财务报表为基础计算的每股收益,分子应当是归属于母公司普通股股东的当期合并净利润,即扣减少数股东损益后的余额。

7. 市盈率

市盈率是普通股每股市价与每股收益之比。市盈率是通过上市公司股票的行情,间接反映上市公司的盈利能力。市盈率反映投资者对每元可用于分配的利润(或净利润)所愿意支付的价格。市盈率越高,表明投资者对公司的未来越看好。市盈率越高,风险已越大。其计算公式如下:

$$市盈率(倍数) = 普通股每股市价/普通股每股收益$$

8. 资本保值增值率

资本保值增值率,是指企业年末所有者权益与年初所有者权益总额的比率。

其计算公式为

资本保值增值率＝年末所有者权益总额/年初所有者权益总额

一般情况下，资本保值增值率大于 1，表明所有者权益增加，企业增值能力较强。但在实际分析时应考虑企业利润分配、吸收权益资本及通货膨胀因素的影响。

将以上有关指标的计算列示在表 14-3 中，可以反映宝钢股份的动态比率，即将不同时期的同类经济指标进行对比计算比率，用以反映该项经济活动变化趋势。表 14-3 中的部分内容是根据其他年度报表分析计算的。

表 14-3　宝钢股份盈利能力比率

财务比率	2008 年度	2007 年度	2006 年度
销售净利率(%)	3.29%	7.01%	8.38%
销售毛利率(%)	11.53%	14.73%	16.47%
资产净利率(%)	3.28%	7.60%	8.86%
净资产收益率(%)	6.47%	14.82%	17.39%
总资产收益率(%)	5.70%	12%	13.51%
每股收益（元）	0.37	0.73	0.75

（二）营运能力分析

营运能力分析是对企业资产利用和循环的效率进行的分析。主要用以衡量企业在资产管理方面的效率和资产运用能力，因此又称为资产管理比率或资产运营效率比率。营运能力强，资金周转速度快，就意味着企业偿债能力和获利能力高。

1. 总资产周转率

总资产周转率，是指企业营业收入净额与平均资产总额的比值。其计算公式为

总资产周转率（次数）＝营业收入净额÷平均资产总额
总资产周转天数＝360÷总资产周转率

根据表 14-1 和表 14-2 的数据，则宝钢股份 2007 年的总资产周转率为：
总资产周转率 = 191 558 985 997.61 ÷ [（164 846 657 403.93 + 188 335 795 256.92）÷2]
　　　　　　 = 191 558 985 997.61 ÷ 176 591 226 330.425 ≈ 1.08（次）

该项指标反映资产总额的周转速度。周转越快，说明企业销售能力越强，全部资产的经营效率高，取得的收入多；该周转率低，说明全部资产的经营效率低，

同样数额的资产取得的收入少。

2. 固定资产周转率

固定资产周转率,是指企业营业收入净额与固定资产平均净值的比率,是衡量固定资产利用效率好坏的指标。固定资产周转率高,表明企业充分利用了固定资产,且企业固定资产投资结构合理,并能够充分发挥其效率。其计算公式为

$$固定资产周转率 = 营业收入净额 \div 固定资产平均净值$$
$$固定资产周转天数 = 360 \div 固定资产周转率$$

根据表 14-1 和表 14-2 的数据,则宝钢股份 2007 年的固定资产周转率为:

固定资产周转率 = 191 558 985 997.61 ÷ [(76 540 899 353.10 + 81 551 754 350.99) ÷ 2]
　　　　　　 = 191 558 985 997.61 ÷ 79 046 326 852.045 ≈ 2.42(次)

3. 流动资产周转率

流动资产周转率,是指企业营业收入净额与全部流动资产的平均余额的比值。其计算公式为

$$流动资产周转率 = 营业收入净额 \div 平均流动资产总额$$

根据表 14-1 和表 14-2 的数据,则宝钢股份 2007 年的流动资产周转率为:

流动资产周转率 = 191 558 985 997.61 ÷ [(67 246 206 235.19 + 76 623 850 345.51) ÷ 2]
　　　　　　 = 191 558 985 997.61 ÷ 71 935 028 290.35 ≈ 2.66(次)

流动资产周转率反映流动资产的周转速度。流动资产周转率越高,说明流动资产的营运能力越强。

4. 应收账款周转率

应收账款周转率,是指年度内应收账款转为现金的速度,它说明应收账款流动的速度。应收账款周转率可用应收账款周转天数和平均次数表示。用时间表示的周转速度是应收账款周转天数,它表明企业从取得应收账款的权利到收回款项,转换为现金所需要的时间。应收账款周转率的计算公式为

$$应收账款周转率(次数) = 营业收入净额 \div 平均应收账款数额$$
$$应收账款周转天数 = 360 \div 应收账款周转率$$
$$= 平均应收账款 \times 360 \div 营业收入净额$$

其中:"平均应收账款"是资产负债表中"期初应收账款余额"与"期末应收账款余额"的平均数。

根据表 14-1 和表 14-2 的数据,则宝钢股份 2007 年的应收账款周转率为:

应收账款周转率(次数) = 191 558 985 997.61 ÷ [(5 549 254 983.12 + 6 311 642 149.53) ÷ 2]
　　　　　　　　 = 191 558 985 997.61 ÷ 5 930 448 566.325 ≈ 32.30(次)

一般应收账款周转率越高,周转天数越短,说明应收账款的收回越快。应收

账款周转率越高越好。

5. 存货周转率

存货周转率，是用以衡量企业存货流动速度的指标，可用存货周转次数和周转天数表示。其计算公式为

$$存货周转率(次数) = 营业成本 \div 平均存货$$

式中，存货是指未计提存货跌价准备的存货余额。"平均存货"是资产负债表中"存货期初余额"与"存货期末余额"的平均数。

$$存货周转天数 = 360 \div 存货周转率$$
$$= 平均存货 \times 360 \div 营业成本$$

根据表14-1和表14-2的数据，则宝钢股份2007年的存货周转率为：

存货周转率(次数) = 162 925 588 046.09 ÷ [(31 236 424 727.90 + 39 068 728 055.51) ÷ 2]
= 162 925 588 046.09 ÷ 35 152 576 391.705 ≈ 4.63(次)

存货周转率反映了企业的营销能力。存货周转率高，说明企业存货存量适度，企业营运效率高。

以上有关指标的计算列示在表14-4中，反映了宝钢股份营运能力动态比率。表中的部分内容是根据其他年度报表分析计算的。

表14-4　宝钢股份营运能力比率

财务比率	2008年度	2007年度	2006年度
应收账款周转率	34.65(次)	32.30(次)	32.62(次)
存货周转率	4.66(次)	4.63(次)	4.59(次)
流动资产周转率	2.95(次)	2.66(次)	3.29(次)
固定资产周转率	2.01	2.42(次)	2.01
总资产周转率	1.0(次)	1.08(次)	1.06(次)

（三）偿债能力分析

偿债能力是一个企业保持持续经营的首要要素，也是企业未来盈利能力和营运能力得以发挥的前提条件，在某些情况下，企业盈利状况不够理想可能是暂时的困难，对企业的经营不会有致命的影响，而偿债能力出现问题则可能对企业造成致命打击，它会损害企业持续经营能力。

偿债能力指标分为短期和长期两种。

短期偿债能力，是指企业以流动资产偿还流动负债的能力，它反映企业偿付到期短期债务的能力。企业的流动资产与流动负债的关系以及资产的变现速度是影响短期偿债能力的主要因素。流动比率、速动比率和现金比率属于短期偿债能力指标。

长期偿债能力,是指企业偿还长期负债的能力,资产负债率和利息保障倍数则属于长期偿债能力指标。

下面就短期偿债能力和长期偿债能力分别予以介绍。

1. 流动比率

流动比率,是指流动资产除以流动负债的比值,表示企业每元流动负债有多少流动资产作为偿还的保证,反映了企业的流动资产偿还流动负债的能力。其计算公式为

$$流动比率 = \frac{流动资产}{流动负债}$$

根据表 14-1 的数据,则宝钢股份 2007 年的流动比率为:

流动比率 = 76 623 850 345.51 ÷ 75 885 168 161.71 ≈ 1.01

一般认为,生产企业合理的最低流动比率是 2。流动比率如果过低,表明企业短期偿债风险较大;流动比率过高,表明企业虽然短期偿债能力较强,但在流动资产上占用的资金过多,这会增加企业投资的机会成本。企业所在的行业不同,流动比率的理想标准也不同。如一般商品流通领域企业流动性较高,而制造行业流动性就较低。所以,计算出的流动比率只有与同行业平均水平、本企业历史上的水平进行比较,才能判断这个比率是否适当。一般情况下,影响流动比率的因素主要有营业周期、流动资产中的应收账款数额和存货的周转速度等。

2. 速动比率

速动比率,也称酸性测试比率,是流动资产中的速动资产与流动负债的比率。而速动资产是指从流动资产中扣除存货净额、预付款项、其他流动资产等变现能力较弱的项目。其计算公式为

$$速动比率 = 速动资产 ÷ 流动负债$$
$$= (流动资产 - 存货净额 - 预付款项 - 其他流动资产) ÷ 流动负债$$

根据表 14-1 的数据,则宝钢股份 2007 年的速动比率为:

速动比率 = (76 623 850 345.51 - 39 068 728 055.51 - 6 003 758 547.07) ÷ 75 885 168 161.71 ≈ 0.42

通常认为正常的速动比率为 1,低于 1 的速动比率被认为是短期偿债能力偏低。

3. 现金比率

现金比率,是指企业现金类资产与流动负债之比,它是以更为谨慎的态度分析企业现时的偿债能力。现金类资产包括货币资金、交易性金融资产、应收票据等。计算公式为

$$\text{现金比率} = \text{现金类资产} \div \text{流动负债}$$

其中：　　　现金类资产＝货币资金＋交易性金融资产＋应收票据

根据表 14-1 的数据，则宝钢股份 2007 年年末的现金比率为：

现金比率 =（11 240 041 072.36 + 1 637 805 977.77 + 5 656 985 157.79）÷
　　　　　75 885 168 161.71 = 18 534 832 207.92 ÷ 75 885 168 161.71 ≈ 0.24

现金比率越高，表明企业直接偿付债务的能力越强。但是在正常情况下，企业也没必要始终保持过多的现金类资产，否则将会失去某些获利机会。

以上三种是短期偿债能力指标，下面是长期偿债能力指标，主要有资产负债率、负债与所有者权益比率和利息保障倍数三项。

4. 资产负债率

资产负债率，又称负债比率，是指企业的负债总额与资产总额的比率。其计算公式为

$$\text{资产负债率} = \text{负债总额} \div \text{资产总额} \times 100\%$$

根据表 14-1 的数据，则宝钢股份 2007 年年末的资产负债率为：

资产负债率 = 93 734 800 188.74 ÷ 188 335 795 256.92 × 100% ≈ 49.77%

从债权人的立场看，希望负债比例越低越好。资产负债率越低，企业偿债有保证，贷款不会有太大的风险。从股东的立场看，在全部资本利润率高于借款利率时，负债比例越大越好，否则反之。从经营者的立场看，负债比率过高，则会使企业包袱过重，债权人也会因为风险太大而拒绝继续贷款；负债比率过低，会失去财务杠杆的作用，所有者收益不能达到最大化，因此应当充分估计预期的利润和增加的风险，在两者间权衡利弊，作出正确决策。

5. 负债与所有者权益比率

负债与所有者权益比率，亦称产权比率或债务股权比率，是指负债总额与所有者权益总额的比率。其计算公式为

$$\text{负债与所有者权益比率} = \text{负债总额} \div \text{所有者权益总额} \times 100\%$$

根据表 14-1 的数据，则宝钢股份 2007 年年末的负债与所有者权益比率为：

负债与所有者权益比率 = 93 734 800 188.74 ÷ 94 600 995 068.18 × 100%
　　　　　　　　　　≈ 99.08%

产权比率既反映了企业财务结构的稳定状况，又表明了债权人投入的资本受到股东权益保障的程度。产权比率数值越高，财务风险越大。西方一些财务分析者认为，企业应把负债与所有者权益的比率维持在 1:1 的水平上。

6. 利息保障倍数

利息保障倍数，又称已获利息倍数，是指企业经营的息税前利润与利息费用

的比率,是衡量企业偿付负债利息能力的指标。其计算公式为

$$利息保障倍数 = 息税前利润 \div 利息费用$$

公式中的"息税前利润"是指利润表中未扣除利息费用和所得税之前的利润。由于我国现行利润表"利息费用"没有单列,而是混在"财务费用"之中,外部报表使用者只能用"利润总额加财务费用"来估计。公式中"利息费用"是指本期发生的全部应付利息,不仅包括财务费用中的利息费用,还应包括计入固定资产成本的资本化利息。

根据表 14-1 和表 14-2 的数据,则宝钢股份 2007 年的利息保障倍数为:

利息保障倍数 =（19 307 687 400.38 + 1 878 363 285.21）÷ 1 878 363 285.21
≈ 11.28

以上有关指标的计算列示在表 14-5 中,反映了宝钢股份偿债能力动态比率。表中的部分内容是根据其他年度报表分析计算的。表中,利息保障倍数中的利息费用的计算,没有考虑已经被资本化的利息,是一种简化处理方式。

表 14-5　偿债能力比率

财务比率	2008 年度	2007 年度	2006 年度
流动比率	0.82	1.01	1.09
速动比率	0.26	0.42	0.35
现金比率	0.17	0.24	0.38
资产负债率(%)	51.09	49.77	47.51
负债与所有者权益比率(%)	104.44	99.08	90.50
利息保障倍数	3.47	11.28	14.63

(四) 其他比率指标

其他比率指标主要是指企业的发展能力指标。企业发展能力,又称为企业的成长性,它是企业通过自身的生产经营活动,不断扩大积累而形成的发展潜力。在激烈竞争的市场中,企业要获得生存就必须求得不断发展。因而,在对企业静态的财务状况与经营成果分析的基础上,应进一步对企业发展能力分析。对企业发展能力的分析,不仅要依据企业财务报表提供的资料,而且还要依据来源于企业其他方面的资料。

1. 销售增长率

销售增长率,是指企业本年销售收入(或营业收入)增长额与上年销售收入(或营业收入)的比率。计算公式为

销售增长率 = 本年营业收入增长额 ÷ 上年营业收入额 × 100%
= (本年营业收入 − 上年营业收入) ÷ 上年营业收入额 × 100%

销售增长率指标反映企业销售收入的增减变动情况,可用以评价企业发展状况和发展能力。若销售增长率为负值,表明本期销售下降。

2. 资产增长率

(1)总资产增长率。

总资产增长率,是指本年总资产增长额与年初(即上年末)资产总额的比率。其计算公式为

$$总资产增长率 = 本年总资产增长额 \div 年初资产总额 \times 100\%$$

该指标是从企业资产总量扩张方面衡量企业的发展能力,表明企业规模增长水平对企业发展后劲的影响。该指标越高,表明企业一个经营周期内资产经营规模扩张速度越快。

(2)固定资产成新率。

固定资产成新率,是指企业当期平均固定资产净值与平均固定资产原值的比率。计算公式为

$$固定资产成新率 = 平均固定资产净值 \div 平均固定资产原值 \times 100\%$$

该指标反映了企业所拥有的固定资产的新旧程度,体现了企业固定资产更新的快慢和持续发展的能力。该指标越高,表明企业固定资产比较新,对扩大再生产的准备比较充足,发展的可能性比较大。

3. 资产扩张指标

资本积累率,是指企业本年所有者权益增长额与年初所有者权益的比率。其计算公式为

$$资本积累率 = 本年所有者权益增长额 \div 年初所有者权益 \times 100\%$$

该指标反映了投资者投入企业资本的保全性和增长性。该指标越高,表明企业资本积累越多,企业资本保全性越强,应对风险、持续发展的能力越强。利用该指标进行分析时,应当注意企业权益筹资以及企业股利分配对该指标的影响。

第三节 财务比率的综合分析

对企业偿债能力、营运能力、盈利能力等指标的分析和评价,只是从某一特定角度对企业的经营活动进行了分析,不能全面评价企业的整体财务状况和经营成果。因此,我们必须将各种财务指标配合起来,利用财务指标之间的关系进行综合性分析。

一、杜邦分析法

各种财务比率之间具有如下的关系。

（1）财务比率之间具有内在的经济关系。例如，销售额的增长一般会引起应收账款和存货等营运资本项目的增加；负债的增加一般会导致利息费用的增加。所以，包括这些因素的比率之间存在着内在联系。

（2）有些财务比率的某一组成部分是相同的，这些相同成分的变化会导致多个比率的变化。例如，净资产收益率、资产净利率和销售净利率都包括净利润。

（3）某一比率可能是其他比率的一个组成部分，例如，资产净利率是由销售净利率和总资产周转率相乘而得到的。

财务比率之间的这种关系对于财务分析具有重要意义。深入研究每一比率的组成成分，有利于准确判断企业的盈利能力和财务状况，而且据此可以考察企业的经营特点和经营战略。杜邦分析法提供了这种分析框架，可以将不同的财务比率和不同的财务方法结合起来。

杜邦财务分析法由美国杜邦公司的经理发明创造，称为杜邦系统（The Du Pont System），它是利用各项财务指标间的内在联系，将它们有机地结合起来，形成一个完整的指标分析系统。

杜邦财务分析模型的基本结构如图 14-1 所示。

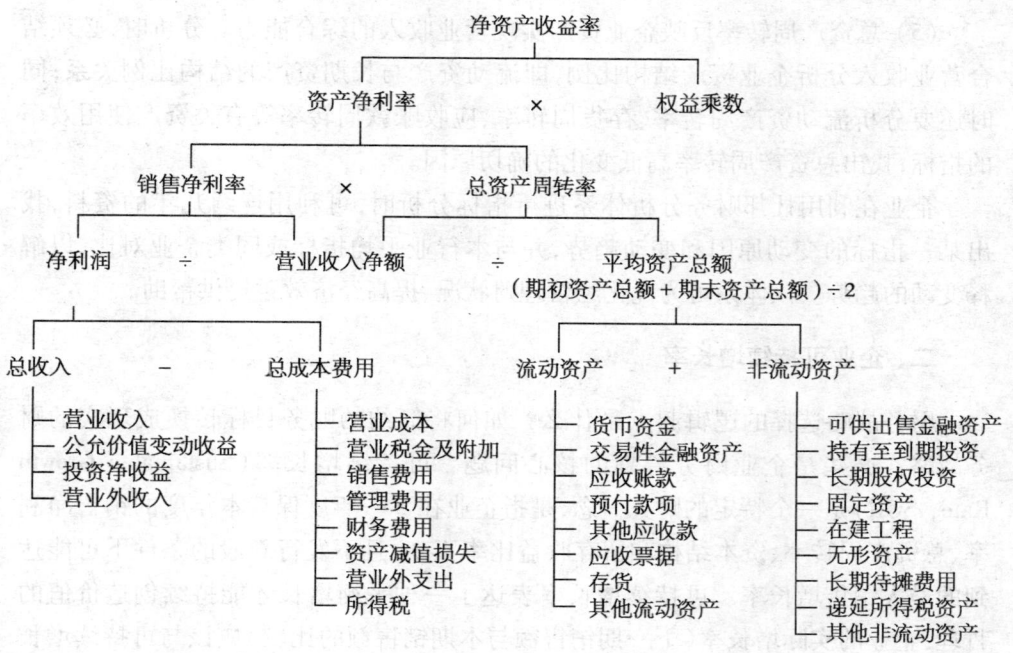

图 14-1 杜邦财务分析法基本结构

杜邦财务分析模型中的主要指标及其相互关系如下。

（1）净资产收益率是一个综合性最强的财务指标,是整个分析系统的起点,通过对影响指标因素的层层分解,并研究彼此间的依存关系,从而揭示企业的获利能力及原因。该指标的高低反映了投资者净资产获利能力的大小,其高低变化是由资产净利率和反映企业所有者权益结构比重的权益乘数两因素决定的,而资产净利率又受到销售净利率和总资产周转率大小的影响。所以,综合起来讲,净资产收益率是由销售净利率、总资产周转率及权益乘数决定的。

（2）权益乘数表明了企业的负债程度,该指标越大,企业的负债程度越高,它是资产负债率的倒数,即：

$$权益乘数 = 1 \div 资产权益率 = 平均资产总额 \div 平均净资产总额$$

（3）资产净利率是销售净利率与总资产周转率的乘积,是企业销售成果和资产运营的综合反映。要提高资产净利率,必须增加销售收入,降低资金占用额。

（4）销售净利率反映了企业净利润与营业收入净额的关系。要提高销售净利率,必须增加营业收入,降低成本费用。这两条途径一方面可以提高销售净利率,另一方面也可以提高总资产周转率,最终使净资产收益率得到提高。

（5）总资产周转率反映企业资产实现营业收入的综合能力。分析时,必须结合营业收入分析企业资产结构比例,即流动资产与长期资产的结构比例关系；同时还要分析流动资产周转率、存货周转率、应收账款周转率等有关资产使用效率的指标,找出总资产周转率高低变化的确切原因。

企业在利用杜邦财务分析体系进行指标分析时,可利用连续几年的资料,找出某一指标的变动原因和变动趋势,并与本行业平均指标或同类企业对比,以解释变动的趋势。该体系可为优化经营理财状况、提高经济效益提供帮助。

二、企业可持续增长率

财务战略选择的逻辑起点是什么？如何将简约的财务目标转换成现实的财务战略？这些是企业财务筹划的核心问题。可持续增长率（Sustainable Growth Rate，SGR）是一个特定的财务概念,是指企业在下一年度保持本年度的销售净利率、总资产周转率、资本结构和留存收益比率不变,且不发行新股的条件下可能达到的最大销售增长率。可持续增长率表达了一种平衡增长才能持续创造价值的哲理：企业的实际增长率（下一期销售额与本期销售额的比较）应该与可持续增长率保持一致,如果长期增长太快,则可由于资金短缺而遭遇"猝死"；如果长期增长过慢,则可能由于机能废弃而逐渐萎缩。"可持续增长"概念的提出,既为"短期目标"（利润最大化）赋以了"长期性",又为"长期目标"（股东财富最大化和企业价值最大化)找到了现实落脚点。

可持续增长率如图 14-2 表示。

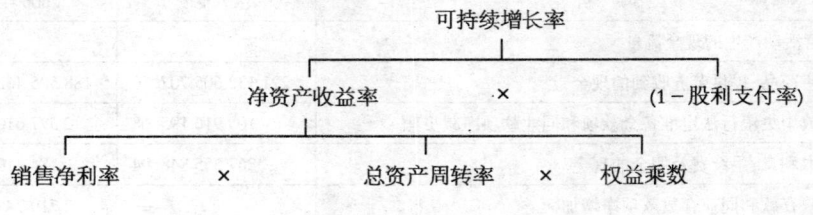

图 14-2　可持续增长率

由于(1－股利支付率)＝留存收益比率,可持续增长率可以表示为

可持续增长率(SGR)＝销售净利率×总资产周转率×权益乘数×留存收益比率

可持续增长率涉及的四个财务比率分别评价营运、投资、筹资和分配等四个基本财务活动的结果。因此,比杜邦分析系统更适合作为"综合的财务分析系统",或者说是杜邦分析系统的必然发展。

静态地看,可持续增长率原理指导下的财务战略应该是保持既定的财务政策:保持公式中那四个财务比率不变,且不发行新股。但是,企业事实上不可能"精确地"保持那些比率,一方面实际增长率与可持续增长率总有偏差;另一方面各年的可持续增长率有所变化,并且由于企业总是不自觉地追求"快速"增长。所以动态地看,可持续增长率原理下的财务战略应该主要是:如何通过调整那四个财务比率合理地解决快速增长所带来的资金需求问题,并维持"可持续增长率"在较高水平上(可持续增长率越高,实际增长率超过它的可能性越小),持续地为企业创造价值。

第四节　现金流量表分析

现金流量表分析主要是为了弥补资产负债表和利润表分析的不足,因为资产负债表和利润表的分析不能更好地了解企业的现金流量的信息,因此,需要利用现金流量表对企业的现金流量的信息进行更为全面的分析。下面的分析主要利用宝钢股份 2007 年度的现金流量表(如表 14-6 所示)提供的数据进行。

表14-6 宝山钢铁股份有限公司合并现金流量表
2007年度　　　　　　　　　　　　　　　　　　　　　　　　单位：人民币元

项　目	2007年度	2006年度
一、经营活动产生的现金流量		
销售商品、提供劳务收到的现金	221 132 605 707.76	188 505 462 172.36
存放中央银行法定准备金款项和同业款项净减少额	105 916 195.68	2 577 610 363.24
收取利息、手续费及佣金的现金	267 255 848.94	184 310 615.11
客户存款和同业存放款项净增加额	—	2 719 749 501.64
收到的税费返还	334 164 946.54	223 138 434.33
收到的其他与经营活动有关的现金	431 057 594.63	319 588 946.61
经营活动现金流入小计	222 271 000 293.55	194 529 860 033.29
购买商品、接受劳务支付的现金	172 416 812 552.23	145 490 536 060.66
客户贷款及垫款净增加额	87 532 229.26	642 020 768.41
拆出资金净增加额	42 366 680.00	—
客户存款和同业存放款项净减少额	2 162 624 003.88	—
支付利息、手续费及佣金的现金	441 476 104.34	250 847 516.60
支付给职工以及为职工支付的现金	6 542 014 647.13	5 246 703 217.27
支付的各项税费	16 030 130 817.27	11 914 596 826.92
支付的其他与经营活动有关的现金	5 041 790 518.08	5 771 981 497.96
经营活动现金流出小计	202 764 747 552.19	169 316 685 887.82
经营活动产生的现金流量净额	19 506 252 741.36	25 213 174 145.47
二、投资活动产生的现金流量		
收回投资所收到的现金	9 492 416.51	14 497 624.32
取得投资收益所收到的现金	1 105 264 416.17	674 733 235.70
处置固定资产、无形资产和其他长期资产所收回的现金净额	160 480 098.94	375 302 214.86
处置交易性金融资产收回的现金净额	503 157 590.99	4 471 375 175.07
收购子公司而导致的现金及现金等价物净增加	—	3 109 678.67
子公司转为联营公司核算而导致的现金及现金等价物净增加	—	10 834 071.89
收到的其他与投资活动有关的现金	80 932 430.68	63 206 463.44
投资活动现金流入小计	1 859 326 953.29	5 613 058 463.95
购建固定资产、无形资产和其他长期资产所支付的现金	23 054 005 901.81	17 614 198 331.07
投资所支付的现金	63 024 289.51	263 378 660.14
企业合并导致的现金及现金等价物净减少	433 163 102.55	—
处置子公司而导致的现金及现金等价物净减少	39 823 372.97	56 127 033.21

续表

项 目	2007年度	2006年度
支付的其他与投资活动有关的现金	168 679 540.89	—
投资活动现金流出小计	24 168 696 207.73	17 933 704 024.42
投资活动产生的现金流量净额	(22 309 369 254.44)	(12 320 645 560.47)
三、筹资活动产生的现金流量		
吸收投资所收到的现金	204 075 513.55	114 731 460.38
其中:子公司吸收少数股东投资收到的现金	204 075 513.55	114 731 460.38
借款所收到的现金	73 441 550 096.28	59 278 268 437.39
筹资活动现金流入小计	73 645 625 609.83	59 392 999 897.77
偿还债务所支付的现金	62 545 011 872.06	52 947 601 545.95
分配股利、利润或偿付利息所支付的现金	8 064 392 714.41	6 906 566 328.84
其中:子公司支付给少数股东的股利	146 466 115.47	133 449 465.58
支付三期资产和部分托管资产收购款	1 400 000 000.00	3 200 000 000.00
筹资活动现金流出小计	72 009 404 586.47	63 054 167 874.79
筹资活动产生的现金流量净额	1 636 221 023.36	(3 661 167 977.02)
四、汇率变动对现金的影响	95 151 701.76	31 692 410.20
五、现金及现金等价物净(减少)/增加额	(1 071 743 787.96)	9 263 053 018.18
加:期初现金及现金等价物余额	16 181 233 056.54	6 918 180 038.36
六、期末现金及现金等价物余额	15 109 489 268.58	16 181 233 056.54

一、现金流量表的结构分析

现金流量表的结构分析包括流入结构分析、流出结构分析和流入流出比分析。

1. 现金流入结构分析

现金流入结构分析分为总现金流入结构和三项主要活动(经营活动、投资活动和筹资活动)现金流入的内部结构分析。

宝钢股份 2007 年的总现金流入为 297 871 104 558.43 元,其中经营活动流入现金为 222 271 000 293.55 元,占 74.62%,是其主要来源;投资活动流入现金为 1 859 326 953.29 元,仅占 0.62%;筹资活动流入现金为 73 645 625 609.83 元,占 24.72%;汇率变动流入现金为 95 151 701.76 元,占 0.04%。

在 2007 年经营活动现金流入中,销售商品、提供劳务收到的现金占 99.49%,很正常。投资活动的现金流入中,取得投资收益所收到的现金占 59.44%。筹资活动的现金流入主要是借款所获得的资金,占到该类现金流入的 99.72%。

2. 现金流出结构分析

现金流出结构分析分为总流出结构和三项主要活动(经营活动、投资活动和筹资活动)现金流出的内部结构分析。

宝钢股份 2007 年的现金总流出为 298 942 848 346.39 元,其中经营活动流出现金为 202 764 747 552.19 元,约占 67.83%,在现金流出中占有最高的比重;投资活动流出现金为 24 168 696 207.73 元,占 8.08%;筹资活动流出现金为 72 009 404 586.47元,占 24.09%。

经营活动现金流出中,主要是购买商品和接受劳务支付的现金,占 85.03%;其次是支付的各项税费,支付的各项税费占 7.91%。投资活动现金流出中,主要为购建固定资产、无形资产和其他长期资产所支付的现金,占 95.39%;其次是企业合并导致的现金及现金等价物净减少,约占 1.8%。筹资活动现金流出中,偿还债务占了绝大部分,为 86.86%,其次是分配股利或偿付利息所支付的现金,约占 11.2%。

3. 现金流入流出比分析

现金流入流出比 = 现金流入 ÷ 现金流出

在企业经营活动情况下,现金流入流出比大于 1 比较理想。通过表 14-6 可计算得出,宝钢股份经营活动现金流入和流出比接近 1.10,表明企业 1 元的经营活动现金流出,能换回 1.10 元的现金,属于理想状态。此项比值越高,表明企业经营情况越好。

投资活动现金流入和流出比约为 0.08,该比值越小,说明企业处于扩张期。在企业发展时期此项比值小,而衰退期或缺少投资机会时,此项比值较大。

筹资活动现金流入流出比为 1.02,表明借款明显大于还款。

对于经营活动的现金净流量、投资活动的现金净流量以及筹资活动的现金净流量,可以借助于表 14-7 提供的结果进行分析。

表 14-7 现金流量的方向构成及对企业财务状况的影响

经营活动现金净流量	投资活动现金净流量	筹资活动现金净流量	结果分析
大于 0	大于 0	大于 0	表明企业经营活动与投资活动效益良好,但仍继续筹资。这可能是企业迅速扩张的信号,也可能由于过度投资,给企业未来的发展留下隐患。
大于 0	大于 0	小于 0	企业债务已进入偿还期,但偿债能力很强。经营活动与投资活动良性循环,财务状况稳定、安全。
大于 0	小于 0	大于 0	这种情况常常发生在企业扩张时期,在经营状况良好的前提下,通过筹资进行投资,但应当对投资项目的科学性进行分析,以尽可能使未来的投资回收率较高。

续表

经营活动现金净流量	投资活动现金净流量	筹资活动现金净流量	结果分析
大于0	小于0	小于0	企业经营状况良好,在偿还所欠债务的同时继续投资,但应当关注经营状况的变化,防止经营状况恶化导致财务状况恶化。
小于0	小于0	大于0	企业靠举债维持正常的生产经营活动,且继续扩大生产经营规模。若企业处于扩张时期且前景良好,一旦投资扩张成功,企业尚可发展;否则,企业将非常危险。
小于0	小于0	小于0	这种情况常常出现在企业扩张发展的时期,企业对市场预测可能有失误,经营活动的现金净流量为负;企业筹资已很困难;投资效率低下,投资回收困难,财务状况非常危险。
小于0	大于0	大于0	企业靠举债维持经营活动所需资金,财务状况可能恶化。应重点分析投资活动现金流量净额是来源于投资回收还是投资收益。若为前者,企业经营形势将十分严峻。
小于0	大于0	小于0	企业面临的财务状况将十分危险,偿还债务依靠投资活动的现金流量。若投资活动现金流量主要来自投资收回,则企业面临破产的危险,要高度重视;若投资活动的现金流量来自于投资收益,则企业尚有发展的机会。

二、流动性分析

流动性,是指资产迅速转化为现金的能力。企业真正能用于偿还债务的是现金流量。现金流量和债务的比较可更好地反映企业偿还债务的能力。

1. 现金与到期债务比

$$现金与到期债务比 = 经营活动现金净流量 \div 本期到期的债务$$

本期到期的债务,是指本期到期的长期债务和本期应付票据。通常这两种债务是不能延期的,必须如数归还。现金与到期债务比的数值越高,说明企业的偿债能力越强;相反,若该比值越小,则说明企业偿付能力差。

根据宝钢股份2007年年报中相关项目(表14-1)可知,年末,一年内到期的长期债务为3 009 045 617.00元,应付票据为3 341 058 247.89元,计算如下:

现金与到期债务比 = 19 506 252 741.36 ÷ (3 009 045 617.00 + 3 341 058 247.89)
= 19 506 252 741.36 ÷ 6 350 103 864.89 ≈ 3.07

2. 现金与流动负债比

$$现金与流动负债比 = 经营活动现金净流量 \div 流动负债$$

现金与流动负债比的数值越高,说明企业的流动性越好,偿债能力越强;相反,若该比值越小,则说明企业偿付能力差。

根据宝钢股份2007年年报中相关项目(表14-1)可知,年末流动负债为

75 885 168 161.71元,现金与流动负债比计算如下：

现金流动负债比 = 19 506 252 741.36 ÷ 75 885 168 161.71 ≈ 0.26

3. 现金与债务总额比

现金与债务总额比 = 经营现金净流量 ÷ 债务总额

现金与债务总额比反映了企业用当年经营活动的现金净流量偿还全部债务的能力。该比值越高，企业承担债务的能力越强；相反，若该比值越小，则说明企业偿付能力差。

根据宝钢股份2007年年报中相关项目（表14-1）可知，年末负债总额为93 734 800 188.74元,现金与债务总额比计算如下：

现金与债务总额比 = 19 506 252 741.36 ÷ 93 734 800 188.74 ≈ 0.21

三、获利能力分析

获取现金的能力，是指企业经营现金净流入和投入资源的比率。主要有以下指标。

1. 销售与现金比率

销售与现金比率 = 经营现金净流量 ÷ 营业收入（含增值税）

该比率反映每1元销售得到的净现金，其数值越大越好；相反，若该比值越小，则说明企业现金盈利能力越差。

根据宝钢股份2007年年报中相关项目（表14-2及报表附注）可知，2007年营业收入为191 273 493 516.61元,增值税为287 760 678.62元,销售与现金比率计算如下：

销售现金比率 = 19 506 252 741.36 ÷ (191 273 493 516.61 + 287 760 678.62)
= 19 506 252 741.36 ÷ 191 561 254 195.23 ≈ 0.1

2. 每股经营现金净流量

每股经营现金净流量 = 经营现金净流量 ÷ 普通股股数

该指标反映企业最大的分派股利能力。比值越大，说明企业分派股利的能力越强；相反，若该比值越小，则说明分企业派股利的能力差（有时也应结合以前年度综合分析）。

根据宝钢股份2007年年报中相关项目（表14-1）可知，2007年年末普通股股数为17 512 000 000股,每股经营现金净流量计算如下：

每股经营现金净流量 = 19 506 252 741.36 ÷ 17 512 000 000 ≈ 1.11（元/股）

四、营运效率分析

营运效率分析主要采用全部资产现金回收率指标。全部资产现金回收率是

经营现金净流量与全部资产的比值。计算公式为

$$全部资产现金回收率 = 经营现金净流量 \div 全部资产 \times 100\%$$

根据宝钢股份2007年年报中相关项目(表14-1)可知,2007年年末资产总额为188 335 795 256.92元,全部资产现金回收率计算如下:

全部资产现金回收率 = 19 506 252 741.36 ÷ 188 335 795 256.92 × 100%
≈ 10.36%

营运效率指标反映企业资产产生现金的能力。可与同行业平均水平、与本企业历史水平等进行比较分析。

【复习思考题】

1. 什么是财务报表分析?财务报表分析有哪些作用?
2. 财务报表分析有哪些基本的技术方法?
3. 为什么要采用比较分析法,通过比较分析主要是为了解决什么问题?
4. 比率分析法是从哪些方面对报表进行评价的?
5. 对企业利益相关者而言,是否企业的资产负债率越低越好?
6. 什么是杜邦分析法,其有哪些作用?
7. 杜邦财务分析体系的基本结构如何?
8. 什么是企业可持续增长率?其主要作用是什么?
9. 为什么要进行现金流量表的分析?有哪些重要指标?
10. 现金流量表的结构分析有什么意义?

图书在版编目(CIP)数据

财务会计/张天西,薛许军,刘涛编著. —上海:复旦大学出版社,2010.1
ISBN 978-7-309-07026-2

Ⅰ. 财… Ⅱ. ①张…②薛…③刘… Ⅲ. 财务会计-高等学校-教材
Ⅳ. F234.4

中国版本图书馆 CIP 数据核字(2009)第 243458 号

财务会计
张天西　薛许军　刘　涛　编著

出版发行	复旦大学出版社　上海市国权路579号　邮编200433
	86-21-65642857(门市零售)
	86-21-65100562(团体订购)　　86-21-65109143(外埠邮购)
	fupnet@fudanpress.com　　http://www.fudanpress.com
责任编辑	王联合
出 品 人	贺圣遂
印　　刷	上海华文印刷厂
开　　本	787×960　1/16
印　　张	28.25
字　　数	511 千
版　　次	2010年1月第一版第一次印刷
印　　数	1—5 100
书　　号	ISBN 978-7-309-07026-2/F·1551
定　　价	45.00 元

如有印装质量问题,请向复旦大学出版社发行部调换。
版权所有　　侵权必究